Emile Durkheim (1858-1917)

Libro primero

Los factores extrasociales

El Suicidio

Capítulo primero

El suicidio y los estados psicopáticos[1]

Hay dos clases de causas extrasociales a las que se puede atribuir, *a priori,* una influencia sobre la cifra de los suicidios: son las disposiciones orgánico-posicológicas y la naturaleza del medio físico. Pudiera ocurrir que en la constitución individual o, por lo menos, en la constitución de una clase importante de individuos existiera una tendencia de intensidad variable según las razas, que arrastrase directamente al hombre al suicidio; por otra parte, el clima, la temperatura, etc., pueden, por la manera con que obran sobre el organismo, tener los mismos efectos. La hipótesis, en todo caso, no debe ser rechazada sin discutirla; vamos, pues, a examinar sucesivamente estos dos órdenes de factores y a investigar si tienen, en efecto, una parte en el fenómeno que estudiamos y cuál es esa parte.

I

Hay enfermedades cuya cifra anual resulta relativamente constante en una sociedad determinada, a la vez que varia sensiblemente según los pueblos. Tal ocurre con la locura. Si se tuviera alguna razón para ver en toda muerte voluntaria una manifestación vesánica, el problema que nos hemos planteado estada resuelto: el suicidio no sería más que una afección individual[2]. Esta es la tesis sostenida por numerosos alienistas. Según Esquirol, "el suicidio ofrece todos los caracteres de la enajenación de las facultades mentales"[3]. "El hombre sólo atenta contra su vida cuando está afectado de delirio, y los suicidas son alienados"[4]. Partiendo de este principio, concluye el autor que el suicidio, siendo voluntario, no deberla ser castigado por la ley. Falret[5] y Moreau de Tours se expresan en términos casi idénticos. Es verdad que el último, en el pasaje mismo en que enuncia la doctrina a que presta su adhesión, hace una indicación que basta para suponerla sospechosa. "¿El suicidio, dice, debe ser mirado en todos los casos como el resultado de una enajenación mental? Sin querer aquí resolver esta difícil cuestión, digamos, en tesis general, que nos inclinamos instintivamente hacia la afirmativa, cuanto más se profundiza en el estudio de la locura, cuando se ha adquirido en ella una mayor experiencia, cuando, en fin, se han visto más alienados"[6]. En 1845, el doctor Bourdin, en un folleto que desde su

1

aparición produjo algún ruido en el mundo médico, habla sostenido menos mesuradamente la misma opinión.

Esta teoría ha sido defendida de dos maneras distintas. O bien se dice que el suicidio por sí mismo constituye una entidad morbosa *sui géneris*, una locura; o bien, sin hacer de él una especie distinta, se le considera simplemente como un episodio de una o de varias clases de locura, sin que pueda encontrársele en los sujetos sanos de espíritu. La primera tesis es la de Bourdin; Esquirol, por el contrario, es el representante más autorizado de la otra concepción. "Por lo que precede, dice, se entrevé ya que el suicidio no es para nosotros mas que un fenómeno consecutivo a un gran número de causas diversas, que se muestra con caracteres muy distintos; este fenómeno no puede caracterizar una enfermedad. Es por haber hecho del suicidio una enfermedad *sui géneris* por lo que se han establecido proposiciones generales desmentidos por la experiencia"[7].

De estas dos maneras de demostrar el carácter vesánico del suicidio, la segunda es la menos rigurosa, la que tienen menos valor probatorio en virtud del principio de que no pueden existir experiencias negativas. Es imposible, en efecto, proceder a un inventario completo de todos los casos de suicidios para hacer ver en cada uno de ellos la influencia de la enajenación mental. No se pueden citar mas que ejemplos particulares, que, por numerosos que sean, no bastan para servir de base a una generalización científica, además de que aunque no se alegaran ejemplos en contrario, siempre habría posibilidad de hacerlo. Hay otra prueba, que si pudiéramos suministrarla seria concluyente. Si se llega a determinar que el suicidio es una locura que tiene sus caracteres propios y su evolución especifica, la cuestión estará resuelta: todo suicida será un loco.

¿Pero existe una locura suicida?

II

La tendencia al suicidio, siendo por naturaleza especial y definida, al llegar a constituir una variedad de la locura, sólo puede ser una locura parcial y limitada a un solo acto. Para poder caracterizar un delirio es preciso que esa locura se refiera únicamente a un solo objeto, pues si tuviera varios no habría razón para caracterizarla por uno de ellos más que por los demás. En la terminología tradicional de la patología mental se llaman monomanías a estos delirios restringidos. El monomaníaco es un enfermo cuya conciencia está perfecta salvo en un punto; no presenta mas que una tara, claramente localizada. Por ejemplo, tiene por momentos una gana irracional y absurda de beber, de robar, de injuriar; pero todos sus demás actos, como todos sus restantes pensamientos, son de una rigurosa corrección; si existe, pues, una locura suicida, no puede ser más que una monomanía, y en esta forma ha sido frecuentemente clasificada[8].

En sentido contrario, se explica que si se admite este género particular de enfermedades llamadas monomanías, se sea inducido fácilmente a clasificar entre ellas al suicidio. Lo que caracteriza, en efecto, esta clase de afecciones, según la definición que acabamos de recordar, es que no implican perturbaciones esenciales en el funcionamiento intelectual. El fondo de la vida mental es el mismo en el monomaníaco yen el hambre sano de espíritu, sólo que en el primero, un estado psíquico determinado se destaca de este fondo común con un relieve excepcional. La monomanía es, sencillamente, en el orden de las tendencias, una pasión exagerada; y en el orden de las representaciones, una idea falsa, pero de tal intensidad, que obsesio na el espíritu y le quita toda libertad; la ambición, por ejemplo, se transforma de normal en enferma, y se hace monomanía de grandezas cuando toma

2

proporciones tales que todas las demás funciones cerebrales quedan como paralizadas. Basta con que un movimiento, de escasa violencia, de la sensibilidad venga a turbar el equilibrio mental para que la monomanía aparezca; por esto parece que los suicidas están influidos, generalmente, por alguna pasión anormal que agota su energía de un solo golpe o no le permite desenvolverse más que a la larga; podría creerse, además, con una apariencia de razón; es precisa siempre alguna fuerza de este género para neutralizar el instinto, fundamental, de la conservación. Por otra parte, muchos suicidas, fuera del acto especial por el que ponen fin a su vida, no se diferencian singularmente de los demás hombres; no hay en consecuencia, razón bastante para imputarles un delirio general. Así, bajo la apariencia de la monomanía, el suicidio ha sido colocado en el rango de la locura.

¿Existen, realmente, las monomanías? Durante mucho tiempo, su existencia no ha sido puesta en duda; los alienistas admitían unánimemente, y sin discusión, la teoría de los delirios parciales. No sólo se la creía demostrada por la observación clínica, sin o que se la presentaba como un corolario de la psicología. Se enseñaba entonces que el espíritu humano está formado por facultades distintas y por fuerzas separadas, que obran, congruentemente, de ordinario, pero que son susceptibles de obrar aisladamente; podía, pues, ocurrir que fuesen separadamente atacadas por la enfermedad. Puesto que el hombre puede manifestar inteligencia sin voluntad y sensibilidad sin inteligencia, ¿por qué no habría de tener enfermedades de la inteligencia o de la voluntad, sin perturbaciones de la sensibilidad, y viceversa? Aplicando el mismo principio a las formas especiales de estas facultades, se llegaba a admitir que la lesión podía reflejar, exclusivamente, sobre una tendencia, sobre una acción o sobre una idea aislada.

Hoy esta opinión está universalmente abandonada; es seguro que no se puede demostrar de una manera directa por la observación, la no existencia de las monomanías, pero se ha concretado que no es posible citar un ejemplo de ellas que no dé lugar a discusión. Nunca la experiencia clínica ha podido estudiar una tendencia enferma del espíritu ni un estado de verdadero aislamiento; siempre que una facultad se lesiona, las otras se lesionan al mismo tiempo, y si los partidarios de la monomanía no se han apercibido de estas lesiones concomitantes es porque han encauzado mal su observación. "Tomemos como ejemplo, dice Falret, un alienado preocupado por las ideas religiosas, al que se clasificaría entre los monomaníacos religiosos. Se dice inspirado por Dios; encargado de una misión divina; trae al mundo una religión nueva; si, esta idea, diréis, es la de un loco, pero fuera de esta serie de ideas religiosas, razona como los demás hombres; pues bien, interrogadle con cuidado, y no tardaréis en descubrir en él otras ideas enfermas; encontraréis, por ejemplo, paralelamente a las ideas religiosas, una tendencia al orgullo; no se creerá sólo llamado a reformar la religión, sino a reformar la sociedad y tal vez se imaginará que está reservado para más altos destinos. Admitamos que después de haber buscado en este enfermo las tendencias al orgullo, no las hayáis descubierto; tal vez comprobéis en él ideas de humildad o tendencias temerosas. El enfermo, preocupado por las ideas religiosas, se creerá perdido, destinado a perecen"[1]. Sin duda todos estos delirios no se encuentran habitualmente reunidos en un mismo sujeto, pero son los que con más frecuencia se hallan juntos, y si no coexisten en un determinado momento de la enfermedad se ve que se suceden por fases más o menos próximas.

En fin, con independencia de estas manifestaciones particulares, existe siempre en los pretendidos monomaníacos un estado general de toda la vida mental, que es el fondo mismo de la enfermedad y del que estas ideas delirantes no son más que la expresión superficial y temporal. Lo que efectivamente la constituye, es una exaltación excesiva o una depresión extremada o una perversión general. Hay, sobre todo, ausencia de equilibrio y de coordinación en el pensamiento y en la acción. El enfermo razona y, sin embargo, sus ideas, al encadenarse, tienen lagunas; no se conduce de manera absurda, y, sin embargo, a su conducta le falta continuidad. No es exacto afirmar que la locura sea una causa parcial y una parte muy restringida; desde que penetra en el entendimiento humano, lo perturba todo entero.

Por otra parte, el principio sobre el cual se apoyaba la importancia de las monomanías está en contradicción con los datos actuales de la ciencia. La antigua teoría de las facultades apenas tiene hoy defensores. No se ve ya en los diferentes medios de la actividad consciente de las fuerzas separadas, que no se unen ni se encuentran, el principio de su unidad (que sólo es una substancia metafísica), sino funciones solidarias; es, pues, imposible que una de ellas sea lesionada sin que la lesión refleje sobre las demás. Esta penetración es mucho más íntima en la vida cerebral que en el resto del organismo, porque las funciones psíquicas no tienen órganos lo suficientemente diferenciados los unos de los otros para que puedan ser perturbados sin que los demás lo sean también. Su distribución entre las diferentes regiones del cerebro no está aún bien definida, como lo prueba la facilidad con que las distintas partes del cerebro se reemplazan mutuamente cuando una de ellas se encuentra impedida para llenar su misión. Su trabaron es demasiado completa para que pueda la locura herir las unas, dejando las otras intactas; y aun más, es completamente imposible que pueda alterar una idea, un sentimiento particular, sin que la vida psíquica se altere en su raíz. Además de que las representaciones y las tendencias no tienen existencia propia, no son más que pequeñas substancias, átomos espirituales que, al agruparse, forman el espíritu y no hacen sino manifestar exteriormente el estado ge neral de los centros conscientes de cuyo estado derivan y cuyo estado expresan; como consecuencia de ello no pueden tener carácter morboso sin que ese estado esté viciado en sí mismo.

Pero si las taras mentales no son susceptibles de localizarse, no hay ni puede haber monomanías propiamente dichas. Las perturbaciones, en apariencia locales, que se han designado con este nombre, resultarían siempre de una perturbación más extensa: son, no enfermedades en si, sino accidentes particulares y secundarios de enfermedades más generales. Y si no hay monomanía no puede haber una monomanía suicida, y, por consiguiente, el suicidio no es una locura específica.

III

Queda como una posibilidad que el suicidio sólo tenga lugar en un estado de locura. Si por sí mismo no es una locura especial, no habrá una forma de la locura en la que no pueda aparecer. No será mas que un síndrome episódico y frecuente de ella. ¿Se podría deducir de esta frecuencia la conclusión de que no se produzca en estado de salud y de que sea un indicio cierto de enajenación mental?

Esta conclusión sería precipitada. Si entre los actos de los alienados hay algunos que les son peculiares y que pueden servir para caracterizar la locura, hay otros, por el contrario, que son comunes con los de los hombres sanos, aunque revistan en los locos una forma especial. *A priori* no hay razón para clasificar el suicidio en la primera de estas dos categorías. Los alienistas afirman, que la mayor parte de los suicidas que ellos han conocido, presentaban todos los síntomas de la enajenación mental; pero este testimonio no es suficiente para resolver la cuestión, porque semejantes observaciones son con frecuencia demasiado elementales, y de una experiencia tan estrechamente especializada no puede inducirse ninguna ley general. De los suicidas que ellos han conocido y que, naturalmente, eran alienados, no puede sacarse una consecuencia aplicable a aquellos que no han observado y que tal vez son los más numerosos.

El único medio de proceder metódicamente consiste en clasific ar, según sus propiedades esenciales, los suicidios cometidos por los locos, constituyendo así el tipo principal de los suicidios vesánicos e investigar después si todos los casos de muerte voluntaria caben en estos cuadros nosológicos. En otros términos, para saber si el suicidio es un acto especial de los alienados, es preciso determinar las formas que afecta en la enajenación mental y ver a continuación si estas son las únicas que toma.

Los alienistas se han preocupado poco de clasificar los suicidios de alienados; se puede, sin embargo, considerar que los cuatro tipos siguientes encierran las especies más importantes. Las reglas esenciales de esta clasificación están tomadas de Jousset y Moreau de Tours[9].

I. *Suicidio maniático*. Se produce como consecuencia de alucinaciones o de concepciones delirantes. El enfermo se mata para escapar a un peligro o a una vergüenza imaginarios o para obedecer a una orden misteriosa que ha recibido de lo alto, etc.[10]. Los motivos de este suicidio y su modo de evolucionar reflejan los caracteres generales de la enfermedad de que deriva: la manía. Lo que distingue esta afección es su extrema movilidad. Las ideas, los sentimientos más diversos y contradictorios se suceden, con una extraordinaria ligereza, en el espíritu de los monomaníacos; se trata de un perpetuo torbellino; apenas nace un estado de conciencia, otro lo reemplaza; lo mismo ocurre con los móviles que determinan el suicidio maniático: nacen, desaparecen o se transforman con una asombrosa rapidez. De repente la alucinación o el delirio, que deciden al sujeto a suicidarse, aparecen: resulta de esta aparición la tentativa del suicidio; luego, en un instante, cambia la escena y si el ensayo aborta, no comienza de nuevo, al menos de momento. Si se reproduce más tarde, será por un motivo distinto. El incidente más insignificante puede ocasionar estas transformaciones bruscas. Un enfermo de está clase, queriendo poner fin a sus días, se había arrojado en un río poco profundo y buscaba un lugar en que la inmersión fuese posible, cuando un aduanero, sospechando sus designios, le apunta a la cabeza y le amenaza con dispararle un fusil si no sale en seguida del agua. Inmediatamente nuestro hombre vuelve pacíficamente a su casa, no pensando ya en matarse[11].

II. *Suicidio melancólico*. Se relaciona con un estado general de extrema depresión, de exagerada tristeza, que hace que el enfermo no aprecie seriamente los vínculos que tiene con las personas y cosas que le rodean; los. placeres carecen para él de atractivo, lo ve todo negro; la vida le parece fastidiosa y dolorida. Como estas disposiciones son constantes, ocurre lo mismo con la idea del suicidio; están dotadas de una gran fijeza y los motivos generales que los determinan son siempre los mismos. Una muchacha, hija de padres sanos, después de haber pasado la infancia en el campo, se ve obligada, hacia los catorce años, a alejarse de él, para completar su educación; en este momento la ataca un tedio inexplicable, un gusto pronunciado por la soledad; luego, un deseo de morir, que nada puede disipar permanece, durante horas enteras, inmóvil, con los ojos fijos sobre la tierra, con el pecho oprimido, en el estado de una persona que teme un acontecimiento siniestro. En su firme resolución de precipitarse en el río busca los lugares más apartados, para que nadie pueda acudir en su socorro[12]. Sin embargo, comprendiendo mejor que el acto que trata de realizar es un crimen, renuncia a él temporalmente; pero al término de un año la inclinación al suicidio vuelva a ella con más fuerza, y las tentativas se repiten, a poca distancia unas de otras.

A menudo en esta disposición general vienen a incrustarse alucinaciones e ideas delirantes que conducen directamente al suicidio. Sólo que no tienen la movilidad de las que hemos observado antes en los monomaníacos; por el contrario, son fijas, como el estado general de que derivan; los temores que torturan al sujeto, los reproches que dirige y los pesares que siente son siempre los mismos. Si esta forma de suicidio está determinada por razones imaginarias, como la precedente, se diferencia de ella por su carácter crónico, y es muy tenaz. Los enfermos de esta categoría preparan con calma sus medios de ejecución, y despliegan en la persecución del fin propuesto una perseverancia y una astucia, a veces increíbles. Nada se asemeja menos a este espíritu de continuidad que la perpetua instabilidad del maniático. En el uno no hay mas que explosiones pasajeras, sin causas durables, mientras que en el otro existe un estado constante, ligado al carácter general del sujeto.

III. *Suicidio obsesivo.* En este caso el suicidio no se causa por motivo alguno real ni imaginario, sino sólo por la idea fija de la muerte que, sin razón sólida alguna, se ha apoderado subversivamente del espíritu del enfermo Este está obsesionado por el deseo de matarse, aunque sepa perfectamente que no tiene ningún motivo racional para hacerlo. Se trata de una necesidad instintiva, sobre la que la reflexión y el razonamiento carecen de imperio, análoga a esas necesidades de robar, de matar, de incendiar, de las que se han querido hacer otras tantas monomanías. Como el sujeto se da cuenta del carácter absurdo de su deseo, trata, por lo pronto, de luchar con él. Pero todo el tiempo que dura esta resistencia está triste, oprimido, y siente en la cavidad gástrica una ansiedad, que aumenta por días; por esta razón se ha dado algunas veces a esta clase de suicidios el nombre de *suicidio ansioso.* Véase la confesión que un enfermo hizo un día a Brierre de Boismont: "Empleado en una casa de comercio, cumplía convenientemente los deberes de mi profesión, ahora obro como un autómata, y cuando se me dirige la palabra me parece que resuena en el vado; mi mayor tormento proviene del pensamiento del suicidio, del que me es imposible librarme un instante. Hace un año que soy víctima de esta impulsión; al principio era poco pronunciada; después de dos meses me persigue en todas partes, y *sin embargo no tengo ningún motivo para darme la muerte:* mi salud es buena, nadie de mi familia ha padecido una afección semejante; no he tenido pérdidas; mis ingresos me bastan y me permiten los placeres propios de mi edad"[13]. Pero desde que el enfermo ha tomado el partido de renunciar a la lucha, desde que resolvió matarse, esta ansiedad cesó y volvió la calma. Si el intento aborta, basta, a veces, aun incompleto, para suprimir, por algún tiempo, este deseo malsano. Diríase que al sujeto se le han pasado las ganas.

IV. *Suicidio impulsivo o automático.* No es más motivado que el precedente; carece de razón de ser en la realidad y en la imaginación del enfermo. Sólo que en lugar de producirse por una idea fija, que atormenta el espíritu durante un tiempo más o menos largo y que domina progresivamente a la voluntad, resulta de una impulsión brusca e inmediatamente irresistible. En un abrir y cerrar de ojos surge la idea en su plenitud y suscita el acto o, al menos, un comienzo de ejecución. Esta ligereza recuerda lo que hemos observado antes en la manía; sólo que el suicidio maniático tiene siempre alguna razón aunque irracional; se refiere a las concepciones delirantes del sujeto; aquí, por el contrario, la inclinación al suicidio estalla y produce sus efectos con un verdadero automatismo, sin que le preceda antecedente alguno intelectual. La vista de un cuchillo y el pasar sobre el borde de un precipicio, por ejemplo, hacen nacer instantáneamente la idea del suicidio, y el acto le sigue con tal rapidez que frecuentemente los enfermos no tienen conciencia de lo que pasa. Un hombre charla tranquilamente con sus amigos; de repente echa a correr, franquea un precipicio y cae en el agua. Retirado de allí inmediatamente, se le preguntan los motivos de su conducta; no sabe nada, ha cedido a una fuerza que le ha arrastrado a su pesar"[14]. "Lo que hay en esto de singular, dice otro, es la imposibilid ad en que me encuentro de recordar la manera cómo he escalado la ventana y cuál era la idea que me dominaba entonces; yo no había tenido nunca el propósito de matarme, o al menos, no recuerdo hoy de tal pensamiento"[15]. En un grado menor los enfermos sienten nacer la impulsión, y tratan de escapar a la fascinación que ejerce sobre ellos el instrumento de la muerte, huyendo inmediatamente.

En resumen, todos los suicidios vesánicos o están desligados de todo motivo o están determinados por motivos puramente imaginarios; así un gran número de muertes voluntarias no entran ni en una ni en otra categoría; la mayor parte de ellos tienen motivos que no carecen de fundamento en la realidad; sin abusar de las palabras, no es posible ver un loco en cada suicida. De todos los suicidios que acabamos de caracterizar, aquel que puede parecer más difícilmente diferenciable de las formas que el suicidio adopta en los hombres sanos de espíritu, es el suicidio melancólico. Con frecuencia, el hombre normal que se mata se encuentra, también, en un estado de abatimiento y depresión como el del alienado; pero hay siempre entre ellos una diferencia esencial: que el estado del primero y el acto de que resulta tiene una causa objetiva, mientras que en el segundo carecen de toda relación con las circunstancias exteriores. En suma, los suicidios vesánicos se distinguen de los otros como las ilusiones y las alucinaciones de las percepciones normales, y las impulsiones automáticas de los actos deliberados. Queda, sin embargo, el hecho cierto de que se pasa de unos a otros sin solución de continuidad, aunque si ésta fuera una razón para identificarlos sería preciso igualmente confundir, de una manera general, la salud con la enfermedad, puesto que ésta no es mas que una variedad de aquélla. Aun cuando, se hubiera establecido como cierto que los sujetos medios no se matan jamás y que sólo se destruyen los que presentan aquellas anomalías, no habría derecho para considerar a la locura como una condición necesaria del suicidio, pues un alienado no es tan sólo un hombre que piensa o que obra un poco diferentemente que la mayoría.

No hay posibilidad de relacionar estrechamente el suicidio con la locura mas que restringiendo de un modo arbitrario el sentido de las palabras. "No es un homicida de sí mismo, escribe Esquirol, aquél que no procediendo más que por sentimientos nobles y generosos, se arroja a un peligro cierto, se expone a una muerte inevitable y sacrifica con gusto su vida para obedecer a las leyes, para guardar la fe jurada o por la salud de su país"[16]. Cita el ejemplo de Decio, de Assas, etcétera. Falret, por la misma razón, rehúsa el considerar como suicidas a Curtius, a Codrus, a Aristodemo [17]. Bourdin extiende esta excepción a todas las muertes voluntarias inspiradas, no sólo por la fe religiosa o por las creencias políticas, sino por sentimientos de exaltada ternura; pero nosotros sabemos que la naturaleza de los móviles que determinan inmediatamente al suicidio, no puede servir ni para definirlo, ni para distinguirlo de lo que no es suicidio propiamente dicho. Todos los casos de muerte que resulten de un acto realizado por el causante mismo, con pleno conocimiento de los efectos que de él debían resultar, presentan, cualquiera que haya sido el fin propuesto, semejanzas demasiado esenciales para que puedan ser clasificadas en géneros distintos, que no pueden, cualquiera que sea su causa, constituir mas que especies de un mismo género; y para proceder a estas distinciones seria preciso un criterio distinto del fin, más o menos problemático, perseguido por la víctima. Hemos visto un grupo de suicidios del que la locura está ausente, y una vez que se ha abierto la puerta a las excepciones es muy difícil cerrarla, pues entre estas muertes, inspiradas por pasiones, particularmente generosas, y las determinadas por móviles de menos valor moral, no hay solución de continuidad, y se pasa de unas a otras por una gradación insensible. Si las primeras son suicidios, no hay razón alguna para no dar a las segundas el mismo calificativo.

Hay suicidios, y en gran número, que no son vesánicos. Se les reconoce por este doble signo: que son deliberados y que las representaciones que entran en esta deliberación no son puramente alucinatorias. Como se ve, esta cuestión, tantas veces agitada, se resuelve sin que sea necesario plantearse el problema de la libertad. Para saber si todos los suicidas son locos, no necesitamos preguntarnos si han obrado libremente o no, nos fundamos únicamente sobre los caracteres empíricos que presentan a la observación las diferentes especies de muertes voluntarias.

IV

Puesto que los suicidios de los alienados no son todo el suicidio, sino representan una variedad de él, los estados psicopáticos, que constituyen la alienación mental, no pueden dar idea de la inclinación colectiva al suicidio en su generalidad. Pero entre la alienación mental propiamente dicha y el perfecto equilibrio de la inteligencia existe toda una serie de estados intermedios: son las diversas anomalías que se reúnen de ordinario bajo el nombre común de neurastenia. Es preciso investigar si, en lugar de la locura, representan un papel importante en la génesis del fenómeno que nos ocupa.

Es la existencia misma del suicidio vesánico la que plantea la cuestión. En efecto, una perversión profunda del sistema nervioso, basta para crear todos los resortes del suicidio; una, perversión menor debe, en grado más restringido, ejercer igual influencia. La neurastenia es una especie de locura rudimentaria; debe, en parte, producir iguales efectos. Además es un estado mucho más extendido que la locura y se generaliza de día en día. Hay que hacerse a la idea de que el conjunto de anomalías que se designan con este nombre sea uno de los factores cuya función modifique la cifra de los suicidios.

Se comprende, por otra parte, que al neurastenia pueda predisponer al suicidio, pues los neurasténicos están, por su temperamento, como predestinados a sufrir. Se sabe que el dolor, en general, resulta de un desequilibrio muy fuerte del sistema nervioso: una onda nerviosa demasiado intensa es frecuentemente dolorosa. Pero esta intensidad máxima, más allá de la que comienza el dolor, varia según los individuos; es más elevada en aquellos cuyos nervios son más resistentes, y menor en los demás. En consecuencia, en estos últimos, la zona del dolor comienza más pronto. Para el neurópata toda impresión es una causa de malestar; todo movimiento, una fatiga; sus nervios, como a flor de piel, vibran al menor contacto; la realización de las funciones fisiológicas, que son, de ordinario, las menos molestas, es para él una causa de sensaciones generalmente desagradables. Es verdad, que en compensación de esto, la zona de los placeres comienza también más pronto, pues esta penetrabilidad. excesiva de un sistema nervioso debilitado, la hace accesible a exc itaciones que no tendrían ninguna influencia en un organismo normal. Por esto es por lo que acontecimientos insignificantes pueden ser para semejantes sujetos ocasión de placeres desmedidos. Parece que deben ganar de un lado lo que pierden de otro, y que gracias a esta compensación no resultan en peores condiciones que los demás para sostener la lucha. No ocurre nada de esto, sin embargo, y su inferioridad es real, pues las impresiones corrientes y las sensaciones que las condiciones de la existencia media provocan, resultan de cierta fuerza para ellos. Por esto la vida corre el riesgo de no ser lo suficientemente atemperada. Cuando pueden retirarse de ella y crearse un medio especial, donde llegue atenuado el ruido de fuera, suelen vivir sin sufrir demasiado; por esto los vemos huir frecuentemente del mundo, que les hace daño, y buscar la soledad. Cuando se ven obligados a descender a la lucha, si no pueden defender cuidadosamente contra los choques exteriores su delicadeza enfermiza, tienen muchas probabilidades de experimentar más dolores que placeres. Tales organismos son para la idea del suicidio un terreno predilecto.

Esta razón no es la única que hace la existencia difícil al neurasténico. Como consecuencia de la extremada sensibilidad de su sistema nervioso, sus ideas y sus sentimientos están siempre en equilibrio inestable. Porque las impresiones más ligeras tienen en él un eco anormal, su actividad mental está revolucionada, a cada momento, hasta lo más profundo, y por la acción de esas sacudidas ininterrumpidas, no puede concretarse en una forma determinada. Se encuentra siempre una vía de transformadas; para que pudiera consolidarse, sería preciso que las experiencias anteriores tuviesen efectos duraderos y no fueran sin cesar diversificadas y hechas desaparecer por la brusca revolución que sobreviene en el sujeto. La vida en un medio fijo y constante no es posible mas que cuando las funciones del ser vivo tienen un grado igual de constancia y de fijeza. Vivir es responder a las excitaciones exteriores de una manera apropiada, y esta correspondencia armónica no puede establecerse mas que con la ayuda del tiempo y del hábito. Es un producto de tanteos, repetidos a veces durante varias generaciones, cuyos resultados se han convertido en hereditarios y que no puede comenzarse de nuevo todas las veces que es preciso obrar. Si, por el contrario, todo está por hacer, por decirlo así, en el momento de la acción, es imposible que esta sea todo lo que debe ser. Esa estabilidad no sólo es necesaria en nuestras relaciones con el medio físico, sino también con el medio social. En una sociedad, cuya organización está definida, el individuo no puede mantenerse mas que a condición de tener una constitución mental y moral igualmente definida; y esto es lo que falta al neurópata. El estado de estremecimiento en que se encuentra hace que las circunstancias le dominen sin cesar de una manera imprevista. Como no está preparado para responder a este dominio, se ve obligado a inventar formas originales de conducta; y de ahí viene su gusto, bien conocido, por la novedad. Pero cuando se trata de adaptarse a situaciones tradicionales, las combinaciones improvisadas no pueden prevalecer sobre aquellas que ha consagrado la experiencia, y fracasan muy a menudo; por esto que cuando más fijeza tiene el sistema social peor se adapta a él un sujeto de esta movilidad.

Es, pues, muy verosímil que este tipo psicológico sea el que con más frecuencia se encuentren entre los suicidios; queda por saber la parte que esta condición de índole individual tiene en la producción de las muertes voluntarias. ¿Basta para suscitarlas a poco que sea ayudada por las circunstancias, o no produce otro efecto que el de hacer a los individuos más accesibles a la acción de fuerzas exteriores, que constituyen, por si solas, las causas determinantes del fenómeno?

Para poder resolver directamente la cuestión seria preciso comparar las variaciones del suicidio con las de la neurastenia. Desgraciadamente, los datos de la última no los recoge la estadística. Pero un procedimiento indirecto nos va a dar los medios para soslayar la dificultad. Puesto que la locura no es mas que la forma amplificada de la degeneración nerviosa, puede admitirse, sin serios riesgos de errar, que el número de los degenerados varía como el de los locos, y sustituir, en consecuencia, la consideración de los segundos a la de los primeros; este procedimiento tiene, además, la ventaja de que nos permitirá establecer de una manera general la relación que sostiene la cifra de los suicidios con el conjunto de las anomalías mentales de toda especie.

Un primer hecho puede hacer que se les atribuya una influencia que no tienen; y es que el suicidio, como la locura, está más extendido en las ciudades que en los campos. Parece, además, crecer y decrecer, como aquélla, lo que pudiera hacernos creer que depende de ella; pero este paralelismo no expresa, necesariamente, mas que una relación de causa a efecto y puede muy bien ser el producto de una simple coincidencia. La hipótesis es tanto más viable cuanto que las causas sociales de que depende el suicidio están, como veremos, estrechamente ligadas a la civilización urbana, y es en los grandes centros de población donde son más intensas. Para medir la acción que los estados psicopáticos puede tener soore el suicidio,

es preciso eliminar los casos en que varían en relación con.las condiciones sociales del mismo fenómeno, pues cuando estos dos factores obran en igual sentido, es imposible aislar en el resultado total la parte que corresponde a cada uno. Es preciso, pues, considerarlo exclusivamente allí donde se encuentran en razón inversa el uno del otro, porque sólo cuando se establece entre ellos una especie de conflicto es cuando puede llegarse a saber cuál es el determinante. Si los desórdenes mentales representan el papel esencial que se les ha atribuido, deben revelar su presencia por efectos característicos, aun cuando las condiciones sociales tiendan a neutralizarlos, e inversamente deben estar impedidas para manifestarse cuando las condiciones individuales obran en sentido contrario. Sin embargo, los hechos siguientes demuestran que la regla es la opuesta.

1º. Todas las estadísticas determinan que en los asilos de alienados la población femenina es ligeramente superior a la población masculina. La relación varía según los países, pero como puede verse por el siguiente cuadro, es en general de 54.ó 55 mujeres, por 46 ó 45 hombres[18]. Koch ha reunido los resultados de las investigaciones practicadas en once Estados diferentes sobre el conjunto de la población alienada. Entre 166.675 locos de ambos sexos ha encontrado 78.584 hombres y 88.091 mujeres, o sea, 1,18 alienados por mil habitantes del sexo masculino, y 1,30 por mil del otro sexo[19]. Mayr, por su parte, ha comprobado cifras análogas.

Es verdad que se ha sostenido que este exceso de mujeres

	Años	Sobre 100 alienados			Años	Sobre 100 alienados	
		Hom.	Muj.			Hom.	Muj.
Silesia	1858	49	51	Nueva York	1855	44	56
Sajoni	1861	48	52	Massachussets	1854	46	54
a	1853	45	55	Maryland	1850	46	54
Wurtemburgo	1847	45	55	Francia	1890	47	53
Dinamarca	1855	45	56	"	1891	48	52

no procedería simplemente del hecho de que la mortalidad de los locos es superior a la de las locas. En Francia, sobre cien alienados que mueren en los asilos, hay, aproximadamente, 55 hombres. El número mayor de sujetos femeninos, confirmado en un momento dado, no probaría que la mujer tenga una mayor tendencia a la locura, sino solamente que en este estado, como en los demás, sobreviven mejor que el hombre, y no es, sin embargo, menos evidente que la población efectiva de alienados cuenta con más mujeres que hombres, y si se saca la consecuencia, como parece legítimo, de equiparar los locos a los neuróticos, debe admitirse que existen, en cada momento, más neurasténicos en el sexo femenino que en el otro. En consecuencia, si existe entre la cifra de los suicidios y la de la neurastenia una relación de causa a efecto, las mujeres deberán matarse más que los hombres. Por lo menos, deberían matarse tanto como ellos, y, aun teniendo en cuenta su menor mortalidad, y corrigiendo las indicaciones de la estadística, todo lo que podría concluirse es que tienen para la locura una predisposición sensiblemente igual a la del hombre y su más débil porcentaje mortuorio y la superioridad nu

CUADRO IV
PARTE DE CADA SEXO EN LA CIFRA TOTAL DE SUICIDIOS

Suicidios		Nros. absolutos		Por cada 100	
		Hombres	*Mujeres*	*Hombres*	*Mujeres*
Austria	1873-77	11.429	2.478	82,1	19,7
Prusia	1831-40	11.435	2.534	81,9	18,1
Prusia	1871-76	16.425	3.724	81,5	18,5
Italia	1872-77	4.770	1.195	80	20
Sajonia	1851-60	4.004	1.055	79,1	20,9
Sajonia	1871-76	3.625	870	80,7	19,3
Francia	1836-40	9.561	3.307	74,3	25,7
Francia	1851-55	13.596	4.601	74,8	25,2
Francia	1871-76	25.341	6.839	78,7	21,3
Dinamarca	1845-56	3.424	1.106	75	25
Dinamarca	1870-76	2.485	748	76,9	23,1
Inglaterra	1863-67	4.905	1.791	73,3	26,7

mérica que ellas acusan en la estadística de alienados, se compensan, en efecto, aproximadamente. Su aptitud para la muerte voluntaria está muy lejos de ser superior o equivalente a la del hombre, ya que nos encontramos con que el suicidio es una manifestación esencialmente masculina. Por una mujer que se mate, hay, por término medio, cuatro hombres que se dan la muerte. (Véase cuadro IV). Cada sexo tiene para el suicidio una inclinación definida, que es constante para cada medio social; pero la intensidad de esta tendencia no varía como el factor psicopático, porque este último se valúa, siguiendo el número de casos nuevos registrados cada año o el de sujetos estudiados en igual tiempo.

2°. El cuadro V permite comparar la intensidad de la tendencia a la locura en los diferentes cultos.

Se ve que la locura es mucho más frecuente en los judíos que en las demás confesiones religiosas, y hay lugar para creer que las demás afecciones del sistema nervioso se encuentran en ellos en iguales proporciones. Por el contrario, la tendencia al suicidio es muy débil. Ya demostraremos más adelante que ésta es la religión en que menos domina el concepto de la fuerza[20]. En consecuencia, vemos en este caso *que el suicidio varía en razón inversa de los estados psicopáticos,* lejos de ser una prolongación de ellos. Sin duda, no puede sacarse de este hecho la consecuencia de que las taras nerviosas y cerebrales sirven de preservativo contra el suicidio;

CUADRO V
TENDENCIA A LA LOCURA EN LAS DIFERENTES CONFESIONES RELIGIOSAS

	Nro. de locos c/1000 hab x culto

		Protestan.	*Católicos*	*Judíos*
Silesia	1858	0,74	0,79	1,55
Mecklemburgo	1862	1,36	2,00	5,33
Ducado de Baden	1863	1,34	1,41	2,24
Ducado de Baden	1873	0,95	1,19	1,44
Baviera	1871	0,92	0,96	2,86
Prusia	1871	0,80	0,87	1,42
Wurtemberg	1832	0,65	0,68	1,77
Wurtemberg	1853	1,06	1,06	1,49
Wurtemberg	1875	2,18	1,86	3,96
Gran Ducado de Hesse	1864	0,63	0,59	1,42
Oldenburgo	1871	2,12	1,76	3,37
Cantón de Berna	1871	2,64	1,82	"

pero sí prueba que tienen poco eficacia para determinarlo, puesto que puede descender la cifra del mismo en el momento en que ellas alcanzan su mayor desarrollo.
Si se comparan solamente los católicos con los protestantes, la inversión no es tan general. Sin embargo, es muy frecuente. La tendencia de los católicos a la locura no es inferior a la de los protestantes más que cuatro veces sobre doce, y aún la diferencia entre ellas es muy débil. Veremos, por el contrario, en el cuadro XVIII, que en todas partes, y sin excepción alguna, los primeros se matan más que los segundos.
3º. Después consignaremos[21] que en todos los países da tendencia al suicidio crece regularmente desde la infancia hasta la vejez más avanzada; si retrocede algunas veces hacia los setenta u ochenta años, el retroceso es muy ligero; resulta durante este período de la vida, dos o tres veces mayor que en la época de fa madurez; en sentido inverso, durante la madurez es cuando la locura se presenta con más frecuencia. Hacia los treinta años, el peligro es mayor; más allá de esta edad, disminuye, y durante la vejez se debilita considerablemente[22]. Este antagonismo sería inexplicable si las causas que hacen variar el suicidio y las que determinan las perturbaciones mentales no fuesen de naturaleza diferente.
Si se compara la cifra de los suicidios en cada edad, no ya con la frecuencia relativa de los casos nuevos de locura que se producen en el mismo período, sino con el efectivo proporcional de la población alienada, la ausencia de todo paralelismo no es menos evidente. Hacia los treinta y cinco años es cuando los locos resultan más numerosos en relación con el total de población; la proporción permanece aproximadamente igual hasta los sesenta años; al pasar de esta edad disminuye rápidamente. Es, como vemos, mínima cuando la cifra de los suicidios es máxima, y resulta imposible percibir relación alguna regular entre las variaciones que se producen de una parte y de otra[23].
4º. Si se comparan las diferentes sociedades desde el punto de vista del suicidio y de la locura, no se encuentra relación

CUADRO VI
RELACIONES DEL SUICIDIO Y DE LA LOCURA EN LOS DIFERENTES PAÍSES DE EUROPA

A

	Locos	Suicidios	Orden de los países	
	c/100.000 hab	c/1.000.000 hab.	la locura	el suicidio
Noruega	180 (1855)	107 (1851-55)	1	7

Escocia	164 (1855)	34 (1856-60)	2	8
Dinamarca	125 (1847)	258 (1846-50)	3	1
Hannover	103 (1856)	13 (1856-60)	4	9
Francia	99 (1856)	100 (1851-55)	5	5
Bélgica	92 (1858)	50 (1855-60)	6	7
Wurtemberg	92 (1853)	108 (1846-56)	7	3
Sajonia	67 (1861)	245 (1856-60)	8	2
Baviera	57 (1858)	73 (1846-56)	9	6

B^{24}

	Locos c/100.000 hab.	Suicidios c/1.000.000 hab.	Medias de suicidios
Wurtemberg	215 (1875)	180 (1875)	
Escocia	202 (1855)	35	107
Noriega	185 (1855)	85 (1860-70)	
Irlanda	180 (1855)	14	83
Suecia	177 (1855)	85 (1860-70)	
Inglaterra y Gales	175 (1855) 146 (1855)	70 (1870) 180 (1871-75)	
Francia	137 (1855)	277 (1866-70)	164
Dinamarca	134 (1855)	66 (1866-70)	
Bélgica	98 (1855)	86 (1871)	
Baviera	95 (1855)	122 (1873-77)	153
Austria Cisl.	86 (1855)	133 (1871-75)	
Prusia	84 (1855)	272 (1875)	
Sajonia			

alguna entre las vicisitudes de estos dos fenómenos; ciertamente que la estadística de la enajenación mental no está hecha con la suficiente precisión para que estas comparaciones internacionales puedan resultar de una exactitud muy rigurosa; hay, sin embargo, que notar que los dos cuadros anteriores que tomamos de dos autores distintos, dan resultados notablemente concordantes.

Los países en que hay menos locos son aquellos en que hay más suicidios; llama la atención especialmente el caso de Sajonia. Ya en su notable estudio sobre el suicidio en Seine-et-Marne, el doctor Leroy había hecho una observación análoga. "Frecuentemente, dice, las localidades en que se encuentra una proporción notable de enfermedades mentales tiene, igualmente, una de suicidios. Sin embargo los dos máximos pueden ser completamente separados; yo estarla dispuesto a creer que al lado de los países lo suficientemente dichosos para no tener ni enfermedades mentales ni suicidios, están aquellos en que sólo las enfermedades mentales han hecho su aparición." En otras localidades es la proporción inversa la que se produce[25].

Morselli ha logrado resultados algo diferentes[26]. Pero hay que tener en cuenta que bajo el total común de alienados ha confundido a los locos propiamente dichos, con los idiotas[27]. Estas dos afecciones son muy diferentes, sobre todo desde el punto de vista de la acción que pueden ejercer sobre el suicidio. La idiotez, lejos de predisponer a él parece ser un preservativo, pues los idiotas son más numerosos en los campos que en las ciudades, mientras que los suicidios resultan en aquellos mucho más raros. Importa, por lo tanto, distinguir dos estados tan contradictorios, cuando se trata de determinar la parte de las diferentes perturbaciones neuropáticas en la cifra de las muertes voluntarias. Pero aun confundiéndolos, no se llega a establecer un paralelismo regular entre el desenvolvimiento de las enajenaciones mentales y el del suicidio. Si, en efecto, tomando como incontestables las cifras de Morselli, se clasifica a los principales países de Europa en cinco grupos, teniendo en cuenta la importancia de su población de alienados (reuniendo a los idiotas y los locos bajo la misma designación), y si se investiga en seguida cuál es en cada uno de estos grupos la cifra media de los suicidios, se obtiene el cuadro siguiente:

	Alienados por 100.000 habitantes	Suicidios por 1.000.000 habitantes
1° grupo (3 países)	De 340 a 280	157
2° grupo (3 países)	De 261 a 245	195
3° grupo (3 países)	De 185 a 164	65
4° grupo (3 países)	De 150 a 116	61
5° grupo (3 países)	De 110 a 100	68

Se puede decir que, generalmente, allí donde hay más locos e idiotas hay también más suicidios, y a la inversa. Pero no se da entre las dos escalas una correspondencia continuada, que manifieste la existencia de un vínculo causal determinado entre los dos órdenes de fenómenos. El segundo grupo, que debería contar con menos suicidios que el primero, tiene más; el quinto, que, desde igual punto de vista, debería ser inferior a los demás, es, por el contrario, superior al cuarto y aun al tercero. Si, en fin, a la estadística de la enajenación mental que recoge Morselli, se sustituye de la Koch, que es mucho más completa y, a lo que parece, más rigurosa, la ausencia de paralelismo tiene mucho más relieve. He aquí lo que se encuentra en ella[28]:

	Locos e idiotas por 100.000 habitantes	Suicidios por 1.000.000 habitantes
1° grupo (3 países)	De 422 a 395	76
2° grupo (3 países)	De 305 a 291	123
3° grupo (3 países)	De 268 a 244	130
4° grupo (3 países)	De 223 a 218	227
5° grupo (4 países)	De 216 a 146	77

Otra comparación hecha por Morselli entre las diferentes provincias de Italia, es muy poco significativa, según su propia confesión[29].

5° Como la locura parece crecer regularmente desde hace un siglo[30], y ocurre lo mismo con el suicidio, pudiera verse en este hecho una prueba de su solidaridad. Pero lo que le quita todo valor demostrativo es que en las sociedades inferiores en que la locura es muy rara, el suicidio, por el contrario, resulta demasiado frecuente, como determinaremos en otro lugar[31].

La cifra social de los suicidios no sostiene relación con la tendencia a la locura ni, por vía de inducción, con la tendencia a las diferentes formas de la neurastenia.

Y si, como hemos demostrado, la neurastenia puede predisponer al suicidio, no tiene, sin embargo, esta predisposición como necesaria. Sin duda que el neurasténico está inevitablemente predestinado al sufrimiento, si se mezcla muy de cerca a la vida activa, pero no le es imposible retirarse de ella y nevar una existencia especialmente contemplativa. Y si los conflictos de intereses y las pasiones son demasiado tumultuosos y demasiado violentas para un organismo tan delicado, en compensación de ello parece hecho para gozar en su plenitud las alegrías más dulces del pensamiento. Su debilidad muscular, su sensibilidad excesiva, que le hace incapaz para la acción, lo predisponen, por el contrario, para las funciones intelectuales, que también reclaman órganos apropiados. Por lo mismo, si un medio social rígido no puede más que herir sus instintos naturales, desde el momento en que la sociedad misma es mudable y sólo puede permanecer a condición de progresar, él tiene un papel importante que desempeñar en ella, pues es, por excelencia, el instrumento del progreso. Precisamente porque es refractario a la tradición y al yugo del hábil, resulta una fuente eminentemente fecunda de novedad. Y como las sociedades más cultivadas son también aquellas en que las funciones representativas resultan la más necesarias y las más desenvueltas, y en las que a causa de su gran complejidad, un cambio casi incesante es condición necesaria de su existencia; en el momento preciso en que los neurasténicos son más numerosos es cuando tienen más razones de ser. No son, pues seres esencialmente insociables que se eliminan ellos mismos porque no han nacido para vivir en el medio en que se han colocado. Es preciso que otra causa venga a fusionarse al estado orgánico que les es peculiar, para imprimirles esta orientación y hacer que se desenvuelvan en este sentido. Por sí misma, la neurastenia es una predisposición muy general, que no arrastra necesariamente a ningún acto determinado, pero puede, siguiendo las circunstancias, adoptar formas muy variadas. Es un terreno sobre el cual tendencias muy distintas pueden tomar vida, según la manera como sea fecundado por las causas sociales. En un pueblo envejecido y desorientado, el disgusto de la vida, una melancolía inerte, con las funestas consecuencias que implica, germinaran fácilmente; por el contrario, en una ciudad nueva, con un idealismo ardiente, un proselitismo generoso, una abnegación activa, serán los que se desenvuelven con preferencia. Si se ve a los degenerados multiplicarse en las épocas de decadencia, ellos son también los que fundan los estados, y entre ellos se reclutan los grandes renovadores. Un poder tan ambiguo no puede[32] ser suficiente para razonar un hecho social tan definido, como la cifra de los suicidios.

V

Existe un estado psicopático particular, al cual se tiende a imputar desde hace algún tiempo casi todos los males de nuestra civilización: es el alcoholismo. Se le atribuye, con razón o, sin ella, el progreso de la locura, del pauperismo de la criminalidad. ¿Tiene alguna influencia sobre la marcha del suicidio? A priori, la hipótesis parece poco verosímil, porque en las clases más cultivadas y más ricas es donde el suicidio hace más víctimas, y no es, precisamente, en estos medios donde el alcoholismo tiene sus clientes más numerosos. Nada, sin embargo, puede prevalecer contra los hechos; examinémosles.

Si se compara el mapa francés de los suicidios con el de las persecuciones por abusos de bebidas[33], no se ve entre ellos casi ninguna relación. Lo que caracteriza el primero es la existencia de dos grandes núcleos de contaminación, situado uno en la isla de Francia y extendiéndose desde ella hacia Este, mientras que el otro ocupa la costa mediterránea: de Marsella a Niza. Muy otra es la distribución de las manchas claras y de las manchas obscuras sobre el mapa del alcoholismo. Aquí se encuentran tres centros principales: uno en Normandía y más particularmente en el Sena inferior; otro en el Finisterre y en los departamentos bretones, en general; el tercero, en fin, en el Ródano y la región vecina. Por el contrario, desde el punto de vista del suicidio, el Ródano no está por encima de la cifra media; la mayor parte de los departamentos normandos están por debajo; la Bretaña resulta casi indemne. La geografía de los dos fenómenos es demasiado diferente para que se pueda imputar al uno una parte importante en la producción del otro.

Se llega al mismo resultado si se compara el suicidio, no ya con los delitos de embriaguez, sino con las enfermedades nerviosas o mentales causadas por el alcoholismo. Después de haber agrupado los departamentos franceses en clases, según la importancia de su contingente de suicidios, hemos investigado cuál era en cada uno el número medio de los casos de locura por causa alcohólica, según las cifras que da el doctor Lunier[34] y hemos obtenido el resultado siguiente:

	Suicidios por 100.000 habitantes (1872-76)	Locura por alcohol c/100 admisiones (1867-69 y 1874-76)
1° grupo (5 departam.)	Por debajo de 50	11,45
2° grupo (18departam.)	De 51 a 75	12,07
3° grupo (15 departam.)	De 76 a 100	11,92
4° grupo (20departam.)	De 101 a 150	13,42
5° grupo (10departam.)	De 151 a 200	14,37
6° grupo (9 departam.)	De 201 a 250	13,26
7° grupo (4 departam.)	De 251 a 300	16,32
8° grupo (5 departam.)	Por encima de 300	13,47

Las dos columnas no se corresponden. Mientras que los suicidios pasan del uno al séxtuplo y más allá. la producción de las bebidas alcohólicas aumenta apenas en algunas unidades, y el crecimiento no es regular; la segunda clase casi supera a la tercera; la quinta, a la sexta; la séptima, a la octava; por lo tanto, si el alcoholismo obra sobre el suicidio, en tanto en cuanto estado psicopático, esto no pueda ocurrir más que por las perturbaciones mentales que determina. La comparación de los dos mapas confirma la de las cifras medias[35].

A primera vista, una relación más estrecha parece existir entre las cantidades de alcohol consumidas y la tendencia al suicidio, por lo menos en lo que respecta a nuestro país; en efecto, en los departamentos septentrionales es donde se bebe más alcohol, y es en estas regiones donde el suicidio se manifiesta con más violencia, pero las dos manchas no tienen en los dos mapas la misma configuración; la una ostenta su máximum de relieve en Normandía y en el Norte, y disminuye a medida que desciende hacia París; es la de la consumación alcohólica. La otra, por el contrario, tiene su mayor intensidad en el Sena y los departamentos vecinos; es menos sombría en Normandía y no afecta al norte. La primera se desenvuelve hacia el Oeste y llega hasta el litoral del Océano; la segunda tiene una orientación inversa. Se detiene en seguida en la dirección del Oeste por un límite que no franquea ya; no pasa de lEure y lEure-et-Loir, mientras que tiende a dirigirse intensamente hacia el ESlte. Además, la masa oscura, formada en el mediodía por el Var y las Bocas del Ródano, en el mapa de los suicidios, no se encuentra íntegra en el del alcoholismo[36].

En fin, aún en la medida, en que existen coincidencias entre ambos fenómenos, no tiene nada de demostrativo, puesto que son fortuitas. En efecto, si se sale de Francia, elevándose siempre hacia el Norte, la consumación de alcohol va crecido regularmente, sin que el suicidio se desarrolle. Mientras que en Francia en 1873 la cifra media del consumo alcohólico era de 2,84 litros por habitante; en Bélgica se elevaba a 8,56 litros en 1870; en Inglaterra, a 9,07 litros (1870-71); en Rusia, a 10,69 litros (1866), llegando en San Petesburgo hasta 20 litros (1855).

16

Y, sin embargo, mientras que en las épocas correspondientes, en Francia había 150 suicidios por cada millón de habitantes, en Bélgica no había más que 68, en la Gran Bretaña 70, en Suecia 85, en Rusia muy pocos. En San Petesburgo, desde 1874 a 1868, la cifra media anual ha sido de 68,8. Dinamarca es el único país del Norte en que hay a la vez muchos suicidios y un gran consumo de alcohol (16,51 litros en 1845)[37]. Si nuestros departamentos septentrionales se hacen notar por la doble tendencia al suicidio, y al gusto por las bebidas espirituosas, no es porque el primer hecho derive del segundo y encuentra en él su explicación. La coincidencia es accidental. En el Norte, en general, se bebe mucho alcohol, porque el vino no abunda y es caro[38], y porque a causa de una alimentación especial, apta para mantener elevada la temperatura del organismo, es allí más necesario que en otras partes, y, por otro lado, ocurre que las causas generadoras del suicidio están especialmente acumuladas en esta misma región de nuestro país.

La comparación de los diferentes estados de Alemania confirma esta conclusión. Si, en efecto, se les clasifica desde el doble punto de vista del suicidio y de la consumación alcohólica[39] (véase el cuadro siguiente), se comprueba que el grupo en que el suicidio es mayor (el tercero) es el de aquéllos en que se consume menos alcohol. En el examen de detalle se encuentran verdaderos contrastes; la provincia de Posen es, de todas las del Imperio, la menos diezmada por el suicidio (96,04 casos por un millón de habitantes), y aquella en que se bebe más alcohol (13 litros por cabeza). En Sajonia, en que hay cuatro veces más suicidios (348 por un millón), se bebe dos veces menos; en fin, puede notarse que el cuarto grupo, en

Alcoholismo y suicidio en Alemania

Consumo de alcohol per capita (1884-86)	Suicidios por 1.000.000 hab. (1884-	Países
1° grupo 13 a 10,8 litros	20,6,1	Posnania, Silesia, Brandeburgo, Pomerania.
2° grupo 9,2 a2,72 litros	208,4	Prusia oriental y occidental, Hannover, provincia de Sajonia, Turingia, Wesfalia.
3° grupo 6,4 a 4,5 litros	234,1	Meckiemburgo, reino de Sajonia, Schelewig-Holstein, Alsacia, provincia y gran ducado de Hesse.
4° grupo 4 litros y menos	147,9	Provincias del Rin, Baden, Baviera yWurtemberg

que la consumación de alcohol es la más débil, está compuesta casi únicamente por estados meridionales. Por otra parte, si en ellos se suicidan menos que en el resto de Alemania, es porque la población es católica o la integra una fuerte minoría católica[40].

No existe ningún estado psicopático que sostenga con el suicidio una relación regular e incontestable. Porque una sociedad contenga más o menos neurópatas o alcohólicos no se darán en ella más o menos suicidios. Aunque la degeneración, bajo sus diferentes formas, constituya un terreno psicológico, fácil a la acción de las causas que pueden determinar al hombre a matarse, no es por sí misma una de estas causas. Se puede admitir que, en circunstancias idénticas, el degenerado se mate más fácilmente que el sujeto sano; pero no se mata necesariamente en virtud de su estado. La potencialidad que existe en él no puede traducirse en actos más que bajo la acción de otros factores, que es preciso investigar.

[1] Bibliografía: Falret, *De lhypocondrie et du suicide*, París 1822. Esquirol, *Des maladies mentales*, Paris 1838 (t. I, p. 526-676), y artículo *Suicide*, en *Dictinnaire de médecine*, en 60 volúmenes.—Cazauvieilh, *Du suicide et de laliénation mentale*, París, 1840.—Etoe Demazy, *De la folie dans la production du suicide*, en *Annales médico-psych.*,1844.—Bouroin, *Du suicide considéré comme maladie*, Paris, 1845.—Dechambr, *De la monomanie homicide-suicide*, en *Gazette médic.*, 1852.—Jousset, *Du suicide et de la monomanie suicide*, 1858.—Brierre de Broismont, op. cit.—Leray, op. cit.—Art, *Suicide*, du *Dictionnaire de médecine et de chirurgie pratique*, tomo XXXIV, p. 117.—Strahart, *Suicide and Insanity*, Londres, 1894. Lunier, *De la production et de la consommation des boissons alcooliques en France*, Paris, 1877.—Del mismo, art. en *Annales médico psych*, 1872.—*Journal de la Soc. destat.*, 1878.—Prinzig,*Trunksucht und Selbstmord*, Leipzig, 1895.

[2] En la medida en que la locura es propiamente individual. En realidad, resulta en parte un fenómeno social. Insistiremos sobre este extremo,

[3] *Maladies mentales*, t. I, P. 639.

[4] *Ibid*, t. I, p. 665.

[5] *Du suicide*, etc., p. 137.

[6] Du *Annales médico-psich*, t. VIL, p. 287.

[7] *Maladies mentales*, t. I, p. 528.

[8] V. Brienne de Boismont, p. 140.

[9] V. artículo *Suicide* del *Dictionnaire de médecine et de chirurgie prátique*.

[10] No deben confundirse estas alucinaciones con aquellas que tienen como efecto el de hacer desconocer al enfermo los riesgos que corre, por ejemplo, la de confundir una ventana con una puerta. En este caso, no hay suicidio tal y como lo hemos definido precedentemente, sino muerte por accidente.

[11] Bourdin, op. cit., p. 43.

[12] Falret, *Hypochondrie et suicide*, p. 299-307.

[13] *Suicide et folie suicide*, p. 397.

[14] Brierre, op. cit., p. 574.

[15] Ibid, p. 314.

[16] *Maladies mentales*, t. I, p. 529.

[17] *Hypochondrie et suicide*, p. 3.

[18] Cuadro V.

[19] Koch, *Zur Statistike der Geisteskrankheiten*. Stuttgart, 1878, página 73.

[20] V. Después lib. I, cap. II, p. 153.

[21] V. Cuadro IX, p. 76.

[22] Koch, op. cit., p. 139-146.

[23] Koch, op. cit., p. 81.

[24] La primera parte del cuadro está tomada del artículo *Alienación mental* en el "Dictionaire" de Dechambre (tomo III., p. 34); la segunda de Oettingen "Moralstatistik" cuadro anejo 97.

[25] Op. cit., p. 238.

[26] Op. cit., 404.

[27] Morselli no lo declara expresamente, pero resalta así de las cifras que nos ofrece. Son éstas demasiado elevadas para representar sólo los casos de locura. Confróntese con el cuadro incluido en el *Dictionaire* de Dechambre, donde la distinción está hecha; allí se ve claramente que Morselli ha englobado los locos y los idiotas.

[28] De los países de Europa sobre los que Koch nos ofrece datos, sólo hemos prescindido de Holanda. Las informaciones que se poseen sobre la intensidad que tiene allí la inclinación al suicidio, no parecen suficientes.

[29] Op. cit. p. 403.

[30] La prueba no se ha hecho todavía de una manera demostrativa; en todo caso, si existe el progreso, ignoramos el coeficiente de aceleración.

[31] V. Lib. II, cap. IV.

[32] Existe un ejemplo interesante de esta ambigüedad, en las semejanzas y los contrastes que la literatura francesa presenta con la literatura rusa. La simpatía con que hemos acogido la segunda demuestra que no carece de afinidad con la nuestra. Y, en efecto, se siente en los escritores de esos nacionas una delicadeza enfermiza del sistema nervioso y una cierta ausencia de equilibrio mental y moral.¡Y como este estado, biológico y sicológico a la vez, produce consecuencias sociales diferentes! Mientras que la literatura rusa es idealista hasta el exceso, y la melancolía de que está impregnada tiene como origen una compasión activa por el dolor humano y es una de esas tristezas sanas que excitan la fe y provocan la acción, la nuestra se enorgullece de no expresar más que sentimientos de pesada desesperación y reflejar un inquietante estado depresivo. Se ve cómo un mismo estado orgánico puede servir para fines sociales casi opuestos.

[33] Según la *Compte general de lAdministration de la justice criminelle*, año 1887. V. cuadro I, p. 48.

[34] "De la production et de la consommation des boissons alcoliques en Francen, pág. 174-175.

[35] V., cuadro I, p. 9.

[36] V., cuadro II, p. 12.

[37] Según Lunier, op. cit., p. 180 y siguientes, se encontrarán cifras análogas, con referencia a otros años, en Prinzing, op. cit., página 58.

[38] Por lo que se refiere a la consumación del vino, varía ordinariamente en razón inversa del suicidio; en el mediodía es donde se bebe más vino, y donde los suicidios son menos numerosos; no se saque, sin embargo, la conclusión de que el vino es una garantía contra el suicidio.

[39] Según Prinzing, op. cit., p. 75.

[40] Se ha alegado algunas veces, para demostrar la influencia del alcohol, el ejemplo de Noruega, donde el consumo alcohólico y el suicidio han disminuido paralelamente desde 1830. Pero en Suecia, el alcoholismo ha disminuido igualmente y en las mismas proporciones, mientras que el suicidio no ha cesado de aumentar (15 casos por un millón de habitantes en 1886-1888, en vez de 63 en 1821-1830). Lo mismo ocurre en Rusia.

A fin de que el lector tenga a mano todos los elementos del problema, debemos añadir que la proporción de los suicidios que la estadística francesa atribuye a excesos de la embriaguez o a embriaguez habitual, ha subido de 6,69 por 100 en 1849, a 13,41 por 100 en 1876. Pero sería preciso que todos estos casos se imputasen al alcoholismo propiamente dicho, que no hay que confundir con la simple embriaguez, o con la frecuentación de las tabernas. Estas cifras, cualquiera que sea su significación exacta, no prueban que el abuso de las bebidas espirituosas tengan una gran parte en la cifra de los suicidios; ya veremos más adelante por qué se puede conceder un gran valor a los datos que nos suministra la estadística sobre las causas presuntas de los suicidios.

Capítulo II

El suicidio y los estados psicológicos normales
La raza-La herencia

Pudiera ocurrir que la tendencia al suicidio estuviese fundada en la constitución del individuo, sin depender especialmente de los estados anormales a que acabamos de pasar revista. Pudiera consistir en fenómenos puramente psíquicos, sin estar necesariamente relacionada con alguna perversión del sistema nervioso. ¿Por qué no ha de haber en los hombres una inclinación a quitarse la vida, que no sea una monomanía o una forma de alienación mental o de neurastenia? La proposición pudiera mirarse como definitiva, si cada raza tuviese una cifra de suicidios característica, como han admitido muchos suicidógrafos[1]. Una raza no se define y no se diferencia de las demás sino por caracteres orgánico-psíquicos. Si el suicidio varía realmente con las razas, es preciso reconocer que existe alguna disposición orgánica con la que está estrechamente solidarizado.
¿Esta relación tiene realidad?

I

Ante todo, ¿qué es una raza? Es tanto más necesario dar una definición de ella, cuanto que no sólo el vulgo, sino los mismos antropólogos emplean la palabra en sentidos muy divergentes. Sin embargo, en las distintas fórmulas que han sido propuestas para ello, se encuentran generalmente, dos nociones fundamentales: la de la semejanza y la de la filiación. Pero, según las escuelas, es una u otra de estas ideas la que ocupa el primer lugar.
Se ha entendido por raza un agregado de individuos que, sin duda, presentan rasgos comunes; pero que deben esta comunidad de caracteres al hecho de que todos derivan de un mismo país. Cuando, bajo la influencia de una causa cualquiera, se produce, en uno o en muchos sujetos, de una misma generación sexual, una variación que los distingue del resto

de la especie, y esta variación, en lugar de desaparecer en la generación siguiente, se fija de un modo progresivo en el organismo por efecto de la herencia, da nacimiento a una raza. Siguiendo esta tendencia, es como M. de Quatrefages ha podido definir la raza; "el conjunto de individuos semejantes, pertenecientes a una misma especie, que se transmiten por la vía de la generación sexual los caracteres de una variedad primitiva"[2]. Así entendido, se distinguida de la especie en que las parejas iniciales, de donde surgen las diferentes razas de una misma clase, derivarían todas, por su parte, de una pareja única. El concepto se circunscribiría así de una manera precisa, y se definiría por el procedimiento especial de filiación que le ha dado nacimiento.

Desgraciadamente, si nos atenemos a esta fórmula, la existencia y el dominio de una raza no pueden determinarse más que con la ayuda de investigaciones históricas y etnográficas, cuyos resultados son siempre dudosos, pues sobre estas cuestiones de origen no se puede llegar más que a semejanzas muy inciertas. Por lo demás, no es seguro que existan hoy razas humanas que respondan a esta definición, porque como consecuencia de los cruzamientos que han tenido lugar en todos sentidos, cada una de las variedades existentes en nuestra especie deriva de orígenes muy diversos. Si no se nos proporciona otro criterio, será muy difícil saber las relaciones que las diferentes razas sostienen con el suicidio, porque no se puede decir con precisión dónde empiezan y dónde acaban. Por otra parte, la concepción de Quatrefages tiene el inconveniente de prejuzgar la solución de un problema que la ciencia está muy lejos de haber resuelto. Supone, en efecto, que las cualidades características de la raza se han formado en el curso de la evolución, y sólo se han fijado en el organismo bajo la influencia de la herencia. Esto es lo que confirma toda una escuela de antropólogos que han tomado el nombre de poligenistas. Según ellos, la humanidad, en lugar de descender íntegramente de una sola y única pareja, como quiere la tradición bíblica, ha aparecido, simultánea o sucesivamente, en distintos puntos del globo. Como estas razas primitivas se han formado independientemente las unas de las otras y en medios distintos, serían diferenciables desde el principio; en consecuencias, cada una de ellas habrá sido una raza. Las principales razas se habrán, pues, constituido gracias a la fijación progresiva de variaciones adquiridas, pero desde el principio y por un primer esfuerzo.

Puesto que este gran debate está siempre abierto, no es metódico hacer entrar la idea de filiación o parentesco en la noción de la raza. Es mejor definirla por sus atributos inmediatos tal como el observador puede directamente conocerla y apreciar toda cuestión de origen. No quedan entonces más que dos caracteres que la singularicen. En primer lugar, se trata de un grupo de individuos que presentan semejanzas, entre los que hay también miembros de una misma confesión o de una misma profesión. Lo que acaba de caracterizarlos es que estas semejanzas son hereditarias. Se trata de un tipo que sea cualquiera la manera como se halla formado en su origen, es actualmente transmisible por herencia. En este sentido, Prichard decía: "bajo el nombre de raza se comprende a toda colección de individuos que presentan más o menos caracteres comunes, transmisibles por herencia, de cuyo origen debe prescindirse". Broca se expresa en los mismos términos, "en cuanto las variedades del género humano, dice, han recibido el nombre de razas, que da origen a la idea de una filiación más o menos directa entre los individuos de la misma variedad, pero no resuelven ni afirmativa ni negativamente la cuestión del parentesco entre individuos de variedades diferentes"[3].

Planteado así, el problema de la constitución de las razas es de posible solución; pero ocurre que la palabra se toma entonces en una acepción tan extensa, que llega a ser indeterminada. No se designa con ella solamente los entronques más generales de la especie, las divisiones naturales y relativamente inmutables de la humanidad, sino a los tipos de todas clases. Desde este punto de vista, en efecto, cada grupo de naciones cuyos miembros, a consecuencia de las relaciones íntimas que los han unido durante siglos, presentan semejanzas, en parte hereditarias, constituiría una raza. Y así se habla a veces de una raza latina, de una raza anglosajona, etc., y sólo es en este aspecto en el que las razas pueden ser miradas como factoras concretos y vivos del desenvolvimiento histórico. En la confusión de los pueblos, en los cruzamientos de la historia, las grandes razas, primitivas y fundamentales, han acabado por confundirse de tal suerte las unas con las otras, que han perdido casi toda su individualidad. Si no se han desvanecido por completo, por lo menos no se encuentran de ellas más que vagos rudimentos, rasgos esparcidos, que sólo se unen imperfectamente unos con otros y no llegan a formar fisonomías caracterizadas. Un tipo humano, que se constituye únicamente con la ayuda de algunos datos, a menudo indecisos, sobre la longitud de la estatura y sobre la forma del cráneo, no tiene bastante consistencia ni determinación para que pueda atribuírsele una gran influencia sobre la marcha de los fenómenos sociales. Los tipos más especiales y de menos extensión, a los que se llama raza en el sentido amplio de la palabra, tienen un relieve más marcado y desempeñan necesariamente un papel histórico, puesto que son productos de la historia mucho más que de la naturaleza. Pero es preciso que sean objetivamente definidos. Sabemos muy difícilmente, por ejemplo, por qué signos exactos la raza latina se distingue de la raza sajona. Cada uno habla de ello a su modo, sin gran rigor científico.

Estas observaciones preliminares nos advierten que la sociología no puede obrar con circunspección cuando trata de buscar la influencia de la raza sobre un fenómeno social cualquiera. Para poder resolver tales problemas, seria preciso saber cuáles son las diferentes razas y cómo se distinguen las unas de las otras. Esta reserva es tanto más necesaria cuanto que la incertidumbre de la antropología puede muy bien deberse al hecho de que la palabra raza no corresponde actualmente a nada definido. De una parte, en efecto, las razas originales no tiene ya más que un interés paleontológico; y de otra, estos grupos más restringidos, que se han calificado hoy con ese nombre, sólo parecen ser pueblos o sociedades de pueblos, hermanos por la civilización más que por la sangre. La raza así concebida, casi acaba por confundirse con la nacionalidad.

II

Convengamos, sin embargo, que existen en Europa algunos grandes tipos en que se encuentran de una manera global los caracteres más generales y entre los cuales se reparten los distintos pueblos, y acordemos darles el nombre de razas. Morselli distingue cuatro de ellas: el *tipo germánico,* que comprende como variedades el alemán, el escandinavo, el anglosajón, el flamenco; el *tipo celta-romano* (belgas, franceses, italianos, españoles); el *tipo eslavo* y el *tipo ural-altáico.* No mencionamos este último más que de memoria, puesto que cuenta con pocos representantes en Europa para que pueda determinarse qué relaciones guarda con el suicidio. No pertenecen a él, en efecto, más que los húngaros, los finlandeses y algunas provincias rusas que se le aproximan. Las otras tres razas se clasifican de la manera siguiente, según el orden decreciente de su aptitud para el suicidio: primero los pueblos germánicos; después los celta-romanos; finalmente los eslavos[4]. ¿Pero estas diferencias pueden ser realmente imputadas a la acción de la raza?

La hipótesis sería posible si cada grupo de pueblos, reunidos bajo una misma designación, tuviese por el suicidio una tendencia, de intensidad aproximadamente igual, pero existen, entre naciones de la misma raza, las más extremas divergencias. Mientras que los eslavos, en general, son poco inclinados a matarse, Bohemia y Moravia constituyen una excepción. La primera produce 158 suicidios por millón de habitantes y la segunda, 136; mientras que la Carniola no tiene más que 46, la Croacia, 30 y la Dalmacia, 14. Igualmente, de todos los pueblos celta-romanos, Francia se distingue por la importancia de su aportación: 150 suicidios por millón de habitantes, mientras que Italia, en igual época, no da más que 30, y España menos todavía. Es muy difícil admitir, como quiere Morselli, que una diferencia tan considerable puede explicarse por el hecho de que los elementos germánicos son más numerosos en Francia que en los otros países latinos. Dando por supuesto que los pueblos que se separan en esta forma de sus congéneres son también los más civilizados, existe el derecho de preguntarse si lo que diferencia las sociedades y los grupos llamados étnicos no es, sobre todo, el desigual desenvolvimiento de su civilización.

Entre los pueblos germánicos, la diversidad es mayor todavía; de los cuatro grupos que se enlazan con esta variedad, hay tres mucho menos inclinados al suicidio que los eslavos y que los latinos. Son los flamencos, que no tienen más que 50 suicidios (por millón); los anglo-sajones, que sólo tienen 70[5]; en cuanto a los escandinavos, es verdad que Dinamarca presenta la cifra elevada de 268 suicidios, pero Noruega no tiene más que 74,5 y Suecia, 84. Es, pues, imposible atribuir la cifra de los suicidios daneses a la raza, puesto que en los dos países en que esta raza es más pura, produce efectos contrarios. En suma, de todos los pueblos germánicos, sólo hay uno que esté de una manera general fuertemente inclinado al suicidio: los alemanes. Si tomamos los términos en un sentido riguroso, no se tratará aquí de una cuestión de raza, sino de nacionalidad. Sin embargo, como no se ha demostrado la existencia de un tipo alemán que sea, en parte hereditario, se puede convenir en extender hasta este extremo límite, el sentido de la palabra, y decir que, en los pueblos de raza alemana, el suicidio está más desarrollado que en la mayor parte de las sociedades celto-romanas, eslava s y aun anglo-sajonas y escandinavas. Pero ésta es la única conclusión que puede sacarse de las cifras que preceden. Y ésta casi es la única en que una cierta influencia de los caracteres étnicos pudiera sospecharse con alguna razón. Vamos a ver aún cómo en realidad la raza no influye para nada en el suicidio.

En efecto, para poder atribuir a esta causa la tendencia de los alemanes por el suicidio, no basta con probar que ésta sea general en Alemania, pues esta generalidad pudiera ser debida a la naturaleza propia de la civilización del país. Sería preciso haber demostrado que dicha tendencia está ligada a un estado hereditario del organismo alemán, que es un rasgo permanente del tipo, y que subsiste aun cuando el medio social cambie. Sólo con esta condición, podríamos ver en él un producto de la raza. Investiguemos, pues, si fuera de Alemania, y una vez que se haya asociado a la vida de otros pueblos y aclimatado en civilizaciones diferentes, el alemán conserva su triste primacía.

Austria nos ofrece, para responder a esta pregunta, una experiencia completa. Los alemanes se han mezclado allí, en proporciones muy diferentes, según las provincias, a una población cuyos orígenes étnicos son completamente distintos. Veamos, pues, si su presencia ha tenido como efecto el de elevar la cifra de los suicidios. El cuadro VII marca para cada provincia, al mismo tiempo que la cifra media de los suicidios durante el quinquenio 1872–77, la importancia numérica de los elementos alemanes. Teniendo en cuenta la naturaleza de los idiomas empleados, es como se ha hecho la determinación de la parote correspondiente a cada raza; y aunque este criterio no sea de una rigurosa exactitud, es el más seguro de que nos podemos servir.

CUADRO VII
COMPARACIÓN ENTRE LAS PROVINCIAS AUSTRIACAS DESDE EL PUNTO DE VISTA DEL SUICIDIO Y DE LARAZA

		Alemanes c/100 ha.	Cifra de suicidios por		
Provincias puramente alemanas	Austria inferior	95,90	254		
	Austria superior	100	110	Media 106	
	Salzburgo	100	120		
	Tyrol trasalpino	100	88		
Mayoría alemana	Carintia	71,40	92	Media 125	
	Stelia	62,45	94		
	Silesia	53,37	190		
Fuerte min. alemana	Bohemia	37,64	158	Media 140	
	Moravia	26,33	136		Media de los 2 grupos 86
	Bukovin	9,06	128		
Débil min. alemana	Galitzia	2,72	82		
	Tyrol cisalpino	1,90	88		
	Litoral Carniola	1,62	38		
		6,20	46		
	Dalmacia		14		

Nos es imposible encontrar en este cuadro, que tomamos de Morselli, el menor rasgo de la influencia alemana. Bohemia, Moravia y Bucovina, que comprenden solamente de 37 a 9 por 100 de alemanes, tienen una media de suicidios (140) superior a la de Stelia, Carintia y Silesia (125), en que los alemanes están en una gran mayoría. Asimismo, estos últimos países, en los que se encuentra una minoría importante de eslavos, exceden, por lo que con el suicidio se relaciona, a las tres únicas provincias en que la población es enteramente alemana: la Alta Austria, Salzburgo y el Tirol trasalpino; es verdad que la Austria inferior da muchos más suicidios que las otras regiones, pero el exceso que ofrecen en este punto no puede atribuirse a la presencia de elementos alemanes, puesto que éstos son más numerosos en la Alta Austria, Salzburgo y el Tirol trasalpino, en que el suicidio es dos o tres veces menor.

La verdadera causa de esta cifra elevada es que la Austria inferior tiene por capital a Viena, que, como todas las capitales, cuenta anualmente con un número enorme de suicidios; en 1876 se cometieron 320 por millón de habitantes, Hay, pues, que guardarse de atribuir a la raza lo que proviene de la gran ciudad; inversamente, si el Litoral, la Carniola y la Dalmacia tienen tan pocos suicidios, no es la causa de ello la ausencia de los alemanes, pues en el Tirol cisalpino, en Galitzia, en que no hay alemanes, se dan de dos a cinco veces más de muertes voluntarias. Si se calcula la cifra media de los suicidios para el conjunto de las ocho provincias de minoría alemana, se llega a la de 86, es decir, tantos como en el Tirol trasalpino, en que no hay más que alemanes, y más que en la Corintia y en la Estonia, en que se encuentran en gran cantidad. Así, cuando el alemán y el eslavo viven en el mismo medio social, su tendencia al suicidio es sensiblemente la misma. Como consecuencia, la diferencia que se observa entre ellos, cuando las circunstancias varían, no tienen nada que ver con la raza.

Lo mismo ocurre con la relación que hemos establecido entre el alemán y el latino. En Suiza encontramos frente a frente estas dos razas. Quince cantones son alemanes total o parcialmente. La media de los suicidios es en ellos de 186 (año 1876). Cinco son de mayoría francesa (Valais, Friburgo, Neufchatel, Ginebra, Vaud). La media de suicidios en ellos es de 255. Aquél de estos cantones en que se cometen menos es el de Valais (10 por millón); es justamente en el que hay más alemanes (319 por mil habitantes); por el contrario, Neufchatel, Ginebra y Vaud, en que la población es casi enteramente latina, tienen, respectivamente, 486, 321 y 371 suicidios.

Para permitir al factor étnico que manifiesta mejor su influencia, si es que ésta existe, hemos eliminado el factor religioso que pudiera enmascararle; para ello hemos comparado los cantones alemanes con los cantones franceses de la misma confesión. Los resultados de este cálculo no han hecho mas, que confirmar los precedentes.

Cantones suizos

| Católicos alemanes | 87 | Protestantes alemanes | 293 |
| Idem franceses | 83 | Idem franceses | 456 |

Por una parte, no hay diferencia sensible entre las dos razas, aunque por otra sean los franceses los que tengan la superioridad.

Los hechos concurren a demostrar que si los alemanes se matan más que los otros pueblos, la causa no hay que buscarla en la sangre que corre por sus venas, sino en la civilización en cuyo seno han sido educados. Sin embargo, entre las pruebas que ha suministrado Morselli para determinar la influencia de la raza, hay una que en el primer momento puede pasar por la más concluyente. El pueblo francés resulta de la mezcla de dos razas principales: los celtas y los kymrris, que desde su origen se distingue una de otra por la talla. Desde la época de Julio César, los kymrris eran conocidos por su alta estatura. Y es según la talla de los habitantes, como Broca ha podido demostrar, la manera en que estas dos razas están actualmente distribuídas sobre la superficie del territorio francés; y ha encontrado que las poblaciones de origen céltico preponderan al sur del Loire, y los de origen kymrrico al norte. Dicho mapa etnográfico ofrece ciertas semejanzas con el de los suicidios, pues ya sabemos que éstos están distribuidos en la parte septentrional del país y que su mínimum se encuentra en el centro y el mediodía. Pero Morselli ha ido más lejos. Ha creído poder establecer que los suicidios franceses varían regularmente, siguiendo la forma de distribución de los elementos étnicos. Para proceder a esta demostración, ha constituido seis grupos de departamentos, calculando para cada uno de ellos la media de los suicidios y también la de los sujetos al servido militar, exentos por falta de talla, lo que constituye una manera indirecta de calcular la estatura media de la población correspondiente, que ésta se eleva a media que el número de exentos disminuye. Encuentra que esas dos series de medias varían en razón inversa la una de la otra. Hay tantos más suicidios cuanto menos exentos por talla insuficiente; es decir cuando la talla mediaes más alta[6].

Una correspondencia tan exacta, al ser establecida, sólo puede explicarse por la acción de la raza. La manera como Morselli ha llegado a este resultado, no permite considerarlo como definitivo. Ha tomado como base de su comparación los seis grupos étnicos distinguidos por Broca[7], siguiendo el supuesto grado de pureza de las dos razas célticas o kymrricas. Cualquiera que sea la autoridad de dicho sabio, estas cuestiones etnográficas son demasiado complejas y dejan aún demasiado lugar a la diversidad de las interpretaciones y de las hipótesis contradictorias, para que puedan ser mirada como cierta la clasificación que él ha propuesto. No hay más que ver en cuantas conjeturas históricas, más o menos comprobables, ha debido apoyadas, y si ha sacado como consecuencia evidente de estas investigaciones la de que existen en Francia dos tipos antropológicos completamente distintos. La realidad de los tipos intermedios y diversamente matizados que ha creído reconocer es muy dudosa[8]. Si, dejando a un lado este cuadro sistemático, quizá demasiado ingenioso, nos contentaremos con clasificar los departamentos según la talla media que es propia de cada una de ellos (es decir, según el número de los sujetos al servicio militar, exentos por falta de talla), y si se confronta con cada una de estas medias la de los suicidios, se encuentran lo resultados siguientes, que difieren bastante de los obtenidos por Morselli.

CUADRO VII

Departamentos de tallaalta			Departamentos de tallapequeña		
	Número de exentos	Cifra media suicids		Número de exentos	Cifra media de suicidios
1er grupo (9 depart.)	Por bajo de 40 s/mil examinados	180	1er grupo (22 depart.)	De 60 a 80 s/mil examinados	115 (sin el Sena 101)
2° grupo (8 depart.)	De 40 a 50	249	2° grupo (12 depart.)	De 80 a 100	88
3er grupo (17 depart.)	De 50 a 60	170	3er grupo (14 depart.)	Por encima	90
Media general	Por bajo de 60 en mil examinados	191	Media general	Por encima en mil examinados	103 (con el Sena) 93 (sin el Sena)

La cifra de los suicidios no crece de una manera regular, proporcionalmente a la importancia relativa de los elementos kymrricos o supuestos tales. Así, el primer grupo en que las tallas son más altas, cuenta con menos suicidios que el segundo y no muchos más que el tercero; igualmente los tres últimos se encuentran aproximadamente con el mismo nivel[9], por muy desiguales que resulten en relación con la talla. Todo lo que se deduce de estas cifras, es que tanto desde el punto de vista de los suicidios como del de la talla, Francia está dividida en dos mitades: una septentrional, en que los suicidios son numerosos y las tallas elevadas, y otra central, en que las tallas son menores, y en la que se matan menos, sin que estas dos progresiones sean exactamente paralelas. En otros términos, las dos grandes masas regionales que hemos visto en el mapa etnográfico se encuentran en el de los suicidios, pero esta coincidencia no es verdadera más que globalmente y de un modo general, y no se encuentra en el detalle de las variaciones que presentan los dos fenómenos comparados.

Una vez que esta coincidencia se reduce a sus verdaderas proporciones, deja de constituir una prueba decisiva en favor de los elementos étnicos y no es ya más que un hecho curioso, insuficiente para demostrar una ley; lo que muy bien puede ser debido al solo encuentro de factores independientes. Para que pueda ser atribuida a la acción de la raza, seria preciso que esta hipótesis fuese confirmada, y aun exigida por otros hechos. Por el contrario, le contradicen los que siguen:

1° Sería extraño que un tipo colectivo como el de los alemanes, cuya realidad es incontestable y que tiene con el suicidio tan poderosa afinidad, dejase de manifestarla desde que se modifican las circunstancias sociales; y que un tipo semiproblemático, como el de los celtas o el de los antiguos belgas, del que no quedan más que raros vestigios, tuviese aun hoy una acción eficaz sobre esta misma tendencia. Existe demasiada distancia entre la extrema generalidad de los caracteres cuyo recuerdo se perpetúa en este tip o y la compleja especialidad de tal inclinación.

2° Ya veremos después que el suicidio era frecuente en los antiguos celtas[10]. Si hoy es raro en poblaciones que se suponen de origen celta, no puede ser en virtud de una propiedad congénita de la raza, sino de circunstancias exteriores, que han cambiado después.

3° Celtas y kymrris no constituían razas primitivas y puras, pero estaban afiliados por la sangre y por el lenguaje y las creencias[11]. Unos y otros no son más que vaciedades de esa raza de hombres rub ios y de alta estatura, que ya por invasiones en masa, ya por grupos sucesivos, se han extendido poco a poco en toda Europa. La diferencia que existe entre ellos desde el punto de vista etnográfico, es porque los celtas, cruzándose con las razas morenas y pequeñas del mediodía se han separado más del tipo común. En consecuencia, si la mayor aptitud de los kymrris para el suicidio tiene causas étnicas, provendría de que en ellos la raza primitiva se ha alterado menos. Pero entonces se debería ver crecer el suicidio aun fuera de Francia, tanto más cuanto que los caracteres de esta raza son más acusados; y no ocurre esto. Es en Noruega en donde se encuentran las mayores estaturas de Europa (un metro setenta y dos centímetros), y por otra parte, este tipo es originario con toda verosimilitud del norte, y en particular de las ciberas del Báltico; allí es donde parece que se ha conservado más puro. Pues bien, en la península escandinava, la cifra de suicidios no es elevada. La misma raza, se dice, ha conservado mejor su pureza en Holanda, en Bélgica y en Inglaterra, y más que en Francia[12], y, sin embargo, este último país es mucho más fecundo en suicidios que los otros tres.

Por otra parte, esta distribución geográfica de los suicidios franceses puede explicarse sin que sea preciso hacer intervenir en ellos a los oscuros poderes de la raza. Se sabe que nuestro país está dividido, tanto moral como etnológicamente, en dos partes, que todavía no se han confundido por completo. Las poblaciones del centro y del mediodía han guardado su idiosincrasia, un género de vida que les es propio, y por esta razón resisten a las ideas y a las costumbres del norte. Y es que en el norte, es donde se encuentra el hogar de la civilización francesa, que ha quedado como una cosa esencialme nte septentrional. Por otra parte, como contiene, según se verá después, las principales causas que lanzan a los franceses al suicidio, los límites geográficos de su esfera de acción, son también los de la zona más fértil en suicidios. Así, pues, si las ge ntes del norte se matan más que las del mediodía, no es porque estén más predispuestas a ello en virtud de su temperamento étnico, es, sencillamente, porque las causas sociales del suicidio están más particularmente acumuladas al norte del Loire que al sur.

El saber cómo se ha producido y mantenido esta dualidad moral de nuestro país, es una cuestión histórica que no serían suficientes a resolver las consideraciones etnográficas. No es solamente la diferencia de raza la que ha podido ser causa de ello, puesto que razas muy diferentes son susceptibles de mezclarse y de confundirse las unas en las otras. No es tan profundo el antagonismo existente entre el tipo septentrional y el tipo meridional, que no hayan podido triunfar de él algunos siglos de vida común. El lorenés no difiere menos del normando que el provenzal del habitante de la Isla de Francia. Lo que ocurre es que, por razones históricas, el espíritu provincial, el tradicionalismo local han arraigado con más fuerza en el mediodía, mientras que en el norte, la necesidad de hacer frente a enemigos comunes, una solidaridad de intereses más estrecha, con tactos más frecuentes, han aproximado más pronto a los pueblos y confundido su historia. Y es precisamente esta nivelación moral la que, haciendo más activa la circulación de los hombres, de las ideas y de las cosas, ha sido en esta última región, el lazo de origen de una civilización intensa[13].

III

La teoría que hace de la raza un factor importante de la tendencia al suicidio, admite, por lo demás, implícitamente que ésta es hereditaria, pues sólo puede constituir un carácter étnico con esta condición. ¿Pero está demostrada la herencia del suicidio? La cuestión merece un maduro examen, porque aparte de las relaciones que sostiene con lo precedente, tiene por sí misma un interés propio. Si, en efecto, se establece que la tendencia al suicidio se transmite por la generación, será preciso reconocer que depende íntimamente de un estado orgánico determinado.

Importa, ante todo, precisar el sentido de las palabras; ¿cuándo se dice que el suicidio es hereditario se entiende sencillamente que los hijos de los suicidas, habiendo heredado el humor de sus padres están inclinados a conducirse como ellos en las mismas circunstancias? En estos términos, la proporción es incontestable, aunque limitada, puesto que no es el suicidio el que resulta entonces hereditario; lo que se transmite es sencillamente un cierto temperamento general que puede, llegado el caso, predisponer a él a los sujetos, sin que constituya una necesidad y que, en consecuencia, no explica suficiente su determinación. Hemos visto cómo la constitución individual que favorece más esta resolución, es decir, la neurastenia bajo sus diferentes formas, no nos da razón alguna de las variaciones que presenta la cifra de los suicidios, pero es en un sentido muy distinto en el que los psicólogos han hablado frecuentemente de la herencia. Sería la tendencia a matarse la que pasará directa e íntegramente de los padres a los hijos, y la que una vez transmitida, daría nacimiento al suicidio con un verdadero automatismo. Consistiría, entonces, en una suerte de mecanismo psicológico, dotado de cierta autonomía, que no sería diferente de una monomanía y al que, con toda probabilidad, correspondería un mecanismo fisiológico no menos definido. En consecuencia, dependería esencialmente de causas individuales.

¿La observación demuestra la existencia de tal herencia? Seguramente; y a veces se ve reproducirse el suicidio en una misma familia, con una deplorable regularidad; uno de los ejemplos más relevantes es el que cuenta Gall: "Un señor, G., propietario, deja siete hijos, con una fortuna de dos millones; seis de ellos habitan en París o en sus alrededores y conservan su porción de la fortuna paterna; algunos hasta la aumentan; ninguno sufre desgracias; todos gozan de buena salud...; los siete hermanos, en el espacio de cuarenta años, se han suicidado"[14]. Esquirol ha conocido un comerciante, padre de seis hijos, de los que cuatro se mataron; el quinto realizó repetidas tentativas. Por lo demás, se ha visto sucesivamente a los padres, los hijos y los nietos, sucumbir a la misma, impulsión. El ejemplo de los fisiólogos debe enseñarnos a no sacar conclusiones prematuras en estas cuestiones de herencia, que piden ser tratadas con mucha circunspección; así, son numerosos los casos en que la tuberculosis azota a generaciones sucesivas y, sin embargo, los sabios dudan todavía en admitir que sea hereditaria; la solución contraria parece prevalecer. Esta repetición de la enfermedad en el seno de una familia misma puede ser debida, en efecto, no a la herencia de la tuberculosis por sí misma, sino a la de un temperamento general propio para recibir, y fecundar en ocasiones, el bacilo generador del mal. Lo que se transmite en este caso no es la afección misma, sino solamente un terreno capaz de favorecer su desarrollo. Para tener el derecho de rechazar categóricamente esta última explicación, sería preciso haber establecido por lo menos que el bacilo de Koch se encuentra a menudo en el feto; mientras que esta demostración no se haga, la duda se impone. La misma reserva es de rigor en el problema que nos ocupa. No basta para resolverlo con citar ciertos hechos favorables a la tesis de la herencia. Seda preciso que estos hechos se dieran un número suficiente para que no pudieran ser atribuidos a coincidencias accidentales, que no fuesen susceptibles de otra explicación y que no estuviesen contradichos por ningún otro hecho. ¿Cumplen esta triple condición?

Pasan, en verdad, por ser raros, pero para que podamos concluir que está en la naturaleza del suicidio su carácter hereditario, no es bastante que se den con más o menos frecuencia; sería preciso, además, poder determinar cuál es la proporción de esos hechos en relación con el conjunto de muertes voluntarias. Si la existencia de antecedentes hereditarios se demostrase en una fracción, relativamente elevada, de la cifra total de los suicidios, habría fundamento para admitir que existe entre estos dos hechos una relación de causalidad; que el suicidio tiene una tendencia a transmitirse hereditariamente. Pero mientras que falten estas pruebas, se puede siempre preguntar si los casos que se citan no son debidos a combinaciones fortuitas de causas diferentes. Las observaciones y comparaciones que por sí solas permitirían resolver esta cuestión, no han sido hechas jamás de una manera seria. Se contentan los autores, casi siempre, con relatar un cierto número de anécdotas interesantes. Los datos escasos que tenemos sobre este punto particular no tienen nada de demostrativos en ningún sentido y hasta resultan un poco contradictorios. Entre 39 alienados con inclinación más o menos pronunciada al suicidio que el doctor Luys ha tenido ocasión de asistir en su establecimiento y sobre los que ha podido reunir afirmaciones bastantes completas, sólo ha encontrado un caso en que la misma tendencia se hubiese ya encontrado en la familia del enfermo[15]. Entre 265 alienados, Brierre de Boismont, ha encontrado solamente 11, o sea el 4 por 100, cuyo padre se hubiera suicidado[16]. La proporción que da Cazauvieilh, es mucho más elevada; en 13 sujetos sobre 60, ha comprobado antecedentes hereditarios, es decir, en un 28 por 100[17]. Según la estadística bávara, lo única que registra la tendencia de la herencia durante los atlas 1857-66, ésta se ha hecho sentir en un 13 por 100 de casos[18].

Por poco decisivos que fuesen estos hechas y aunque no se pudiese dar cuenta de ellos más que admitiendo una herencia especial del suicidio, esta hipótesis revestiría cierta autoridad dimanante de la imposibilidad en que nos encontraríamos para hallar otra explicación. Pero existen, por lo menos, otras dos causas que pueden producir los mismos efectos, sobre todo por el concursa de ambas.

En primer lugar casi todas estas observaciones han sido hechas por alienistas, y en consecuencia sobre alienados. La enajenación mental es de todas las enfermedades la que se transmite más frecuentemente quizá. Se puede preguntar si la tendencia al suicidio es hereditaria o si sólo se trata de la alienación mental, de la que esta tendencia es un síntoma frecuente, aunque accidental. La duda es tanto más fundada, cuanto que según la confesión de todos los observadores, sobre todo, sino exclusivamente es en los alienados suicidas donde se encuentran los casos favorables a la hipótesis de la herencia[19]. Sin duda que en estas condiciones la herencia tiene un papel importante; pero no es ya la herencia del suicidio la que se transmite, es la afección mental en su generalidad; es la tara nerviosa, de la que es una consecuencia contingente la muerte del sujeto. En este caso, la herencia no se relaciona directamente con la inclinación al suicidio, como no se relaciona con la hemoptisis en los casos de tuberculosis hereditaria. Si el desgraciado que cuenta a la vez en su familia con locos y suicidas se mata, no es porque sus padres se hayan matado, es porque estaban locos. Así como los desórdenes mentales se transforman al transmitirse, como ocurre por ejemplo con la melancolía de los ascendientes que se convierten en delirio crónico o en locura instintiva en los ascendientes, puede ocurrir que muchos miembros de una familia se den la muerte y que todos estos suicidios obedezcan a locura diferente, perteneciendo por consecuencia a tipos distintos.

Sin embargo esta primera causa no es bastante para explicar todos los hechos. De una parte, no se ha probado aún que el suicidio se repita solamente en las familias de alienados, y de otra, aparece siempre como particularidad digna de anotarse, el hecho de que en ciertas familias de esta clase, el suicidio parece hallarse como estado endémico, aun cuando la enajenación mental no implique necesariamente esta consecuencia. Todo loco no tiene inclinación a matarse. ¿De dónde proviene entonces, que existen grupos de locos, que parecen predestinados a destruirse? Este concurso de casos semejantes supone evidentemente un factor que no es el precedente. Se puede dar una explicación de él sin atribuirla a la herencia. El poder contagioso del ejemplo basta para producirlo.

Ya veremos en uno de los capítulos próximos, que el suicidio es eminentemente contagioso. Esta tendencia al contagio se hace sentir, sobre todo, en aquellos individuos a quienes su constitución hace más fácilmente accesibles a todas las sugestiones en general y a las ideas del suicidio en particular. No solamente están inclinados a reproducir todo lo que les llama la atención, sino que sobre todo tienden a repetir aquel acto por el que sienten alguna inclinación. Esta doble tendencia se realiza plenamente en aquellos sujetos alienados o simplemente neurasténicos, cuyos padres fueron suicidas. Su debilidad nerviosa les hace hipnotizables, al mismo tiempo que les predispone a coger fácilmente la idea de darse la muerte. Por eso no es de extrañar que el recuerdo o el espectáculo del fin trágico de sus parientes, constituya para ellos la base de una obsesión o de un impulso irresistible.

Esta explicación no solamente es satisfactoria por lo que hace relación a la herencia, sino que hace comprender por sí sola ciertos hechos. Ocurre con frecuencia, que en las familias en que se observan repetidos casos de suicidios, éstos se reproducen casi idénticamente. No solamente tiene lugar en la misma edad, sino que se ejecutan de igual manera. En unos es la estrangulación el procedimiento seguido, en otros la asfixia o la caída desde un sitio elevado. En un caso citado con frecuencia, la semejanza ha ido mucho más lejos; es una misma arma la que ha servido para sus designios a toda la familia y con muchos años de diferencia[20]. Se ha querido ver en estas semejanzas una prueba más en favor de la herencia. Sin embargo, si existen razones muy atendibles para no hacer del suicidio una entidad psicológica distinta, ¿cuánto no más difícil es admitir que exista una tendencia al suicidio por la estrangulación o por el arma de fuego? Estos hechos ¿no demostrarán cuán grande es la influencia contagiosa que ejercen sobre el espíritu de los supervivientes los suicidios que han ensangrentado ya la historia de su familia? Es preciso que estos recuerdos los obsesionen y los persigan para determinados a reproducir con tan exacta fidelidad el acto de sus antepasados.

Lo que da a esta explicación mayor verosimilitud, es que numerosos casos en que no puede plantearse el problema de la herencia y en los que el contagio es la única causa del mal, ofrecen igual carácter. En las epidemias, de las que volveremos a hablar más adelante, ocurre casi siempre, que los diferentes suicidios se parecen con la más asombrosa uniformidad. Diríase que unos son copia de los otros. Todo el mundo conoce la historia de aquellos quince inválidos, que en 1772, se ahorcaron sucesivamente y en poco tiempo, de una misma percha situada en un pasaje oscuro del local. Suprimida la percha finalizó la epidemia. Igualmente en el campo de Boulogne, un soldado se disparó un tiro en el cerebro en una garita. En pocos días hubo varios imitadores de él en el mismo sitio. Desde el momento en que se quemó la garita, el contagio se detuvo. En todos estos hechos la influencia preponderante de la obsesión es evidente, puesto que cesan en el momento en que desaparece el objeto material que evoca la idea de ellos. Así pues, cuando varios suicidios manifiestamente relacionados los unos con los otros, parecen reproducir todos un mismo motivo, es muy legítimo atribuido a esta misma causa, tanto más cuanto que ella debe alcanzar su máximum de acción en aquellas familias en que todo concurre a acrecer su potencia.

Muchos sujetos tienen arraigado el sentimiento de que, al obrar como sus padres, ceden al prestigio del ejemplo. Así ocurre en el caso de una familia observada por Esquirol "el más joven (uno de los hermanos), de veintiséis a veintisiete años de edad, se tomó melancólico y se precipitó desde lo alto de su casa. Un segundo hermano, que le tenía bajo su cuidado se reprochó a sí mismo la muerte; realizó varias tentativas de suicidio y murió un año después a consecuencia de una abstinencia repetidamente prolongada. Un cuarto hermano, médico, que dos años antes me había repetido con una desesperación espantosa, que no podría escapar a su suerte, se mató"[21]. Moreau cita el caso siguiente. Un alienado, cuyo hermano y tío paterno se habían suicidado, estaba afectado por la inclinación al suicidio. Un hermano suyo que acababa de visitado en Charenton, estaba desesperado de las ideas horribles que le dominaban y no podían sustraerse a la convicción de que él también acabaría por sucumbir[22]. Un enfermo hizo a Brierre de Boismont, la confesión siguiente: "Hasta los cincuenta y tres años me he encontrado muy bien, no tenía pesar alguno y mi carácter era bastante alegre, cuando hace tres años comencé a tener ideas negras. Desde hace tres meses no me dejan un momento de reposo y a cada instante me siento impulsado a darme la muerte. No ocultaré a usted, que mi padre se suicidó a los sesenta años; nunca me había preocupado de ello de una manera sería, pero al cumplir los cincuenta y seis años, éste recuerdo se ha presentado con más vivacidad a mi espíritu, y ahora le tengo siempre ante mí". Pero uno de los hechos de más valor probatorio es este, que cuenta Falrret: "Una joven de diez y nueve años, se enteró de que un tío suyo de la línea paterna, se había dado voluntariamente la muerte. Esta noticia la afligió mucho; ella había oído decir que la locura era hereditaria, y la idea de que podía un día caer en este triste estado, se apoderó en seguida de su atención. En esta triste situación se encontraba, cuando su padre puso voluntariamente término a su vida; desde entonces se creyó necesariamente destinada a una muerte violenta. No se ocupaba más que de su fin próximo y muchas veces repetía: "debo perecer como mi padre y como mi tío, ¡mi sangre está corrompida!". Cometió una tentativa de suicidio. Pero el hombre que ella creía ser su padre, no lo era realmente. Para desembarazarla de sus temores, su madre le confesó la verdad y le proporcionó una entrevista con su verdadero padre. La semejanza física era tan grande, que la enferma vio desaparecer en un instante todas sus dudas. Desde entonces renunció a la idea del suicidio, recobró su alegría progresivamente y se restableció su salud"[23].

Así, de una parte, las causas más favorables a la herencia del suicidio, no bastan para demostrar la existencia de ella, y de otra, se prestan sin violencia a una aplicación distinta. Pero hay más; ciertos hechos de la estadística, cuya importancia parece haber escapado a los psicólogos, son inconciliables con la hipótesis de una transmisión hereditaria propiamente dicha. Son los siguientes:

1º Si existe un determinismo orgánicopsíquico de origen hereditario, que predispone a los hombres a matarse, debe influir aproximadamente lo mismo sobre los dos sexos. Como el suicidio no tiene por sí mismo nada de sexual, no hay razón para que la generación influya sobre los hombres más que sobre las mujeres, y sin embargo, sabemos que los suicidios femeninos ocurren en más pequeño número y no representan más que una débil fracción de los suicidios masculinos. No ocurrida así, si la herencia tuviese el poder que se le atribuye.

¿Se dirá que las mujeres heredan tanto como los hombres la inclinación al suicidio, pero que están neutralizadas la mayor parte de las veces por las condiciones sociales que son propias del sexo femenino? ¿Pero qué habrá que pensar entonces de una herencia que no permanece latente en la mayor parte de los casos, sino que consiste en una vaga virtualidad cuya existencia nadie concreta?

2° Hablando de la herencia de la tuberculosis, M. Grancher, se expresa en estos términos: "Todo parece autorizarnos a que se admita la herencia en un caso de este género (se trata de una tuberculosis declarada en un niño de tres meses), ¿pero es menos cierto que la tuberculosis date de la vida intraíntima, cuándo aparece quince o veinte meses después del nacimiento y cuando nada podía hacer sospechar la existencia de una tuberculosis latente? ¿Qué diríamos entonces de las tuberculosis que aparecen quince, veinte o treinta años después del nacimiento? Aun suponiendo la existencia de una lesión desde el comienzo de la vida, ¿esta lesión al cabo de un término tan largo no habrá perdido su virulencia? ¿Es lógico acusar de todo el mal a esos microbios bosiles más que a los bacilos vivientes que el sujeto está expuesto a encontrar en su camino?"[24]. En efecto, para tener el derecho de sostener que una afección es hereditaria en defecto de la prueba perentoria, que consiste en mostrar el germen en el feto o en el recién nacido, sería preciso por lo menos establecer que se produce con frecuencia en los niños. He aquí, porqué, se ha hecho de la herencia, la causa fundamental de esa lo cura especial que se manifiesta desde la primera infancia y a la que se ha llamado por esta razón, locura hereditaria. Koch ha demostrado que en los casos en que las locuras sin ser creadas en todos sus resortes por la herencia, no dejan sufrir su influencia, tienen una tendencia mucho más marcada a la precocidad que en aquellos en que no existen antecedentes conocidos[25].

Se citan, es cierto, caracteres que se consideran hereditarios y que sin embargo no aparecen hasta una edad más o menos avanzada; tales como la barba, los cuernos, etc. Pero este retardo sólo se explica en la hipótesis de la herencia, por el hecho de que depende de un estado orgánico que sólo puede constituirse en el curso de la evolución individual; por ejemplo, para lo que concierne a las funciones sexuales, la herencia no puede producir efectos ostensibles más que en la pubertad. Pero si la propiedad transmitida es posible en toda edad, debería manifestarse desde el comienzo. Por consecuencia, cuanto más tiempo tarda en aparecer, más debe admitirse que no tenga de hereditaria más que una débil incitación a producirse. Por eso no se ve por qué la tendencia al suicidio debe ser solidaria de tal fase del desenvolvimiento orgánico más que de tal otra. Si constituye un mecanismo definido que puede transmitirse, ya organizado, debería funcionar desde los primeros años.

Y de hecho, es lo contrario lo que ocurre. El suicidio es extremadamente raro en los niños; en Francia, según Legoyt, por un millón de niños menores de diez y seis años, hubo durante el período 1861-75, 4,3 suicidios de muchachos, 1,8 de muchachas. En Italia, según Morselli, las cifras son todavía más débiles, no se elevan por encima de 1,25 para un sexo, y 0,35 para otro (período de 1866-75), y la proporción es sensiblemente la misma en todos los países. Los suicidios de sujetos más jóvenes se cometen a los cinco años y son excepcionales. Aun no se ha probado, que estos hechos extraordinarios deben atribuirse a la herencia. No debe olvidarse que el niño también está colocado bajo la acción de causas sociales, que pueden bastar para determinarlo al suicidio. Demuestra su influencia, en este caso, el que los suicidios de niños varían según el medio social. En ninguna parte son tan numerosos como en las grandes ciudades[26]. Y en ninguna parte tampoco, la vida social comienza tan pronto para el niño, como lo demuestra la precocidad que distingue al pequeño habitante de la ciudad. Iniciado más pronto, y de un modo más completo, en el movimiento de la civilización, sufre antes, de un modo más completo, sus efectos. Y esto es también lo que hace, que en los países civilizados, el número de los suicidios infantiles crezca con una deplorable regularidad[27].

Pero hay más, no solamente el suicidio es muy raro durante la infancia, sino que sólo con la vejez llega a su apogeo y en el intervalo crece regularmente de edad en edad.

CUADRO IX[28]
SUICIDIOS EN LAS DIFERENTES EDADES (POR MILLÓN DE SUJETOS DE CADA EDAD)

	Francia (1835-44)		Prusia (1873-		Sajonia (1847-58)		Italia (1872-76)		Dinamarca (1845-56)
Edad	H	M	H	M	H	M	H	M	H, y M,
Más de 16	2,2	1,2	10,5	3,2	9,6	2,4	3,2	1,0	113
De 16 a 20	56,5	31,7	122,0	50,3	210	85	32,3	12,2	272
De 20 a 30	130,5	44,5	231,1	60,8	396	108	77,0	18,9	307
De 30 a 40	155,6	44,0	235,1	55,6	551	126	72,3	19,6	426
De 40 a 50	204,7	67,7	347,0	61,6			102,3	26,0	576
De 50 a 60	217,9	74,8			906	207	140,0	32,0	702
De 60 a 70	274,2	86,7	529,0	113,9			147,8	34,5	785
De 70 a 80	317,3	91,8			917	297	124,3	29,1	
Más de 80	345,1	81,4					103,8	33,8	642

Con algunas variantes, estas relaciones son las mismas en todos los países. Suiza es la única sociedad en que el máximum se produce entre los cuarenta y cincuenta años. En las demás partes no se produce este máximum hasta el último o el antepenúltimo período de la vida, y en todas partes tiene ligeras excepciones, casi debidas a errores del censo[29], aunque el crecimiento hasta este límite extremo, es continuo. El decrecimiento que se observa más allá de los ochenta años, no es absolutamente general y además es muy débil. El contingente de esta edad está un poco por debajo del que proporcionan los septuagenarios, pero es superior a los otros, o por lo menos a la mayor parte de los otros. ¿Cómo entonces se podría atribuir a la herencia una tendencia que no aparece más que en los adultos y que a partir de este momento toma más fuerza conforme el hombre avanza en la vida? ¿Cómo calificar de congénita una afección que no existe o es muy débil durante la infancia y que cada vez va desenvolviéndose más hasta alcanzar su máximum de intensidad en la vejez?

La ley de la herencia no puede ser invocada en la especie. Enuncia esta ley que en determinadas circunstancias, el carácter heredado aparece en los descendientes, aproximadamente en la misma edad que en los padres. Pero este no es el caso del suicidio, que al pasar de los diez a los quince años, se encuentra en todas las edades, sin distinción. Lo que hay de característico en él, no es que se manifiesta en un momento determinado de la vida, es que progresa sin interrupción de edad en edad. Esta progresión ininterrumpida demuestra, que la causa de que depende, se desarrolla a medida que el hombre envejece. La herencia no tiene esta condición puesto que es todo lo que debe ser desde que la fecundación se realiza. ¿Puede decirse que la tendencia al suicidio existe en estado latente desde el nacimiento, aunque no aparezca más que bajo la acción de otra fuerza de aparición tardía y de desenvolvimiento progresivo? Pero es reconocer que la influencia hereditaria se reduce cuando más, a unas predisposición general e indeterminada, pues si el concurso de otro factor le es de tal modo indispensable, que sólo hace sentir su acción cuando aquel existe y en la medida que existe, es ese factor el que debe ser mirado como la causa verdadera. La manera de variar el suicidio, según las edades, prueba que un estado orgánico-psíquico no puede ser su causa determinante. Todo lo que se refiere al organismo está sometido al ritmo de la vida y pasa sucesivamente por una fase de crecimiento, otra estacionaria y otra de regresión. No hay carácter biológico o psicológico que progrese sin límites, sino que todos, después de haber llegado a un momento de apogeo, decaen. Por el contrario, el suicidio sólo llega a su punto culminante en los estrechos límites de la carrera humana. El retroceso que se comprueba con bastante frecuencia hacia los ochenta años, además de ser ligero, no es absolutamente general, sino muy relativo, puesto que los nonagenarios se matan tanto o más que los sexagenarios y superan en mucho a los hombres en plena madurez. ¿No se reduce por esto, que la causa que hace variar el suicidio no puede consistir en una impulsión congénita e inmutable, sino en la acción progresiva de la vida social? Lo mismo que aparece antes o después, según la edad en que los hombres comienzan su vida de relación, crece a medida que la viven más intensamente.

Llegamos a la misma conclusión del capítulo precedente. El suicidio sólo es posible cuando la constitución de los individuos no lo rehúsa. Pero el estado individual que le es más favorable, consiste, no en una tendencia definida y automática (salvo el caso de los alienados), sino en una aptitud general y vaga, susceptible de tomar formas diversas según las circunstancias que permiten el suicidio, pero que no lo implican necesariamente, y que por consecuencia no dan la explicación de él.

---

[1] Especialmente Wágner, *Gesetzmassigkeit*, etc., p. 165 et suiv. Morselli, p. 158; Octtingen, *Moralstatistik*, p. 760.

[2] *Lespéce humaine*, p. 28. París. Félix Alcán.

[3] Artículo "Anthropologie en el *Dicttionaire*, de Dechambre, T. V.

[4] No hablamos de las clasificaciones propuestas por Wágner y por Oettinguen; Morselli ha hecho la crítica de ellas de una manera decisiva (página 160).

[5] Para explicar estos hechos, Morselli supone, sin dar pruebas de ello, que hay numerosos elementos celtas en Inglaterra, y, por lo que se refiere a los flamencos, invoca la influencia del clima.

[6] Morselli, op. cit., p. 189.

[7] *Memoires dAnthlopologie*, t. I, p. 320.

[8] La existencia de dos grandes masas regionales formada la una por quince departamentos septentrionales, en los que predominan las tallas altas (39 exentos tan sólo, por mil), compuesto el otro por veinticuatro departamentos del centro y del oeste, en los que las pequeñas tallas son generales (de 98 a 130 exenciones por mil), parece incontestable. ¿Esta diferencia es un producto de la raza? Es una cuestión más difícil de resolver. Si se piensa que en treinta años la estatura media en Francia ha cambiado considerablemente, que el número de exentos por esta causa ha pasado de 92,80 en 1831 a 59,40 por 1.000 en 1860, se tendrá el derecho de preguntar si un carácter tan movible es un criterio bien seguro para conocer la existencia de esos tipos relativamente inmutables que se llaman razas. Pero en todo caso, la manera de constituirse los grupos intermedios, intercalados por Broca entre estos dos tipos extremos y la de denominarlos y la de relacionarlos, con el origen kymrrico, o con el otro, nos parece que deja lugar a mayores dudas todavía. Las razones de orden morfológico son aquí imposibles. La antropología puede establecer cuál es la talla media en una región determinada, pero no de qué crecimiento resulta esta media. Así, las tallas intermedias pueden ser debidas bien a que los celtas se hayan cruzado con razas de más alta estatura, o a que los kymrris se hayan aliado con hombres más pequeños que ellos. La distribución geográfica no puede invocarse, puesto que ocurre que estos grupos mixtos se encuentran por todas partes un poco, en el noroeste (la Normandía, el bajo Loire), en el suroeste (la Aquitania), en el sur (la provincia romana), en el este (la Lorraine). Sólo quedan los argumentos históricos, que tienen que ser muy conjeturales. La historia sabe mal cuándo, cómo y en qué condiciones y proporciones han tenido lugar las distintas invasiones e infiltraciones de pueblos. Con mayor razón no puede ayudarnos a determinar la influencia que han tenido sobre la constitución orgánica de los pueblos.

[9] Sobre todo, si se elimina el del Sena, que a causa de las condiciones excepcionales en que se encuentra, no es exactamente comparable a los otros departamentos.

[10] V. después lib. II, cap. IV.

[11] Broca, op. cit., t. I, p. 394.

[12] V. Topinard, *Anthropologie*, p. 464.

[13] La misma observación se aplica a Italia. Allí también los suicidios son más numerosos en el norte que en el mediodía, y por otra parte, la talla media de las poblaciones septentrionales es ligeramente superior a la de las regiones meridionales. Pero es que la civilización actual de Italia es de origen piamontés, y los piamonteses resultan ser un poco mayores que las gentes del sur. La diferencia, sin embargo, es escasa. El máximum que se observa en Toscana y en Venecia es de 1,65 metros; el mínimum en Calabria es de 1,60 metros. Esto por lo que se refiere al continente italiano. En Cerdeña, la talla desciende 1,58 metros.

[14] Sur les fonctions du cerveau, París, 1825.

[15] Suicide, p. 197.

[16] Citado por Legoyt, p. 242.

[17] Suicide, p. 17-19.

[18] Según Morselli, p. 410.

[19] Bierre de Boismont, op. cit., p. 59. Cazauvieilh, op. cit., página 119.

[20] Ribot, Lheredité, p. 145. París. Félix Alcán.

[21] Lisle, op. cit., p. 195.

[22] Brierre, op. cit., p. 57.

[23] Luys, p. cit., p. 201.

[24] Dictionnaire encyclopédique des sciences med., art. Phtisis, tomo LXXVI, p. 542.

[25] Op. cit., p. 170-172.

[26] V. Morselli, p. 329 y siguientes.

[27] V. Legoyt, p. 158 y siguientes. París, Félix Alcán.

[28] Los elementos, de este cuadro están tomados de Morselli.

[29] Por lo que se refiere a los hombres, sólo conocemos un caso: el de Italia, donde se produce un estacionamiento, entre los treinta y los cuarenta años. Para las mujeres existe en la misma edad un movimiento de detención que es general, y que por consecuencia debe ser real. Marca una etapa en la vida femenina. Como es especial, de los solteros, corresponde sin duda a ese periodo intermedio en que las decepciones causadas por el celibato comienzan a ser menos sensibles y en que el aislamiento moral que se produce en una edad más avanzada, cuando la vieja soltera queda sola, no causa todavía todos sus efectos.

Capítulo III

El suicidio y los factores cósmicos[1]

Pero si por ellas solas las predisposiciones individuales no son causas determinantes del suicidio, desarrollan casi una mayor acción cuando combinan con ciertos factores cósmicos. Lo mismo que el medio material hace a veces aparecer enfermedades que sin él permanecerían en estado de germinación, puede ocurrir que tenga poder bastante para convertir en acto las aptitudes generales y puramente virtuales de que están dotados, naturalmente, ciertos individuos para el suicidio. En este caso no habrá por qué ver en las cifras de los suicidios un fenómeno social debido al concurso de ciertas causas físicas y de un estado orgánico psíquico; revelaría por entero un carácter de psicología morbosa. Es verdad que tal vez sería difícil de explicar cómo en estas condiciones el suicidio puede ser tan particularmente peculiar de cada grupo social, puesto que de un país a otro el medio cósmico no difiere esencialmente. Sin embargo, podemos comprobar un hecho importante, y es que es fácil explicar, si no todas, algunas de las variedades que presenta este fenómeno sin hacer intervenir en ello las causas sociales. Entre los factores de esta especie existen solamente dos a los que se ha atribuido una influencia suicidógena; son el clima y las temperaturas de las diferentes estaciones.

I

Véase cómo los suicidios se distribuyen en el mapa de Europa, según los diferentes grados de latitud:

	Suicidios por millón de habitantes
De 36° a 43° grados de latitud	21,1
De 43° a 50° grados de latitud	93,3
De 50° a 55° grados de latitud	172,5
Por encima de esta temperatura	88,1

En el sur y en el norte de Europa es donde el suicidio alcanza el mínimum; en el centro es donde está más desarrollado; Morselli hapodido decir que el espacio comprendido entre el 47 y el 57 grado de latitud de una parte, y el 20 y 40 grado de longitud de otra, era el lugar predilecto del suicidio. Esta zona coincide con bastante exactitud con la región más templada de Europa. ¿Puede verse en esta coincidencia un efecto de las influencias climatológicas?

Esta es la tesis que ha sostenido Morselli, ciertamente que con alguna ligereza; en efecto, no se ve con precisión qué relación puede existir entre el clima templado y la tendencia al suicidio; seda preciso que los hechos fuesen singularmente concordantes para afirmar tal hipótesis. Aun cuando exista una relación entre el suicidio y un determinado clima, es un hecho constante que se desarrolla en todos los climas. Hoy, Italia, está relativamente exenta de él, pero fue muy frecuente en ella en tiempos del imperio, cuando Roma era la capital de la Europa civilizada. También bajo el cielo abrasador de la India ha estado en ciertas épocas muy desenvuelto[2].

La misma configuración de esta zona nos muestra a las claras que no es el clima la causa de los numerosos suicidios que allí se cometen. La mancha que forma en el mapa no está constituida por una sola banda aproximadamente igual y homogénea que comprenda los países sometidos al mismo clima, sino por dos manchas distintas: una que tiene por centro la Isla de Francia y los departamentos circunvecinos, y la otra, Sajonia y Prusia. Coinciden, pues, no con una región climatológica precisamente definida, sino con los dos principales centros de la civilización europea. Por consecuencia, es en la naturaleza de esta civilización, en la manera como se distribuye entre los diferentes países y no en las virtualidades misteriosas del clima, donde hay que ir a buscar la causa que origina la desigual tendencia de los pueblos al suicidio.

Por la misma razón, se puede explicar otro hecho que había ya recogido Guerry, que Morselli confirma con observaciones nuevas y que, no careciendo de excepciones, es bastante general. En los países que no forman parte de la zona central, las regiones que están más próximas, ya al Norte, ya al Sur, son las que resultan más castigadas por el suicidio. Y así es cómo en Italia se ha desenvuelto, sobre todo en el Norte, mientras que en Inglaterra y Bélgica ha abundado más en el Mediodía. No existe, sin embargo, razón alguna para imputar estos hechos a la proximidad del clima templado. ¿No será más natural admitir que las ideas, los sentimientos, en una palabra, las corrientes sociales, que impulsan con tanta fuerza al suicidio a los habitantes de la Francia septentrional y a los alemanes del Norte, se encuentran también en los países vecinos, que viven algo de la misma vida, aunque con una menor intensidad? Veamos cómo se demuestra cuán grande es la influencia de las causas sociales sobre la cifra del suicidio:

CUADRO X

	Suicidios por 1.000.000 hab.			% con relación al Norte		
	1866-67	*1864-76*	*1884-86*	*1866 -67*	*1864-76*	*1884-86*
Norte	33,8	43,6	63	100	100	100
Centro	25,6	40,8	88	75	93	139
Sur	8,3	16,5	21	24	37	33

En Italia, hasta 1870, son las provincias del Norte las que proporcionan más suicidios; en seguida viene el centro, y el Sur en tercer lugar. Poco a poco, da distancia entre el Norte y el centro disminuye, y las respectivas situaciones acaban por invertirse. (V. cuadro X). El clima de las diferentes regiones es, sin embargo, el mismo; el cambio ha ocurrido porque a consecuencia de la conquista de Roma en 1870, la capital de Italia se ha trasladado al centro del país. El movimiento científico-artístico-económico se ha desplazado en el mismo sentido, y dos suicidios le han seguido. No ha lugar a insistir más sobre una hipótesis que nada prueba y que tantos hechos destruyen.

II

La influencia de la temperatura de las estaciones parece más sólida. Los hechos pueden ser distintamente interpretados, pero son constantes.

Si en lugar de observarlos, se tratase de prever por el razonamiento cuál debe ser la estación más favorable al suicidio, se creería lógicamente que es aquella en que el cielo está más sombrío y es más baja y más húmeda la temperatura. El aspecto desolado que toma entonces, la naturaleza, ¿no tiene como efecto el de predisponer al ensueño, el de despertar las pasiones tristes, el de provocar la melancolía? Por otra parte, ésta es también la época en que la vida resulta más dura, porque es precisa una alimentación más costosa, para suplir la insuficiencia del calor natural, y es más difícil procurársela. Ya Montesquieu consideraba, por esta razón, a los países brumosos y fríos como particularmente favorables al desenvolvimiento del suicidio, y durante largo tiempo esta opinión fue ley. Aplicándola a las estaciones, se llega a creer que es en el otoño donde debe encontrarse el apogeo del suicidio. Aunque Esquirol había ya expresado sus dudas sobre la exactitud de esta teoría, Falret todavía aceptaba el principio [3]. La estadística lo ha rechazado, en nuestros días, definitivamente. No es en invierno ni en otoño cuando el suicidio alcanza su máximum, sino en la bella estación, cuando o la naturaleza es más risueña y la temperatura más dulce. El hombre deja con preferencia la vida en el momento en que le resulta más fácil.

En efecto, si se divide el año en dos semestres, uno que comprenda los seis meses más calurosos (de marzo a agosto inclusive) y otro los seis meses más fríos, es siempre el primero el que cuenta mayor número de suicidios. *No existe un sólo país que constituya una excepción de esta ley.* La proporción, con la diferencia de algunas unidades, es la misma en todas partes. De 1.000 suicidios anuales, hay de 590 a 600 que son cometidos durante el buen tiempo y solamente 400 en el resto del año.

La relación entre el suicidio y las variaciones de las temperaturas, pueden ser determinadas con la mayor precisión.

Si convenimos en llamar invierno al trimestre que va de diciembre a febrero inclusive, primavera al que se extiende de marzo a mayo, verano al que comienza en junio para acabar en agosto y otoño a los tres meses restantes, y se clasifican estas cuatro estaciones, atendiendo a la importancia de su mortalidad suicida, encontramos que casi en todas partes ocupa el verano el primer lugar. Morselli ha comparado desde este punto de vista 34 períodos diferentes pertenecientes a 18 Estados europeos y ha comprobado que en 30 casos, es decir, 88 veces por 100, el máximum de los suicidios se encontraba en el período estival; tres veces, solamente, en la primavera y una sola vez en otoño. Esta última irregularidad, que únicamente se ha observado en el Gran Ducado de Baden, y en un solo momento de su historia, carece de valor, ya que es el resultado de un cálculo que se refiere a un período de tiempo muy corto, además de que no se ha reproducido en períodos ulteriores. Las tres excepciones no son mucho más significativas. Se refieren a Holanda, a Irlanda y a Suecia. Por lo que se refiere a los dos primeros países, las cifras efectivas que han servido de base para el establecimiento de las medias de las estaciones, son demasiado débiles para que puedan sacarse de ellas resultados ciertos. Aun cuando no hay más que 387 casos para Holanda y 755 para Irlanda. Por lo demás, la estadística de estos dos pueblos no tiene toda la autoridad que fuera de desear. Por lo que a Suecia se refiere, sólo se ha comprobado el hecho durante el período 1835-51. Por lo tanto, si sólo nos atenemos a los Estados sobre los que poseemos datos auténticos, se puede decir que la leyes absoluta y universal.

La época en que tiene lugar el mínimum no es menos regular: 30 veces por 34, es decir, 88 veces por 100; ocurre el mínimum en el invierno; las cuatro veces restantes, en el otoño. Los cuatro países que se separan de la regla son Irlanda y Holanda (como en el caso precedente), el cantón de Berna y Noruega. Ya sabemos cuál es el valor de las dos primeras anomalías; la tercera tiene menos, todavía, puesto que no se ha observado mas que sobre un total de 97 suicidios. En resumen: 26 veces sobre 34, o sea 76 veces por 100, las estaciones se colocan en el orden siguiente: verano, primavera, otoño, invierno. Esta relación se comprueba, sin excepción alguna, en Dinamarca, en Bélgica, en Francia, en Prusia, en Sajonia, en Baviera, en Wutemberg, en Austria, en Suiza, en Italia y en España.

No solamente se clasifican las estaciones de la misma manera, sino que la parte proporcional de cada una apenas difiere de un país a otro. Para hacer más visible esta invariabilidad, hemos expresado en el cuadro XI el contingente de cada estación en los principales Estados de Europa, en función de su total relacionado con 1.000. Allí se ve que las series de números son casi idénticas en cada columna.

De estos hechos incontestables han sacado la consecuencia Ferri y Morselli de que la temperatura tiene una influencia directa sobre la tendencia al suicidio; de que el calor, por la acción mecánica que ejerce sobre los funciones cerebrales, arrastra al hombre a matarse. Ferri ha tratado de explicar de qué manera esa acción pudiese producir sus efectos. De una parte, dice, el calor aumenta la excitabilidad del sistema nervioso; de otra, como en la estación cálida no hay necesidad de consumir tanto material para sostener la propia temperatura en el grado deseado, resulta una acumulación de fuerzas disponibles, que tienden, naturalmente, a encontrar su empleo.

CUADRO XI
PARTE PROPORCIONAL A CADA ESTACIÓN EN EL TOTAL ANUAL DE LOS SUICIDIOS EN CADA PAÍS

	Dinamarca 1858-65	Bélgica 1841-49	Francia 1835-43	Sajonia 1847-65	Baviera 1858-65	Austria 1858-59	Prusia 1869-72

Verano	312	301	306	307	308	315	280
Primavera	284	275	283	281	282	281	284
Otoño	227	229	210	217	218	219	227
Invierno	177	195	201	195	192	185	199
	1.000	1.000	1.000	1.000	1.000	1.000	1.000

Por esa doble razón hay durante el verano un exceso de actividad, una plétora de vida que pretende ejercitarse y no puede producirse mas que bajo la forma de actos violentos. El suicidio es una de estas manifestaciones, y el homicidio otra, y por esto las muertes voluntarias se multiplican en esta estación al mismo tiempo que los delitos de sangre. Por otra parte, la enajenación mental, bajo todos sus aspectos, se desenvuelve preferentemente en esta época; es natural, por tanto, que el suicidio, como consecuencia de las relaciones que sostiene con la locura, evoluciones de igual modo.

Esta teoría, que seduce por su sencillez, parece, al primer punto de vista, estar conforme con los hechos. Parece también que es la expresión inmediata de los mismos. En realidad, está muy lejos de explicarlos.

III

En primer lugar, implica una concepción muy discutible del suicidio. Supone, en efecto, que éste tiene siempre como antecedente psicológico un estado de sobreexcitación que consiste en un acto violento y que no es posible mas que por un gran desplegamiento de fuerzas. Por el contrario, el suicidio resulta frecuentemente de una extrema depresión. Si existe el suicidio exaltado o exasperado, el suicidio melancólico no es menos frecuente, y ya tendremos ocasión de demostrarlo. Es imposible que el calor obre de la misma manera sobre uno y sobre otro; si estimula el primero debe raras veces producir el segundo. La influencia agravante que pudiera tener sobre ciertos sujetos estaría neutralizada y aun anulada por la acción moderadora que ejerciera sobre otros y, por consecuencia, no puede manifestarse sobre todos de una manera tan sensible, a través de los datos de la estadística. Las variaciones que ésta presenta según las estaciones deben de obedecer a otras causas. Por lo que se refiere al hecho de ver variaciones semejantes sufridas en igual momento por la enajenación mental, sería preciso para poder aceptarlo admitir, entre el suicidio y la locura, una relación más inmediata y más estrecha que la que en realidad existe. Por otra parte no se ha probado todavía que las estaciones obren de igual manera sobre ambos fenómenos[4], y aun cuando este paralelismo fuese incontestable, aún nos quedaría por saber si son los cambios de temperatura de las estaciones los que hacen ascender o descender la curva de la enajenación mental. No es seguro que causas de una naturaleza diferente no puedan producir o contribuyan a producir este resultado.

Sea cualquiera la manera como se explique esta influencia atribuida al calor, veamos si es real.

Parece resultar, de algunas observaciones, que los calores demasiado violentos excitan al hombre a matarse. Durante la expedición a Egipto, el número de suicidios aumentó, según parece, en el ejército francés y se imputó este crecimiento a la elevación de la temperatura. En los trópicos no es raro ver a los hombres precipitarse bruscamente en el mar, cuando el sol lanza verticalmente sus rayos. El doctor Dietrich cuenta que en un viaje alrededor del mundo, realizado en 1844 a 1847, por el conde Carlos de Gortz, observó una impulsión irresistible, que él llama *the horrors*, en los marinos de la tripulación y que describe así: "El mal-dice-se manifiesta generalmente en la estación de invierno, cuando después de una larga travesía los marinos, habiendo bajado a tierra se coloca sin precauciones alrededor de una estufa ardiendo y se entregan, siguiendo la costumbre, a excesos de todo género. Al volver a bordo es cuando se declaran los síntomas del terrible *horrors*. Los atacados por la afección impulsados por un poder irresistible se arrojan al mar; aunque el vértigo les sorprenda en medio de sus trabajos, en la cumbre de los mástiles, o que sobrevenga durante el sueño, del que los enfermos despiertan violentamente, lanzando gritos horrorosos". Se ha observado también que el siroco, que no puede soplar sin que haga un calor asfixiante, tiene sobre el suicidio una influencia análoga[5].

Pero el hecho no es peculiar del calor; el frío violento obra de la misma manera. Por esta razón durante la retirada de Moscú nuestro ejército, según se afirma, fue diezmado por numerosos suicidios. No deben invocarse estos hechos para explicar, como suele hacerse, que por lo regular las muertes voluntarias son más numerosas en verano que en otoño y en otoño que en invierno, pues todo lo que de ellos se puede deducir es que las temperaturas extremas, cualesquiera que sean, favorecen el desenvolvimiento del suicidio. Se comprende, por lo demás, que los excesos de todas clases, los cambios bruscos y violentos, sobrevenidos en el medio físico, turban el organismo, desconciertan el juego normal de las funciones y determinan especies de delirios de los que puede la idea del suicidio realizarse si nada la contiene. Pero no hay analogía alguna entre estas perturbaciones surgir por excepción y anormales y las variaciones de grado por las que pasa la temperatura en el curso de cada año. La cuestión está todavía sin resolver; hay que pedir su solución a la análisis de los datos estadísticos.

Si fuese la temperatura la causa fundamental de las oscilaciones que hemos comprobado, el suicidio debería variar, como ella, regularmente; y no ocurre nada de esto. Hay muchos más suicidios en primavera que en otoño, aunque haga en aquella época mucho más frío.

	Francia		Italia	
	Cada 1.000 suicidios anuales	Temperatura media de la estación	Cada 1.000 suicidios anuales	Temperatura media de la estación
Primaver a Otoño	284 227	10,2 11,1	297 196	12,9 13,1

Así, mientras que el termómetro sube por encima de 0,9° en Francia y de 0,2° en Italia, la cifra de los suicidios disminuye en 21 por 100 en el primero de estos países, y 35 por 100 en el otro. Asimismo la temperatura del invierno es en Italia mucho más baja que la del otoño (2,3°, en lugar de 13,1°), y la mortalidad suicida es aproximadamente la misma en las dos estaciones (196 casos en la una, y 194 en la otra). Por todas partes la diferencia entre la primavera y el verano es muy débil para los suicidios, mientras que es muy elevada para la temperatura. En Francia la diferencia es de 78 por 100 para los unos, y 8 por 100 solamente para la otra; en Prusia es, respectivamente, de 121 por 100 y de 4 por 100.

Esta independencia con relación a la temperatura es todavía más sensible, si se observa el movimiento de los suicidios, no ya por estaciones, sino por meses. Estas variaciones mensuales están sometidas a la siguiente ley, que se aplica a todos los países de Europa: "A partir del mes de Enero inclusive, la marcha del suicidio es regularmente ascendente de un mes para otro, hasta Junio, aproximadamente, y regularmente descendente a partir de este momento hasta el fin de año". Por lo general, 62 veces sobre 100; el máximum corresponde a Junio, 25 veces a Mayo y 12 veces a Julio. El mínimum tiene lugar 60 veces por 100 en Diciembre, 22 veces en Enero, 15 veces en Noviembre y tres veces en Octubre. Por otra parte, las irregularidades más notables se producen casi siempre por series demasiado pequeñas para que se les conceda una gran importancia. Allí donde se puede seguir el desenvolvimiento del suicidio en un largo espacio de tiempo, como en Francia, se le ve crecer hasta Junio y decrecer en seguida hasta Enero, y lo distancia entre los dos extremos no es inferior al 90 ó 100 por 100 por término medio. El suicidio no llega a su apogeo hasta los meses más cálidos, que son Agosto o Julio, y a partir de Agosto, por el contrario, comienza a descender, y muy notablemente. En la mayor parte de los casos no desciende hasta su punto más bajo en Enero, que es el mes más frío, sino en Diciembre; el cuadro XII pone de relieve, en relación con cada mes, el hecho de que la correspondencia entre los movimientos del termómetro y los del suicidio no tiene nada de regular ni de constante. En un mismo país y en meses cuya temperatura es la misma, se produce un número proporcional de suicidios muy distinto (por ejemplo, Mayo y Septiembre, Abril y Octubre, en Francia; Junio y Septiembre en Italia, etc.) El hecho inverso no es menos frecuente; Enero y Octubre, Febrero y Agosto en Francia, cuentan con los mismos suicidios, a pesar de las diferencias enormes de temperatura, y lo mismo ocurre con Abril y Julio en Italia y en Prusia. Además, las cifras proporcionales son casi rigurosamente las mismas para cada mes en estos diferentes países, aunque la temperatura mensual sea desigual de un país a otro. Así Mayo, cuya temperatura es de 10,47° en Prusia, de 14,2° en Francia, de 18° en Italia, dándose en la primera 104 suicidios, en la segunda 105 y 103 en la tercera[7]. La misma observación puede hacerse para casi, todos los demás meses. El caso de Diciembre es particularmente significativo. Su parte en el total anual de suicidios es rigurosamente la misma para las tres sociedades comparadas (61 suicidios por 1.000), y el termómetro en esta época del año marca como medio 7,9° en Roma, 9,5° en Nápoles, mientras que en Prusia no se eleva por encima de 0,67°. No solamente las temperaturas mensuales no son las mismas, sino que evolucionan, siguiendo leyes diferentes en los distintos países; así, en Francia, el termómetro sube más de Enero a Abril que de Abril a Junio; lo contrario ocurre en Italia. Las variaciones termométricas y las del suicidio no tienen, pues, ninguna relación.

CUADRO XII[6]

	Francia (1866-		Italia (1883-80)			Prusia (18-6-78, 80-82, 85-89)	
	Tempe- ratura media	% de suicidios por mes	Temperatura		% de suicidios por mes	Temp. media (1848-77)	% de suicidios por mes
			Roma	Nápoles			
Enero	2,4	68	6,8	8,4	69	0,28	61
Febrero	4,0	80	8,2	9,3	80	0,73	67
Marzo	6,4	86	10,4	10,7	81	2,74	78
Abril	10,1	102	13,5	14,0	98	6,79	99
Mayo	14,2	105	18,0	17,9	103	10,47	104
Junio	17,2	107	21,9	21,5	105	14,05	105
Julio	18,9	100	24,9	24,3	102	15,22	99
Agosto	18,5	82	24,3	24,2	93	14,60	90
Setiem.	15,7	74	21,2	21,5	73	11,60	83
Octubre	11,3	70	16,3	17,1	65	7,79	78
Noviem.	6,5	66	10,9	12,2	63	2,93	70
Diciem.	3,7	61	7,9	9,5	61	0,60	61

Si, por otra parte, la temperatura tuviese la influencia que se le supone, ésta debería dejarse sentir del mismo modo en la distribución geográfica de los suicidios.

Los países más cálidos deberían ser los más atacados. La deducción se impone con tal evidencia que la escuela italiana recurre a ella cuando se propone demostrar que la tendencia, al homicidio también crece con el calor. Lombroso y Ferri se han dedicado a establecer, que así como los homicidios son más frecuentes en el verano que en el invierno, son también más numerosos en el sur que en el norte. Desgraciadamente, cuando se trata del suicidio, la prueba se vuelve contra los criminalistas italianos, pues en los países meridionales de Europa es donde el suicidio está menos desarrollado. Italia tiene cinco veces menos que Francia; España y Portugal están casi indemnes. En el mapa francés de los suicidios, la única mancha blanca que tiene alguna extensión, está formada por los. departamentos situados al sur del Loire. No queremos decir con esto que esta situación sea realmente un efecto de la temperatura, sino que, cualquiera que sea la razón de ella, constituye un hecho inconciliable con la teoría que hace del calor un estimulante del suicidio[8].

El conocimiento de estas dificultades y de estas contradicciones ha llevado a Lombroso y Ferri a modificar ligeramente la doctrina de su escuela sin abandonar lo principal de ella. Según Lombroso, cuya opinión reproduce Morselli, la intensidad del calor no provoca tanto el suicidio como la llegada de los primeros calores, como el contraste entre el frío que se va y la estación cálida que comienza. Esta sorprende al organismo cuando no está todavía habituado a la temperatura nueva. Basta con dirigir una mirada al cuadro XII para asegurar que esta explicación carece de todo fundamento. Si fuese exacta debería verse la curva que representa los movimientos esenciales del suicidio permanecer estacionada durante el otoño y el invierno, después ascender de repente en el instante preciso en que llegan los primeros calores, origen de todo el mal, para volver a descender no menos bruscamente, una vez que el organismo ha tenido tiempo de aclimatarse a ellos. Por el contrario, la marcha es perfectamente regular; la ascensión, mientras dura, es aproximadamente igual de un mes a otro. Se eleva de Diciembre a Enero, de Enero a Febrero, de Febrero a Marzo, es decir, durante los meses en que los primeros calores están todavía lejos, y desciende progresivamente de Septiembre a Diciembre, cuando hace ya tiempo que han terminado y no puede atribuirse este decrecimiento a su desaparición. ¿En qué momento aparecen? Se está de acuerdo, generalmente, para hacerla comenzar en Abril. En efecto, de Marzo a Abril el termómetro sube de 6,4° a 10,1°; el aumento es por lo tanto, de 57 por 100, mientras que no es más que de 40 por 100 de Abril a Mayo, y de 21 por 100 de Mayo a Junio. Debería, por lo dicho, comprobarse en Abril un aumento excepcional de suicidios. En realidad, el crecimiento que se produce entonces no es superior al que se observa de Enero a Febrero (18 por 100); en fin, como este aumento no solamente se mantiene, sino que prosigue, aunque con más lentitud, hasta Junio y aun hasta Julio, resulta muy difícil imputarlo a la acción de la primavera, a menos que se prolongue esta estación hasta fin del verano y sólo se excluya de ella el mes de Agosto.

Por otra parte, si los primeros calores resultasen funestos hasta ese punto, los primeros fríos deberían tener una acción igual. Ellos también sorprenden al organismo que ha perdido el hábito de soportados y perturban las funciones vitales hasta que la adaptación a los mismos tiene lugar. Sin embargo, no se produce en otoño ninguna ascensión que se asemeje a la que se observa en primavera. Por eso no comprendemos cómo Morselli, después de haber reconocido que, según su teoría, el paso del calor al frío debe producir los mismos efectos que la transición inversa, ha agregado le siguiente: "Esta acción de los primeros fríos puede comprobarse o en nuestros cuadros estadísticos, o mejor aún, en la segunda elevación que presentan todas nuestras curvas en otoño, en los meses de Octubre y de Noviembre, es decir, cuando el tránsito de la estación cálida a la estación fría es más bruscamente sentido por el organismo humano, y especialmente por el sistema nervioso"[9]. Basta con referirse al cuadro XII pan ver que esta ascensión es absolutamente contraria a los hechos. De las cifras mismas que nos da Morselli resulta que de Octubre a Noviembre el número de suicidios no aumenta casi en ningún país, sino que, por el contrario, disminuye. Sólo hay excepciones por lo que se refiere a Dinamarca, a Irlanda y a un período de Austria (1851-54), y el aumento es mínimo en los tres casos[10]. En Dinamarca suben los suicidios de 68 por 1.000 a 71; en Irlanda, de 62 a 66; en Austria, de 65 a 68. Igualmente, en Octubre no aumentan más que en ocho casos sobre 31, durante un período de Noruega, otro de Suecia, otro de Sajonia, otro de Baviera, de Austria, del ducado de Baden y dos de Wutenberg. En las restantes veces hay baja en ellos o permanecen estacionarios. En resumen, 21 veces sobre 31, ó 67 veces sobre 100 existe una disminución regular de Septiembre a Diciembre.

La continuidad perfecta de la curva, tanto en su fase progresiva como en la fase inversa, prueba que no pudiendo resultar las variaciones mensuales del suicidio de una crisis pasajera del organismo, se producen una vez o dos en el año como consecuencia de una ruptura brusca y temporal del equilibrio. Pero no pueden depender más que de causas que varíen con la misma continuidad.

IV

Resulta posible conocer desde este momento de qué naturaleza son esas causas.

Si se compara la parte proporcional de cada mes en el total de los suicidios anuales, con la longitud media del día en igual momento del año, las dos series de números que de ellas se obtiene varían exactamente de la misma manera. (Véase cuadro XIII)

El paralelismo es perfecto; el máximum de una parte y de otra se alcanza en el mismo momento, y con el mínimum ocurre igual.

CUADRO XIII

COMPARACIÓN DE LAS VARIACIONES MENSUALES DE LOS SUICIDIOS CON LA DURACIÓN MEDIA DE LOS DÍAS EN FRANCIA

	Duración de los días[11]	Aumento y disminución	Proporción de suicidios por mes sobre cada 1.000 suicidios anuales	Aumento y disminución
		Aumento		*Aumento*
Enero	10 h. 19'	De enero abril 55%	68	De enero a abril 50%
Febrero	10 h. 56'		80	
	12 h. 47'		86	
Abril	14 h. 29'	De abril a junio 10%	102	De abril a junio 5%
Mayo	15 h. 48'		105	
Junio	15 h. 03'		107	
		Disminución		*Disminución*
Julio	15 h. 04'	Jun-ago 17%	100	Jun-ago 24%
Agosto	13 h. 25'		82	
Setiembre	11 h. 39'	Ago-oct 27%	74	Ago-oct 27%

Octubre	9 h. 51'		70	
Noviembre	8 h. 31'	Oct-dic 17%	66	Oct-dic 13%
Diciembre	8 h. 11'		61	

En el intervalo las dos clases de hechos marchan a la par. Cuando los días se alejan más, los suicidios aumentan mucho (de Enero a Abril), cuando el crecimiento de los unos se detiene, el de los otros hace lo mismo (de Abril a Junio). Idéntica correspondencia se encuentra en el período de decrecimiento. Aun en los meses diferentes, en que el día es aproximadamente de la misma duración, existe aproximadamente el mismo número de suicidios (Julio a Mayo, Agosto y Abril).

Una correspondencia tan regular y tan precisa no puede ser fortuita. Debe existir en ella una relación entre la marcha del día y la del suicidio. Además de que esta hipótesis resulta inmediatamente del cuadro XIII, y nos permite explicar un hecho que hemos señalado precedentemente. Hemos visto que en las principales sociedades europeas, los suicidios se repiten con gran rigor y de la misma manera entre las diferentes partes del año, estaciones o meses[12]. Las teorías de Ferri y de Lombroso no pueden darnos explicación alguna de esta curiosa uniformidad, puesto que la temperatura es muy diferente en las distintas comarcas de Europa y evoluciona en ellas con gran diversidad. Por el contrario, la lentitud de los días es la misma para todos los países europeos. Lo que acaba de demostrar la realidad de esta relación es el hecho siguiente: que en toda estación la mayor parte de los suicidios tiene lugar de día. Brierre de Boismont ha consultado los expedientes de 4.595 suicidios cometidos en París de 1834 a 1843. En 3.518 casos en que el momento de cometerse el hecho ha podido determinarse, 2.094 habían sido cometidos por la mañana, 766 por la tarde y 658 por la noche. Los suicidios de la mañana y de la tarde representan, pues, los cuatro quinto, de la suma total, y los primeros por sí solos constituyen los tres quintos.

La estadística prusiana ha coleccionado en este aspecto documentos muy numerosos. Se refieren a 11.822 casos producidos durante los años 1869-72. No hace más que confirmar las conclusiones de Brierre de Boismont. Como los datos son los mismos aproximadamente cada año, para abreviar, sólo reproducimos los que se refieren a los años 1871 y 1872.

CUADRO XIV

	Suicidios durante el día sobre 1.000 casos diarios			
	1871		1872	
Primeras horas de la mañana[1]	35,9		39,5	
Segundas	158,3		159,7	
Mediodía	73,1		71,5	
Después del mediodía	143,6	375	160,7	391,9
Tarde	53,5		61,0	
Noche	212,6		219,3	
Hora desconocida	322,0		291,9	
	1.000		1.000	

La preponderancia de los suicidios diurnos es evidente. Si el día es más fecundo en suicidios que la noche, es natural que éstos sean más numerosos a medida que aquél es más largo.

¿Pero de dónde procede esta influencia del día?

Para darse cuenta de ello no basta con invocar la acción del sol y la temperatura. En efecto, los suicidios cometidos en medio del día, es decir, en el momento de mayor calor, son mucho menos numerosos que los de la tarde o los de media mañana. Se verá más adelante que al mediodía se produce un decrecimiento sensible. Descontada esta explicación sólo queda como posible la de que el día favorece el suicidio, porque es el momento en que los negocios son más activos, en que las relaciones humanas se cruzan y entrecruzan, en que la vida social resulta más intensa. Algunos datos que poseemos referentes a la manera de repartirse el suicidio entre diferentes horas del día o entre los diferentes días de la semana confirman esta interpretación. Véanse tomadas de 1993 casos observados por Brierre de Boismont en Pans, y 548 casos relativos al total de Francia y reunidos por Guerry, cuáles son las principales oscilaciones del suicidio cada veinticuatro horas.

París		Francia	
Horarios	*Suicidios por hora*	*Horarios*	*Suicidios por hora*
De 0 a 6 hs.	55	De 0 a 6 hs.	30
De 6 a 11 hs.	108	De 6 a 12 hs.	61
De 11 a 12 hs.	81	De 12 a 14 hs.	32
De 12 a 16 hs.	105	De 14 a 18 hs.	47
De 16 a 20 hs.	81	De 18 a 24 hs.	38
De 20 a 24 hs.	61		

Se observa que hay dos momentos en que el suicidio aparece en su plenitud. Son aquellos en que el movimiento de los negocios es más rápido: la mañana y el mediodía. Entre estos dos períodos hay uno de reposo en que la actividad general está suspendida momentáneamente, el suicidio se detiene un instante; este período de calma se produce en París hada las once de la mañana y hacia mediodía en provincias. Es más pronunciado y más prolongado en los departamentos que en la capital, por la única razón de que ésta es la hora en que los provincianos toman su principal comida; por eso el estacionamiento del suicidio es en él más marcado y de mayor duración. Los datos de la estadística prusiana, a que hemos hecho referencia antes, pueden proporcionar la ocasión de observaciones análogas[14].

Por otra parte, Guerry, habiendo determinado con referencia a 6.587 casos, el día de la semana en que tuvieron lugar, ha obtenido la escala que reproducimos en el cuadro XV. De ella se deduce que el suicidio disminuye a fin de semana, a partir del viernes, y ya se sabe que los prejuicios relativos al viernes tienen como efecto el de hacer más lenta la vida pública. La circulación en los ferrocarriles es este día mucho menos activa que los otros.

CUADRO XV

	% por día	% por sexo	
		Masculino	Femenino
Lunes	15,20	69	31
Martes	15,71	68	32
Miércoles	14,90	68	32
Jueves	15,68	67	33
Viernes	13,74	67	33
Sábado	11,19	69	31

Domingo	13,57	64	36

Se procura no anudar relaciones ni emprender negocios en este día de mal augurio. El sábado, desde el mediodía, un comienzo de paralización principia a producirse en ciertos países en que el paro está muy extendido; y quizá también por la perspectiva del día siguiente, que ejerce por anticipado una influencia sedativa sobre los espíritus. Finalmente, el domingo la actividad económica cesa del todo. Si las manifestaciones de otro orden no reemplazasen entonces a las que desaparecen, si los lugares de placer no se llenasen en el momento en que los talleres, los despachos y los almacenes se vacían, se puede pensar que el descenso del suicidio en el domingo sería todavía más acentuado. Se notará que este mismo día es aquel en que la cifra relativa a la mujer se eleva; es también en este día cuando ella sale del interior en que está como retirada el resto de la semana, y cuando se mezcla un poco a la vida común[15].

Todo concurre a probar que si la mañana es el momento del día que favorece más al suicidio, es también aquel en que la vida social está en toda su efervescencia. Pero entonces tendremos una razón que nos explique cómo el número de los suicidios. Se eleva a medida que el sol permanece más largo tiempo en el horizonte. Ocurre que el solo hecho de ser los días más largos anuncia en cierta manera una carrera más vasta a la vida colectiva. El tiempo de reposo comienza más tarde y acaba más pronto. Tiene más espacio para desenvolverse. Es, pues, necesario que los efectos que esto implica aparezcan en el mismo momento, y puesto que uno de ellos es el suicidio, que éste aumente.

Esta primera causa no es la única, sin embargo. Si la actividad pública es más intensa en verano que en primavera y en primavera que en otoño y en invierno, no es sólo porque el cuadro exterior en que se desenvuelve se amplia a medida que se avanza en el año, es porque está directamente excitada por otras razones.

El invierno es para el campo una época de reposo que llega hasta la inercia. Toda la vida está como detenida, las relacio nes son raras a causa del estado de la atmósfera, y porque el decrecimiento de los negocios le suprimen su razón de ser. Los habitantes están como hundidos en un verdadero sueño. Pero desde la primavera todo comienza a despertarse, las ocupaciones se reanudan, las relaciones se estrechan de nuevo, los cambios se multiplican, se producen verdaderos movimientos de población para satisfacer las necesidades del trabajo. Y estas condiciones particulares de la vida rural no pueden por menos de tener una gran influencia sobre la distribución mensual de los suicidios, puesto que el campo produce más de la mitad de la cifra total de las muertes voluntarias; en Francia, de 1873 a 1878, tiene el campo en su cargo 18.740 casos de suicidios en un conjunto de 36.365. Es, pues, natural que sean más numerosos a medida que se está más lejos de la mala estación. Llega a su máximum en Junio o en Julio, es decir y en la época en que el campo está en plena actividad. En Agosto todo comienza a apagarse y los suicidios disminuyen. La disminución no es rápida, sino a partir de Octubre, y sobre todo, de Noviembre, y se debe a que determinadas recolecciones no tienen lugar más que en otoño.

Las mismas causas obran, aunque en menor grado, sobre el conjunto del territorio. La vida urbana es también más activa durante el buen tiempo. Como las comunicaciones son entonces más fáciles, se viaja con más gusto y las relaciones intersociales son más numerosas. En efecto, he aquí cómo se reparten por estaciones las rentas de nuestras grandes líneas sólo para la gran velocidad (año 1887)[16].

Invierno   77,9 millones de francos.

Primavera   86,7
Verano   105,1
Otoño   98,1

El movimiento interior de cada ciudad pasa por las mismas fases. Durante este mismo año 1887, el número de viajeros transportados de un punto de París a otro, ha crecido regularmente de enero (655.791) a junio (848.831), para decrecer a partir de esta época hasta diciembre (659.960) con la misma continuidad [17].

Una última experiencia va a confirmamos esta interpretación de los hechos. Si la vida urbana debe ser más intensa en verano o en primavera que en el resto del año, por las razones que acaban de invocarse, las diferencias entre las distintas estaciones deben ser menos marcadas en las ciudades que en los campos. Los negocios comerciales e industriales, los trabajos artísticos y científicos, las relaciones mundanas, no se suspenden en invierno en el mismo grado que la explotación agrícola. Las ocupaciones del ciudadano pueden proseguir aproximadamente igual todo el año. La más o menos larga duración de los días debe tener poca influencia sobre todo en los grandes centros, porque la luz artificial restringe allí más que en otra parte el período de oscuridad. Si las variaciones mensuales, o por las estaciones, del suicidio, dependen de la desigual intensidad de la vida colectiva, deben ser menos pronunciadas en las grandes ciudades que en el conjunto del país. Los hechos son rigurosamente conformes con nuestra deducción. El cuadro XVI muestra, en efecto, que si en Francia, en Prusia, en Austria, en Dinamarca, existe entre el máximum y el mínimum un acrecimiento de 52 a 45 y aun 68 por 100. En París, en Berlín, en Hamburgo, etc., esta diferencia es, por término medio, de 20 a 25 por 100, y desciende hasta 12 por 100 (Francfort).

Se ve, además, que en las grandes ciudades, en sentido contrario de lo que ocurre en el resto de la sociedad, tiene lugar el máximum de suicidios generalmente en primavera, aun en aquellos países en que la primavera está superada por el verano (París y Francfort); el aumento en esta última estación es muy ligero. Y es que en los centros importantes se produce durante el buen tiempo un verdadero éxodo de los principales agentes de la vida pública, que, como consecuencia, pone de relieve una ligera tendencia a la debilitación de estas relaciones[17].

CUADRO XVI
VARIACIONES DEL SUICIDIO POR ESTACIÓN EN ALGUNAS CIUDADES COMPARADAS CON LAS DE TODO EL PAÍS

	Proporción porcada 1.000 suicidiosanuales								
	París	Berlín	Hamburgo	Viena	Francfort	Ginebra	Francia	Prusia	Austria
	1888 - 92	1882-85-87-89-90	1887-91	1871-72	1867-75	1838-47 1852-54	1835 - 43	1869-72	1858-59
Invierno	218	231	239	234	239	232	201	199	185
Primavera	262	284	289	302	245	288	283	284	281

	Paris	Berlín	Hamburgo	Viena	Francfort	Ginebra	Francia	Prusia	Austria
Verano	277	248	232	211	278	253	306	290	315
Otoño	241	232	258	253	238	227	210	227	219
Relación entre estaciones (Base: Invierno = 100)									
Invierno	100	100	100	100	100	100	100	100	100
Primavera	120	124	120	129	102	124	140	142	151
Verano	127	107	107	90	112	109	152	145	168
Otoño	100	100,3	103	108	99	97	104	114	118

En resumen, hemos comenzado por establecer que la acción directa de las factores cósmicos no puede explicar las variaciones mensuales o por estaciones del suicidio. Vemos ahora de qué naturaleza son las verdaderas causas de ello, en qué dirección deben ser buscadas y el resultado positivo, conforme a las conclusiones de nuestro examen crítico. Si las muertes voluntarias son más numerosas de enero a julio, no es porque el calor ejerce una influencia perturbadora sobre el organismo, es porque la vida social resulta más intensa. Si adquiere esta intensidad, es indudablemente porque la posición del sol sobre la elíptica, el estado de la atmósfera, etc., le permite desenvolverse con más facilidad que durante el invierno. Pero no es precisamente el medio físico el que la estimula de una manera directa; sobre todo, no es él el que marca su huella en la marcha de los suicidios. Esta marcha depende de condiciones sociales.

Es verdad que ignoramos todavía cómo la vida colectiva puede producir esta acción. Pero se comprende desde ahora que si ella encierra las causas que hacen variar la cifra de los suicidios, éstos deben crecer o decrecer, según que sea más o memos activa. Lo que se refiere a determinar con más precisión qué causas son éstas, será objeto del libro próximo.

[1] Bibliografía. Lombroso, *Pensiero e meteore;* Ferri, *Variations thermometriques et criminalite* in "Archives dAnth Criminellen", 1887. Corre, *Le delit et le suicide a Brest en Arch d Anth Crim.,* 1890, páginas 109 y siguientes, 259 y siguientes. El mismo, *Crime et suicide,* páginas 605-639. Morselli, p. 103-157.

[2] V. más adelante libro II, capítulo IV.

[3] *De lhypochondrie,* etc., p. 28.

[4] No se puede juzgar de momento cómo los casos de locura se reparten entre las estaciones más que por el número de ingresados en los manicomios. Este criterio es muy insuficiente, pues las familias no internan a los enfermos en el momento preciso en que la enfermedad se manifiesta, sino más tarde. Además, aun valuando este dato tal y como lo poseemos, está muy lejos de demostrar una concordancia perfecta entre las variaciones, en las diversas estaciones, de la locura y de los suicidios. (Según una estadística de Cazauvieilh, de cada 1.000 internados anuales en Charenton, el número, por cada estación, sería el siguiente: invierno, 222; primavera; verano, 261; otoño, 231. El mismo cálculo hecho sobre el conjunto de alienados admitidos en los asilos del Sena da resultados análogos; invierno, 222; primavera, 283; verano, 261; otoño, 231. Se ve primero que el máximum se refiere a la primavera y no al verano, aun más, que hay que tener en cuenta el siguiente hecho, que por las razones indicadas el máximum real debe ser anterior; segundo, que las diferencias entre las diferentes estaciones son muy débiles. En cambio, se marcan de una manera muy distinta en lo que se refiere a los suicidios.

[5] Tomamos estas hechas de Bierre de Baismont, op. cit., páginas 60-62.

[6] Todos los meses, en este cuadro, se han contado como de treinta días. Las cifras relativas a las temperaturas se han tomado por lo que se refiere a Francia, del *Annuaire du bereau des longitudes,* y para Italia, de los *Annali de lUfficio centrale de Meteorologia.*

[7] Es preciso subrayar esta constancia de las cifras proporcionales del año, sobre cuya significación insistiremos más adelante(libro III, capítulo primero).

[8] Es verdad que, según estos autores, el suicidio no es mas que una variación del homicidio. La ausencia del suicidio en los países meridionales no es más que aparente, pues está compensada por un exceso de homicidios. Ya veremos después lo que debe pensarse de esta identificación; pero desde ahora, ¿cómo no ver que este argumento se vuelve contra sus autores? Si el exceso de homicidios que se observa en los países cálidos compensa la falta de suicidios, ¿cómo esta misma compensación no se establecerá también durante la estación de verano? ¿De dónde proviene el que esta última sea a la vez fértil en homicidios propios y en homicidios ajenos?

[9] Op. cit., p. 148

[10] Prescindimos de las cifras concernientes a Suiza; han sido calculadas sobre un solo año (1876), y, por consecuencia, no puede sacarse de ellas conclusión alguna. Por otra parte, el alza de octubre a noviembre es muy débil. Los suicidios pasan de 83 por 1.000 a 90.

[11] La duración indicada es la del último día del mes.

[12] Esta uniformidad nos dispensa de complicar el cuadro XIII. No es necesario comparar las variaciones mensuales del día y las del suicidio en otros países distintos de Francia, puesto que unos y otras son las mismas en todas partes, ya que no se comparan países de latitudes muy distintas.

[13] Designamos así la parte del día que sigue inmediatamente a la salida del sol.

[14] Existe una nueva prueba del ritmo de reposo y de actividad por que pasa la vida social en los diferentes momentos del día, en la manera de variar los accidentes según la hora. Véase cómo se presentan estos accidentes según los datos de la oficina deestadísticaprusiana.
De seis de la mañana mediodía, 1.011 accidentes como término medio por hora.
De mediodía a dos de la tarde, 686.
De dos a seis de la tarde, 1.191.
De seis a siete de la tarde, 979.

[15] Es de notar que este contraste entre la primera y la segunda mitad de la semana se encuentra también en el mes. He aquí cómo, según Brierre de Boismont (op. cit., p. 424), han de repartirse 4.595 suicidios parisienses:
Durante los diez primeros días del mes, 1.727.
Durantelosdíassiguientes, 1.488.
Durante los diez últimos, 1.380.
La inferioridad numérica de la última década es mayor aún de lo que resulta de las cifras, pues a causa del día 31 comprende a veces once días en lugar de diez. Se diría que el ritmo de la vida social reproduce las divisiones del calendario que hay como una renovación de actividad cada vez que se entra en un período nuevo y una especie de debilitación a medida que este periodo tiende a su fin.

[16] Según el *Bulletin du Ministére des Travaux Publics*

[17] Ibid. A todos estos hechos, que tienden a demostrar el crecimiento de la actividad social durante el verano, se puede añadir el siguiente: que los accidentes son numerosos durante el buen tiempo más que durante el malo. Véase cómo se reparten en Italia.

	1886	1887	1888
Primavera	1.370	2.582	2.457
Verano	1.823	3.290	3.085
Otoño	1.474	2.560	2.780
Invierno	1.190	2.748	3.032

Si desde este punto de vista el invierno sucede algunas veces al verano sin transición, es únicamente porque las caídas son más numerosas en él a causa del hielo, y porque el frío por sí mismo produce accidentes especiales. Si se hace abstención de aquellos que tienen este origen, las estaciones se colocan en el mismo orden que para el suicidio.

[18] Se notará que las cifras proporcionales de las diferentes estaciones son las mismas en las grandes ciudades comparadas, a diferencia de las que se relacionan con los países a que estas ciudades pertenecen. Encontramos por todas pactes esta constancia de la cifra de los suicidios en medio social idéntico. La corriente suicidógena varía de igual manera en los diferentes momentos del año, en Berlín, en Viena, en Ginebra, en París, etc. Eso presenta desde cerca todo lo que tiene de real.

Capítulo IV

La imitación[1]

Antes de analizar las causas sociales del suicidio, es preciso que determinemos la influencia de un último factor psicológico, en consideración de la gran importancia que se le ha atribuido en la génesis de los hechos sociales en general y del suicidio en particular. Se trata de la imitación.

Del hecho de que puede tener lugar entre individuos, a los que no une ningún vinculo social, se deduce con evidencia, que la imitación es un fenómeno puramente psicológico. Un hombre puede imitar a otro, sin que sean, respectivamente, solidarios o miembros de un grupo social del que ambos dependan igualmente; y la propagación imitativa no tiene, por si sola, el poder de solidarizados. Un estornudo, un movimiento coreiforme, una impulsión homicida, pueden transferirse de un sujeto a otro sin que se de entre ellos otro vínculo que una aproximación fortuita y pasajera. No es necesario que exista entre ellos comunidad intelectual o moral alguna, ni que cambien servicios, ni aun que hablen una misma lengua; además, después de la transmisión, los individuos se encuentran tan ligados uno a otro como antes. En resumen, el procedimiento de que nos valemos para imitar a nuestros semejantes es el mismo de que nos servimos para reproducir los ruidos de la naturaleza, las formas de las cosas, los movimientos de los seres. Y así como no hay nada de social en estos casos, tampoco lo hay en, la imitación. Tiene su origen en ciertas propiedades de nuestra vida representativa, que no resultan de influencia colectiva alguna. Si llegamos a establecer que contribuye a determinar la cifra de los suicidios, resultará que esta cifra depende, directamente, de un modo total o parcial, de causas individuales.

I

Antes de examinar los hechos, conviene fijar el sentido de la palabra. Los sociólogos están tan habituados a emplear las palabras sin definirlas, es decir, a no determinar ni circunscribir, metódicamente el orden de las cosas de que suelen hablar, que les ocurre con frecuencia que dejan una expresión ampliarse y separarse del concepto, que representaba primeramente o parecía representar, llegando a otras nociones más o menos próximas. En estas condiciones, la idea acaba por adquirir una ambigüedad que favorece la discusión. No teniendo límites definidos, acaba por transformarse casi a voluntad, según las necesidades de la causa y sin que sea posible a la crítica prever, por anticipado, los diversos aspectos que la idea es susceptible de tomar. Este es, especialmente, el caso de lo que se ha llamado el instinto de imitación.

Esta palabra se emplea corrientemente para designar a la vez los tres conceptos que siguen:

1º Ocurre, que en el seno de un mismo grupo social, cuyos elementos todos están sometidos a la acción de una misma causa, o de un grupo de causas semejantes, se produce entre las diferentes conciencias una especie de nivelación, en virtud de la que todo el mundo piensa o siente al unísono. Se ha dado frecuentemente el nombre de imitación al conjunto de operaciones de donde resulta este acuerdo. La palabra designa entonces la propiedad que tienen los estados de conciencia, simultáneamente experimentados por un cierto número de sujetos diferentes, de obrar los unos sobre los otros y combinarse entre ellos de tal modo, que dan nacimiento a un estado nuevo. Empleando la palabra en este sentido, se suele decir que se debe esta combinación a una imitación recíproca de cada uno por todos y de todos por cada uno[2]. Se ha dicho que "en las asambleas tumultuosas de nuestras ciudades, en las grandes escenas de nuestras revoluciones"[3], es donde la imitación, así concebida, manifiesta mejor su naturaleza. En ellas es donde se ve mejor cómo los hombres, reunidos, pueden, por la acción que ejercen los unos sobre los otros, transformarse mutuamente.

2° Se ha dado el mismo nombre a la necesidad que nos impulsa a ponernos en convivencia con la sociedad de que formamos parte y a adoptar, con este fin, las maneras de pensar o de hacer que son generales en los que nos rodean. Así es como seguimos las modas, los usos y cómo las prácticas jurídicas y morales no son mas que usos precisos y particularmente concretados, así es como obramos a menudo cuando actuamos en el orden moral. En todas las ocasiones en que no encontramos la razón de la máxima moral a que obedecemos, nos conformamos con ella, únicamente porque tiene a su favor la autoridad social. En este sentido, se ha distinguido la imitación de las modas, de la de las costumbres, según que tomemos por modelos a nuestros antepasados o a nuestros contemporáneos.

3° Finalmente, puede ocurrir que reproduzcamos un acto que pasa delante de nosotros o que conocemos, únicamente porque ha ocurrido a nuestra presencia o porque hemos oído hablar de él. En sí mismo, el acto no tiene carácter intrínseco, que constituya para nosotros una razón de reproducirlo. No lo copiamos ni porque lo juzguemos útil, ni para ponernos de acuerdo con nuestro modelo, sino simplemente por copiarlo. La representación que de él nos hacemos determina automáticamente los movimientos que lo realizan de nuevo. Así, bailamos, reímos, lloramos, cuando vemos a otro bailar, reír, llorar. Así es también, cómo la idea homicida pasa de una conciencia a otra. Es la imitación por sí misma.

Y estas tres clases de hechos son muy diferentes las unas de las otras.

Y por de pronto, la primera no debe ser confundida con las otras, puesto que no comprende ningún hecho de reproducción propiamente dicha, sino síntesis sui géneris de estados diferentes, o, por lo menos, de diferentes orígenes. La palabra mitación no puede servir para designarla, a menos que pierda otras acepciones distintas.

Analicemos el fenómeno. Cierto número de hombres reunidos, son influidos de la misma manera por una misma circunstancia y se aperciben de esta unanimidad, por lo menos parcial, por la identidad de signos por que se manifiesta cada sentimiento particular. ¿Qué ocurre entonces? Que cada uno se representa confusamente el estado en que se encuentran los que están a su alrededor. Las imágenes que expresan las diferentes manifestaciones, emanadas de diversos sectores de la colectividad, con sus varios matices, se perpetúan en los espíritus. Hasta aquí nada de lo ocurrido puede designarse con el nombre de imitación; ha habido simplemente impresiones sensibles, después sensaciones, idénticas en todos sus puntos a las que determinan en nosotros los cuerpos exteriores[4]. ¿Qué ocurre después? Una vez despertadas en mi conciencia estas varias representaciones, se combinan allí las unas con las otras, y con la que constituye mi peculiar sentimiento. Así se forma un estado nuevo, que no es ya mío sino en el mismo grado que el precedente, que está menos afectado de particularismo, y que una serie de operaciones repetidas, aunque análogas a la primera, va desembarazando, cada vez más, de lo que puede aún tener de demasiado peculiar. Estas combinaciones no. deben calificarse de hechos de imitación, a menos que se convenga en llamar así a toda. operación intelectual, por la que dos o más estados de conciencia similares se enlacen los unos con los otros, como consecuencia de sus semejanzas, y después se fusionen y confundan en una resultante que los absorba y que difiera de ellos. No hay duda de que todas las definiciones de palabras están permitidas; pero es preciso reconocer que ésta sería particularmente arbitraria y constituiría una fuente de confusión, puesto que no deja a la palabra nada de su acepción usual. En lugar de imitación, es creación lo que debiera decirse, puesto que de dicha suma de fuerzas resulta una cosa nueva. Este procedimiento es el único que puede otorgar al espíritu el poder de crear.

Se diría que esta creación se reduce a acrecer la intensidad del estado inicial. Pero aun así, un cambio cuantitativo no deja de ser una novedad. Además, la cantidad de las cosas no puede cambiar sin que le calidad se altere; un sentimiento, si llega a ser dos o tres veces más violento, cambia completamente de naturaleza. De hecho es evidente que por la manera en que mutuamente se influye una reunión de hombres, puede transformarse un grupo de burgueses inofensivos en un monstruo terrible. ¡Singular imitación la que produce semejante metamorfosis! Si se ha utilizado un término tan impropio para designar este fenómeno, es, sin duda, porque se ha imaginado, con cierta vaguedad, a cada sentimiento individual como modelándose sobre el de otro. Pero, en realidad, ni hay modelos ni copias. Hay penetración, fusión de un cierto número de estados en el seno del otro, que se diferencia de ellos y que es el estado colectivo.

No existiría, ciertamente, impropiedad alguna en llamar imitación a la causa de que resulta este estado, si se admitiera que, siempre, ha sido inspirada la muchedumbre por un sugestionador. Pero, aparte de que esta aserción no ha sido probada jamás ni aun en principio, y se encuentra contradicha por una multitud de hechos, en que el sugestionador es, manifiestamente, un producto de la muchedumbre, en lugar de ser la causa informativa de ella, en todo caso, en la medida en que esta acción directiva es real, no guarda relación alguna con lo que se ha llamado la imitación recíproca, puesto que es unilateral; por consiguiente, no tenemos por qué hablar de ella por ahora. Es preciso, ante todo, que nos libremos con cuidado de las confusiones, que tanto han oscurecid o la cuestión.

Además, si se dijera que hay siempre en una asamblea individuos que se adhieren a la opinión común, no por un movimiento espontáneo, sino porque aquélla se le impone, se enunciaría una verdad incontestable. Creemos, también, que no habrá jamás, en semejante caso, conciencia individual que no sufra más o menos esta coacción. Pero, puesto que aquélla tiene por origen la fuerza *sui géneris* por que están motivadas las prácticas o las creencias comunes, cuando son arraigadas, es clasificable en la segunda de las categorías de hechos que hemos distinguido. Examinemos esta última y veamos en qué sentido merece ser designada con el nombre de imitación.

Difiere, cuando menos, de la precedente en que implica una reproducción. Cuando se sigue una moda o se observa una costumbre, no se hace más que lo que los demás han hecho o hacen. todos los días. De la definición misma se deduce que esta reproducción no es debida a lo que se ha llamado el instinto de imitación, sino, por una parte, a la simpatía que nos conduce a no oponernos al sentimiento de nuestros conocidos para poder beneficiarnos mejor con su trato, y de otra, al respeto que nos inspira la manera de obrar o de pensar colectivas, y a la presión directa o indirecta que la colectividad ejerce sobre no sotros para prevenir las disidencias y mantener integro ese sentimiento de respeto. El acto no se reproduce porque tenga lugar a presencia nuestra o no nos sea conocido, y, porque amemos la reproducción en sí misma o por sí misma; se reproduce porque se no s presenta como obligatorio, y en cierta medida como útil. Lo llevamos a cabo no porque lo realicemos pura y simplemente, sino porque lleva en si la marca social y porque tenemos por ésta una deferencia a la que no podemos faltar sin serios inconvenientes. En una palabra: *obrar por respeto o por temor de la opinión, no es obrar por imitación.* Tal acto no es distinto esencialmente de aquellos otros que realizamos cada vez que creemos obrar de nuevo. Tienen lugar, en efecto, en virtud de un carácter que es in herente a ellos y que nos hace considerar su realización como un deber. Pero cuando nos rebelamos contra los usos en lugar de seguirlos, no nos determinamos a obrar de una manera distinta; si adoptamos una idea nueva, una práctica original, es porque tiene cualidades intrínsecas que nos la presentan como digna de ser adoptada. Seguramente, los motivos que nos determinarán no son de igual naturaleza en los dos casos, pero el mecanismo psicológico es exactamente igual. En uno y otro caso, entre la representación del acto y la ejecución, se intercala una operación intelectual, que consiste en una aprehensión clara o confusa, rápida o lenta, del carácter determinante, cualquiera que sea. La manera como nos conformamos a las costumbres o a las modas de nuestro país, no tiene nada de común[5] con la imitación maquinal que nos hace reproducir los movimientos de que somos testigos. Hay entre estas dos maneras de obrar toda la distancia que separa la conducta razonable y deliberada del reflejo automático. La primera, tiene sus razones, aun en el caso de que no se expresen en forma de juicio explícito. La segunda no las tiene; resulta directamente de la sola vista del acto, sin ningún otro intermediario mental.

Fácilmente se concibe la serie de errores a que se está expuesto cuando se reúnen bajo un nombre único e igual dos órdenes de hechos tan diferentes. Es preciso tener cuidado, cuando se habla de imitación, se sobreentiende un fenómeno de contagio y se pasa, no sin cierta razón, de la primera de estas ideas a la segunda, con la más extremada facilidad. Pero ¿qué hay de contagioso en el hecho de cumplir un precepto moral, de someterse a la autoridad de la tradición o de la opinión pública? Ocurre así, que en el momento en que se cree haber reducido a una sola dos realidades, no se ha hecho más que confundir dos nociones muy diferentes. Se dice en patología biológica que una enfermedad es contagiosa cuando se debe en todo o en parte al desarrollo de un germen, que desde fuera se ha introducido en el organismo. Pero en sentido inverso, y en la medida en que este germen no ha podido desenvolverse, sino gracias al concurso activo del terreno sobre el que se ha forjado, la palabra contagio resulta impropia. Por la misma razón para que un acto pueda atribuirse a un contagio moral, no basta que la idea de realizarlo nos lo haya inspirado un acto semejante, es preciso además que una vez que la idea se haya apoderado del espíritu, se transforme por sí misma y de un modo automático en movimiento. Entonces, hay realmente contagio, puesto que es el acto exterior el que, penetrando en nosotros, bajo la forma de una representación, se reproduce por sí mismo. Hay, igualmente, imitación, porque el acto nuevo es todo lo que es, en virtud del modelo de que está copiado. Pero si la impresión que esta última suscita en nosotros, no puede producir sus efectos más que gracias a nuestro consentimiento y con nuestra participación, no se trata más que de un contagio metafórico, y la metáfora es inexacta. Porque las razones que nos han hecho consentir son las causas determinantes de nuestra acción, no el ejemplo que hemos tenido a la vista, somos nosotros mismos los autores del acto, aun cuando no lo hayamos inventado[6]. En consecuencia, todas estas explicaciones de hechos repetidos, de propagación imitativa, de expresión contagiosa, están fuera de lugar y deben ser rechazados; desnaturalizan las realidades, en vez de ofrecemos noción exacta de ellas; velan la cuestión, en lugar de esclarecerla.

En resumen: si queremos entendemos, no podemos designar con el mismo nombre el proceso en virtud del cual, en el seno de una reunión de hombres, se elabora un sentimiento colectivo de aquel de donde resulta nuestra adhesión a las reglas comunes o tradicionales de la conducta, lo que de termina a los corderos de Panurgo a arrojarse al agua porque uno de ellos ha comenzado a hacerlo así. Una cosa es sentir en común, otra inclinarse ante la autoridad de la opinión, otra, en fin, repetir automáticamente lo que los demás han hecho. Del primer orden de hechos está ausente toda reproducción; en el segundo en la consecuencia de operaciones lógicas[7] de juicio y de razonamientos implícitos o formales, que son los elementos esenciales del fenómeno, y no sirven para definirlo. La reproducción no es el todo mas que en el tercer caso: en él ocupa todo el lugar; el acto nuevo no es más que el eco del acto inicial: no solamente lo repite, sino que esta repetición no tiene razón de ser fuera de ella misma, ni otra causa que la congruencia de propiedades que hacen de nosotros, en determinadas circunstancias, seres de imitación.

Sólo, pues, a los hechos de esta categoría debe reservarse el nombre de imitación, si se quiere que tenga una significación definida, y, en consecuencia, diremos: *hay imitación cuando un acto tiene como antecedente inmediato la representación de otro acto semejante, anteriormente realizado por otro, sin que entre esta representación y la ejecución se intercale ninguna operación intelectual, explícita o implícita, que se relacione con los caracteres intrínsecos de los actos reproducidos.* Cuando se pregunta cuál es la influencia de la imitación en la cifra de los suicidios, es preciso emplear la palabra en la acepción que acabamos de expresar[8]. En ella la palabra puede constituir por sí misma una explicación satisfactoria[9], pues todo lo que en ellas pasa es un producto del contagio imitativo.

Si no se determina así el sentido, se está expuesto a tomar una expresión puramente verbal por una explicación. En efecto, cuando se dice de una manera de obrar o de pensar que constituye un hecho de imitación, se entiende que la imitación la caracteriza, y por eso se cree haberlo dicho todo, cuando se ha pronunciado esa palabra prodigiosa. Sin embargo, no existe esta propiedad más que en los casos de reproducción automática.

Pero cuando seguimos una costumbre, cuando nos conformamos a una práctica moral, se encuentran razones de nuestra docilidad en la naturaleza de esta práctica, en los caracteres propios de esta costumbre, en los sentimientos que nos inspiran. Y así, cuando a propósito de esta clase de actos se habla de imitación, no se nos da nada a entender, se nos enseña solamente que no es nuevo el hecho reproducido por nosotros, pero sin explicarnos de ninguna manera por qué se produce, ni por qué lo reproducimos. Y mucho menos puede esta palabra reemplazar el análisis del proceso complejo de que resultan los sentimientos colectivos, de los que no hemos podido dar en otro lugar más que explicaciones aproximadas[10]. Y véase cómo el empleo impropio de este término puede hacer creer que se han resuelto, o se ha avanzado en la resolución de las cuestiones, cuando no se ha hecho más que disimular su investigación al sujeto mismo.

También a condición de definir la imitación en esta forma, es como se tendrá eventualmente el derecho de considerarla un factor psicológico del suicidio. En efecto, lo que se ha llamado la imitación recíproca es un fenómeno eminentemente social: consiste en la elaboración en común de un sentimiento general. Lo mismo ocurre con la reproducción de los usos, de las tradiciones, que es un factor de causas sociales, puesto que se deben al carácter obligatorio, al prestigio especial de que están investidas las creencias y las prácticas colectivas, únicamente porque son colectivas. Por consecuencia, en la medida en que se puede admitir que el suicidio se reproduce por unas o por otras de estas direcciones, habrá que hacerlo depender de causas sociales y no de condiciones individuales.

Así definidos los términos del problema, examinemos los hechos.

II

No ofrece duda alguna el hecho de que la idea del suicidio se comunica por contagio. Ya hemos hablado de aquel corredor en que quince inválidos vinieron sucesivamente a ahorcarse, y de aquella famosa garita del campo de Polonia, que fue en poco tiempo teatro de muchos suicidios. Hechos de este género se han observado con mucha frecuencia en el ejército: en el cuarto batallón de cazadores de Provins, en 1862; en el quince de línea, en 1864; en el cuarenta y uno, primero en Montpellier, después en Nimes, en 1868, etc. En

1813, en la pequeña población de Saint-Pierre-Monjan, una mujer se ahorcó de un árbol; otros muchos vinieron después a ahorcarse a corta distancia. Pinel cuenta que un sacerdote se ahorcó en el pueblo de Etampes; algunos días después otros dos se mataron, y los imitaron muchos laicos[11]. Cuando Lord Castelreagh se arrojó al Vesubio, muchos de sus compañeros siguieron su ejemplo. El árbol de Trinan, el misántropo, ha pasado a la historia. La frecuencia de esta clase de contagio en los establecimientos de detención, ha sido igualmente afirmada por numerosos observadores[12].

Es frecuente atribuir a la imitación cierto número de hechos, que parecen tener otro origen. Esta es la causa de los que se han tomado a veces por suicidios obsesionales. En su "Historia de la guerra de los galos contra los romanos"[13], Josefo cuenta que, durante el asalto de Jerusalén, cierto número de sitiados se dieron muerte con sus propias manos. En particular; 40 guerreros refugiados en un subterráneo, decidieron darse la muerte, y se mataron unos a otros. Cuenta Montaigne, que los Xantienos, sitiados por Bruto, "se precipitaron en confusión, hombres, mujeres y niños, con un deseo de morir tan furioso, que no se ha hecho, por huir de la muerte, nada semejante a lo que ellos hacían por huir de la vida y de tal modo que apenas si Bruto pudo salvar un pequeño número"[14]. No parece que estos suicidios en masa tengan por origen una o dos causas individuales, de las que no serían más que la repetición. Parecen resultar de una resolución colectiva, de un verdadero *consensus* social, más que de una simple propagación contagiosa. La idea no nace de un sujeto en particular, para extenderse a los otros, sino que es elaborada por el contingente del grupo que, colocado por entero en una situación desesperada, se sacrifica colectivamente a la muerte. No ocurren de otra manera las cosas cada vez que un cuerpo social cualquiera reacciona en común por la acción de una misma circunstancia. El acuerdo no cambia de naturaleza porque se establezca en un rapto de pasión; no sería otro, esencialmente, aunque fuese más metódico y más reflexivo. Hay aquí impropiedad al hablar de imitación. Podemos decir otro tanto de muchos hechos del mismo género. Así ocurre con aquel que cuenta Esquirol: "Los historiadores aseguran que los peruanos y los mejicanos, desesperados por la destrucción de su culto..., se mataron en tan gran número, que perecieron más por sus propias manos que por el hierro y por el fuego de sus bárbaros conquistadores". Generalmente, para poder imputar la imitación no basta con comprobar que se producen en el mismo momento y en igual lugar bastante número de suicidios, que pueden ser debidos a un estado general del medio social, de donde resulta una disposición colectiva del grupo, que se traduce bajo la forma de suicidio múltiple. En definitiva, tal vez fuese interesante distinguir las epidemias morales del contagio moral para precisar la terminología, pues que se emplea indiferentemente una por otra, y son en realidad dos especies de causas muy diferentes. La epidemia es un hecho social producido, por causas sociales; el contagio no consiste más que en un encadenamiento más o menos repetido de hechos individuales[15].

Esta distinción, una vez admitida, tendrá por efecto el disminuir la lista de suicidios imputables a la imitación, aunque es incontestable que son muy numerosos. No existe ningún fenómeno que sea más fácilmente contagiable. El mismo impulso homicida no tiene tanta aptitud para difundirse. Los casos en que se propaga automáticamente son menos frecuentes, y, sobre todo, el papel de la imitación es en ellos, en general, menos preponderante; se diría que en contra de la opinión común, el instinto de conservación, está arraigado con menos fuerza en el alma que los sentimientos fundamentales de la moralidad, puesto que resiste peor la acción de las mismas causas. Pero, aun reconociendo estos hechos, la cuestión que nos hemos planteado al comienzo de este capítulo, queda sin resolver. De qué puede comunicarse de un individuo a otro el suicidio, no se desprende a *priori* que esta contagiosidad produzca efectos sociales, es decir, influya en la cifra de los suicidios, único fenómeno que nosotros estudiamos. Por incontestable que ello sea, puede muy bien ocurrir que no tenga más que consecuencias individuales y esporádicas. Las observaciones que proceden no resuelven el problema, pero muestran mejor su extensión. Si la imitación es, como se ha dicho, una fuente original y particularmente fecunda de fenómenos sociales, debe testimoniar su poder a propósito del suicidio, especialmente, puesto que no existe un hecho sobre el que tenga mayor imperio. El suicidio nos va a ofrecer un medio de comprobar, por una experiencia decisiva, la realidad de la virtud maravillosa que se atribuye a la imitación.

III

Si esta influencia existe, debe sentirse sobre todo en la distribución geográfica de los suicidios. Se debe ver en determinados casos comunicarse la cifra característica de un país o de una localidad a las localidades vecinas. Hay, pues, que consultar el mapa, pero es preciso interrogarlo con método.

Ciertos autores han creído que pueden hablar de imitación cada vez que dos o más departamentos limítrofes manifiestan una inclinación al suicidio de la misma intensidad. Sin embargo, esta difusión en el interior de una misma comarca puede obedecer a que ciertas causas favorables al desenvolvimiento del suicidio existan en ella y estén igualmente extendidas, y también a que el medio social es en todas partes el mismo. Para poder afirmar con seguridad que una tendencia o una idea se extiende por imitación, es preciso que se le vea salir de los ambientes en que iba nacido y extenderse en actos que no tengan, por sí mismos, capacidad para producida. Como ya hemos demostrado en otra parte, sólo hay propagación imitativa en la me dida en que el hecho imitado, él sólo, sin el concurso de otros factores, determina automáticamente los hechos, que lo reproducen. Es preciso, por lo tanto, para fijar la parte que tiene la imitación en el fenómeno de que nos ocupamos, un criterio menos elemental que aquél con que es uso conformarse.

Ante todo, no puede haber imitación si no existe un modelo que imitar, y no hay contagio sin un foco de donde emane y donde tenga su máximum de intensidad. Igualmente no habrá fundamento para admitir que la tendencia al suicidio se comunica de una parte a otra de la sociedad, más que a condición de que la observación revele la existencia de determinados centros de donde irradie. ¿Por qué señal podría reconocerse este punto?

Por lo pronto, estos centros deben distinguirse de todos los puntos que los rodean por una mayor aptitud para el suicidio; se les debe ver destacarse en el mapa por una coloración más pronunciada que la de las comarcas circundantes. Como la imitación obra en ellas, también, al mismo tiempo que las causas verdaderamente productoras del suicidio, los casos deben ser más numerosos. En segundo término, para que estos centros puedan desempeñar el papel que se les asigna, y, en consecuencia, para que sea posible referir a su influencia los hechos que se producen alrededor de ellos, es necesario que cada uno sea, en cierta manera, el punto de mira de los países vecinos; porque claro es que no puede ser imitado si no se le ve. Si se dirige a otra parte la mirada, será inútil que los suicidios sean numerosos, puesto que permanecerán ignorados, y en consecuencia, no habrá lugar a la reproducción. Las poblaciones no pueden fijar sus miradas sino sobre un punto que ocupe en la vida regional un lugar importante; o, dicho de otra manera, los fenómenos de contagio deben ser más nutridos alrededor de las capitales y de las grandes ciudades. Tanto mejor se les puede en ellas observar, cuanto que en estos casos la acción propagadora de la imitación se ayuda y se refuerza por otros factores, a saber: por la autoridad moral de los grandes centros, que comunica a sus maneras, un poder de expresión tan grande, y es en ellas donde la imitación debe tener efectos sociales, dado que se produzcan en alguna parte. Finalmente, como, según la opinión común, la influencia se debilita con la distancia, las regiones limítrofes deberán ser menos productoras de suicidios cuanto más distantes estén de la principal, y a la inversa. Tales son las tres condiciones que debe reunir el mapa del suicidio para que pueda atribuirse, aun de un modo parcial, a la imitación la forma que afecta. Aun así, siempre habrá lugar a investigar si esta disposición gráfica no se debe a la disposición paralela de las condiciones de existencia de que el suicidio depende.

Establecida esta regla, vamos a hacer aplicación de ella.

No son suficientes para esta investigación los mapas usuales, porque en lo que se refiere a Francia, la cifra de suicidios sólo se ha determinado en ella por departamentos, y no permiten observar los posibles efectos de la imitación allí donde debe ser más sensible, es decir, entre las diferentes partes de un mismo departamento. Además, la existencia de un distrito, más o menos productor de suicidios, puede elevar o disminuir artificialmente la media departamental, creando de esta forma una discontinuidad aparente entre los otros distritos y, los de los departamentos vecinos, o bien, por el contrario, disimulando una discontinuidad real. De esta forma, la acción de las grandes ciudades suele ser demasiado obscura para que se la pueda observar con facilidad. Hemos formado, pues, para el estudio de esta cuestión de un modo especial un mapa por distritos, que se relaciona con el período 1887-91. Su estudio nos proporciona los resultados más inesperados[16].

Lo que en él llama la atención, ante todo, es la existencia hacia el norte de una gran mancha, cuya parte principal ocupa el emplazamiento de la antigua isla de Francia, y que además afecta profundamente a la Champaña y se extiende hasta la Lorena. Si esta intensidad se debiera a la imitación del foco principal, debería estar en París, el centro más importante de la comarca. A la influencia de París se imputa ordinariamente el fenómeno. Guerry decía que si se parte de un punto cualquiera de la periferia de la nación (exceptuada Marsella) y se va en dirección de la capital, a medida que nos aproximamos a ella se multiplican los suicidios. Si el mapa por departamentos puede prestar a esta interpretación una apariencia razonable, el mapa por distritos le quita todo su fundamento. Encontramos, en efecto, que el Sena tiene una cifra de suicidios menor que los distritos circunvecinos.

Cuenta solamente 471 por millón de habitantes, mientras que Coulommiers tiene 500, Versalles, 514; Melún, 518; Meaux, 525; Corveill, 559; Pontaise, 561; Provins, 562. Los mismos distritos de la Champaña exceden con mucho de los próximos al Sena: Reims tiene 501 suicidios; Epernay, 537; Arcis-sur-Aule, 548; Chateaú-Thierry, 623. Ya el doctor Leroy, en su estudio sobre "Les suicides en Seine-et-Marne", señalaba, subrayándolo, el hecho de que el distrito de Meaux tiene relativamente más suicidios que el Sena[17]. Nos ofrece las siguientes cifras:

Período 1851-63
Distrito de Meaux: Un Suicidio por cada 2.418 habitantes. Sena: Un suicidio por cada 2.750 habitantes.

Período 1863-66
Distrito de Meaux: Un suicidio por cada 2.547 habitantes. Sena: Un suicidio por cada 2.282 habitantes.

Y no es sólo el distrito de Meaux en que se encuentra en este caso. El mismo autor nos da a conocer los nombres de 166 comunas.

Del mismo departamento donde había más suicidios que en París en esta época. Sería un foco singular el de este punto, inferior en relación con el punto secundario que se suponía alimentaba. Por tanto, dejando a un lado el Sena, es imposible encontrar otro centro de irradiación, puesto que es mucho más difícil hacer gravitar a París en torno a Corbeill o Pontaise.

Un poco más al norte se encuentra otra mancha menos igual, pero de un mate más fuerte, que corresponde a Normandía. Si fuese debida a un movimiento de expansión contagiosa, debería partir de Rouen, capital de la provincia y ciudad particularmente importante. Sin embargo, los dos puntos de esta región en que se producen más suicidios, son los distritos de Neuchatel (509) y el de Parit-Andemert (537 por millón de habitantes) y ni siquiera son contiguos. Por lo tanto, no es ciertamente a su influencia a lo que se puede atribuir la condición moral de la provincia.

Al suroeste, a lo largo de la costa del Mediterráneo, encontramos una faja de territorio que va desde los límites de las bocas del Ródano hasta las fronteras italianas, en la que los suicidios son también numerosos. Se encuentra en este territorio una verdadera metrópoli, Marsella, y al otro extremo un gran centro de vida mundana: Niza; sin embargo, los distritos más diezmados son los de Tolón y Focalquier, y nadie diría que Marsella iba a remolque de ellos. Del mismo modo, en la costa oeste, Rochefort es el único que se destaca por un color bastante sombrío de la mancha continua que forman las dos Charentes, y en donde se encuentra sin embargo una ciudad mucho más importante: Angulema. En sentido general, hay un gran número de departamentos en los que no ocupa el primer lugar la cabeza del distrito. En los Vosgos, es Remiremont, y no Epinal; en Alto Saona es Gray, ciudad muerta o próxima a morir, y no Vesoult; en los Doubs es Dole y Poligny, y no Besançon; en la Gironda no es Burdeos, sino la Reole y Bazas; en el Maine y Loira es Saumur, en lugar de Angers; en la Sarthé, Saint-Calais en lugar de Le Mans; en el norte, Avesnes en lugar de Lille, etc. Por tanto, en ninguno de estos casos los distritos que ganan en cifra a la cabeza contienen la ciudad más importante del departamento. Quisiera proseguir esta comparación no solamente de distrito a distrito sino de municipio a municipio. Desgraciadamente, es imposible hacer un mapa comunal de los suicidios para todo el territorio francés. Sin embargo, en su interesante monografía, el doctor Leroy ha hecho este trabajo con referencia a los departamentos Sena-Mame. Después de haber clasificado todos los crímenes de estos departamentos, en relación con su cifra de suicidios, comenzando por aquellos en que es más elevada, ha hallado los resultados siguientes: La Ferté sous Donarre (4.482.habitantes), la primera ciudad importante, Aicar, el número 124. Meaux (10.672 h.), el número 130; Provins (7.547 habitantes), el 135; Colommiens (4.628 h.), el 138. La proximidad de los números de orden de estas ciudades es muy curiosa, porque hace suponer que reina una misma influencia sobre todas[18].

Lagny,(3.468 h.), que está muy cerca de París, no llega más que hasta el número 219; Montereau-Faut-Yonne (6.217 habitantes) llega al 245; Fontaineblau (11.939 h.) llega al 247... En fin, Melun (11.170 h.), cabeza de departamento, no ocupa más que el 279 lugar. Si, por el contrario, se examinan los 25 municipios que están a la cabeza de la lista, se verá que, a excepción de dos, los demás tienen una población poco considerable[19].

Si salimos de Francia podemos hacer observaciones idénticas. La parte de Europa en que hay más suicidios es la comprendida entre Dinamarca y Alemania central. En esta vasta zona, el país que culmina con mucha sobre los demás es la Sajonia Real, que tiene 311 suicidios por millón de habitantes. El Ducado, de Sajonia-Altimburgo viene inmediatamente después (203 suicidios), mientras que el Brandeburgo no tiene más que 204. Es preciso por esto que Alemania tenga los ojos fijos en estos dos pequeños estados. No son Dresde ni Altemburgo, los que dan el tenor a Hamburgo y a Berlín. Igualmente, de todas las provincias italianas son Bolonia y Livorno las que tienen, en proporción, más suicidios (88 y 84); Milán, Génova, Turín y Roma, según las cifras medias establecidas por Morselli para los años 1864-1876, ocupan un lugar mucho más lejano.

En definitiva, lo que nos prueban todos los mapas es que el suicidio, lejos de producirse más o menos consecuentemente alrededor de ciertos focos, a partir de los que debiera ir degradándose progresivamente, se presenta, por el contrario, en grandes masas aproximadamente homogéneas, sólo aproximadamente, y desprovisto de todo vínculo central. Tal configuración no ofrece nada que delate la influencia de la imitación. Indica tan sólo que el suicidio no se produce por meras circunstancias locales, variables de una ciudad a otra, sino que las condiciones que lo determinan tienen siempre cierta generalidad. No se trata aquí de imitadores ni de imitados, sino de identidad relativa en los efectos, debidos a una identidad relativa en las causas; y se explica con facilidad que así sea, si el suicidio depende absolutamente de ciertos estados del medio social, como nos hacen prever todas las observaciones que preceden. Porque el medio social tiene generalmente la misma naturaleza en grandes extensiones de territorio , y es por esto natural que en todas partes donde sea el mismo, ocurran las mismas consecuencias, sin que el contagio influya para nada. Por esto ocurre con frecuencia que en una misma región, la cifra de los suicidios se sostiene en un nivel aproximado; pero, por otra parte, como las causas que lo producen no pueden jamás estar repartidas con una perfecta homogeneidad, es inevitable que de un punto a otro, de un distrito al distrito vecino, presentan a veces variaciones más o menos importantes, como las que acabamos de observar.

Prueba lo fundado de esta explicación el que se la ve modificarse bruscamente, y por completo, cada vez que se produce un cambio brusco en el medio social. Nunca éste extiende su acción más allá de sus límites naturales, y nunca un país predispuesto excepcionalmente al suicidio por sus condiciones naturales, impone, por el solo prestigio del ejemplo, su inclinación a los países vecinos, si estas mismas condiciones, u otras semejantes no, se encuentran en ellos en igual grado. Así, el suicidio alcanza un estado endémico en Alemania, y ya se ha podido ver con qué violencia se produce allí. Demostraremos más adelante que el protestantismo es la causa principal de esta aptitud extraordinaria. Tres regiones, sin embargo, son excepción de la regla general: se trata de las provincias del Rhin, con Westfalia, Baviera y, especialmente, la Suavia bávara y Posnaniz. Son las únicas de toda Alemania que tienen menos de 100 suicidios por millón de habitantes. En el mapa aparecen como tres islotes. perdidos, y las manchas claras que los representan contrastaron las tintas oscuras de su alrededor. Y es que las tres son católicas.

La inmensa corriente suicidógena que circula alrededor de ellas no puede invadirlas: se detiene en sus fronteras, únicamente porque no encuentra más allá las condiciones favorables para su desenvolvimiento. Lo mismo ocurre en Suiza, en que el Sur es enteramente católico y en que los elementos protestantes están en el Norte. Y al ver cómo estos dos países se oponen el uno al otro en el mapa de nos suicidios, se podría creer que pertenecen a sociedades diferente. Aunque estén en contacto por todas partes, aunque se relacionen continuamente, cada uno conserva, desde el punto de vista del suicidio, su individualidad. La cifra media es tan baja en un lado como elevada en otro. Asimismo, en el interior de la Suiza septentrional, Lucerna, Schwyz y Zug, cantones católicos, tienen más de 100 suicidios por millón de habitantes, aunque están rodeados de cantones protestantes que ofrecen mucho mayor número.

Podría citarse otra experiencia que, en nuestra opinión, confirmaría, las pruebas que preceden. Un fenómeno de contagio no puede producirse más que de dos maneras: o el hecho que sirve de modelo corre de boca en boca por medio de lo que se llama la voz pública, o son los periódicos los que lo propagan. Por regla general, se hace referencia a estos últimos, porque no cabe duda que constituyen un poderoso instrumento de difusión. Si la imitación, tiene alguna parte en el desenvolvimiento de los suicidios, éstos deben oscilar Según el lugar que los periódicos ocupen en la atención pública.

Este lugar es, por desgracia, muy difícil de determinar. No es el número de periódicos, sino el de lectores el único que permite medir lo extenso de su acción. Así, en un país poco centralizado como Suiza, los periódicos pueden ser numerosos, porque cada localidad tiene el suyo, y como cae a uno de ellos es poco leído, su poder de propaganda es mediocre. Por el contrario, un solo periódico como el *Times,* el *New York Herald,* el *Petit Journal,* etc., actúa sobre un numeroso público. Parece, por lo dicho, que la prensa no puede tener la influencia de que se le acusa, sin una cierta centralización. Allí donde cada región, tiene su vida propia, se interesan menos por lo que pasa más allá del pequeña horizonte que abarca la vista: los hechos lejanos pasan más desapercibidas y, por esta razón, son recogidos con menos cuidado. Hay, por todo esto, menos ejemplos que soliciten la imitación. Otra cosa ocurre donde el nivel de los medios locales abre a la simpatía y a la curiosidad un campo de acción más intenso; donde, respondiendo a estas grandes necesidades, concentran cada día todos los acontecimientos importantes del país o de los países vecinos, para hacer en seguida correr la noticia en todas direcciones. Entonces, los ejemplos se acumulan y se refuerzan mutuamente. Se comprende, sin embargo, que es casi imposible comparar la clientela de los grandes diarios de Europa y apreciar el carácter más o menos local de sus informaciones. Sin que podamos ofrecer una prueba regular de nuestra afirmación, nos parece difícil que, desde estos dos puntos de vista, Francia e Inglaterra sean inferiores a Dinamarca, Sajonia y aun a otros países diferentes de Alemania, y, sin embargo, hay en ellas menos suicidios. Aun sin salir de Francia, nada autoriza a suponer que se lean menos periódicos al Sur del Loire que al Norte, y ya se sabe el contraste que ofrecen estas dos regiones en relación con el suicidio. Sin dar más importancia de la que conviene a un argumento que no nos es posible establecer sobre hechos bien precisos, creemos, sin embargo, que se basa sobre fuertes posibilidades para merecer alguna atención.

IV

En resumen, siendo cierta que el suicida es contagioso de individuo a individuo, jamás se ve a la imitación propagarla. De modo que influya en la cifra social de los mismos. Puede muy bien dar lugar a casos individuales más o menos numerosos, pero no contribuye a determinar la inclinación desigual que arrastra a la propia muerte a las diferentes sociedades, y en el interior de cada sociedad a los más particulares grupos sociales. La irradiación que de ella resulta es siempre muy limitada y, además, intermitente. Cuando alcanza un cierto grado de intensidad es siempre por tiempo muy corto.

Pero hay una razón más general que explica por qué los efectos de la imitación no son apreciables a través de las cifras de la estadística; y es que, reducida a sus propias fuerzas, la imitación no influye nada sobre el suicidio. En los adultos, salvo en los casos muy raros de monoideísmo más o menos absoluto, la cifra de un acto no basta a engendrar un acto similar, a menos que no afecte a un sujeto particularmente inclinado a él por sí mismo. He señalado siempre, escribe Morel, que la imitación, por poderosa que sea su influencia, y la impresión causada por el relato o la lectura de un crimen excepcional, no basta para engendrar actos semejantes en individuos que sean perfectamente sanos de espíritu[20]. Igualmente ha creído el doctor Paul Moreau, de Tous, poder afirmar, deduciéndolo de sus observaciones personales, que el suicidio contagioso sólo se encuentra en los individuos fuertemente predispuestos[21].

Es verdad que como esta predisposición le parece que depende exclusivamente de causas orgánicas, le ha sido muy difícil explicar ciertos casos que no pueden referirse a dicho origen, a menos de admitir combinaciones de causas, completamente improbables y verdaderamente milagrosas. ¿Cómo creer que los quince inválidos de que hemos hablado se encontraran todos ellos afectos de degeneración nerviosa? Y otro tanto puede decirse de los hechos de contagio observados con tanta frecuencia en el Ejército y en las prisiones. Pero estos hechos son fácilmente explicables una vez que se ha reconocido que la inclinación al suicidio puede ser creada por el medio social; pues entonces se tiene el derecho de atribuidos no a un azar ininteligible que, desde los puntos más diversos del horizonte, hubiese reunido en un mismo cuartel o en un mismo establecimiento, penitenciario un número relativamente considerable de individuos, afectados todos por una misma tara mental, sino a la acción del medio común en cuyo seno viven. Veremos, en efecto, que en las prisiones y en los regimientos existe un estado colectivo que inclina al suicidio a los soldados y a los detenidos, con la certeza con que puede hacerlo la más violenta de las neurastenias. El ejemplo es la causa ocasional que hace surgir el impulso, pero no es la que lo crea, y si ella no existiera seria inofensivo.

Puede decirse que, salvo raras excepciones, la imitación no es un factor original del suicidio. Se limita a exteriorizar un estado que es la verdadera causa generadora del acto, y que seguramente hubiese encontrado medio de producir su efecto natural, aunque ella no hubiese intervenido, ya que es preciso que la predisposición sea particularmente fuerte para que tan poca cosa baste a transformarla en acto. Por esto, no es de extrañar que los hechos no lleven la huella de la imitación, puesto que ésta no tiene acción propia, y la que ejerce es muy restringida.

Una observación de interés práctico puede servir de corolario a esta conclusión.

Ciertos autores que atribuyen a la imitación un poder que no tiene, han pedido que se prohíba a los períodos el relato de suicidios y de crímenes[22]. Es posible que esta prohibición sirviese para disminuir en algunas unidades el total anual de estos actos. Pero es muy dudoso que pueda modificar la cifra social. La intensidad de la inclinación colectiva permanecería la mima, y el estado moral de los grupos no se modificada por eso. Si se pusiesen frente a las problemáticas y débiles ventajas que podría tener esta medida, los graves inconvenientes que lleva consigo la supresión de toda publicidad judicial, se concebiría que el legislador no se apresurase a seguir el consejo de los especialistas. En realidad, lo que puede contribuir al desarrollo del suicidio y del homicidio no es el hecho de hablar de él, sino la manera como se habla. Allí donde estas prácticas son aborrecidas, los sentimientos que originan se traducen a través de los relatos que de ellos se hacen y, por consiguiente, neutralizan más que excitan las predisposiciones individuales. Pero, a la inversa, cuando la sociedad está desamparada, el estado de incertidumbre en que se encuentra le inspira una especie de indulgencia para los actos inmorales, que se exterioriza cada vez que de ellos se habla y que hace menos sensible la imitación. Entonces el ejemplo resulta verdaderamente nocivo, no en cuanto ejemplo, sino porque la tolerancia o la indiferencia social disminuyen la repulsión que debiera inspirar. Lo que prueba, sobre todo, este capítulo; es lo poco fundado de la teoría que hace de la imitación el supremo manantial de toda la vida colectiva. No hay hecho tan fácilmente transmisible por vía de contagio como el suicidio, y acabamos de ver que esta capacidad de contagia no produce, efectos sociales. Si en este caso se encuentra tan desprovista de influencia social, no tendrá más, probablemente, en los otros; las virtudes que se le atribuyen son, pues, imaginarias. Puede muy bien determinar en un círculo muy restringido algunas repeticiones de un mismo pensamiento o de una misma acción, pero no alcanza nunca repercusiones tan extensas y tan profundas que afecten y modifiquen el alma de la sociedad. Los estados colectivos, gracias a la adhesión casi unánime y generalmente secular de que son objeto, resultan demasiado resistentes para que pueda modificados una innovación privada. ¿Cómo un individuo que sólo es un individuo[23], podría tener fuerza bastante para formar la sociedad a su imagen? Si no nos representáramos todavía el mundo social tan groseramente como el hombre primitivo el mundo físico, si contrariando todas las inducciones de la ciencia no admitiéramos, al menos tácitamente y hasta sin darnos cuenta, que los fenómenos sociales no son proporcionados a sus causas, no nos detendríamos en una concepción que, a la vez que de una simplicidad bíblica, está en contradicción flagrante con los principios fundamentales del pensamiento. No se cree hoy ya que las especies zoológicas sean sólo variaciones individuales, propagadas por la herencia[24], y mucho monos se va a admitir que el hecho social sea un hecho individual que se ha generalizado. Pero lo que resulta sobre todo insostenible es que esta generalización pueda deberse a un contagio ciego cualquiera, y hay motivo para admirarse de que resulte todavía necesario desmentir una hipótesis que, aparte las graves objeciones que suscita, no ha tenido jamás un principio de demostración experimental, puesto que nunca se ha demostrado, a propósito de un orden definido de hechos sociales, que la imitación sirva para explicarlos y menos todavía que se expliquen sólo con ella. Se han contentado los autores con enunciar la proposición en fo rma de aforismo, apoyándola sobreconsideraciones vagamente metafísicas. No podrá, por lo tanto, la Sociología, tener la pretensión de que se considere como una ciencia hasta que no se prohíba a sus cultivadores dogmatizar en esta forma, eludiendo manifiestamente las obligaciones regulares de la prueba.

[1] Bibliografía. Lucas, *De limitatión contagieuse*, Paris 1833; Despine, *De la contagion morale*, 1870; *De limitation*, 1871; Moreu de Tours (Paul), *De la contagion du suicide*, Paris 1875; Aubry, *La contagion du meurtre*, Paris 1888; Tarde, *Les lois de limUation (passim); Philosophie pénale*, pág. 319 y siguientes, París, F. Alcán; Corre, *Crime et suicide*, pág. 207 y siguientes.
[2] Borvier, *Vie des societés*, Paris, 1887, p. 77. Tarde, *Philsophie sociale*, p. 321.
[3] Tarde Ibid., p. 319-320.
[4] Atribuyendo estas imágenes a un proceso de imitación, ¿podría decirse que representan simples copias de los estados que expresan? Por de pronto, esto sería una metáfora singularmente grosera, tomada de la vieja e inadmisible teoría de las especies sensibles. Además, si se emplea la palabra imitación en este sentido, es preciso extenderla a todas nuestras sensaciones y a todas nuestras ideas, indistintamente, ya que no hay ninguna de las que no pueda decirse, usando de la misma metáfora, que reproducen el objeto con que guardan relación. Así, toda la vida intelectual resulta un producto de la imitación.
[5] Pueden ocurrir, en ciertos casos particulares, que una moda o una tradición se reproduzca por un fenómeno de imitación inferior; pero en esta hipótesis la moda, la tradición, se reproducen en cuanto tal moda y tradición.
[6] Es verdad que a veces se llama imitación a todo lo que no es invención original. Desde este punto de vista, claro está que casi todos los actos humanos son hechos de imitación, ya que las invenciones propiamente dichas resultan muy raras. Poco precisamente porque entonces la palabra imitación la decimos casi todos, no decimos nada concreto. Semejante terminología sólo puede ser una fuente de confusiones.

[7] Es verdad que se ha hablado de una imitación lógica (V. Tacde, *Lois dimitation,* Iª ed., pág. 158); es aquélla que consiste en reproducir un acto porque sirve para un fin determinado; peco tal imitación no tiene manifiestamente nada de común con la tendencia imitativa. Los hechos que derivan de la una deben distinguirse cuidadosamente de los que son debidos a la otra; no se explican, en ningún caso, de la misma manera. Por otra parte, según acabamos de hacer ver, la imitación moda, la imitación costumbre, son tan lógicas como las otras, aun cuando tengan, desde cierto punto de vista, una lógica especial.

[8] Los hechos imitados, a causa del prestigio moral o intelectual del sujeto, individual o colectivo, que les sirve de modelo, se relaciona más con la segunda catego ría, porque esta imitación no tiene nada de automático. Implica un razonamiento: se obra lo mismo que la persona a la que se ha dado confianza, porque la superioridad que se le reconoce garantiza la conveniencia de sus actos. Hay para seguirla la misma razón que para respetarla. No se hace nada para explicar tales actos, cuando se dice simplemente que son imitados. Lo que importa es saber las causas de la confianza o del respeto que han determinado estasumisión.

[9] Como veremos después, la imitación, aun por sí sola, no es una explicación suficiente mas que raras veces.

[10] Es preciso afirmar que sólo sabemos vagamente en lo que consiste. Las razones de cómo se producen las combinaciones de que resulta el estado colectivo, de cuáles son los elementos que entran en él, de cómo se desgajan del estado dimanente, son cuestiones muy complejas para que puedan ser resueltas sólo por la introspección. Sería necesario una cantidad de observaciones y de experiencias que no se han hecho. Sabemos todavía de una manera deficiente cómo y por qué leyes los estados mentales del individuo aislado se combinen entre sí, y con mayor razón estamos muy lejos de conocer el mecanismo de las combinaciones aún más complicadas que resultan de la vida en grupo. Nuestras explicaciones, a menudo sólo son metáforas. No pretendemos, pues, considerar lo que más arriba hemos dicho como expresión exacta del fenómeno: solamente nos hemos propuesto hacer ver que habla en él cualquier cosa menos, imitación.

[11] V. el detall l e de estos hechos en Legayt, op. cit., página 277 y siguientes.

[12] V. los hechos semejantes en Eward, op. cit., pág. 375.

[13] III, 26.

[14] *Essais,* II, 3.

[15] Se verá después que en toda sociedad existe en cualquier tiempo y normalmente una disposición colectiva, que se traduce en forma, de suicidio; esta disposición difiere de lo que nos proponemos llamar epidemia, en que es crónica, en que constituye un elemento normal del temperamento moral de la sociedad. La epidemia es también una disposición colectiva que se manifiesta excepcionalmente y que resulta de causas anormales y con frecuencia pasajeras.

[16] V. plancha segunda, págs. 124-125.

[17] Op. cit., pág. 213. Según el mismo autor, aun los departamentos completos de Marne y de Sena y Marne, han excedido en suicidios al del Sena en los años 1865-66. El Matne ha tenido en ellos un suicidio por cada 2.791 habitantes; el Sella y Marne, uno por cada 2.768; el Sena, uno por cada 2.822.

[18] Bien entendido que no podrá tratarse de una influencia contagiosa; son tres cabezas de distrito de una importancia aproximadamente igual y separadas por una multitud de municipios cuyas cifras son muy diferentes. Lo único que prueba esta aproximación es que los grupos sociales de igual entidad y colocados en condiciones de existencia bastante análoga, tienen una cifra de suicidios igual, sin que para ello sea necesario que influyan los unos sobre los otros.

[19] Op. cit., págs. 193-194. El pequeño municipio que está a la cabeza (Lesche) cuenta con un suicidio por 630 habitantes, es decir, 1.587 suicidios por millón de habitantes, 4 ó 5 veces más que París. Y no se trata aquí de causas particulares del Sena-Marne. Debemos a la amabilidad del Dr. Legonpilas, de Trouville, datos sobre tres minúsculos municipios del distrito de Pont-l'Eveque: Villerville (978 habitantes), Cricqueboeuf (150 h.) y Pennedepie (333 h.). La cifra de suicidios, calculados por períodos que varían entre 14 y 25 años, es en aquellos de 429, 800 Y 1.081 por millón de habitantes, respectivamente.

Queda, sin duda, como hecho cierto, en general, que las grandes ciudades tienen más suicidios que las pequeñas o que el campo, pero la proposición no es verídica más que en síntesis, y ofrece muchas excepciones. Existe, por lo demás, una manera de compararla con los hechos que preceden y que parecen contradecirla. Basta con admitir que las grandes ciudades se forman y se desenvuelven bajo la influencia de causas idénticas a las que determinan el desenvolvimiento de los suicidios, y que no contribuyen a producir.

En estas condiciones, es natural que sean numerosas las regiones fecundas en suicidios, pero sin que tengan el monopolio de las muertes voluntarias, raras, por el contrario, allí donde se matan poco, sin que el pequeño número de suicidios sea debido a su ausencia.

Por este procedimiento, la cifra media sería, en general, superior en las ciudades que en los campos, aun pudiendo ser inferior en ciertos casos.

[20] *Traité des maladies mentales,* pág. 243.

[21] *De la contagion du suicide,* pág. 42.

[22] V. especialmente Aubry, *Contagion du meurtre,* Iª edición, página 87.

[23] Entendamos por tal al individuo, haciendo abstracción de todo el poder que pueden agregarles la confianza o la admiración colectiva. Es claco que un funcionario o un hombre popular, aparte de las fuerzas individuales que tienen por el nacimiento, encarnan fuerzas sociales que de los sentimientos colectivos que son objeto, y que les permiten ejercer una acción en la marcha de la sociedad. Pero tienen esta influencia, en cuanto son otra cosa que individuos.

[24] V. Delage, *La Structure du protoplasme et les theories de lheredité.* Paris, 1895, pág. 813 y sigs.

Libro Segundo

Causas sociales y tipos sociales

Capítulo primero

Método para determinarlos

Los resultados del libro precedente no son puramente negativos. Hemos determinado en él que para cada grupo social existe una tendencia específica al suicidio, que nos basta a explicar la constitución orgánico-sociológica de los individuos y la naturaleza del medio físico. Por eliminación, resulta que el suicidio debe depender necesariamente de causas sociales y constituir por esto un fenómeno colectivo. Ciertos hechos examinados, especialmente las variaciones geográficas y por estaciones del suicidio, nos habían llevado de un modo expreso a esta conclusión. Esta tendencia es la que ahora debemos estudiar de cerca.

I

Para llegar a este fin sería lo mejor, a lo que parece, investigar, en primer término, si es simple y no puede descomponerse, o si, consiste, por el contrario, en una generalidad de tendencias diferentes, que puede aislar el análisis y que conviene estudiar por separado. En el segundo caso deberíamos proceder en esta forma: cómo, sea única o no, sólo se la puede observar a través de los suicidios individuales que la caracterizan, es preciso partir de ellos. Debe observarse y describirse el mayor número posible, dejando aparte los que revelan alienación mental. Si encontramos en todos los mismos caracteres esenciales, se los refundiría en uno solo y de la, misma clase; en la hipótesis contraria, mucho más verosímil, puesto que son demasiado diversos para no comprender distintas variedades, se constituiría un cierto número de especies, según sus semejanzas y diferencias. Por cada tipo distinto que se reconociese, se admitiría una correspondiente corriente suicidógena, cuya causa e importancia respectiva se trataría en seguida de determinar. Este es el método que hemos, seguido en el examen sumario del suicidio vesánico.

Desgraciadamente, una clasificación de los suicidios razonados, según sus formas o caracteres morfológicos, es impracticable, puesto que los documentos necesarios para ella faltan casi por completo. En efecto, para poder intentarla sería preciso contar con buenas descripciones de un gran número de casos particulares. Sería también preciso saber en qué estado psíquico se encontraba el suicida; en el momento de la resolución, cómo preparó la realización de ella, cómo la ejecutó, si estaba agitado o deprimido, en calma o entusiasmado, irritado o ansioso... Apenas contamos con datos de este género mas que para algunos casos de suicidios vesánicos, y gracias a las observaciones recogidas por los alienistas es por lo que ha sido posible constituir los principales tipos de suicidio determinados por la locura. Para los demás nos encontramos casi privados de toda información. Solamente Brierre de Boismont ha ensayado este trabajo descriptivo en 1.328

casos, en que el suicida ha dejado cartas o notas, que el autor resume en su libro. Pero por lo pronto, este resumen es en extremo sumario. Además, las confidencias que el sujeto nos hace como consecuencia de su estado, son con frecuencia insuficientes, cuando no sospechosas. Está demasiado propenso a equivocarse sobre él mismo y sobre la naturaleza de sus aptitudes, como por ejemplo, si se imagina obrar con sangre fría cuando se encuentra en la cumbre de la sobreexcitación. Aparte de que estas observaciones no son bastante objetivas, se refieren a un corto número de casos, para que puedan deducirse de ellas conclusiones precisas. Se perciben bien algunas líneas muy vagas de demarcación y sabremos utilizar con provecho las indicaciones que se derivan de ellas, pero son demasiado poco definidas para servir de base a una clasificación regular. Por lo demás teniendo en cuenta la manera de producirse la mayor parte de los suicidios, resulta que las observaciones exactas son casi imposibles.

Por otro camino, sin embargo, podemos llegar al fin propuesto. Bastará con invertir el orden de nuestras investigaciones. En efecto, sólo puede haber tipos diferentes de suicidios en cuanto sean diferentes las causas de que dependan. Para que cada uno tenga una naturaleza propia, se precisan condiciones de existencia peculiares de él. Un mismo antecedente o un mismo grupo de antecedentes no puede producir ahora una consecuencia y luego otra, porque entonces la diferencia que distinguiera la segunda de la primera, carecería ella misma de causa, constituyendo una negación del principio de causalidad. Toda distinción específica, comprobada en las causas, implica, pues, una distinción semejante entre los efectos. En consecuencia, podemos constituir los tipos sociales del suicidio clasificándolos, no directamente y según sus caracteres previamente descritos, sino ordenando, las causas que los producen. Sin que nos preocupemos por saber, a qué se debe la diferencia de los unos y de los otros, investigaremos en seguida cuáles son las condiciones sociales de que dependen y agruparemos después esas condiciones, según sus semejanzas y diferencias, en un cierto número de clases separadas, y entonces podremos tener la seguridad de que a cada una de estas clases habrá de corresponder un tipo determinado de suicidios. En una palabra, nuestra clasificación, en lugar de ser morfológica, será, a primera vista, etiológica. Esto no constituye una inferioridad, pues se penetra mucho mejor la naturaleza de un fenómeno cuando se sabe su causa, que cuando se conocen sus caracteres, aun los más esenciales.

Es cierto que este método tiene el defecto de pretender diversificar los tipos sin concretarlos directamente. Puede establecer su naturaleza y su número, pero no sus caracteres distintivos. Este inconveniente puede obviarse, en cierta medida al menos. Una vez que nos sea conocida la naturaleza de las causas, podemos ensayar la deducción de ellas de la naturaleza de los efectos, que , por este medio, se encontrarán caracterizados y clasificados de golpe, puesto que bastará con el hecho de referirlos a sus respectivos orígenes. Es verdad que si esta deducción no fuese guiada por los hechos, correría el riesgo de perderse en combinaciones de pura fantasía. Podemos, sin embargo, esclarecerla, con la ayuda de algunos datos de que disponemos sobre la morfología de los suicidios. Estas informaciones, por sí solas, resultan demasiado incompletas, y demasiado inciertas para que puedan ofrecemos un principio de clasificación, pero podrán utilizarse una vez que se establezcan los cuadros de esta clasificación. Nos mostrarán, además, el sentido en que deba dirigirse la deducción, y, por los ejemplos que nos proporcionen, podremos estar seguros de que las especies así constituidas no son imaginarias. De este modo, de las causas descenderemos a los efectos, y nuestra clasificación etiológica será completada con una clasificación morfológica que servirá para comprobar la primera, y viceversa.

Desde todos los puntos de vista, este método invertido es el único conveniente para la resolución del problema que nos hemos planteado. No hay que olvidar que lo que nosotros estudiamos es la cifra social de los suicidios. Los únicos tipos que deben interesarnos son los que contribuyen a formarla y hacerla variar. Ahora bien, no está probado que todas las modalidades de las muertes voluntarias tengan esta propiedad. Hay algunas que, aun poseyendo cierto grado de generalidad, no están relacionadas con el temperamento moral de la sociedad o no lo están lo bastante para entrar en calidad de elemento característico en la formación de la especial fisonomía que cada pueblo presenta desde el punto de vista del suicidio. Así, ya hemos observado que el alcoholismo no es un factor del que dependa la actitud peculiar de cada sociedad, y, sin embargo, es evidente que hay suicidios alcohólicos y en gran número. No es, por lo tanto, una descripción de casos particulares, por bien hecha que esté, la que podrá enseñarnos cuáles son aquellos que tienen un carácter sociológico. Si se quiere saber de qué distintas confluencias resulta el suicidio, considerado como fenómeno social, es en su forma colectiva, es decir, a través de los datos estadísticos, como hay que considerarlo desde el primer momento. Es preciso tomar como objeto directo del análisis la cifra social, e ir del todo a las partes. Claro es que sólo puede esta cifra ser analizada en relación con las diferentes causas de que depende, puesto que las unidades por cuya adición se ha formado, son en sí mismas homogéneas y no se distinguen cualitativamente. Es necesario que nos dediquemos sin tardanza a la determinación de esas causas, para investigar en seguida su forma de repercusión en los individuos.

II

¿Estas causas cómo podrán investigarse?

En las diligencias judiciales que se practican cada vez que se comete un suicidio, se anota el motivo (disgustos de familia, dolor físico o de otra clase, remordimientos o embriaguez, etcétera) que parece haber sido la causa determinante, y en los resúmenes estadísticos de casi todos los países se halla un cuadro especial en que los resultados de estas informaciones se consignan bajo este título: "Motivos presuntos de los suicidios". Parece lógico que, aprovechando este trabajo ya hecho, comencemos nuestra investigación comparando estos documentos. Ellos nos indican, al parecer, los antecedentes inmediatos de los distintos suicidios. Para comprender el fenómeno que estudiamos, no es un buen método el de remontarnos, por lo pronto, a sus causas más próximas, sino a condición de ascender más en la serie de los fenómenos, cuando la necesidad de ello se haga sentir.

Como indicaba Wagner hace ya tiempo, la que se llama estadística de los motivos del suicidio es, en realidad, la estadística de las opiniones que se forman de estos motivos los agentes, frecuentemente subalternos, encargados del servicio de información. Se sabe que, por desgracia, las comprobaciones oficiales son a menudo defectuosas, aun cuando se refieran a hechos materiales y ostensibles que todo observador consciente puede sorprender, y que no dejan lugar alguno a la interpretación; por eso deben mirarse con suspicacia, cuando se proponen como objeto, no el de registrar sencillamente un hecho ocurrido, sino el de interpretado y explic rlo. Siempre es un problema difícil el de determinar la causa de un fenómeno, y necesita el sabio de toda clase de observaciones y experiencias para resolver uno solo de estos problemas. De todos los fenómenos, las voliciones humanas son los más complejos, y por ello es fácil concebir lo que pueden valer estos juicios improvisados que con unos cuantos datos, apresuradamente recogidos, pretenden asignar a cada caso particular un origen definido. En seguida que se, cree descubrir entre los antecedentes de la víctima alguno de estos hechos, que se piensa que conducen con frecuencia a la desesperación, se juzga inútil investigar más, y según se sepa que el sujeto ha sufrido recientemente pérdida de dinero, o ha experimentado desgracias de familia, o es algo aficionado a la bebida, se imputa el suicidio a su embriaguez, a sus dolores domésticos o a sus decepciones económicas. Informaciones tan sospechosas no deben servir como base de la explicación de los suicidios. Pero hay más; aun cuando fueran más dignas de crédito, no podrían prestarnos grandes servicios, pues los móviles que por este procedimiento se atribuyen, con o sin razón, a los suicidas, no son la causa verdadera de su muerte. Prueba esto el hecho de que los números proporcionales de casos, imputados por las estadísticas a cada una de estas causas presuntas, resultan casi iguales, mientras los números absolutos presentan, por el contrario, las variaciones más considerables. En Francia de 1856 a 1878, el suicidio aumenta en un 40 por 100, aproximadamente; y en más de un 100 por 100 en Sajonia durante el período 1854-1880 (1.171 casos en lugar de 547). Y, sin embargo, en los dos países, cada categoría de motivos conserva, de una a otra época, la misma respectiva importancia. Así nos lo prueba el cuadro XVII.

Si se considera que las cifras recogidas en él no son ni pueden ser más que groseras aproximaciones y, en consecuencia, no se da demasiada importancia a ligeras diferencias, hay que reconocer que estas cifras deben permanecer constantes. Para que la parte numérica asignada a cada motivo presunto permanezca proporcionalmente la misma, cuando el suicidio sea dos veces mayor, es preciso admitir que cada uno de ellos ha adquirido una eficacia doble. No puede proceder de un encuentro fortuito el que sean todos, al mismo tiempo, doblemente suicidas. Y se llega forzosamente a concluir que todas están colocadas como dependiendo de un estado más general, del que, en mayor o menor grado, son reflejos, más o menos fieles. Ese estado, que los hace ser más o menos productoras de suicidios y que, en consecuencia, resulta la verdadera causa determinante de los mismos, es el que se precisa conocer, sin perder el tiempo con el estudio de los reflejos lejanos que pueda hallar en las conciencias particulares.

CUADRO XVII
FRANCIA[1]
PROPORCIÓN DE CADA CATEGORÍA DE MOMOS SOBRE 100 SUICIDIOS ANUALES DE CADA SEXO.

	Hombres		Mujeres	
	1856-60	*1874-78*	*1856-60*	*1874-78*
Miseria y reveses de fortuna	13,30	11,79	5,38	5,77
Desgracias de familia	11,68	12,53	12,79	16,00
Amor, celos, prostitución, mala conducta	15,48	16,98	13,16	12,20
Desgracias diversas	23,70	23,43	17,16	20,22
Enfermedades mentales	25,67	27,09	45,75	41,81
Remordimientos, temor a la condena siguiente al delito	0,84	"	0,19	"
Otras causas y causas desconocidas	9,33	8,18	5,51	4,00
TOTAL	100,00	100,00	100,00	100,00

SAJONIA[2]

	Hombres		Mujeres	
	1856-60	*1874-78*	*1856-60*	*1874-78*
Dolores físicos	5,64	5,86	7,43	7,98
Pesares domésticos	2,39	3,30	3,18	1,72
Reveses de fortuna y miseria	9,52	11,28	2,80	4,42
Prostitución, juego	11,15	10,74	1,59	0,44
Remordimientos, temor de persecuciones	10,41	8,51	10,44	6,21
Amores desgraciados	1,79	1,50	3,74	6,20
Perturbaciones mentales, locura religiosa	27,94	30,27	50,64	54,43
Cólera	2,00	3,29	3,04	3,09
Disgusto de la vida	9,58	6,67	5,37	5,76
Causa desconocidas	19,58	18,58	11,77	9,75
TOTAL	100,00	100,00	100,00	100,00

Otro hecho que tomamos de Legoit[3] demuestra mejor aún a qué queda reducida la acción causal de estos diferentes motivos. No hay dos profesiones más distintas que la agricultura y las profesiones liberales. La vida de un artista, de un sabio, de un abogado, de un militar, de un magistrado, no se parece en nada a la de un agricultor. Puede, pues, afirmarse como cierto que las causas sociales del suicidio no son las mismas para los unos y para los otros. Y, sin embargo, no sólo se han atribuido a las mismas razones los suicidios de éstas dos categorías de sujetos, sino que la importancia respectiva de estas diferentes razones es casi la misma en la una y en la otra. Véase a continuación cuáles han sido en Francia, durante los años 1874-78, las relaciones centesimales de los principales motivos del suicidio en ambas profesiones.

Salvo la embriaguez y el alcoholismo, las cifras, sobre todas las de mayor importancia numérica, difieren muy poco de una columna a otra. Así, ateniéndose a la sola consideración de los móviles, se pudiera creer que las causas sucidiógenas no son, sin duda, de la misma intensidad, pero sí de igual naturaleza en los dos casos. Y en realidad son fuerzas muy diferentes las que lanzan al suicidio al labrador y al hombre refinado de las ciudades. Y es que las razones que se dan del suicidio o que el suicida se da a sí mismo para explicar su acto, no son por lo general más que las causas aparentes. No sólo son las repercusiones individuales de un estado general, sino que la expresan con gran infidelidad, puesto que permanecen las mismas, aún cuando aquél sea otro. Marcan, pudiera decirse, los puntos débiles del individuo, aquellos por los que se insinúa con más facilidad en él la corriente que viene del exterior, incitándole a destruirse. No forman parte de esta corriente y no pueden, en consecuencia, ayudarnos a comprenderla. Por esto vemos sin pesar que ciertos países, como Inglaterra y Austria, renunciar a registrar estas supuestas causas del suicidio. Los esfuerzos de la estadística deben encaminarse en otra dirección. En lugar de tratar de resolver estos problemas insolubles de casuística moral, deben dedicarse a anotar con más cuidado las concomitancias sociales del suicidio. Y, en todo caso, por la que a nosotras respecta, nos imponemos la regla de no utilizar en nuestras investigaciones datos tan dudosos como débilmente instructivas, ya que los suicidógrafos no han logrado nunca sacar de ellas ninguna ley interesante. No acudiremos a ellos más que accidentalmente, cuando nos parezca que tienen una significación especial y presentan particulares garantías.

Sin preocupamos de saber bajo qué forma pueden traducirse en los sujetos particulares las causas productoras del suicidio, vamos directamente a tratar de determinar estas causas. Para ello, dejando a un lado, por decirlo así, al individuo en cuanto individuo, a sus motivos, a sus ideas, nos preguntaremos inmediatamente cuáles son los estados de los diferentes medios sociales (confesiones religiosas, familia, sociedad, política, grupos profesionales, etc.) que determinan las variaciones del suicidio. Sólo después de esto, volviendo a los sujetos, investigaremos cómo esas causas generales se individualizan para producir los efectos homicidas que implican.

	Agricultura	Prof. liberales
Pérdida de empleo, reveses de miseria	8,15	8,87
Desgracias de familia	14,45	13,14
Amor contrariados y celos	1,48	2,01
Alcoholismo y embriaguez	13,25	6,41
Suicidios de autores de crímenes o delitos	4,09	4,73
Sufrimientos físicos	15,91	19,89
Enfermedades mentales	35,80	34,04
Disgusto de la vida, contrariedades diversas	2,93	4,94
Causas desconocidas	3,96	5,97

[1] Tomado de Legoyt, pág. 342.
[2] Tomado de Oettingen, *Moralstatistik,* cuadros anejos; página 110.
[3] Ob. cit., pág. 358.

Capítulo II

El suicidio egoísta

Observemos, en primer término, la manera como influyen sobre el suicidio las diversas confesiones religiosas.

I

Si dirigimos una mirada al mapa de los suicidios europeos, reconoceremos a primera vista que en los países puramente católicos, como España, Portugal e Italia, el suicidio está muy poco desarrollado, mientras que llega a su máximum en los países protestantes: Prusia, Sajonia, Dinamarca. Las medias siguientes, calculadas por Morselli, confirman este primer resultado:

	Medias de suicidios por un millón de habitantes
Estados protestantes	190
Ídem mixtos (protestantes y católicos)	96
Ídem católicos	58
Ídem católicos griegos	40

La inferioridad de los católicos griegos no puede atribuirse seguramente a la religión. Como su civilización es muy diferente de la de otras naciones europeas, esta desigualdad de cultura puede ser la causa de su menor aptitud. No ocurre lo mismo en la mayor parte de las sociedades católicas y protestantes. Sin duda, que no están todas al mismo nivel material y moral. Sin embargo, las semejanzas son lo suficientemente esenciales para que se tenga algún fundamento al atribuir a la diferencia de cultos el contraste tan marcado que presentan desde el punto de vista del suicidio.

Esta primera comparación resulta aún demasiado sumaria. A pesar de incontestables semejanzas, los medios sociales en que viven los habitantes de estos diferentes países no son idénticos. La civilización de España y la de Portugal están muy por debajo de la de Alemania, y pudiera ocurrir que esta inferioridad sea la razón de lo que acabamos de comprobar en el desenvolvimiento del suicidio. Si nos queremos sustraer a esta causa de error, y determinar con más precisión la influencia del catolicismo y la del protestantismo sobre la tendencia al suicidio, es preciso que comparemos ambas religiones en el seno de una misma sociedad.

De todos los grandes estados de Alemania, el que cuenta, y con mucho, el mínimum de suicidios es Baviera. No hay en él anualmente nada más que 90 por millón de habitantes desde 1874, mientras que Prusia tiene 133 (1871-75), el Ducado de Baden, 156; Wurtemlburgo, 162; Sajonia, 300. Y es también allí donde los católicos son más numerosos: existen 713,02 por millón de habitantes. Si, por otra parte, se comparan las diferentes provincias de este reino, se encuentra que los suicidios están en ellas en razón directa del número de protestantes y en razón inversa del de católicos (véase cuadro siguiente).

Provinciasbávaras(1867-75)[1]

Provincia s con – 50%	Suicidios por millón de hab.	Provincias con +50%	Suicidios por millón de hab.	Provincias con +90%	Suicidios por millón de hab.
Palatinado del Rin	167	Baja Franconia	157	Alto Palatinado	64
Franconia Central	207	Suavia		Alta Baviera	114
Alta Franconia	204		118	Baja Baviera	49
Media	*192*	*Media*	*135*	*Media*	*75*

No son sólo las medias, en sus relaciones, las que confirman la ley, sino que todos los números de la primera columna son superiores a los de la segunda y los de la segunda a los de la tercera, sin que exista ninguna irregularidad.

Lo mismo ocurre en Prusia. En el detalle sobre las catorce provincias comparadas no hay más que dos ligeras irregularidades: la de la Silesia, que por el número relativamente importante de sus suicidios debería pertenecer a la segunda categoría y se encuentra sólo en la tercera, mientras que Pomerania, por el contrario, ocupada mejor su lugar en la segunda columna que en la primera.

Provincias de Prusia(1883-90)

Con + 90% protestantes	Suic. x mill. h.	68 a 89% protestantes	Suic. x mill. h.	40 a 50% protestantes	Suic. x mill. h.	28 a 32% protestantes	Suic. x mill. h.
Sajonia	309,4	Hannover	212,3	Prusia		Posen	96,4
		Hesse	200,3	Occidental	123,9	País del	
Schslewg	312,9	Brandeburgo		Silesia	260,2	Rin	100,3
		y Berlín	296,3	Westfalia	107,5	Hohenzo-	
Pomerania	171,5	Prusia				llern	90,1
		Oriental	171,3				
Media	*264,6*	*Media*	*220,0*	*Media*	*163,6*	*Media*	*95,6*

Suiza es de muy interesante estudio desde este mismo punto de vista, pues como se encuentran en ella poblaciones francesas y alemanas. se puede observar separadamente la influencia del culto sobre cada una de las dos razas, y esta influencia es la misma en una y en otra. Los Cantones católicos producen cuatro o cinco veces menos suicidios que los Cantones protestantes, cualquiera que sea su nacionalidad.

Cantones franceses		**Cantones alemanes**		**Conjunto de cantones**	
Católicos	83 suicidios x mill. hab.	Católicos	87 suicidios	Católicos	86,7 suicids.
Protestantes	453 suicidios x mill. hab.	Protestantes	293 suicidios	Protestantes	326,3 "

La acción del culto es tan poderosa, que domina a las demás.

Por otra parte, en un gran número de casos se ha podido determinar directamente el número de suicidios por millón de habitantes de cada población confesional; he aquí las cifras encontradas por diferentes observadores:

CUADRO XVIII
SUICIDIOS EN LOS DIFERENTES PAÍSES POR UN MILLÓN DE SUJETOS DE CADA CONFESIÓN

	Protest.	Católicos	Protest.	Católicos
Austria (1852-59)	79,5	51,3	20,7	Wagner
Prusia (1849-55)	159,1	49,6	46,4	Idem
Prusia (1869-72)	187,0	69,0	96,0	Morselli
Prusia (1890)	240,0	100,0	180,0	Prinzing
Baden (1852-62)	139,0	117,0	87,0	Legoyt
Baden (1870-74)	171,0	136,7	124,0	Morselli
Baden (1878-88)	242,0	170,0	210,0	Prinzing
Baviera (1844-56)	135,4	49,1	105,9	Morselli
Baviera (1884-91)	224,0	94,0	193,0	Prinzing
Wurtemberg (1846-60)	113,5	79,9	65,6	Wagner
Wurtemberg (1873-76)	190,0	120,0	60,0	Durkheim
Wurtemberg (1881-90)	170,0	119,0	142,0	Idem

Así, por todas partes, sin excepción alguna[2], los protestantes producen mayor número de suicidios que los fieles de otros cultos. La diferencia oscila entre un mínimum de 20 a 30 por 100 y un máximum de 300 por 100. Contra semejante unanimidad de hechos concordantes resulta innecesario invocar, como lo hace Mayr[3], el caso único de Noruega y Suecia que, aunque protestantes, no tienen más que una cifra media de suicidios. En primer lugar, como hacíamos notar al principio de este capítulo, estas comparaciones internacionales no tienen valor demostrativo, a menos que no se refieran a un gran número de países, y, aun en este caso no son concluyentes. Hay diferencias muy grandes entre las poblaciones de las provincias escandinavas y la Europa central para que se pueda admitir que el protestantismo no produzca exactamente los mismos efectos sobre las unas y sobre las otras. Además, si tomada en sí misma la cifra de los suicidios no es muy considerable en estos dos países, aparece relativamente elevada si se tiene en cuenta el rango modesto que ocupan entre los pueblos civilizados de Europa. No hay razón para creer que hayan llegado a un nivel intelectual superior al de Italia, a lo que parece, y, sin embargo, se matan allí dos o tres veces más (90 a 100 suicidios por millón de habitantes, en lugar de 40). ¿El protestantismo no será la causa de esta agravación relativa? Así, no solamente el hecho no enerva la ley que acabamos de establecer sobre un gran número de observaciones, sino que más bien tiende a confirmarla[4].

Por lo que respecta a los judíos, su actitud para el suicidio es siempre menor que la de los protestantes, y generalmente es también inferior, aunque en una menor proporción, a la de los católicos. Sin embargo, ocurre que está última relación está invertida y es especialmente en los tiempos presentes en los que se encuentran estos casos de inversión. Hasta mediados del siglo los judíos se matan menos que los católicos en todos los países, excepto en Baviera[5], y es hacia 1870 cuando comienzan a perder su antiguo privilegio. Aún ahora es muy caro que superen mucho la cifra de los católicos. No debe perderse de vista, por otra parte, que los judíos viven en las ciudades y se dedican a profesiones intelectuales de un modo más extenso que los otros grupos confesionales. Por esta razón tienen una inclinación al suicidio más fuerte que los miembros de los otros cultos, y por causas extrañas a la religión que practican. Si a pesar de esta influencia agravante, la cifra del judaísmo es tan débil, se puede creer que en igualdad de condiciones es de todas las religiones aquella en que se matan menos.

Los hechos que acabamos de concretar, ¿cómo se explican?

II

Si se piensa que los judíos están en todas partes en número ínfimo y que en la mayoría de las sociedades en que se han hecho las observaciones precedentes los católicos están en minoría, se llegará a ver en este hecho la causa que explica la rareza relativa de las muertes voluntarias en estos dos cultos[6]. Se concibe, en efecto, que las confesiones menos numerosas, teniendo que luchar contra la hostilidad de las poblaciones que la rodean, se vean obligadas para mantenerse a ejercer sobre ellas mismas una vigilancia severa y a adscribirse a una disciplina particularmente rigurosa. Para justificar la tolerancia, siempre precaria, que se les concede, están obligadas a una mayor moralidad. Fuera de estas consideraciones, ciertos hechos parecen realmente explicar que este factor especial no carece de alguna influencia. En Prusia el estado de minoría en que se encuentran los católicos es muy acentuado, puesto que no representan más que el tercio de la población total, y se matan tres veces menos que los protestantes. La diferencia disminuye en Baviera, en que los dos tercios de los habitantes son católicos; las muertes voluntarias de estos últimos están con las de los protestantes en una relación de 100 a 275, ó de 100 a 238, según los períodos. Finalmente, en el imperio de Austria, que es casi enteramente católico, no hay más que 155 suicidios protestantes sobre 100 católicos. Parece que cuando el protestantismo se convierte en minoría, su tendencia al suicidio disminuye.

El suicidio es objeto de una excesiva indulgencia para que el temor al vituperio, tan ligero, con que se le recibe pueda obrar con tal potencia aún sobre aquellas minorías, a las que su situación obliga a preocuparse particularmente de los sentimientos públicos. Como es un acto que no lesiona a nadie, no se lanza un gran deshonor sobre aquellos grupos que se inclinan a él más que otros, y no se corre el riesgo de que se aumente más el alejamiento que inspiran, como ocurriría ciertamente en el caso de una frecuencia mayor de los crímenes y de los delitos. Por otra parte, la intolerancia religiosa, cuando es muy fuerte, produce a menudo un efecto contrario: en lugar de impulsar a los disidentes a respetar más la opinión, les habitúa a desinteresarse de ella. Cuando se siente alrededor una hostilidad irremediable, se renuncia a desarmarla y se tiene una obstinación insistente en las costumbres más reprobadas. Esto es lo que ha ocurrido con frecuencia a los judíos, y como consecuencia, es muy dudoso que su excepcional inmunidad no tenga otra causa.

Pero, en todo caso, esta explicación no será suficiente para darnos cuenta de la situación respectiva de los protestantes y de los católicos. Si en Austria y en Baviera, en que el catolicismo tiene la mayoría, la influencia preservadora que ejerce, es menor, resulta todavía muy considerable, y no es solamente a su estado de minoría a lo que se debe. Generalmente, cualquiera que sea la parte proporcional de estas dos creencias en el conjunto de la población, en todas las partes en que se les ha podido comparar, desde el punto de vista del suicidio, se ha comprobado que los protestantes se matan mucho más que los católicos. Hay países como el Alto Palatinado, la Alta Baviera, en que la población es casi por entero católica (92 y 96 por 100) y en los que, sin embargo, hay 300 y 432 suicidios protestantes por cada 100 católicos. La cifra se eleva hasta 528 por 100 en la Baja Baviera, en que la religión reformada no cuenta ni un fiel por cada 100 habitantes. Y aun cuando la prudencia obligatoria de las minorías influya en algo en la diferencia tan considerable que presentan estas dos religiones, la mayor parte de ella se debe, ciertamente, a otras causas.

La encontraremos en la naturaleza de estos dos sistemas religiosos. Sin embargo, los dos prohíben el suicidio con la misma precisión; no solamente lo castigan con penas morales de una extrema severidad, sino que el uno y el otro enseñan igualmente que más allá de la tumba comienza una vida nueva, en la que se castigará a los hombres por sus malas acciones, y en el número de estas últimas incluye el suicidio el protestantismo lo mismo que el catolicismo. Finalmente, en uno y otro culto, estas prohibiciones tienen un carácter divino; no se presentan como la conclusión lógica de un razonamiento bien hecho; su autoridades es la de Dios mismo; si el protestantismo favorece el desenvolvimiento del suicidio no es por su diferencia de tratamiento con el catolicismo, Pero entonces, si en este punto particular las dos religiones tienen los mismos preceptos, su desigual acción sobre el suicidio debe tener por causa alguno de los caracteres de orden general que las diferencian.

La única diferencia esencial que hay entre el catolicismo y el protestantismo consiste en que el segundo admite el libre examen con mayor extensión que el primero. Sin duda, el catolicismo, por aquello de que es una religión idealista, concede al pensamiento y a la reflexión un mayor espacio que el politeísmo grecolatino o que el monoteísmo judío. No se contenta con maniobras maquinales, sino que aspira a reinar sobre las conciencias. A ellas se dirige y hasta cuando pide a la razón una ciega sumisión, se la pide hablándole en el lenguaje de la razón. No es menos verdad que el católico lo recibe todo hecho, sin examen, y no puede someterlo siquiera a la comprobación histórica, porque en los textos originales sobre que se apoya le está prohibidos. Todo un sistema jerárquico de autoridades se halla organizado, y con un arte maravilloso, para hacer la tradición invariable. Todo lo que constituye variación causa horror al pensamiento católico. El protestante es más el autor de su creencia. La Biblia se deja en sus manos y ninguna interpretación de ella se le impone. La estructura misma del culto reformado hace más sensible este estado de individualismo religioso. En ninguna parte, excepto en Inglaterra, está constituido en jerarquías el clero protestante: el sacerdote no depende más que de él mismo y su conciencia, como el fiel. Es un guía más instruido que la masa general de los creyentes, pero sin autoridad especial para fijar el dogma. Pero lo que atestigua mejor que esta libertad de examen, proclamada por los fundadores de la reforma, no ha permanecido en estado de afirmación platónica, es la multiplicidad creciente de sectas de todas clases, que tan enérgicamente contrastan con la unidad indivisible de la Iglesia católica.

Llegamos a un primer resultado: que la inclinación del protestantismo por el suicidio debe estar en relación con el espíritu de libre examen, que anima esta religión. Tratemos de comprender bien esta conexión. El libre examen no es en si más que el efecto de otra causa. Cuando hace su aparición, cuando los hombres, después de haber recibido su fe de la tradición durante largo tiempo, reclaman el derecho de formársela ellos mismos, no es como consecuencia de los atractivos intrínsecos del libre examen, es porque lleva consigo tantos dolores como alegrías. Pero es que si tienen necesidad en adelante de esta libertad y esta necesidad no es más que por una causa: la decadencia de las creencias tradicionales. Si se impusieran siempre con igual energía no se pensaría nunca en someterlas a la crítica. Si tuviesen siempre la misma autoridad, no se tratada de comprobar el origen de esta autoridad. La reflexión no se desenvuelve más que cuando le es necesario desenvolverse, es decir, cuando un cierto número de ideas y de sentimientos irreflexivos, que hasta entonces bastaban para dirigir la conducta, que han perdido su eficacia. Entonces interviene para colmar el vacío que se ha verificado, y no por obra suya. Por la misma razón que se agota a medida que el pensamiento y la acción se aceptan en forma de hábitos automáticos, no se despierta, sino a medida que los hábitos ya formados se desorganizan. No reivindica sus derechos contra la opinión común, sino cuando no tiene la misma fuerza que aquélla, es decir, cuando no está en el mismo grado de extensión. Y si estas reivindicaciones no se producen solamente durante un intervalo de tiempo y bajo la forma de crisis pasajeras, sino que llegan a ser crónicas, si las conciencias individuales afirman de una manera constante su autonomía, es porque continúan dispersándose en sentidos divergentes, es porque una nueva opinión se ha producido para reemplazar la que no existe. Si se hubiese reconstruido un nuevo sistema de creencias que pareciese la todo el mundo tan indiscutible como el antiguo, no se pensaría en debatirlo más, no sería permitido ponerlo en discusión, pues las ideas que comparte toda una sociedad obtienen de este asentimiento una autoridad que las hace sacrosantas y que las coloca por encima de toda comprobación. Para que sean más tolerantes es preciso que obtengan una adhesión menos general y menos completa, que las controversias previas las hayan debilitado.

Si se dice una verdad al afirmar que el libre examen, una vez proclamado, multiplica los cismas, es preciso añadir que supone la existencia de aquellos y que de ellos deriva; ya que no iba sido restituido y reclamado como un principio, más que para permitir a los cismas, latentes o existentes a medias, desenvolverse con más libertad. En consecuencia, si el protestantismo da una mayor eficacia al pensamiento individual que el catolicismo, es porque cuenta con menos creencias y prácticas comunes. Una sociedad religiosa no existe sin un credo colectivo y es tanto más única y tanto más fuerte cuanto más extendido está ese credo. No une a los hombres por el cambio y reciprocidad de los servicios, vínculo temporal que supone y lleva consigo diferencias, y que es impotente para anular. No nos socializa más que adhiriéndoles a todos a un mismo cuerpo de doctrinas, y los socializa mejor cuanto más vasto y más sólidamente constituido está ese cuerpo de doctrina. Cuanto más maneras hay de obrar y de pensar marcadas de un carácter religioso y sustraídas, en consecuencia, al libre examen, más presente está la idea de Dios en todos los estados de la existencia y más hace converger hacia un solo e igual fin las voluntades individuales. En sentido inverso, cuanto más se abandona un grupo confesional al juicio del público, más ausente está de la vida de aquél y menos cohesión y consistencia tiene. Concluimos, por lo tanto, que la superioridad del protestantismo, desde el punto de vista del suicidio, proviene de que se trata de una iglesia integrada con menor fuerza que la iglesia católica.

Con el mismo argumento puede explicarse la situación del judaísmo. En efecto, la reprobación con que les ha perseguido durante largo tiempo el cristianismo, ha creado entre los judíos sentimientos de solidaridad de una particular energía. La necesidad de luchar contra una animosidad general, la misma imposibilidad de comunicarse libremente con el resto de la población, les ha obligado a relacionarse estrechamente. En consecuencia, cada comunidad es una pequeña sociedad compacta y coherente, que tiene un sentimiento muy vivo de ella misma y de su unidad. Todo el mundo piensa y vive en ella de la misma manera: las divergencias individuales son casi imposibles, a causa de la comunidad de la existencia y de la estrecha e incesante vigilancia, ejercida por todos sobre cada uno. Por esto la Iglesia judía resulta ser más fuertemente concentrada que ninguna otra, recogida, como ésta, en sí misma por la intolerancia de que es objeto. En consecuencia, y por analogía con lo que acabamos de observar a propósito del protestantismo, es a esta misma causa a la que debe atribuirse la débil inclinación de los judíos por el suicidio, a despecho de las circunstancias de toda clase que deberían, por el contrario, inclinarlos a él. Sin duda, en cierto sentido, es a la hostilidad que les rodea a la que deben este privilegio. Pero si tiene esta influencia, no es porque les impone una moralidad más alta, sino porque les obliga a vivir estrechamente unidos. Están hasta ese punto preservados, porque la sociedad religiosa a que pertenecen tiene sólidos cimientos. Por otra parte, el ostracismo no es más que una de las causas que producen este resultado: la naturaleza misma de las creencias judías debe contribuir a él en una larga parte. El judaísmo, en efecto, como todas las religiones inferiores, consiste esencialmente en un cuerpo de doctrinas que reglamenta de un modo minucioso todos los detalles de la existencia y deja muy poco lugar al juicio del individuo.

III

Muchos hechos confirman esta explicación.

En primer lugar, Inglaterra es de todos los grandes países protestantes aquel en que el suicidio se ha desenvuelto más débilmente. No se cuentan allí, en efecto, más que 80 suicidios, aproximadamente, por millón de habitantes, cuando las sociedades reformadas de Alemania tienen de 140 a 400 y, sin embargo, el movimiento general de ideas y de negocios no parece ser allí menos intenso que en la otra parte[7]. Nos encontramos al mismo tiempo con que la Iglesia anglicana está integrada de una manera más fuerte que las otras iglesias protestantes. Hemos tomado el hábito de ver en Inglaterra la tierra clásica de la libertad individual, pero en la realidad muchos hechos demuestran que el número de creencias o de prácticas comunes y obligatorias, sustraídas en consecuencia al libre examen de los individuos es allí más considerable que en Alemania. Por de pronto, la ley sanciona muchas prescripciones religiosas, tales como la observación del domingo, la prohibición de sacar a la escena los personajes de las Santas Escrituras y la que recientemente exige en todo diputado una especie de acto de fe religiosa, etc. Sabemos, por otra parte, cuán general y fuerte es en Inglaterra el respeto de las tradiciones, y parece imposible que no se extienda, como a las demás cosas, a las de la religión. El tradicionalismo muy desenvuelto, excluye siempre, más o menos, los movimientos propio s del individuo. Finalmente, de todo el clero protestante, el anglicano es el único que está jerarquizado. Esta organización exterior traduce evidentemente una unidad interna, que no es compatible con el individualismo religioso, muy pronunciado.

Por otra parte, Inglaterra es también el país protestante en que las cifras de creyentes, por cada representante del clero, son menos crecidas. En 1876 existía allí una media de 908 fieles para cada ministro del culto, en lugar de 932 que habla en Hungría, 1.100 en Holanda, 1.300 en Dinamarca, 1.440 en Suiza y 1.600 en Alemania[8]. El número de sacerdotes no es un detalle insignificante, ni un carácter superficial, sin relación con la naturaleza intrínseca de las religiones. Prueba de ello es que en todas partes el clero católico es mucho más considerable que el clero reformado. En Italia hay un sacerdote por cada 267 católicos, en España por cada 419, en Portugal por cada 536, en Suiza por cada 540, en Francia por cada 832 y en Bélgica por cada 1.000; y es que el sacerdote es el órgano natural de la fe y de la tradición, y en esto como en lo demás el órgano se desenvuelve necesariamente en la misma medida que la función. Cuanto más intensa es la vida religiosa, más hombres son precisos para dirigirla. Cuantos más dogma s y preceptos hay, cuya interpretación no se abandona a las conciencias individuales, son necesarias más autoridades competentes para definir el sentido de ellos. Por otra parte, cuando más numerosas son esas autoridades, mejor conocen al individuo y le refrenan mejor. Así el caso de Inglaterra, en vez de enervar nuestra teoría, es una confirmación de ella. Si el protestantismo no produce allí los mismos efectos que en el continente, es porque la sociedad religiosa está más fuertemente constituida, y por ello se asemeja a la Iglesia católica.

Es esta una prueba confirmativa de una mayor generalidad.

El gusto del libre examen no puede despertarse sin ir acompañado del gusto por la instrucción. La ciencia, en efecto, es el único medio de que la libre reflexión dispone para realizar sus fines. Cuando las creencias o las prácticas irrazonadas han perdido su autoridad, es preciso, para encontrar otras, hacer una llamada a la consciencia esclarecida, de la que la ciencia no es sino la forma más elevada: en el fondo estas dos tendencias se funden en una y resultan de la misma causa. Los hombres, en general, sólo aspiran a instruirse en la medida en que están libres del yugo de la tradición, pues mientras que ésta es dueña de la inteligencia es suficiente para todo y no tolera fácilmente el poder rival. Inversamente, sólo se busca la luz desde que la costumbre oscura no responde ya a las necesidades nuevas. Y he aquí por qué la Filosofía, esta forma primaria y sintética de la ciencia, aparece desde que la religión ha perdido su imperio, y en este momento únicamente, y se la ve en seguida dar nacimiento progresivo a la multitud de ciencias particulares, a medida que la necesidad que la suscitaba va desenvolviéndose. Si no nos despreciamos a nosotros mismos, si la debilitación progresiva de los prejuicios colectivos y consuetudinarios inclina al suicidio, y si es de ahí de donde viene la predisposición especial del protestantismo, debemos comprobar los dos hechos siguientes: primero, el gusto de la instrucción debe ser más vivo en los protestantes que en los católicos; segundo, en tanto en cuanto denota una decadencia de les creencias comunes, debe, de una manera general, variar como el suicidio. ¿Confirman los hechos esta doble hipótesis?

Si se compara Francia católica con Alemania protestante, únicamente por las cumbres, es decir, si se parangonan solamente las clases más elevadas de las dos naciones, parece que la comparación puede sostenerse con éxito. En los grandes centros de nuestro país, la ciencia no es menor ni menos extendida que en nuestros vecinos, y aún resulta cierto que desde este punto de vista estamos sobre muchos países protestantes. Pero si en las partes eminentes de estas dos sociedades la necesidad de instruirse se siente por igual, no ocurre lo mismo con las clases menos elevadas, y si en los dos países se obtiene la misma intensidad máxima, la intensidad mínima es menor en nosotros. Otro tanto puede decirse del conjunto de las naciones católicas comparadas con las naciones protestantes: al suponer que, por lo que se refiere a la más alta cultura, las primeras no ceden a las segundas, no puede sostenerse lo mismo por lo que se refiere a la instrucción popular. Mientras que en los pueblos protestantes (Sajonia, Noruega, Suecia, Baden, Dinamarca y Prusia) por cada 1.000 niños en edad escolar, es decir; de seis a doce años, había una media de 957 que frecuentaban la escuela durante los años 1877-78, los pueblos católicos (Francia, Austria-Hungría, España e Italia) sólo contaban 667, o sea un 30 por 100 menos. Las comparaciones son iguales en los períodos 1874-75 y 1860-61[9]. El país protestante en que esta cifra es menos elevada, Prusia, resulta muy por encima de Francia, que figura a la cabeza de los países católicos; la primera cuenta con 897 alumnos por cada 1.000 habitantes, la segunda con 766 solamente[10]. De toda Alemania, Baviera es la que tiene el mayor número de católicos, y es también la que posee más iletrados. Entre las provincias del Alto Palatinado, es una de las más profundamente católicas, y es también aquella en que se encuentran más recluta que no saben leer ni escribir (15 por 100 en 1871). La misma coincidencia se da en Prusia para el Ducado de Posen y la provincia de Prusia[11]. Finalmente, en la totalidad del Reino, en 1871, se contaban 66 iletrados por cada 1.000 protestantes, y 152 por cada 1.000 católicos. La relación es la misma para las mujeres de los dos puntos[12].

Se objetará, sin duda, que la instrucción primaria no puede servir para medir el estado de la instrucción general. Se dice, con frecuencia, que no basta con que un pueblo cuente con más o menos iletrados, para que sea más o menos instruido. Aceptemos esta reserva aunque, a decir verdad, los diversos grados de la instrucción son quizás más solidarios de lo que parecen, y le es muy difícil a uno de ellos desenvolverse sin que los otros se desenvuelvan al mismo tiempo[13]. En todo caso, el nivel de la cultura primaria no refleja más que imperfectamente el de la cultura científica con cierta exactitud, y en qué medida un pueblo, tomado en conjunto, experimenta la necesidad de saber. Es preciso que sienta en su más alto grado esa necesidad para que se esfuerce en extender sus elementos hasta las últimas clases. Para poner así al alcance de todo el mundo los medios de instruirse, para llegar hasta proscribir legalmente la ignorancia, es preciso que encuentre indispensable para su propia existencia el extender y esclarecer las conciencias. De hecho, si las naciones protestantes han concedido tanta importancia a la instrucción elemental, es porque han juzgado necesario que cada individuo fuese capaz de interpretar la Biblia. Lo que nosotros creemos concretar en este momento es la intensidad media de esta necesidad, el valor que cada pueblo reconoce a la ciencia, no el mérito de sus sabios y de los descubrimientos de éstos.

Desde este punto de vista especial, el estado de la alta enseñanza y de la producción propiamente científica sería un mal criterio, pues nos revelaría únicamente lo que pasaba en una porción restringida de la sociedad. La enseñanza popular y general es un índice más seguro.

Demostrada en esta forma la primera proporción, quede por probar la segunda. ¿Es verdad que la necesidad de la instrucción, en la medida que corresponde a una disminución de la fe común, se desenvuelve con el suicidio? Ya es una primera presunción el hecho de que los protestantes son más instruidos que los católicos y se matan más. La ley no se comprueba, solamente cuando se compara uno de estos cultos con el otro. Se observa, igualmente en el interior de cada confesión religiosa.

Italia es toda ella católica. La instrucción popular y el suicidio están distribuidas en ella exactamente y del mismo modo (véase cuadro XIX).

CUADRO XIX[14]

PROVINCIAS ITALIANAS COMPARADAS EN LA RELACIÓN DEL SUICIDIO CON LA INSTRUCCIÓN

1° grupo	Matrim. c/instruc.	Suicids. x mill.	2° grupo	Esposos c/instruc.	Suicids.	3° grupo	Esposos c/instruc.	Suicids.
Piamonte	53,09	35,6	Venecia	19,56	32,0	Sicilia	8,98	18,5
Lombardía	44,29	40,4	Emilia	19,31	62,9	Abruzzos	6,35	15,7
Liguria	41,15	47,3	Umbria	15,46	30,7	Publia	6,81	16,3
Roma	32,61	41,7	Marcia	14,46	34,6	Calabria	4,67	8,1
Toscana	24,33	40,6	Campania	12,45	21,6	Basilicata	4,35	15,0
			Cerdeña	10,14	13,3			
Medias	*39,09*	*41,1*	*Medias*	*15,23*	*35,5*	*Medias*	*6,23*	*14,7*

No solamente las medias se corresponden con exactitud, sino que la concordancia se encuentra hasta en los detalles. No hay más que una excepción, la de la Emilia, en que por influencia de causas locales los suicidios no guardan relación con el grado de instrucción. Las mismas observaciones pueden hacerse en Francia. Los departamentos en que hay más esposos analfabetos (por encima del 20 por 100) son Carrefe, Córcega, las costas del Norte, Dordogne, Finisterre, Las Landas, Morbihan, Alta Viena. Todos están relativamente indemnes de suicidios. Entre los departamentos en que hay más de un 10 por 100 de esposos que no saben leer ni escribir, no existe uno sólo que pertenezca a esta región del noreste, que es la tierra clásica de los suicidios franceses[15].

Si se comparan los países protestantes entre sí se encuentra el mismo paralelismo. Se matan más en Sajonia que en Prusia, y Prusia tiene más analfabetos que Sajonia (5,62 por 100, en lugar de 1,3, en 1865). Sajonia presenta la particularidad de que la población escolar es superior en ella a la cifra legalmente obligatoria. Par cada 1.000 niños de edad escolar se contaban allí en 1877-78, 1.031 que frecuentaban las clases, es decir que muchos continuaban sus estudios después del tiempo prescripto. El hecho no se halla en ningún otro país[16]. Finalmente de todos los países protestantes Inglaterra es, como sabemos, aquel en que se mata menos gente y es también aquel que por la instrucción se aproxima más a los países católicos. En 1865 tenía todavía un 23 por 100 de soldados de la Marina que no sabían leer, y 27 por 100 que no sabían escribir.

Otros hechos pueden aún relacionarse con los precedentes y servir para confirmarlos.

Las profesiones liberales y con más generalidad las clases elevadas, son aquellas en que el gusto y la ciencia se siente con más intensidad y en que se vive una vida más intelectual. Aunque la estadística del suicidio por profesiones y por clases no pueda determinarse siempre con precisión suficiente, es incontestable que es excepcionalmente frecuente en las clases más elevadas de la sociedad. En Francia, de 1826 a 1880, las profesiones liberales ocupan el primer lugar, y dan 550 suicidios por millón de habitantes del mismo grupo profesional, mientras que las domésticas, que ocupan el lugar inmediato posterior, no dan más que 290[17]. En Italia, Morselli ha podido aislar las carreras exclusivamente destinadas al estudio, y ha encontrado que sobrepasaban en buena parte, por la importancia de su aportación al suicidio, a todas las demás. Valúa esta aportación para el período 1868-76, en 482,6 por millón de habitantes de la misma profesión; viene en seguida el Ejército con 404,1, y la media general del país no es más que de 32. En Prusia (años 1883-90) el cuerpo de funcionarios públicos, que se recluta con gran cuidado y que constituye una aristocracia intelectual, flota sobre todas las demás profesiones, con 832 suicidios; los servicios sanitarios y la enseñanza, aun teniendo una cifra más baja, la poseen aún muy elevada (439 y 301). Lo mismo ocurre en Baviera. Si se deja a un lado al Ejército, cuya situación desde el punto de vista del suicidio es excepcional, por razones que expondremos después, los funcionarios públicos ocupan el segundo lugar, con 454 suicidios, y casi rozan el primero; el comercio sólo les supera un poco, pues su cifra es de 465; las artes, la literatura y la prensa les siguen de cerca, con 416[18]. Es verdad que en Bélgica y en Wurtemberg las clases instruidas parecen menos diezmadas; pero la nomenclatura profesional es, en esos países, muy poco precisa, y no se puede atribuir mucha importancia a estas dos irregularidades.

En segundo lugar, hemos visto que en todos los países del mundo la mujer se suicida menos que el hombre. Es verdad que es también mucho menos instruida. Esencialmente tradicionalista, acomoda su conducta a las creencias establecidas y no tienen grandes necesidades intelectuales. En Italia, durante los años 1898-99, por cada 10.000 esposos había 4.808 que no podían firmar su contrato de matrimonio, y por cada 10.000 esposas había 7.029[19]. En Francia la relación era, en 1879, de 199 esposos y de 310 esposas por cada 1.000 matrimonios. En Prusia se encuentra la misma diferencia entre los dos sexos, tanto en los protestantes como en los católicos[20]. En Inglaterra es bastante menor que en los demás países de Europa. En 1879 había 138 maridos iletrados por cada 1.000, contra 183 mujeres, y desde 1851 la proporción es la misma [21]. Pero Inglaterra es también el país en que la mujer se aproxima más al hombre por el suicidio. Por cada 1.000 suicidios femeninos había 2.546 suicidios masculinos en 1858-60, 2.745 en 1863-67, 2.861 en 1872-76, cuando por todas partes[22] la mujer se mata cuatro o cinco veces menos que el hombre. Finalmente, en los Estados Unidos, las condiciones de la experiencia resultan casi cambiadas, lo que la hace particularmente instructiva.

Las mujeres negras tienen, a lo que parece, una instrucción igual y aun superior a las de sus maridos; por esto muchos observadores la relacionan[23] con que tengan también una predisposición muy fuerte al suicidio, que negada a veces hasta superar la de las mujeres blancas. La proporción llega en ciertos lugares hasta un 350 por 100.

Hay un caso, sin embargo, en que pudiera parecer que nuestra ley no se comprueba.

De todas las confesiones religiosas, el judaísmo es aquella en que hay menos suicidios, y no hay otra, en que la instrucción esté más extendida. En relación a los conocimientos elementales, los judíos están por lo menos al mismo nivel que los protestantes. En efecto, en Prusia (1871), por cada 100 judíos de cada sexo, había 66 hombres iletrados y 125 mujeres; por parte de los protestantes, los números eran casi idénticos, 66 de una parte y 114 de otra. Es sobre todo en la enseñanza secundaria, y superior, en la que los judíos participan proporcionalmente más que los miembros de los otros cultos, y así lo prueban las cifras siguientes que tomamos de la estadística prusiana (años 1875-76)[24]:

	Católicos	Protestantes	Judíos

78

Parte general de cada culto por 100 habitantes		·	
Parte de cada culto por 100 alumn os de la enseñanza secundaria	33,8	64,9	1,3
	17,3	73,1	9,6

Teniendo en cuenta las diferencias de población, los judíos,.frecuentan Gimnasios, Realschulen, etc., catorce veces más que los católicos y siete veces más que los protestantes. Lo mismo ocurre en la enseñanza superior. Por cada 100 jóvenes católicos que concurren a los establecimientos escolares de todos los grados, sólo hay 1,3 en la Universidad; por cada 1.000 protestantes no hay más que 2,5; para los judíos la proporción se eleva a 16[25].

Pero si el judío encuentra medios de ser a la vez más instruido y muy débilmente inclinado al suicidio, es porque la curiosidad de que da pruebas, tiene un origen muy especial. Es ley general, que las minorías religiosas, para poder defenderse con más seguridad contra los odios de que son objeto, o sencillamente por una especie de emulación, se esfuercen en ser superiores en saber a las poblaciones que las rodean. Por esto es por lo que los protestantes mismos muestran mayor gusto por la ciencia cuando constituyen la menor parte de la población general[26]. El judío trata de instruirse, no para reemplazar por nociones reflexivas sus prejuicios colectivos, sino sencillamente para quedar mejor en la lucha. Es para él un medio de compensar la situación desventajosa, en que lo coloca la opinión y algunas veces la ley. Y como por sí misma la ciencia no puede nada contra la tradición que ha conservado todo su vigor, superpone esta vida intelectual a su actividad acostumbrada, sin que la primera destruya la segunda. De aquí viene la complejidad de su fisonomía. Primitivo por ciertos lados, es por otros un cerebral y un refinado. Une así las ventajas de la fuerte disciplina que caracteriza los pequeños grupos de otros tiempos, con los beneficios de la cultura intensa, de que tienen el privilegio nuestras sociedades actuales. Tiene toda la inteligencia de los modernos sin participar de su desesperanza.

Si pues en este caso el desenvolvimiento intelectual no está en relación con el número de muertes voluntarias, es porque no tiene el mismo origen, ni la misma significación que de ordinario. La excepción sólo es aparente y no hace más que confirmar la regla. Prueba, en efecto, que si en los medios instruidos la inclinación al suicidio está agravada, esta agravación se debe, como ya hemos dicho, a la debilitación de las creencias tradicionales y al estado de individualismo moral que de ella resulta, y desaparece cuando la instrucción tiene otra causa y responde a otras necesidades.

IV

De este capítulo se deducen dos conclusiones importante. En primer lugar vemos en él, de una manera general, por qué el suicidio progresa con la ciencia. No es ella la que determina este progreso. Ella es inocente y nada hay más injusto que acusarla; el ejemplo del judío sobre este punto es demostrativo. Estos dos hechos son productos simultáneos de un mismo estado general que traducen bajo formas diferentes; el hombre trata de instruirse, y se mata porque la sociedad religiosa, de que forma parte, ha perdido su cohesión, pero no se mata porque sea instruido. Tampoco desorganiza la religión la instrucción que él adquiere; la necesidad de la instrucción se produce en él porque la religión se desorganiza. Esta instrucción no la busca como un medio para destruir las opiniones recibidas, sino porque la destrucción ha comenzado ya. Una vez que la ciencia existe, puede, sin duda alguna, combatir en nombre propio y por su cuenta y colocarse en posición antagónica con los sentimientos tradicionales. Pero sus ataques quedarían sin efecto si esos sentimientos estuviesen aún vivos, o más bien no podrían producirse. La fe no se desarraiga con demostraciones dialécticas; es necesario que esté ya desarraigada por otras causas, para que no pueda resistir al choque de los argumentos.

La ciencia, no sólo está muy lejos de ser la fuente del mal, sino que es el único y sólo remedio de que disponemos. Una vez que las creencias establecidas han sido arrastradas por el curso de las cosas, no es posible restablecerlas artificialmente, y sólo puede ayudarnos a conducirnos en la vida la reflexión. Una vez que el instinto social se ha embotado, la inteligencia es la única guía que nos queda y sólo por ella es posible rehacerse una conciencia. Por peligrosa que sea la empresa, la duda no es permitida, porque carecemos de posibilidad de elección. Que aquellos que asisten no ciertamente sin inquietud y sin tristeza a la ruina de las viejas creencias y que sienten todas las dificultades de estos períodos críticos, no achaquen la ciencia un mal del que ella no es la causa, sino que por el contrario trata de curar. ¡Que se guarden de considerarla como enemiga! No tiene la influencia disolvente que se la atribuye y es la única arma que nos permite luchar contra la disolución, de que ella misma es resultado. Proscribirla no es una solución. Imponerle silencio no es el medio de devolver su autoridad a las tradiciones desaparecidas; con ello no conseguiremos más que hacernos más impotentes para reemplazarla. Es verdad, que es preciso cuidarse de no ver en la instrucción un fin que se basta a sí mismo, cuando no es más que un medio. Si no es encadenando artificialmente los espíritus, como se les hará perder el gusto de la independencia; no es bastante el liberarlos para devolverles su equilibrio. Es preciso que se emplee esta libertad como se deba. En segundo lugar vemos, por qué de un modo general, la religión ejerce una acción profiláctica sobre el suicidio; no ocurre esto, como se ha dicho con frecuencia, porque lo condene con menos vacilación que la moral laica, ni porque la idea de Dios comunique a sus preceptos una autoridad excepcional que hace que se plieguen a ellos las voluntades, ni porque la perspectiva de una vida futura y de penas terribles que allí esperan a los culpables, den a sus prohibiciones una sanción más eficaz que aquellas de que disponen las legislaciones humanas. El protestante no cree menos que el católico en Dios y en la inmortalidad del alma. Hay más; la religión que menos inclinación muestra por el suicidio; es decir, el judaísmo, es precisamente la única que no lo proscribe formalmente y es también aquella en que la idea de la inmortalidad juega el menor papel. La Biblia, en efecto, no contiene disposición alguna que prohíba al hombre matarse[27], y por otra parte, las creencias relativas a otra vida, son en ellas muy indecisas. No cabe duda, que sobre uno y otro punto, la enseñanza rabínica ha llenado poco a poco las lagunas del libro sagrado; pero no tiene autoridad. La influencia bienhechora de la religión no se debe a la naturaleza especial de las concepciones religiosas. Si protege al hombre contra el deseo de destruirse, no es porque le prescriba con argumentos sui géneris, el respeto de su persona; es porque constituye una sociedad. Y lo que constituye esta sociedad es la existencia de un cierto número de creencias y de prácticas comunes a todos los fieles, tradicionales y, en consecuencia, obligatorias. Cuanto más numerosos y fuertes son estos estados colectivos, más fuertemente integrada está la comunidad religiosa y más virtud preservativa tiene. El detalle de los dogmas y de los ritos es secundario; lo esencial es que sirvan, por su naturaleza, para alimentar una vida colectiva de una suficiente intensidad: porque la iglesia protestante no tiene el mismo grado de consistencia que las otras, es por lo que no ejerce sobre el suicidio la misma acción moderadora.

[1] La población menor de quince años ha sido suprimida.
[2] Carecemos de datos sobre la influencia de los cultos en Francia. He aquí lo que dice Leroy en su estudio sobre el Sena y Marne: En las comunas de Quincy, Lauteil-les-Meaux, Mareuil, los protestantes dan un suicidio por 310 habitantes; los católicos, I por 678 (opúsculo cit., pág. 203).
[3] *Handwoerterbuchder Staastwissenschaften.* Suplemento t. I. página 702.
[4] Queda el caso de Inglaterra, país no católico, y en el que no abunda el suicidio. Se explicará después por qué.
[5] Baviera es todavía la única excepción; los judíos se matan allí dos veces más que los católicos. ¿La situación del judaísmo en este país, tiene algo de excepcional? No podemos decirlo.
[6] Legoyt: Op. cit., pág. 205; Oettingen: *Moralstatistik,* página 654.
[7] Es verdad que la estadística de los suicidios ingleses no es de gran exactitud. A causa de las penalidades establecidas para el suicidio, muchos casos se presentan como muertes accidentales. Sin embargo, estas inexactitudes no son suficientes paraexplicarladiferencia tan considerable entreestepaís y Alemania.
[8] Oettingen:*Moralstatistik,* pág. 626.
[9] Oettingen:*Moralstatistik,* pág. 586.
[10] En uno de estos períodos (1877-78), Baviera sobrepasa ligeramente a Prusia, pero el hecho no se produce más que esta única vez.
[11] Oettingen: Ibíd., pág. 582.
[12] Morselli, op. cit.; pág. 223.
[13] Por otra parte, se verá después que la enseñanza superior está igualmente más desenvuelta en los protestantes que en los católicos.
[14] Las cifras relativas a los casados con instrucción están tomadas de Oettingen, *Moralstatistik,* anejos, cuadro 85. Se refiere a los años 1872-78, y los suicidios al período 1874-76.
[15] *Annuaire Statistique de la France,* 1892-94, págs. 50 y 51.
[16] Oettingen: *Moralstatistik,* pág. 586.
[17] *Compte general de la Justice criminelle de 1882,* página CXV.
[18] V. Prinzing, op. cit., págs. 28-31. Es curioso que, en Prusia, la prensa y las artes den una cifra bastante común (279 suicidios).
[19] Oettingen: *Moralstatistik,* anejos cuadro 83.
[20] Morselli, pág. 223.
[21] Oettingen: Ibíd., pág. 577.
[22] A excepción de España. Aparte de que la exactitud de la estadística. española nos deja escépticos, España no es comparable a las grandes naciones de la Europa central y septentrional.
[23] Buly y Boudin. Citamos, tomándolos de Morselli, pág. 225.
[24] Según Alwin Petersilie, *Zur Statistik der höheren Lehranstalten in Preussen.* En Zeitschr. d. preus. stat. Bureau, 1877, página 109 y siguientes.
[25] *Zeitschr. d. pr. stat. Bureau,* 1889, pág. XX.
[26] Véase de que manera más desigual los protestantes frecuentan los establecimientos de enseñanza secundaria en las diferentesprovinciasde Prusia:

Grupos	Relación entre población protestante y población total (a)	Relac. media alum. prot./ total alum.(b)	(b) - (a)
1°	De 98,7 a 87,2 x 100 Media = 94,6	90,8	- 3,8
2°	De 80,0 a 50,0 x 100 Media = 70,3	75,3	+ 5,0
3°	De 50,0 a 40,0 x 100 Media = 29,2	56,0	+10,4
4°		61,0	+31,8

Así, allí donde el protestantismo se da en gran mayoría, su población escolar no está en relación con su población general. Desde que la minoría, católica acrece la diferencia entre las dos poblaciones, en vez de negativa resulta positiva, y esta diferencia positiva es mayor a medida que los protestantes son menos numerosos. El culto católico también muestra mayorcuriosidadintelectualallídondeestáenminoría.(Véase Oettingen,*Moralstatistik,pág.* 650).
[27] La única prescripción penal que conocemos es aquella de que nos habla Fabio Josefo, en su *Histoire de la guerre des Juifs contre les Romains* (III, 25), y allí se dice sencillamente que "los cuerpos de aquellos que se dan voluntariamente la muerte, permanecen insepultos hasta después de la puesta de sol, aunque sea permitido enterrar antes a los que han sido muertos en la guerra". Se puede preguntar si esto es una medida penal.

Capítulo III

El suicidio egoísta (Continuación)

Si la religión no preserva del suicidio, sino en cuanto es una sociedad y en la medida en que lo es, es probable que otras sociedades produzcan el mismo efecto. Vamos a observar desde este punto de vista la familia y la sociedad política.

I

Si sólo consultamos las cifras absolutas, parece que los célibes se matan menos que los casados. Así en Francia, durante el período 1873-78, hubo 16.264 suicidios de casados y 11.709 de solteros. El primero de estos números está en relación con el segundo en una proporción de 132 a 100. Como la misma proporción se observa en otros períodos y en otros países, ciertos autores han afirmado en otras épocas, que el matrimonio y la vida de familia multiplican las probabilidades del suicidio. Es cierto, que si siguiendo la concepción corriente, se ve ante todo en el suicidio un acto de desesperación, determinado por las dificultades de la existencia, esta opinión tiene una gran verosimilitud. Para el soltero la vida es más fácil que para el casado. ¿No lleva consigo el matrimonio toda clase de cargas y de responsabilidades? ¿No es preciso para asegurar el presente y el porvenir de una familia, imponerse más privaciones y penalidades que para subvenir a las necesidades de un hombre aislado?[1]. Sin embargo, por evidente que parezca este razonamiento a *priori,* es enteramente falso y los hechos le dan una apariencia de razón más porque han sido mal analizados. Esto es que Bertillón padre, ha sido el primero en determinar por un ingenioso cálculo, que vamos a reproducir[2].

En efecto, para apreciar bien las cifras precedentemente citadas, es preciso tener en cuenta que un gran número de solteros tienen menos de diez y seis años, mientras que todos los casados son de más edad. Hasta los diez y seis años, la tendencia al suicidio es muy débil, por el solo hecho de la edad. En Francia, sólo se producen, en este período de la vida, uno o dos suicidios por millón de habitantes; en el período que sigue hay ya veinte veces más. La presencia de un gran número de muchachos por debajo de los diez y seis años entre los solteros, hace descender indudablemente la aptitud media de estos últimos; pero esta atenuación es debida a la edad y no al celibato. Si estos proporcionan en apariencia un menor contingente al suicidio, no es porque no se han casado, sino porque muchos de ellos no han salido todavía de la infancia; si se quiere comparar estas dos poblaciones, de modo que se desprenda cuál es la influencia del estado civil y solamente esta, es preciso desembarazarse de aquel elemento perturbador y no relacionar los casados más que con los célibes mayores de diez y seis años, eliminando los demás. Hecha esta substracción, hallamos, que durante los años 1863-68, ha habido una media por millón de célibes mayores de diez y seis años, de 173 suicidios, y por un millón de casados de 154,5. El primero de estos números está con el segundo, en una relación de 112 a 100.

Hay, pues, una agravación que afecta al celibato, y es bastante más considerable de lo que indican las cifras precedentes. Hemos razonado, en efecto, como si todos los solteros mayores de diez y seis años y todos los casados tuviesen la misma media de edad, y no hay nada de esto. En Francia, la mayoría de los solteros, exactamente las 58 centésimas, está comprendida entre quince y veinte años; la mayoría de las solteras, exactamente las 57 centésimas tienen menos de veinticinco años. La edad media de los primeros, es de 26,8, de las segundas de 28,4. Por ti contrario, la edad media de los casados se encuentra entre cuarenta y cuarenta y cinco años. Por otra parte, véase cómo el suicidio progresa, siguiendo la edad, para los dos sexos reunidos:

De 16 a 21 años 45,9 suicidios por millón de habitantes
De 21 a 30 años 97,9
De 31 a 40 años 114,5
De 41 a 50 años 164.4

Estas cifras se refieren a los años 1848-57. Si sólo la edad es la que la produce, la aptitud de los solteros para el suicidio no puede ser superior a 97,9, y la de los casados estará comprendida entre 114,5 y 164,4, es decir, alrededor de 140. Los suicidios de los casados estarán con los de los célibes en razón de 100 a 69. Los segundos no representarán más los dos tercios de los primeros, y sin embargo sabemos, que de hecho son superiores a aquellos. La vida de familia tiene también como resultado el de alterar la relación. Si la asociación familiar no hiciese sentir su influencia, los casados deberían en virtud de su edad, matarse una mitad más que los solteros y se matan menos; se puede decir, en consecuencia, que el estado del matrimonio disminuye aproximadamente en una mitad el peligro del suicidio, o para hablar con más precisión, resulta del celibato una agravación que se expresa por la relación 112/69 = 1,6. Si se conviene en representar por la unidad la tendencia de los casados al suicidio, se deberá figurar por 1,6 la de los célibes de una misma media de edad.

Las relaciones son las mismas en Italia. Como consecuencia de su edad, los casados (año 1873-77), dan 102 suicidios por un millón, y los solteros, mayores de diez y seis años, 77; el primero de estos números guarda con el segundo una relación de 175[3]. De hecho, sin embargo, los casados se matan menos: no dan más que 71 casos por 86 que proporcionan los solteros, o sea 100 por 121. La aptitud de los solteros está con la de los casados en la relación de 121 a 75, o sea un 1,6 como en Francia. Análogas comprobaciones se podrían hacer en diferentes países. Por todas partes la cifras de los casados es más o menos inferior a la de los célibes[4], cuando por razón de edad, debería ser más elevada. En Wurtenberg, de 1846 a 1860, estos números guardan entre si la relación de 100 a 143; en Prusia, de 1873 a 1875, de 100 a 111.

Pero si en el estado actua l de las informaciones, este método de cálculo es, en casi todos los casos, el único aplicable, cuando es necesario emplearlo para establecer la generalidad del hecho, los resultados que da no pueden ser más que rudimentariamente aproximados. Basta sin duda, para demostrar que el celibato agrava la tendencia al suicidio, pero no da más que una idea imperfecta en exactitud de la importancia de esta agravación. En efecto, para separar la influencia de la edad y la del estado civil, hemos tomado como punto de referencia, la relación entre las cifras de suicidas de treinta años y de cuarenta y cinco. Desgraciadamente la influencia del estado civil ha marcado ya con su huella esta misma relación, pues el contingente propio de cada una de estas dos edades ha sido calculado, considerando unidos a los solteros y a los casados. Sin duda, que si la proporción de los esposos y de los solteros, así como la de las solteras y la de las casadas fuera la misma en los dos períodos, habría compensación y la acción de la edad resaltaría sola. Pero ocurre de muy otra manera. Mientras que a los treinta años los solteros son un poco más numerosos que los casados (746.111 de una parte y 714.278 de otra, según el conjunto de 1891), a los cuarenta y cinco años, por el contrario, sólo constituye una pequeña minoría, (333.033 por 1.864.401 casados); lo mismo ocurre en el otro sexo. Como consecuencia de esta desigual distribución, su gran aptitud para el suicidio, no produce en los dos casos los mismos efectos. Eleva mucho más la primera cifra que la segunda. Esta es relativamente muy débil y la cantidad en que debería superar a la otra, si la edad influyese por sí sola, resulta artificialmente disminuida. Dicho de otro modo, la diferencia que hay en relación con el suicidio, y por el solo hecho de la edad, entre la población de veinticinco a treinta años y la de cuarenta a cuarenta y cinco, es ciertamente, mayor de lo que la muestra esta manera de calcularla. Así, es la economía de esta diferencia la que constituye casi toda la inmunidad de que se aprovechan los casados. Esta diferencia aparece menor de lo que es realidad.

Este método ha dado lugar a los más graves errores. Así, para determinar la influencia de la viudez sobre el suicidio, se han contentado algunos con comparar la cifra propia de los viudos con las de los individuos de todo otro estado civil que tenían una misma media de edad, o sea alrededor de sesenta y cinco años. Y de esta manera un millón de viudos produjo de 1863 a 68, 628 suicidios y un millón de hombres de sesenta y cinco años de los demás estados civiles alrededor 461. De estas cifras se puede sacar la conclusión de que los viudos de una misma edad se matan más que cualquiera otra clase de la población. Y de esta forma ha tomado crédito el prejuicio que hace de la viudez la más desgraciada de todas las condiciones, desde el punto de vista del suicidio [5]. En realidad, si la población de sesenta y cinco años no da más suicidios, es porque casi toda está compuesta de casados (997.198 por 134.238 solteros). Si esta aproximación basta para probar que los viudos se matan más que los casados de la misma edad, nada puede inferirse de ella en lo que concierne a la comparación entre su tendencia al suicidio y la de los célibes.

Finalmente, cuando no se comparan más que las medias, sólo se pueden percibir en conjunto los hechos y sus relaciones. Puede muy bien ocurrir, que en general los casados se maten menos que los solteros y que a ciertas edades esta relación excepción se invierta; ya veremos que, en efecto, el caso se da. Y estas excepciones, que pueden ser instructivas para la explicación del fenómeno, no pueden ser puestas de relieve por el método precedente. Es posible, también, que de una edad a otra ocurran cambios, que sin llevar a la inversión completa, tengan, sin embargo, su importancia y que, por consecuencia, será muy útil poner de relieve.

El único medio de escapar de estos inconvenientes, consiste en determinar separadamente la cifra de cada grupo por cada edad de la vida. En estas condiciones podrán compararse, por ejemplo, los solteros de veinticinco a treinta años con los casados y los viudos de la misma edad e igualmente los de otros períodos. Así, la influencia del estado civil será separada de cualquiera otra y las variaciones de cualquier clase porque pueda pasar, serán puestas de relieve. Este es por otra parte el método que Bertillón ha aplicado, el primero, a la mortalidad y a la nupcialidad. Las publicaciones oficiales, no nos proporcionan, por desgracia, los elementos necesarios para esta comparación[6]. Estas nos hacen conocer, en efecto, la edad de los suicidas con independencia de su estado civil. La única de las que conocemos, que ha seguido esta práctica, es la del gran Ducado de Oldenbourg (comprendidos en él los Principados de Lubeck y de Birkenfeld)[7].

Para los años 1871-85, nos da la distribución de los suicidios por edad para cada categoría del estado civil, considerada aisladamente. Pero esta pequeña estadística no ha contado durante esos quince años más que 1.369 suicidios. Como de un número de casos tan pequeño no se puede concluir nada con certeza, hemos emprendido la confección del trabajo para nuestro país, con la ayuda de documentos inéditos, que posee el Ministerio de Justicia. Nuestra investigación se ha extendido a los años 1889, 1890 y 1891 y hemos clasificado alrededor de 25.000 suicidios.

A pesar de que por sí misma, tal cifra tiene la suficiente importancia para servir de base a una indicación, nos hemos asegurado que no era necesario extender nuestras observaciones a un período más largo. En efecto, de un año a otro, el contingente de cada edad permanece sensiblemente el mismo en cada grupo. No hay lugar, pues, a establecer las medias según un mayor número de años.

Los cuadros XX y XXI contienen estos diferentes resultados. Para hacer su significación más ostensible, hemos puesto para cada edad al lado de la cifra que representa, el total de los viudos y de los esposos, lo que nosotros llamamos el *coeficiente de preservación,* sea de los segundos con relación a los primeros sea de los unos yde los otros con relación a los solteros. Con esta palabra designamos el número que indica cuantas veces menos se matan en un grupo que en otro, considerados en la misma edad. Cuando decimos que el coeficiente de preservación de los casados de veinticinco años en relación con los solteros, es tres, será preciso entender que si se representa por uno la tendencia al suicidio de los esposos en este momento de la vida, deberá representarse por tres la de los solteros en el mismo período. Naturalmente que cuando el coeficiente de preservación desciende por debajo de la unidad, se transforma en realidad en un coeficiente de agravación.

CUADRO XX
GRAN DUCADO DE OLDENBURGO
SUICIDIOS COMETIDOS POR CADA SEXO SOBRE 10.000 HABITANTES DE CADA GRUPO DE EDAD Y DE ESTADO MIL, DURANTE EL PERÍODO 1871-85[8].

Edades	Solteros	Casados	Viudos	Coef. preservación		
				Casados		Viudos
				En relac. a solters	En relac. a viudos	En relac. a solters.
HOMBRES						
0 a 20	7,2	769,2	"	1,09	"	"
20 a 30	40,6	49,0	285,7	1,40	5,08	0,24
30 a 40	130,4	93,6	76,9	1,77	1,04	1,69
40 a 50	188,8	95,0	285,7	1,97	3,01	0,66
50 a 60	263,6	137,8	271,4	1,90	1,90	0,97
60 a 70	242,8	148,3	304,7	1,63	2,05	0,79
Más	266,6	114,2	259,0	2,30	2,26	1,02
MUJERES						
0 a 20	3,9	95,2	"	0,04	"	"
20 a 30	39,0	19,4	"	2,24	"	"
30 a 40	32,3	16,8	30,0	1,92	1,68	1,07
40 a 50	52,9	18,6	68,1	2,85	3,66	0,77
50 a 60	66,6	31,1	50,0	2,14	1,60	1,33
60 a 70	62,5	37,2	55,8	1,68	1,50	1,12
Más	"	120,0	91,4	"	1,51	"

Las leyes que se desprenden de estos cuadros, pueden formularse así:
1ª *Los matrimonios muy precoces ejercen una influencia agravante en el suicidio, sobre todo en lo que se refiere a los hombres.* –Es verdad que estando calculado este resultado, según un número pequeño de casos, tiene necesidad de confirmarse; en Francia, de los quince a los veinte años, la media anual de los suicidios de casados, es exactamente 1,33. Sin embargo, como el hecho se observa igualmente en el Grand Ducado de Oldenburgo, aun con referencia a las mujeres, es poco verosímil que sea fortuito[9]. La misma estadística sueca que hemos reproducido antes, manifiesta igual agravación, por lo menos para el sexo masculino. Así, si por las razones que hemos expuesto, creemos esta estadística inexacta para las edades avanzadas, no tenemos motivo alguno para ponerla en duda en relación con los primeros períodos de la existencia, puesto que en ellos no existen viudos todavía. Se sabe, por otra parte, que la mortalidad de los casados y de las casadas muy jóvenes, supera bastante la de los solteros y solteras de la misma edad. Mil célibes masculinos entre quince y veinte años, dan cada año 8,9 defunciones y mil hombres casados de la misma edad 51, o sea el 473 por 100 más. La diferencia es menor en el otro sexo, 9,9 para las casadas, 8,3 para las solteras; el primero de estos número guarda con el segundo una relación de 119 a 100[10]. Esta mayor mortalidad de los matrimonios jóvenes se debe evidentemente a razones sociales, porque si tuviera como causa principal, la insuficiente madurez del organismo, sería más marcada en el sexo femenino, como consecuencia de los peligros propios de la maternidad. Todo tiende, pues, a probar que los matrimonios prematuros determinan un estado moral, cuya acción es nociva, sobre todo en los hombres.

CUADRO XXI
FRANCIA (1889-91)
SUICIDIOS COMETIDOS POR CADA 1.000.000 DE HABITANTES DE CADA GRUPO DE EDAD Y DE ESTADO CIVIL (MEDIA ANUAL)

Edades	Solteros	Casados	Viudos	Coef. preservación		
				Casados		Viudos
				En relac. a solters	En relac. a viudos	En relac. a solters.
HOMBRES						
15 a 20	113	500	"	0,22	"	"
20 a 25	237	97	142	2,40	1,45	1,66
25 a 30	394	122	412	3,20	3,37	0,95
30 a 40	627	226	560	2.77	2,47	1,12
40 a 50	975	340	721	2,86	2,12	1,35
50 a 60	1.434	520	979	2,75	1,88	1,46
60 a 70	1.768	635	1.166	2,78	1,83	1,51
70 a 80	1.983	704	1.288	2,81	182	1,54
Más	1.571	770	1.154	2.04	1,49	1,36
MUJERES						
15 a 20	79	33	333	2,39	10,00	0,23
20 a 25	106	53	66	2.00	1.05	1,60
25 a 30	151	68	178	2.22	1.61	0,84
30 a 40	126	82	205	1.53	2.50	0,61
40 a 50	171	106	168	1.61	1.58	1,01
50 a 60	204	151	199	1.35	1,31	1,02
60 a 70	189	158	257	1.19	1,62	0.77
70 a 80	206	209	248	0.98	1,18	0,83

Más	176	110	240	1.60	218	0,79

2ª *A partir de los veinte años, los casados de ambos sexos se benefician con un coeficiente de preservación con relación a los solteros.* –Es superior al que habla calculado Bertillón. La cifra de 1,6, indicada por este observador, es más bien una mínima que una media [11].

Este coeficiente evoluciona siguiendo a la edad. Llega rápidamente a un máximum, que tiene lugar entre los veinte y los veinticinco años en Francia, y entre los treinta y los cuarenta en Oldemburgo; a partir de este momento, decrece hasta el último período de la vida, en que se produce, algunas veces, una ligera elevación.

3ª *El coeficiente de preservación de los casados en relación con los solteros, varía según los hechos.* –En Francia son los hombres los favoritos, y la diferencia entre los dos sexos es considerable; para los esposos, la media es de 2,73, mientras que para las esposas no es más que de 1,56, o sea el 43 por 100 menos. En Oldemburgo, en sentido inverso, la media es para las mujeres 2,16 y para los hombres 1,83 solamente. Es de notar, que al mismo tiempo, la desproporción es menor; el segundo de estos números sólo es inferior al primero en un 16 por 100. Diremos pues, que *el sexo más favorecido en el estado matrimonial, varía según la sociedad; y el valor de la diferencia entre la cifra de los dos sexos, varía asimismo, según la naturaleza del sexo más favorecido.* Hallaremos más adelante hechos que confirmarán esta ley.

4ª *La viudez disminuye el coeficiente de los esposos de ambos sexos, pero frecuentemente no lo suprime por completo.* –Los viudos se matan más que los casados, pero por lo general menos que los solteros. Su coeficiente se eleva en ciertos caso, hasta 1,60 y 1,66. Cambia con la edad, como el de los casados, pero siguiendo una evolución irregular, cuya leyes imposible determinar.

Lo mismo que el de los casados, *el coeficiente de preservación de los viudo; con relación a los solteros, varia según los sexos.* En Francia los hombres resultan favorecidos; su coeficiente medio es de 1,32, mientras que para las viudas, desciende por debajo de la unidad, 0,84, o sea el 37 por 100 menos. En Oldemburgo son las mujeres las que tienen las ventajas, como para el matrimonio; dan un coeficiente medio de 1,07, mientras que el de los viudos está por debajo de la unidad 0,89, o sea el 17 por 100 menos. Como en el estado de matrimonio, cuando la mujer es la que se halla más preservada, la diferencia de los dos sexos es menor que cuando el hombre tiene la ventaja. Podemos, pues, decir en los mismos términos, que *el sexo más favorecido en estado de viudez, varía según las sociedades; y el valor de la diferencia entre la cifra de los dos sexos, varía asimismo, según la naturaleza del sexo más favorecido.*

Es preciso que tratemos de explicar los hechos establecidos en esta forma.

II

La inmunidad de que gozan los casados sólo puede atribuirse a una de las dos causas siguientes:

O se debe a la influencia del medio doméstico y entonces sería la familia la que, por su acción, neutralizada la tendencia al suicidio o le impediría hacer su explosión. O se debe a lo que se puede llamar la selección matrimonial. El matrimonio, en efecto, opera mecánicamente en el conjunto de la población una especie de selección. No se casa el que quiere; hay pocas probabilidades de lograr fundar una familia cuando no se reúnen determinadas cualidades de salud, de fortuna y de moralidad. Los que no las tienen, a menos de un concurso excepcional de circunstancias favorables, resultan, de buen o de mal grado, incluidos en la clase de los solterones que por este medio comprende todo el deshecho humano del país. Entre ellos, es donde se encuentran los enfermos, los incurables, la gente demasiado pobre o con taras notorias. Desde luego, que si esta parte de la población, es, desde este punto de vista, inferior a la otra, resulta natural que testimonie su inferioridad por una mortalidad más elevada, por una criminalidad más considerable, en fin, por una mayor aptitud para el suicidio. En esta hipótesis, no sería la familia la que preservaría del suicidio, del crimen o de la enfermedad; el privilegio de los casados, procedería simplemente, de que sólo son admitidos a la vida de familia los que ofrecen sería garantía de salud física y moral.

Bertillón parece haber dudado entre estas dos explicaciones y haberlas admitido en concurrencia. Después M. Letourneau en su "Evolutión du mariage et de la famille"[12], ha optado categóricamente por la segunda. Se resiste a ver en la superioridad incontestable de la población casada, una consecuencia y una prueba de la superioridad del estado matrimonial. Si no hubiese observado los hechos sumariamente, su juicio no seria tan precipitado.

Sin duda es un hecho, casi incontestable, que los casados tienen en general una constitución física y moral mucho mejor que la de los célibes. Es un hecho que la selección matrimonial sólo deja llegar al matrimonio lo mejor de la población, pero es dudoso que la gente sin fortuna y sin posición se case menos que la otra. Se ha hecho notar[13], que tienen generalmente más hijos que las clases acomodadas. Si el espíritu de previsión no es un obstáculo para que acrezcan sus familias más allá de todo límite prudente, ¿por qué les ha de impedir fundar una? Por otra parte, hechos repetidos probarán más adelante, que la miseria no es uno de los factores de que depende la cifra social de los suicidios. Por lo que se refiere a los enfermos, aparte de que varias razones, con frecuencia, les hacen prescindir de sus enfermedades, no está probado del todo, que sea entre ellos donde se recluten con preferencia los suicidas. El temperamento orgánico psíquico que más predispone al hombre a matarse, es la neurastenia, bajo todas sus formas. Y hoy la neurastenia se considera más como una muestra de distinción, que como una tara. En nuestras sociedades refinadas, llenas de pasión por las cosas de la inteligencia, los nervios constituyen casi una nobleza. Solamente los locos caracterizados, están expuestos a que se les impida el acceso al matrimonio. Esta eliminación restringida no basta para explicar la importante inmunidad de los casados[14].

Fuera de estas consideraciones, un poco apriorísticas, nume rosos hechos demuestran que la situación respectiva de los casados y de los solteros se debe a causas muy distintas.

Si fuese un efecto de la selección matrimonial, debería acusarse desde que la selección comienza a obrar, es decir, a partir de la edad en que los jóvenes empiezan a casarse. En este momento se debería comprobar una diferencia que iría creciendo poco a poco, a medida que los matrimonios aumentan, es decir, a medida que las gentes casables se casan y cesan de ser confundidas con esta turba que está predestinada, por su naturaleza, a formar la clase de los solteros irreductibles. Finalmente, el máximum debería alcanzarse a la edad en que el buen grano está completamente separado del malo y en que toda la población admisible al matrimonio, ha sido realmente admitida, y sólo quedan entre los solteros aquellos irremisiblemente condenados a esta condición por su inferioridad física moral. Este momento debe colocarse entre los treinta y los cuarenta años; más allá de esta edad no hay matrimonios.

De hecho, el coeficiente de previsión evoluciona siguiendo otra ley. En su punto de partida es reemplazado con frecuencia por un coeficiente de agravación. Los casados muy jóvenes están más inclinados al suicidio que los solteros; no ocurriría así si llevasen consigo mismo y desde su nacimiento, la inmunidad. En segundo lugar, el máximum se realiza casi en conjunto. Desde la primera edad, en que la condición privilegiada de los casados comienza a afirmarse (entre los veinte y los veinticinco años), el coeficiente alcanza una cifra que apenas supera después. En este período no hay[15] más que 148.000 casados, por 1.430.000 solteros, y 626.000 casadas, contra 1.049.000 solteras (número redondo). Los solteros comprenden entonces entre ellos, la mayor parte de esta *élite*, que se dice que por sus condiciones congénitas, está llamada más tarde a formar la aristocracia de los casados; la diferencia entre las dos clases, desde el punto de vista del suicidio, cuando éste es tan considerable, debería en consecuencia ser débil. Igualmente en la edad que sigue (entre veinticinco y treinta años), por cada dos millones de casados que deben aparecer entre los treinta y los cuarenta años, hay más de un millón que no se han casado aún y a pesar de que el celibato debe con su presencia beneficiar entonces a esas categorías, es entonces cuando hace la peor figura. En ningún momento, por lo que hace referencia al suicidio, estas dos partes de la población se encuentran tan distantes la una de la otra. Por el contrario, entre los treinta y los cuarenta años, cuando la separación se precisa, cuando la clase de los casados tiene sus cuadros casi completos, el coeficiente de preservación, en lugar de llegar a su apogeo y de expresar así que la selección conyugal ha alcanzado su término, sufre un descenso brusco e importante. Pasa para los hombres, de 3,20 a 2,77; para las mujeres, la regresión es todavía más acentuada, 1,53 en, lugar de 2,22, o sea una disminución de un 32 por 100.

Por otra parte, esta selección, sea cualquiera la manera como se efectúe, debe hacerse por igual para las mujeres que para los hombres, pues las esposas no se reclutan de manera distinta que los esposos. Si la superioridad moral de las gentes casadas, es simplemente un producto de la selección, debe ser igual para los dos sexos, y en consecuencia resultar idéntica la inmunidad contra el suicidio. En realidad, los casados están en Francia más protegidos que las casadas. Para los primeros, el coeficiente de preservación se eleva hasta 3,20, no desciende más que una sola vez por debajo de 2,04 y oscila generalmente alrededor de 2,80; mientras que para las segundas, el máximum no supera a 2,22 (o todo lo más 2,39)[16], y el mínimum es inferior a la unidad (0,98). Así resulta, que es en el estado matrimonial, en el que la mujer se aproxima más al hombre, por lo que respecta al suicidio, entre nosotros.

He aquí cual ha sido durante los años 1887-91, la parte de cada sexo en los suicidios de cada clase el estado civil:

| Años | Célibes porsexo | | | |
| | % suicidios | | % suicidios | |
	Hombres	*Mujeres*	*Hombres*	*Mujeres*
De 20 a 25	70	30	65	35
De 25 a 30	73	27	65	35
De 30 a 40	84	16	74	26
De 40 a 50	86	14	77	23
De 50 a 60	88	12	78	22
De 60 a 70	91	9	81	19
De 70 a 80	91	9	78	22
Más	90	10	88	12

Así en esta edad[17], la parte de las mujeres en los suicidios de los casados, es muy superior a la misma parte en los suicidios de los solteros. No es seguramente, porque las solteras estén menos expuestas que las casadas; los cuadros 20 y 21 prueban lo contrario. Sin embargo, si la mujer no pierde con casarse, gana con ello menos que el marido. Si la inmunidad es igual en este punto, se debe a que a la vida de familia afecta de un modo diferente la constitución moral de ambos sexos. Lo que prueba, de un modo perentorio, por lo menos, que esta desigualdad no tiene otro origen, es que se la ve nacer y crecer bajo la acción del medio doméstico. El cuadro XXI, demuestra, en efecto, que en el punto de partida, el coeficiente de preservación es muy poco diferente para los dos sexos (2,93 ó 2 de una parte, y 2,40 de la otra). Después la diferencia se acentúa poco a poco; primero, porque el coeficiente de las casadas crece menos que el de los casados hasta la edad en que alcanza el máximum, y después porque el decrecimiento es más rápido y más importante[18].
Si evoluciona así, a medida que la influencia de la familia se prolonga, es porque depende de la edad.
Tiene un valor demostrativo mayor todavía, el hecho de que la situación relativa de los sexos, en cuanto al grado de preservación de que gozan los casados, no es la misma en todos los países. En el Gran Ducado de Oldemburgo, son las mujeres las más favorecidas y ya hallaremos después otro caso de la misma inversión. Sin embargo, en conjunto, la selección conyugal se acentúa por todas partes de la misma manera. Es imposible que ella sea el factor esencial de la inmunidad matrimonial, porque entonces ¿cómo producid a resultados opuestos en los diferentes países? Por el contrario, es muy posible que la familia esté en dos sociedades distintas, constituida de manera que obre de un modo diferente sobre los dos sexos. En la constitución del grupo familiar, es donde debe encontrarse, por lo tanto, la causa principal del fenómeno que estudiamos.
Por interesante que sea este resultado, necesita precisarse ya que el medio doméstico está formado por elementos diferentes. Por cada esposo, la familia comprende: primero, otro esposo; segundo, los hijos. La acción saludable que ejerce la familia sobre la tendencia al suicidio, ¿se debe al primero o a los segundos? En otros términos, la familia se compone de dos asociaciones diferentes: el grupo conyugal de una parte, y de otra, el grupo familiar propiamente dicho. Estas dos sociedades no tienen los mismos orígenes ni igual naturaleza, ni en consecuencia deben tener las mismos efectos. La una, deriva de un contrato y de la afinidad electiva; la otra, de un fenómeno natural, la consanguinidad; la primera, liga entre ellos a dos miembros de una misma generación; la segunda, una generación a la siguiente; esta es tan vieja como la humanidad, aquella no se ha organizado hasta una época relativamente tardía. Puesto que difieren desde este punto de vista, no puede ser cierto *a priori,* que concurran las dos a producir el hecho que tratamos de explicar. En todo caso, si una y otra contribuyen a él, no será de la misma manera, ni probablemente en igual medida. Importa por lo tanto averiguar si una y otra tienen parte en él, y en caso afirmativo, cuál es la parte de cada una.
Tenemos ya una prueba de eficacia mediocre del matrimonio, en el hecho de que la nupcialidad iba cambiado poco desde comienzos del siglo, cuando el suicidio se ha triplicado. De 1821 a 1830 hubo 7-8 matrimonios anuales por cada 1.000 habitantes: 8 de 1831 a 1850; 7-9 de 1851-60; 7-8 de 1861 a 1870; 8 de 1871 a 1880. Durante este tiempo la cifra de los suicidios por millón de habitantes, se eleva de 54 a 180. De 1880 a 1888, la nupcialidad ha descendido ligeramente (7-4 en lugar de 8), pero este decrecimiento no tiene relación con el enorme aumento de los suicidas que, de 1880 a 1887, han aumentado más

de un 16 por 100[19]. Por otra parte, durante el período 1865-88, la nupcialidad media de Francia (7,7), es casi igual a la de Dinamarca (7,8), y de Italia (7,6); sin embargo estos dos países son completamente desemejantes en cuanto al suicidio [20].

Tenemos un medio mucho más decisivo de medir exactamente la influencia propia de la asociación conyugal sobre el suicidio y es el de observarla allí donde está reducida a sus solas fuerzas, es decir, a los hogares sin hijos.

Durante los años 1887-1891, un millón de esposos sin hijos ha dado por año 644 suicidios[21]. Para saber en que medida el estado matrimonial preserva del suicidio por si solo, y abstracción hecha de la familia, no hay más que comparar esta cifra a la que dan los solteros de la misma media de edad. Dicha comparación es la que nos va a permitir formar nuestro cuadro XXI y no es este el menor servicio que ha de rendimos. La media de edad de los hombres casados era entonces como hoy, de cuarenta y seis años ocho meses 1/3. Un millón de solteros de esta edad produce aproximadamente 975 suicidios. Así, 655 es a 975, como 100 es a 150, es decir, que los esposos estériles tienen un coeficiente de preservación de 1,5 solamente; no se matan sino en un tercio menos que los solteros de igual edad. Otra cosa muy contraria ocurre cuando se tienen hijos. Un millón de casados con hijos producía anualmente durante este mismo período, 336 suicidios tan sólo. Este número es a 975 como 100 es a 290; es decir, que cuando el matrimonio es fecundo, el coeficiente de preservación casi se dobla (2,90 en lugar de 1,5).

La sociedad conyugal sólo tiene una débil parte en la inmunidad de los hombres casados. Todavía en el cálculo precedente hemos hecho esta parte un poco mayor de lo que es en realidad. Hemos supuesto, en efecto, que los esposos sin hijos tienen la misma media de edad que los casados en general, cuando precisamente son más jóvenes. Entre su categoría se encuentran todos los esposos jóvenes que no tienen hijos, no porque sean irremediablemente estériles, sino porque casados muy recientemente, no han tenido tiempo todavía de tenerlos. Es solamente hacia los treinta y cuatro años, por término medio, cuando el hombre tiene su primer hijo[22], y hacia los veintiocho y veintinueve años cuando se casa. La parte de población casada, de veintiocho a treinta y cuatro años, se encuentra casi por entero comprendida en la categoría de los casados sin hijos, con lo que hace disminuir la media de edad de estos últimos; por consecuencia, ampliándola hasta cuarenta y seis años, la hemos exagerado ciertamente. Pero entonces, los solteros, a los que hubiese sido preciso compararlos, no son los de cuarenta y seis años, sino los más jóvenes, que se matan menos que los precedentes. Debe, pues, considerarse un poco elevado el coeficiente de 1,5; si conociésemos exactamente la media de edad de los casados sin hijos, ve ríamos que su aptitud al suicidio se aproxima a la de los célibes, todavía más de lo que indican las cifras precedentes.

Por otra parte, lo que prueba bien la influencia restringida del matrimonio, es que los viudos con hijos están en mejor situación que bs casados sin ellos. Los primeros, en efecto, dan 937 suicidios por millón y tienen una media de edad de sesenta y un años ocho meses y 1/3. La cifra de solteros de la misma edad (v. cuadro XXI), está comprendida entre 1.434 y 1.768, o sea alrededor de 1.504. Este número es a 937 como 160 es a 100. Los viudos cuando tienen hijos, poseen un coeficiente de preservación por lo menos de 1,6, superior en consecuencia al de los casados sin hijos. Y todavía calculándolo de esta manera, más bien lo hemos atenuado que exagerado. Los viudos que tienen familia son de una edad más elevada que los viudos en general. En efecto, entre estos últimos hay que comprender a todos aquellos cuyo matrimonio ha resultado estéril por haberse disuelto prematuramente, es decir, los más jóvenes. Los viudos con hijos deberían ser comparado a los solteros mayores de sesenta y dos años (que en virtud de su edad tienen una mayor tendencia al suicidio). Claro es, que de esta comparación, su inmunidad resultaría reforzada[23].

Es verdad, que este coeficiente de 1,6 es sensiblemente infe rior al de los casados con hijos, 2,9; la diferencia es de 45 por 100 por lo menos. Pudiera creerse que por si sola la sociedad matrimonial tiene mayor acción de la que le hemos reconocido, puesto que al llegar a su fin, disminuye desde este punto de vista la inmunidad del esposo sobreviviente. Pero esta pérdida no es imputable más que en una débil parte a la disolución del matrimonio. Prueba de ello es que allí donde no hay hijos, la viudez produce efectos, mucho menores. Un millón de viudos sin hijos da 1.258 suicidios; número que es a 1.504, contingente de los célibes de sesenta y dos años, como 100 es a 119. El coeficiente de preservación es todavía de 1,2 aproximadamente un poco por debajo del de los esposos igualmente sin hijos, que es 1,5. El número de los primeros sólo es inferior en un 20 por 100 al de los segundos. Cuando la muerte de un esposo no produce otro resultado que la disolución del vínculo conyugal, no tiene fuertes repercusiones sobre la tendencia al suicidio del viudo. Es preciso que el matrimonio en tanto que exista, contribuya sólo débilmente, a contener esta tendencia, puesto que no crece sino cuando aquél cesa de existir.

En cuanto a la causa que hace a la viudez relativamente más desgraciada cuando el matrimonio ha sido fecundo, es preciso ir a buscarla en la presencia de los hijos. En un sentido, los hijos, sin duda, sujetan el viudo a la vida, pero al mismo tiempo hacen más aguda la crisis por que atraviesa. Las relaciones conyugales no son las únicas que se resienten, precisamente, porque existe una sociedad doméstica su funcionamiento se obstaculiza. Falta una rueda esencial y todo el mecanismo se desconcierta. Para restablecer el equilibrio turbado, sería preciso que el hombre cumpliese la doble tarea y se encargase de funciones para las que no ha sido hecho. He aquí porque pierde todas las ventajas de que gozaba mientras duró el matrimonio. No se trata de que no esté ya casado, sino de que la familia de la que es jefe está desorganizada. No es la desaparición de la esposa, sino la de la madre, la que causa este desarreglo.

Es sobre todo, apropósito de la mujer, como se manifiesta con relieve, la débil eficacia del matrimonio, cuando no halla en los hijos su complemento natural. Un millón de casados sin hijos da 221 suicidios; un millón de solteras de la misma edad (entre los cuarenta y dos y cuarenta y tres años), 150 solamente. El primero de estos números es al segundo como 100 es a 67; el coeficiente de preservación está por debajo de la unidad. Es igual a 0,67, es decir, que, en realidad, hay agravación. *Así en Francia las mujeres casadas sin hijos se matan una mitad más que las solteras del mismo sexo y de la misma edad.* Ya habíamos comprobado, que de una manera general, la vida de familia preserva menos a la mujer que al marido. Ahora vemos cual es la causa de ello, y es que por sí misma, la sociedad conyugal resulta nociva a la mujer y agrava su tendencia al suicidio.

Si por lo menos la generalidad de las casadas nos ha parecido que gozan de un coeficiente de preservación, es porque los hogares estériles son la excepción y porque en consecuencia la presencia de los hijos, corrige y atenúa la mala acción del matrimonio en la mayoría de los casos. Pero sólo resulta adecuado. Un millón de mujeres con hijos da 79 suicidios; si se relaciona esta cifra con la que expresa la correspondiente a las solteras de cuarenta y dos años, es decir, con 150, encontraremos que la casada, también en los casos en que es madre, no se beneficia más que con un coeficiente de preservación de 1,89, inferior en 35 por 100 al de las casadas que se hallan en igual condición[24].

Por lo que se refiere al suicidio, no se podría suscribir esta proposición de Bertillón: "cuando la mujer entra en la vida conyugal, gana más que el hombre con esa asociación, pero cuando se sale de ella, pierde, decae, necesariamente más que el hombre"[25].

III

La inmunidad que presentan los casados en general, se debe en un sexo por entero, y en el otro, en la mayor parte, a la acción, no de la sociedad conyugal, sino de la sociedad familiar. Sin embargo, hemos visto que aún en el caso de que no tengan hijos, los hombres resultan protegidos, cuando menos, en la relación de 1 a 1,5. Una economía de 50 suicidios por 150, o de 33 por 100, si bien está por debajo de la que se produce cuando la familia se haya completa, no es ni mucho menos una cantidad despreciable e importa averiguar a qué causa se debe. ¿Procede de los especiales beneficios que el matrimonio rinde al sexo masculino, o es más bien un efecto de la selección matrimonial? Si hemos podido demostrar que esta última no desempeña el papel capital que se le atribuye, no se ha probado, sin embargo, que carezca en absoluto de influencia.

Un hecho parece a primera vista, fundamentar esta hipótesis. Sabemos que el coeficiente de preservación de los casados sin hijos, sobrevive en parte al matrimonio; decae solamente de 1,5 a 1,2. Esta inmunidad de los viudos sin hijos, que sólo por sí misma, puede imputarse a la viudez, no es de naturaleza bastante para disminuir la inclinación al suicidio, sino que puede, por el contrario, reforzarla. Resulta de una causa anterior que por lo tanto no parece ser el matrimonio, puesto que continúa obrando aun después que aquel se ha disuelto por la muerte de la mujer. Pero en este caso, ¿no consistirá esta causa en alguna cualidad nativa de los esposos, que la selección conyugal se limitada a hacer aparecer, y no a crear? Como existiría con anterioridad al matrimonio y sería independiente de él, resulta natural que dure más que aquel. Si la población de los casados es una *élite*, lo mismo ocurre con la de los viudos. Es verdad que esta superioridad congénita produce menores efectos en los últimos, porque están protegidos en menor grado contra el suicidio. Pero se concibe que la conmoción de la viudez pueda neutralizar en parte esta influencia preventiva y la impida producir todos sus resultados.

Para que esta explicación pueda aceptarse, sería preciso que tuviera aplicación en los dos sexos. Y así se debería encontrar en las mujeres casadas algunas huellas, cuando menos, de esta predisposición natural, que en igualdad de condiciones las preservaría del suicidio, más que a las solteras. El hecho de que en los casos de falta de hijos se maten más que las solteras de la misma edad, es muy poco conciliable con la hipótesis que las supone dotadas, desde su nacimiento, de un coeficiente personal de preservación. Sin embargo, pudiera admitirse que este coeficiente existe, tanto para la mujer, como para el hombre, pero que se anula por completo por la acción funesta que el matrimonio ejerce sobre la constitución moral de la esposa mientras dura éste. Pero si los efectos no estuviesen más que contenidos y enmascarados por la especie de decadencia moral que sufre la mujer al entrar en la sociedad conyugal, debería reaparecer cuando ésta se disuelve, es decir, en la viudez. Debería verse entonces a la mujer, desembarazada del yugo matrimonial que la deprimía, recuperar todas sus ventajas y afirmar, en fin, su superioridad nativa sobre la de sus congéneres, que no pudieron contraer matrimonio. En otros términos, la viuda sin hijos, en relación con las solteras, deberían tener un coeficiente de preservación que se aproximase por lo menos a aquel de que goza el viudo sin hijos. No ocurre así, precisamente. Un millón de viudas sin hijos, produce anualmente 322 suicidios; un millón de solteras de sesenta años (media de edad de las viudas), produce un número comprendido entre 189 y 204, o sea alrededor de 196. El primero de estos números es al segundo como 100 es a 60. Las viudas sin hijos, tienen pues, un coeficiente por debajo de la unidad, es decir, un coeficiente de agravación; es igual a 0,60 y ligeramente inferior al de las casadas sin hijos (0,67). En consecuencia, no es el matrimonio el que impide a estas últimas, manifestar por el suicidio el alejamiento natural que se les atribuye.

Se responderá, quizá, que lo que impide el restablecimiento de estas felices cualidades, cuyas manifestaciones ha suspendido el matrimonio, es que la viudez significa para la mujer un estado todavía peor. Es una idea muy extendida, en efecto, que la viuda se encuentra en una situación más crítica que el viudo. Se insiste sobre las dificultades económicas y morales contra las que se ve obligada a luchar, cuando le es preciso, subvenir por sí misma a su existencia, y sobre todo, a las necesidades de una familia. Incluso se ha creído, que esta opinión estaba demostrada por los hechos. Según Morselli[26], la estadística debería demostrar que la mujer en la viudez está menos alejada del hombre que durante el matrimonio, por lo que a la aptitud para el suicidio se refiere, y qué casada se aproxima más desde este punto de vista, al sexo masculino que cuando es soltera. Y resultaría que no existe para ella una más detestable condición. En apoyo de esta tesis, Morselli, cita las siguientes cifras, que sólo se refieren a Francia, pero que con ligeras variantes, pueden observarse en todos los pueblos de Europa:

Años	Suicidios de casados		Suicidios de viudos	
	% Hombres	% Mujeres	% Hombres	% Mujeres
1871	79	21	71	29
1872	78	22	68	32
1873	79	21	69	31
1874	74	26	57	43
1875	81	19	77	23
1876	82	18	78	22

La parte de la mujer, en los suicidios cometidos por ambos sexos, en estado de viudez, parece ser, en efecto, mucho más considerable que en los suicidios de casados. ¿No es ésta la prueba de que la viudez le resulta mucho más penosa que el matrimonio? Si es así, no hay nada de asombroso, en que una vez viuda, los buenos efectos de su naturaleza estén impedido, para manifestarse mucho más que antes.

Desgraciadamente esta pretendida ley, reposa sobre un error de hecho. Morselli ha olvidado que había en todas partes, doble número de viudas que de viudos. En Francia, en números redondos, hay dos millones de las primeras, y sólo un millón de los segundos. En Prusia, según el censo de 1890, se encontraron 450.000 de los unos y 1.319.000 de las otras; en Italia, 571.000 de una parte, y 1.322.000 de otra. En estas condiciones es natural que la contribución de las viudas sea mucho más elevada que la de las esposas, que se encuentran evidentemente en un número igual al de los maridos. Si se desea que la comparación reporte alguna enseñanza, es preciso reducir a la igualdad a ambas clases. Y al tomarse esta precaución, se obtienen resultados contrarios a los hallados por Morselli. A la media de edad de los viudos, es decir, a los sesenta años, un millón de casadas, da 15 suicidios, y un millón de casados 577. La proporción de las mujeres, es de un 21 por 100. Disminuye considerablemente en la viudez. En efecto, un millón de viudas, da 210 casos, un millón de viudos 1.017; de donde se sigue, que por cada 100 suicidios de viudos de ambos sexos, las mujeres no cuentan más que 17. Por el contrario, la parte de los hombres se eleva de 69 a

83 por 100. Así, al pasar del matrimonio a la viudez, el hombre pierde más que la mujer, puesto que no conserva ciertas ventajas, debidas al estado conyugal. No hay pues, razón alguna, para suponer que este cambio de situación sea menos pernicioso y menos perturbador para el hombre que para la mujer; ocurre todo lo contrario. Se sabe, por otra parte, que la mortalidad de los viudos supera en mucho a la de las viudas y lo mismo ocurre con la nupcialidad. La de los primeros, es en cada edad, tres o cuatro veces mayor que la de los solteros, mientras que la de las segundas, es sólo ligeramente superior a la de las solteras. La mujer pone tanta frialdad en reincidir en las segundas nupcias, como ardimiento pone el hombre[27]. Otra cosa ocurrida, si, desde este punto de vista, su condición de viudo le fuera soportable, y si, por el contrario, la mujer tuviese al sostenerla tantas dificultades como se dicen[28].

Si no hay nada en la viudez que paralice especialmente los dones naturales que tiene la mujer por el hecho de ser una elegida del matrimonio y si estos no testimonian entonces su presencia por ningún signo apreciable, falta el motivo para suponer que existen. La hipótesis de la selección matrimonial no se aplica íntegramente al sexo femenino.

Nada autoriza a pensar que la mujer llamada al matrimonio posta una constitución privilegiada que la inmunice en cierta medida contra el suicidio. En consecuencia, la misma suposición es muy poco fundada por lo que concierne al hombre. Este coeficiente de 1,5, con que se benefician los casados sin hijos, no procede de que pertenezcan a la parte más sana de la población; no puede ser más que un efecto del matrimonio. Es preciso admitir que la sociedad conyugal, tan perniciosa para la mujer, es, por el contrario, beneficiosa para el hombre aun en el caso de ausencia de hijos. Los que entran a formar parte de ella no constituyen una aristocracia de nacimiento; no llevan al matrimonio un temperamento que los aparte del suicidio; adquieren este temperamento viviendo la vida conyugal. Si tienen algunas prerrogativas naturales, son muy vagas e indeterminadas, y permanecen sin efecto hasta que se producen en determinadas condiciones. Tan verdad es esto, que, el suicidio depende principalmente, más que de cualidades congénitas de los individuos, de causas exteriores a ellos y que los dominan.

Sin embargo, queda por resolver una última dificultad. Si ese coeficiente de 1,5 se debe al matrimonio, con independencia de la familia, ¿de dónde procede el hecho de que le sobreviva y se encuentre, aunque sólo sea bajo una forma atenuada (1,2), en los viudos sin hijos? Si se desecha la teoría de la selección matrimonial que explicaba esta supervivencia, ¿cómo reemplazarla?

Basta con suponer que los hábitos, los gustos, las tendencias, contraídas durante el matrimonio, no desaparecen. una vez que se disuelve; y nada hay más natural que esta hipótesis. Si el hombre casado, aun cuando no tenga hijos, se aleja relativamente del suicidio, es inevitable que guarda algo de este sentimiento cuando se encuentre viudo. Sólo que como la viudez no se produce sin un cierto desequilibrio moral y toda ruptura de equilibrio lleva al suicidio como demostraremos después, estas disposiciones se mantienen débilmente. En sentido inverso, pero por la misma razón, como la esposa estéril se mata más que la soltera, conserva una vez viuda la misma fuerte inclinación, sólo que un poco más reportada a causa de la perturbación y de la desadaptación que lleva siempre consigo la viudez. Sin embargo, como los malos efectos que el matrimonio producía en ella, le hacen más fácil este cambio de estado, la agravación es muy ligera. El coeficiente se disminuye tan sólo en algunas centésimas (0,60 en lugar de 0,67)[29].

Esta explicación la confirma el hecho de que sólo es un caso particular de una proposición más general, que puede formularse en esta forma: *En una misma sociedad, la tendencia al* suicidio en el estado de viudez es, para cada sexo, función de la tendencia al suicidio que tiene el mismo sexo en el estado matrimonial. Si el marido está fuertemente preservado también lo está el viudo, aunque en una medida menor; si el primero está débilmente apartado del suicidio, el segundo no lo está o lo está muy poco. Para asegurarse de la exactitud de este teorema, basta con remitirse a los cuadros XX y XXI y a las conclusiones de ellos deducidas. Allí hemos visto que un sexo está siempre más favorecido que el otro, tanto en el matrimonio como en la viudez. Así, aquel de los dos que resulta privilegiado, con relación al otro, en la primera de estas situaciones, conserva su privilegio en la segunda. En Francia los casados tienen un mayor coeficiente de preservación que las casadas; el de los viudos es igualmente más elevado que el de las viudas. En Oldenburgo ocurre todo lo contrario entre los casados; la mujer goza de una mayor inmunidad que el hombre. La misma inversión se produce entre viudos y viudas.

Pero como los dos casos expuestos podrían pasar con justicia por una prueba insuficiente, y como, por otra parte, las publicaciones estadísticas no nos proporcionan los elementos necesarios para comprobar nuestra proporción en otros países, recurrimos al procedimiento que sigue, a fin de ampliar el campo de nuestras comparaciones; hemos calculado separadamente la cifra de los suicidios para cada grupo de edad y de estado civil, en el departamento del Sena, de una parte, y en el resto de los departamentos reunidos, de otra. Los dos grupos sociales, aislados así el uno del otro, son lo bastante diferentes para que haya lugar a esperar que la comparación sea instructiva. Y, en efecto, la vida de familia obra allí de un modo muy diferente sobre el suicidio (V. cuadro XXII).

CUADRO XXII
COMPARACIÓN DE LAS CIFRAS DE SUICIDIOS POR MILLÓN DE HABITANTES, DE CADA GRUPO DE EDAD Y DE ESTADO CIVIL, EN EL SENA Y EN PROVINCIAS (1889-1891).

Edad	Hombres (provincias)			Coef. preservac. c/relac. a solteros		Mujeres (provincias)			Coef. preservac. c/relac. a solteras	
	Solt.	Casad.	Viudos	Casad.	Viudos	Solt.	Casad.	Viudos	Casad.	Viudos
15-20	100	400		0,25		67	36	375	1,86	0,17
20-25	214	95	153	2,25	1,39	95	52	76	1,82	1,25
25-30	365	103	373	3,54	0,97	122	64	156	1,90	0,78
30-40	590	202	511	2,92	1,15	101	74	174	1,36	0,58
40-50	976	295	633	3,30	1,54	147	95	149	1,54	0,90
50-60	1.445	470	852	3,07	1,69	178	136	174	1,30	1,02
60-70	1.790	382	1.047	3,07	1,70	163	142	221	1,14	0,73
70-80	2.000	664	1.252	3,01	1,59	200	191	233	1,04	0,85
Más	1.458	762	1.129	1,91	1,29	160	108	221	1,48	0,72
	Medias de coef. preservac.			2,88	1,45	Medias de coef. preservac.			1,49	0,78
	Hombres (Sena)					Mujeres (Sena)				
20	280	2.000		0,14		224			3,06	
20-25	487	128		3,80		196	64		3,06	
25-30	599	298	714	2,01	0,83	328	103	296	3,18	1,10
30-40	879	436	912	1,99	0,95	281	156	373	1,80	0,75
40-50	985	808	1.459	1,21	0,67	357	217	289	1,64	1,23
50-60	1.366	1.152	2.321	1,18	0,58	456	353	410	1,29	1,11
60-70	1.500	1.559	2.902	0,96	0,51	515	471	637	1,09	0,80
70-80	1.783	1.741	2.082	1,02	0,85	326	677	464	0,48	0,70
Más	1.923	1.111	2.089	1,73	0,92	508	277	591	1,83	0,85
	Medias de coef. preservac.			1,56	0,75	Medias de coef. preservac.			1,79	0,93

En los dos departamentos está mucho más preservado el marido que la mujer. El coeficiente del primero sólo desciende cuatro veces por debajo de tres[30], mientras que el de la mujer no llega nunca a dos; la media es en un caso, de 2,88, y en el otro, de 1,49. En el Sena ocurre lo contrario: el coeficiente para los casados es de una media de 1,56 solamente, mientras que para las mujeres es de 1,79[31]. Se encuentra exactamente la misma inversión

96

entre viudos y viudas. En provincias el coeficiente medio de bs viudos es elevado (1,45), el de las viudas es muy inferior (0,78). En el Sena, por el contrario, es el segundo el que predomina: se eleva a 0,93, muy cerca de la unidad, mientras que el otro desciende a 0,75. *Así, cualquiera que sea el sexo favorecido, la viudez sigue regularmente al matrimonio.*

Hay más, si se busca en virtud de qué relación el coeficiente de los casados varia de un grupo social a otro y se practica en seguida la misma investigación, se hallan para los viudos los sorprendentes resultados que siguen:

$$\text{Coeficiente de casados de provincias} = \frac{2,88}{1,56} = 1,84$$
Coeficiente de casados del Sena

$$\text{Coeficiente de viudos de provincias} = \frac{1,45}{0,75} = 1,93$$
Coeficiente de viudos del Sena

y para las mujeres:

$$\text{Coeficiente de casadas del Sena} = \frac{1,70}{1,49} = 1.20$$
Coeficiente de casadas de provincias

$$\text{Coeficiente de viudas del Sena} = \frac{0.93}{0,78} = 1.19$$
Coeficiente de viudas de provincias

Las relaciones numéricas son para cada sexo iguales en algunas centésimas de unidad, aproximadamente; para las mujeres la igua ldad es casi absoluta. Y así, no solamente cuando el coeficiente de los casados se eleva o desciende el de los viudos hace lo mismo, sino que todavía crece o decrece exactamente en igual medida. Estas relaciones pueden expresarse bajo una forma más demostrativa todavía de la ley que hemos enunciado. Ellas implican, en efecto, que por todas partes, cualquiera que sea el sexo, la viudez disminuye la inmunidad de los casados, siguiendo una relación constante:

$$\frac{\text{Casados de provincias}}{\text{Viudos de provincias}} = \frac{2,88}{1,45} = 1.98$$

$$\frac{\text{Casados del Sena}}{\text{Viudos del Sena}} = \frac{1,56}{0,75} = 2.00$$

$$\frac{\text{Casadas de provincias}}{\text{Viudas de provincias}} = \frac{1,49}{0.78} = 1,91$$

$$\frac{\text{Casadas del Sena}}{\text{Viudas del Sena}} = \frac{1,79}{0,93} = 1,92$$

El coeficiente de viudos es, aproximadamente, la mitad del de casados. No hay, pues, ninguna exageración al decir que la aptitud de los viudos para el suicidio es función de la aptitud correspondiente de los casados; en otros términos, la primera es, en parte, una consecuencia de la segunda. Pero entonces, puesto que el matrimonio, aun en la ausencia de hijos, preserva al marido, no es sorprendente que el viudo conserve algo de esta ventajosa disposición.

Al mismo tiempo que resuelve la cuestión que nos habíamos planteado, este resultado ilumina algo la naturaleza de la viudez. Nos enseña, en efecto, que la viudez no es por sí misma una condición irremediablemente mala. Ocurre con frecuencia que resulta mejor que el celibato. La verdad es que la constitución moral de los viudos y de las viudas no tiene nada de específico, sino que depende de las de las gentes casadas del mismo sexo y el mismo país, y sólo es una prolongación de ésta.

Decidme cómo, en una sociedad dada, afectan a hombres y mujeres el matrimonio y la vida de familia, y yo os diré lo que es la viudez para los unos y para las otras. Encontramos, pues, por una dichosa compensación, que allí donde el matrimonio y la sociedad doméstica se encuentran en buen estado, si la crisis que produce la viudez es más dolorosa, se está peor dotado para hacerla frente; en sentido inverso, es menos grave cuando la constitución matrimonial y familiar deja más que desear, pero en compensación se está mejor dotado para resistirla. Así, en las sociedades en que el hombre se beneficia con la familia más que la mujer, sufre más que ésta cuando se queda solo, pero, al mismo tiempo, se halla en mejor estado para soportar este sufrimiento, porque las saludables influencias que ha recibido le hacen más refractario a las resoluciones desesperadas.

IV

El cuadro que sigue resume los hechos que acabamos de establecer[32].

Resulta de este cuadro, y de los datos que preceden, que el matrimonio ejerce sobre el suicidio la acción preservativa que le es propia, pero ésta es muy restringida, y además no actúa más que en provecho de un solo sexo. Por útil que haya sido determinar la existencia de la misma –y ya se comprenderá mejor esta utilidad en un próximo capítulo [33]–, resulta que el factor esencial de la inmunidad de las gentes casadas es la familia, es decir, el grupo completo formado por los padres y los hijos. Sin duda, coma los esposos son miembros de ella,

INFLUENCIA DE LA FAMILIA SOBRE EL SUICIDIO EN CADA SEXO

Hombres	Suici-dios	% preserv. s/célibes	Mujeres	Suici-dios	% preserv. s/célibes
Solt. de 45 años	975		Solt. de 42 años	150	
Casados c/hijos	336	2,9	Casadas c/hijos	79	1,89
Casados s/hijos	644	1,5	Casadas s/hijos	221	0,67
Solt. de 60 años	1.504		Solt. de 60 años	196	
Viudos c/hijos	937	1,6	Viudas c/hijos	186	1,06
Viudos s/hijos	1.258	1,2	Viudas s/hijos	322	0,60

contribuyen también, por su parte, a producir este resultado, sólo que no como marido o como mujer, sino como padre o como madre, como elemento de la asociación familiar. Si la desaparición de una de ellos acrece los riesgos de matarse del otro, no es porque los lazos que unían personalmente a ambos se hayan roto, sino porque resulta de ello una perturbación para la familia, cuyo superviviente sufre el golpe. Reservándonos el estudiar después la acción especial del matrimonio, diremos que la sociedad doméstica, igual que la sociedad religioso, es un poderoso medio de preservación contra el suicidio.

Esta preservación es mucho más completa cuanto más densa es la familia, o sea cuando comprende un mayor número de elementos.

La proposición que antecede ha sido ya enunciada y demostrada por nosotros en un artículo de la *Revue Philosophique,* aparecido en noviembre de 1888. Pero la insuficiencia de los datos estadísticos que teníamos entonces a nuestra disposición, no nos permitió hacer la prueba con todo el rigor que hubiéramos deseado. En efecto, ignorábamos cuál era el efectivo medio de los hogares con familia, tanto en Francia en general, como en cada departamento. Supusimos que la densidad familiar dependía únicamente del número de hijos, y este número nos fue preciso estimar de una manera indirecta, por no estar indicado en el censo, sirviéndonos de lo que se llama en demografía el aumento fisiológico, es decir, el excedente anual de nacimientos sobre cada mil defunciones. Sin duda, que esta sustitución no carecía de razones, pues allí donde el aumento es elevado, las familias, en general, no pueden dejar de ser densas. Sin embargo, la consecuencia no es necesaria y a menudo deja de producirse. Allí donde los hijos tienen el hábito de abandonar a sus padres pronto, ya sea para emigrar, ya para establecerse separadamente, o por otra causa, la densidad de la familia no está en relación con su número. La casa puede estar desierta por muy fecundo que haya sido el hogar. Esto es lo que ocurre en los medios cultivados, en que el hijo es enviado fuera muy joven, para hacer o para acabar su educación, y en las regiones miserables en que una dispersión prematura se hace necesaria por las dificultades de la existencia. Inversamente, a pesar de una natalidad mediocre, la familia puede comprender un número suficiente y aun elevado de elementos, si los solteros adultos o los hijos casados continúan viviendo con sus padres y formando una sola sociedad domestica. Por todas estas razones no se puede medir con cierta exactitud la densidad relativa de los grupos familiares, más que sabiendo cuál es su composición efectiva.

El denso de 1886, cuyos resultados no se han publicado hasta fin de 1888, nos la ha hecho conocer. Si, según las indicaciones que encontramos allí, buscamos la relación, que existe entre el suicidio y el efectivo medio de las familias, en los diferentes departamentos franceses, nos encontramos con los siguientes resultados:

Grupos	Suicids. x mill. 1878-1887	Efectivo medio 1886
1° (11 departamentos)	De 430 a 380	347
2° (6 departamentos)	De 300 a 240	360
3° (15 departamentos)	De 230 a 180	376
4° (18departamentos)	De 170 a 130	393
5° (26 departamentos)	De 120 a 80	418
6° (10 departamentos)	De 70 a 30	434

A medida que los suicidios disminuyen, la densidad familiar crece regularmente.

Si, en lugar de comparar las medias, analizamos el contenido de cada grupo, no hallaremos nada que no confirme esta suposición. En efecto, para Francia entera el efectivo medio es de treinta y nueve personas por diez familias. Si buscamos cuantos departamentos hay por encima o por debajo de la media, en cada una de las seis clases, encontraremos que se componen de la manera siguiente:

Grupos	Departamentos (%)	
	Bajo efect. medio	Sobre efect. medio
Primero	100	0
Segundo	84	16
Tercero	60	30
Cuarto	33	63
Quinto	19	81
Sexto	0	100

El grupo que cuenta con más suicidios no comprende más que departamentos en que el efectivo de la familia está por debajo de la media. Poco a poco, de la manera más regular, la relación se revierte hasta que la inversión se efectúa por completo. En la última clase en que los suicidios son raros, todos los departamentos tienen una densidad familiar superior a la media.

Los dos mapas tienen, por de pronto, la misma configuración general. La región de menor densidad familiar tiene, sensiblemente, los mismos límites que la zona suicidógena. Ocupa, también, el Norte y el Este y se extiende hasta Bretaña, por un lado, y por el otro, hasta el Loira. Por el contrario, en el Este y en el Sur, en que los suicidios son poco numerosos, la familia tiene, por lo general, un efectivo elevado. Esta relación se comprueba, asimismo, en ciertos detalles. En la región septentrional, se encuentran dos departamentos, que se distinguen por su mediocre aptitud para el suicidio: el Norte y el Paso de Calais, y el hecho resulta más sorprendente si se tiene en cuenta que el Norte es muy industrial y la gran industria favorece el suicidio. Idéntica particularidad se encuentra en el otro mapa. En estos dos departamentos la densidad familiar es muy elevada, a diferencia de todos los vecinos, donde es muy baja. Al Sur encontramos en los dos mapas la misma zona oscura, formada por las Bocas del Ródano, el Var y los Alpes Marítimos, y al Oeste la misma zona clara, formada por la Bretaña. Las irregularidades constituyen la excepción y no son nunca bastante perceptibles; teniendo en cuenta la multitud de factores que pueden influir en un fenómeno de esta complejidad, una coincidencia tan general es significativa.

Igual relación inversa se encuentra en la manera de evolucionar en el tiempo estos dos fenómenos. Desde 1826 el suicidio no deja de crecer y la natalidad de disminuir. Desde 1821 a 1830 la cifra era todavía de 308 nacimientos por 10.000 habitantes, y es de 240 durante el período 1881-88; y en el intervalo el decrecimiento no se interrumpe. Al mismo tiempo, se observa en la familia una tendencia, a fragmentarse y a dividirse cada vez más. De 1856 a 1886 el número de hogares crece en dos millones, en cifras redondas; pasa por una progresión regular y continua de 8.796.276 a 10.662.423. Y, sin embargo, durante el mismo intervalo de tiempo, la población no aumenta más que en dos millones de individuos. Por esto es por lo que cada familia tiene un pequeño número de miembros[34].

Así, los hechos están lejos de confirmar la concepción corriente, según la cual el suicidio se debe, principalmente, a las cargas de la vida, ya que disminuye en sentido contrario al aumento de estas cargas. Es esta una consecuencia del malthusianismo, que no previó su creador. Cuando recomendaba que se restringiera la extensión de las familias, creía que esta restricción era necesaria para el bienestar general, por lo menos en ciertos casos. En realidad, es una fuente de malestar, que disminuye en el hombre el deseo de vivir. No es cierto que las familias densas sean una especie de lujo que sólo el rico debe ofrecerse y con el que sólo puede pasar; son, por el contrario, el pan cotidiano, sin el cual no puede subsistir. Por pobre que se sea, y aun desde el solo punto de vista del interés personal, la peor de las colocaciones es aquella que consiste en transformar en capitales una parte de la descendencia.

Concuerda este resultado con el que hemos obtenido recientemente. ¿De dónde proviene, en efecto, la influencia que tiene en el suicidio la densidad de la familia? No basta, para responder a esta pregunta, con acudir al factor orgánico; pues si la esterilidad absoluta es; sobre todo, un producto de causas fisiológicas, lo mismo ocurre con la fecundidad insuficiente que es con frecuencia voluntaria y que se relaciona con un cierto estado de opinión. Por lo demás, la densidad familiar, tal y como nosotros la evaluamos, no depende exclusivamente de la natalidad: hemos visto que allí donde los hijo son más numerosos puede existir la influencia de otros elementos y, en sentido inverso, que el número puede carecer de eficacia, si no participan de un modo efectivo y continuo en la vida del grupo. Tampoco es preciso atribuir esta virtud preservadora a los sentimientos *sui géneris* de los padres por sus descendientes inmediatos. Estos sentimientos, para ser por sí mismos eficaces, suponen un cierto estado de la sociedad doméstica. No pueden ser poderosos si la familia está desintegrada. El número de elementos de que se compone se determina por la inclinación al suicidio, porque la manera como funciona varía según que sea más o menos densa. Ocurre, en efecto, que la densidad de un grupo no puede descender sin que su vitalidad disminuya; si los sentimientos colectivos tienen una energía particular, es porque la fuerza con que cada conciencia individual los experimenta refleja en todas las demás, y recíprocamente. La intensidad que alcanzan depende, pues, del número de conciencias que los sienten en común. Por eso ocurre que cuanto mayor es una muchedumbre más susceptibles de violencia son las pasiones que en ella se desencadenan. Por consecuencia, en el seno de una familia poco numerosa, los sentimientos, los recuerdos comunes no pueden ser muy intensos, porque no hay bastantes conciencias para representárselos y reforzarlos, participando de ellos. No podrían formarse esas fuertes tradiciones que sirven de vínculos entre los miembros de un mismo grupo más que sobreviviéndoles y uniendo unas con otras las generaciones sucesivas. Por otra parte, las pequeñas familias son necesariamente efímeras, y sin duración no puede existir sociedad que sea consistente. No solamente los estados colectivos son débiles, sino que no pueden ser numerosos, pues su número depende de la actividad con que se cambian las visiones e impresiones y circulan de un sujeto a otro y, de otra parte, este cambio mismo es tanto más rápido cuantas más son las personas que participan de él. En una sociedad suficientemente densa, esta circulación es ininterrumpida, porque hay siempre unidades sociales en contacto, mientras que si son raras, sus relaciones no pueden ser más que intermitentes, y hay momentos en que la vida común queda suspendida. Igualmente, cuando la familia es poco extensa hay siempre pocos parientes juntos; la vida doméstica languidece y vienen momentos en que está desierto el hogar.

Pero decir de un grupo que tiene una menor vida común que otro, es decir también que está integrado menos fuertemente: el estado de integración de un agregado social no hace más que reflejar la intensidad de la vida colectiva que por él circula. Es tanto más único y tanto más resistente cuanto más activo y más continuo es el comercio entre sus miembros. La conclusión a que hemos llegado puede completarse así: por lo mismo que la familia es un preservativo poderoso del suicidio preserva tanto mejor cuanto más poderosamente constituida está[35].

V

Si las estadísticas no fueran tan recientes, sería fácil demostrar con auxilio del mismo método, que esta leyes aplicable a las sociedades políticas. En efecto, la historia nos enseña que el suicidio, que generalmente es raro en sociedades jóvenes[36], en vías de evolución y de concentración, se multiplica, por el contrario, a medida que se desintegran. En Grecia, en Roma, aparece desde que la vieja organización de la ciudad vacila y los progresos que allí hace señalan las etapas sucesivas de la decadencia. El mismo hecho se hace notar en el imperio otomano. En Francia, en vísperas de la revolución, la perturbación que minaba a la sociedad como consecuencia de haberse descompuesto el antiguo sistema social, se tradujo en el brusco aumento de suicidios de que nos hablan los autores del tiempo[37].

Pero, aparte de estos datos históricos, la estadística del suicidio, aunque no se remote apenas más allá de los sesenta años últimos, nos suministra algunas pruebas de esta proposición, que tiene sobre las precedentes, la ventaja de ser más precisa.

Se ha escrito muchas veces que las grandes conmociones políticas, multiplicaban los suicidios. Pero Morselli ha demostrado bien que los hechos contradicen esta opinión. Todas las revoluciones que han tenido lugar en Francia en el curso del siglo XIX, han disminuido el número de los suicidios en los momentos en que se han producido. En 1830, el total de los casos desciende, de 1.904 en 1829, a 1.756, o sea una disminución brusca de cerca del 10 por 100. En 1848, la regresión no es menos importante; el total anual pasa de 3.647 a 3.301. Después, durante los años 1848-49, la crisis que acaba de agitar a Francia da la vuelta a Europa; en todas partes, los suicidios disminuyen y la disminución es tanto más sensible, cuanto más grave y larga ha sido la crisis.

Así lo demuestra el cuadro siguiente:

	Dinamarca	Prusia	Baviera	Sajonia Real	Austria
1847	345	1.852	217	"	611 (1846)
1848	305	1.649	215	398	"
1849	337	1.527	189	328	452

En Alemania la conmoción ha sido mucho más viva que en Dinamarca y la lucha más larga que en Francia, donde, enseguida se constituyó un nuevo gobierno; la disminución en los Estados alemanes se prolongó hasta 1849. En relación a este último año, es de 13 por 100 en Baviera, de 18 por 100 en Prusia, en Sajonia, solo en un año, de 1848 d 1849, es igualmente de 18 por 100.

En 1851, no se reproduce el mismo fenómeno en Francia, como tampoco en 1852. Los suicidios quedan estacionarios.

Pero, en París, el golpe de Estado produce sus acostumbrados efectos, aunque se ha llevado a cabo en diciembre, la cifra de los suicidios disminuye, de 483 en 1851, a 446 en 1852 (8 por 100) y, en 1853, continúan todavía en 463[38]. Este hecho llegaría a probar que esta revolución gubernamental ha conmovido mucho más a París que a las provincias, a las que parece haber dejado casi indiferentes. Por otra parte, de una manera general, la influencia de estas crisis, es siempre más sensible en la capital que en los departamentos. En 1830, en París, la disminución ha sido de 13 por 100 (269 casos en lugar de 307 el año anterior, y de 359 el año siguiente); en 1848, de 32 por 100 (481 casos en lugar de 698)[39].

El mismo resultado producen simples crisis electorales, a condición de que tenga alguna intensidad. Así en Francia, el calendario de los suicidios lleva la huella visible del golpe de Estado parlamentario del 16 de mayo de 1877 y de la efervescencia que produjo; así como de las elecciones que, en 1889, pusieron fin a la agitación boulangista. Para tener la prueba de ello, basta comparar la distribución mensual de los suicidios durante esos dos años, con la de los años más cercanos.

	1876	1877	1878	1888	1889	1890
Mayo	604	349	717	924	919	819
Junio	662	692	682	851	829	822
Julio	625	540	693	825	818	888
Agosto	482	496	547	786	694	734
Setiembre	394	378	512	673	597	720
Octubre	464	423	468	603	648	675
Noviembre	400	413	415	589	618	571
Diciembre	389	386	335	574	482	475

Durante los primeros meses de 1877, el número de suicidios es superior al de 1876 (1.945 casos, de enero a abril, en vez de 1.784), y el alza persiste en mayo y junio. Sólo al fin de este último mes, es cuando se disuelven las Cámaras y está abierto el período electoral, de hecho, sino de derecho; verosímilmente es el momento en que las pasiones políticas estuvieron más excitadas, debiendo calmarse un poco luego, por efecto del tiempo y de la fatiga.

También en julio, los suicidios, en vez de continuar excediendo a los del año anterior, son inferiores en un 14 por 100. Salvo una ligera detención en agosto, la disminución continúa, aunque en menor grado, hasta octubre. En la época en que la crisis tiene fin. En seguida que se termina, el movimiento ascensional, suspendido un instante, vuelve a comenzar. En 1889, el fenómeno es aún más marcado. A principio de agosto es cuando la Cámara se disuelve; la agitación electoral comienza en seguida y dura hasta fin de septiembre; entonces tienen lugar las elecciones. En agosto, se produjo, con relación al mes correspondiente de 1888, una brusca disminución de 12 por 100 que se mantiene en septiembre, pero que cesa no menos súbitamente en octubre, es decir, en cuanto la lucha se da por terminada.

Las grandes guerras nacionales tienen la misma influencia que las perturbaciones políticas. En 1866 estalla la guerra entre Austria e Italia, los suicidios disminuyen en un 14 por 100, en uno y otro país:

	1865	1866	1867
Italia	678	588	657
Austria	1.464	1.265	1.407

En 1864 le había tocado el turno a Dinamarca y Sajonia. En este último Estado, los suicidios, que eran 643 en 1863, descienden hasta 545 en 1864 (16 por 100), para volver a 619 en 1865. Por lo que afecta a Dinamarca, como no tenemos el número de los suicidios en 1863, no podemos compararle al de 1864; pero sabemos que el total de este último año (411), es el más bajo que ha alcanzado desde 1852. Y como en 1865 se elevan a 451, es muy probable que esa cifra de 411 atestigüe una seria disminución.

La guerra de 1870-71 tuvo las mismas consecuencias en Francia y en Alemania:

	1869	1870	1871	1872
Prusia	3.186	2.963	2.723	2.950

| Sajonia | 710 | 657 | 653 | 687 |
| Francia | 5.114 | 4.157 | 4.490 | 5.275 |

Se podrá creer, tal vez, que esta disminución se debe a que, en tiempo de guerra, una parte de la población civil está en filas, y que en un ejército en campaña, es bien difícil llevar la cuenta de los suicidios. Pero las mujeres contribuyen tanto como los hombres a esta disminución. En Italia, los suicidios femeninos pasan de 130 en 1864, a 117 en 1866; en Sajonia, de 133 en 1863, a 120 en 1864 y 114 en 1865 (15 por 100). En el mismo país, en 1870, el descenso no es menos sensible; de 130 en 1869, bajan a 114 en 1870 y continúan a este mismo nivel en 1871; la disminución es de 13 por 100, superior a la que sufrían los suicidios masculinos en el mismo momento. En Prusia, mientras que en 1869 se habían matado 616 mujeres, en 1871 no hubo más que 540 (13 por 100). Por otra parte se sabe que los jóvenes en estado de tomar las armas, no suministran más que un débil contingente al suicidio. Sólo seis me ses, de 1870, ha durado la guerra; en esta época y en tiempo de paz, un millón de franceses de veinticinco a treinta años, han dado todo lo más, un centenar de suicidios[40], mientras que entre 1870 y 1869, la diferencia es de 1.057 casos de menos.

Se ha preguntado también, si este retroceso momentáneo, no procedería de que, estando entonces paralizada la obra de la autoridad administrativa, la comprobación de los suicidios se hace con menos exactitud. Pero numerosos hechos, demuestran que esta causa accidental no basta para explicar el fenómeno. En primer lugar está su gran generalidad. Se produce tanto en los vencedores como en los vencidos, lo mismo en los invasores que en los invadidos. Además, cuando la sacudida ha sido muy fuerte, los efectos se nacen sentir largo tiempo después que ha pasado. Los suicidios no vuelven a elevarse, sino lentamente; transcurren algunos años antes de que tornen a su punto de partida; así sucede hasta en los países donde, en tiempo normal aumentan regularmente cada año. Por otra parte, aunque sean posibles y aun probables, omisiones parciales en esos momentos de perturbación, la disminución acusada por las estadísticas tiene demasiada constancia para que pueda atribuirse como a causa principal a una distracción pasajera de la administración.

Pero la mejor prueba de que estamos en presencia, no de un error de contabilidad, sino de un fenómeno de psicología social, es que no todas las crisis políticas o nacionales, tienen esta influencia. Sólo actúan así las que agitan las pasiones. Ya hemos observado que nuestras revoluciones han afectado siempre más a los suicidios de París que a los de los departamentos; y, sin embargo, la perturbación administrativa era la misma en las provincias que en la capital. Sólo que esa clase de acontecimientos ha interesado siempre mucho menos a los provincianos que a los parisienses, porque era obra suya y asistían a ella más de cerca. Del mismo modo, mientras que las grandes guerras nacionales, como la de 1870-71, han tenido, tanto en Francia como en Alemania una potente acción sobre la marcha de los suicidios, guerras puramente dinásticas como las de Crimea o de Italia, que no han emocionado fuertemente a las masas, han quedado sin efecto apreciable. Más aun, en 1854, se produjo un alza importante (3.700 casos en vez de 3.415 en 1853). Se observa el mismo hecho en Prusia, cuando las guerras de 1864 y de 1866. Las cifras continúan estacionarias en 1864 y suben un poco en 1866. Es que esas guerras eran debidas por completo a la iniciativa de los políticos y no habían suscitado las pasiones populares como la de 1870.

Bajo este mismo punto de vista, es interesante observar que, en Baviera, el año 1870 no ha producido los mismos efectos que en los otros países de Alemania, sobre todo de Alemania del Norte. Se han contado allí más suicidios en 1870 que en 1869 (452 en lugar de 425).

Sólo en 1871, es cuando se produjo una ligera disminución; esta se acentúa un poco en 1872, donde no hay más que 412 casos, lo que por otra parte, sólo hace una baja de 9 por 100, respecto a 1869 y de 4 por 100, respecto a 1870. Sin embargo, Baviera ha tomado la misma parte material que Prusia en los acontecimientos militares; ha movilizado igualmente todo un ejército y no hay razón para que el desorden administrativo haya sido allí menor. Sólo que no ha tomado en los acontecimientos la misma parte moral. En efecto, se sabe que la católica Baviera es, de toda Alemania, el país que ha vivido siempre más su vida propia y se ha mostrado más celoso de su autonomía. Ha intervenido en la guerra por la voluntad de su rey, pero sin entusiasmo. Ha resistido mucho más que los otros pueblos aliados al gran movimiento social que agitaba entonces a Alemania; por eso las resultas no se hicieron sentir en ella más tarde y más débilmente. El entusiasmo sólo vino después y fue moderado. Fue preciso el viento de gloria que corrió por Alemania después del éxito de 1870 para calentar un poco a Baviera, hasta entonces fría y recalcitrante[41].

A este hecho se le puede aproximar el siguiente, que tiene la misma significación. En Francia, durante los años 1870-71, sólo en las ciudades es donde ha disminuido el suicidio:

	Suicidios por un millón de habitantes	
	Población urbana	*Población rural*
1866-69	202	104
1870-72	161	110

Las comprobaciones deberían ser más difíciles aún en el campo que en las ciudades. La verdadera razón de esta diferencia está, pues, en otra parte. Es que la guerra no ha producido toda su acción moral sino sobre la población urbana, más sensible, más impresionable y, también, mejor informada de los acontecimientos que la población rural.

Esos hechos no se explican más que de una manera, y es porque las grandes conmociones sociales, como las grandes guerras populares, avivan los sentimientos colectivos, estimulan, tanto el espíritu de partido como el patriotismo, la fe política, como la fe nacional y, conectando las actividades a un mismo fin, determinan, a lo menos, por cierto tiempo, una integración más fuerte de la sociedad. No es a la crisis a la que se debe la saludable influencia cuya existencia acabamos de establecer, sino a las luchas de que esta crisis es causa. Como ellas obligan a los hombres a asociarse para hacer cara al peligro general el individuo piensa menos en sí y más en la idea común. Por otra parte, se comprende que esta integración puede no ser puramente momentánea, y que sobrevive muchas veces a las causas que la han suscitado inmediatamente, sobre todo, cuando es intensa.

VI

Hemos establecido, sucesivamente, las tres proposiciones que siguen:

El suicidio varía en razón inversa del grado de desintegración de la sociedad:
- religiosa.
- doméstica.
- política.

Esta proximidad demuestra que, si esas diferentes sociedades tienen sobre el suicidio una influencia moderadora, no es por consecuencia de caracteres particulares de cada una de ellas, sino por una causa que es común a todas. No es a la naturaleza especial de los sentimientos religiosos a lo que la religión debe su eficacia, puesto que las sociedades domésticas y las sociedades políticas, cuando están fuertemente integradas, producen los mismos efectos; por otra parte esto es lo que hemos demostrado ya al estudiar directamente la manera cómo actúan sobre el suicidio las distintas religiones[42]. No es lo que tienen de específico los casos políticos o los domésticos lo que pueden explicar la inmunidad que confieren; puesto que la sociedad religiosa tiene el mismo privilegio. La causa no puede encontrarse más que en una misma propiedad que poseen todos esos grupos sociales, aunque tal vez, en grados diferentes. Llegamos, pues, a esta conclusión general: El suicidio varía en razón inversa del grado de desintegración de los grupos sociales de que forma parte el individuo.

Pero la sociedad no puede desintegrarse sin que, en la misma medida, no se desprenda el individuo de la idea social, sin que dos fines propios no lleguen a preponderar sobre los fines comunes, sin que la personalidad particular, en una palabra, no tienda a ponerse por encima de la personalidad colectiva. Cuanto más debilitados son los grupos a que pertenece, menos depende de ellos, más se exalta a sí mismo para no reconocer otras reglas de conducta que las fundadas en sus intereses privados. Así, pues, si se conviene en llamar egoísmo a ese estado en que el yo individual se afirma con exceso frente al yo social y a expensas de este último, podremos dar el nombre de egoísta al tipo particular de suicidio que resulta de una individuación desintegrada.

¿Pero cómo puede tener tal origen el suicidio?

Por lo pronto se podría hacer observar que, siendo la fuerza colectiva uno de los obstáculos que mejor pueden contenerle, no puede aquélla debilitarse, sin que éste se desarrolle. Cuando la sociedad está fuertemente integrada tiene a los individuos bajo su dependencia, considera que están a su servicio y, por consiguiente, no les permite disponer de sí mismos a su antojo. Se opone, pues, a que eludan, por la muerte, los deberes que con ella tienen. Pero cuando rehúsan aceptar como legítima esta subordinación, ¿cómo puede aquélla imponer su supremacía? No tiene entonces la autoridad necesaria para retenerlos, si quieren desertar de su puesto y, consciente de su debilidad, llega hasta reconocerles el derecho de hacer libremente lo que ya no puede impedir. En cuanto se admite que son los dueños de sus destinos, a ellos les corresponde señalar el término de los mismos. Les falta, por otra parte, una razón para soportar con paciencia las miserias de la vida. Porque, cuando son solidarios de un grupo que aman, para no faltar a intereses ante los cuales están habituados a inclinar los suyos, ponen más obstinación en vivir. El lazo que les liga a la causa común, les une a la vida, y, por otra parte, el elevado objetivo sobre el que tienen fijos los ojos, les impide sentir tan vivamente las contrariedades privadas. En fin, en una sociedad coherente y vivaz hay, de todos a cada uno y de cada uno a todos, un continuo cambio de ideas y sentimientos y como una mutua asistencia moral, que hace que el individuo, en vez de estar reducido a sus solos esfuerzos, participe de la energía colectiva y acuda a ella para reconfortar la suya cuando esté gastada.

Pero estas razones son secundarias. El individualismo excesivo no tiene tan sólo por resultado favorecer la acción de las causas suicidógenas, es, por sí mismo, una causa de ese género. No sólo desembaraza de un obstáculo útilmente molesto a la inclinación que impulsa a los hombres a matarse, sino que crea por completo esta inclinación y de así, nacimiento a un suicidio especial en el que deja su huella. Esto es lo que importa comprender, porque es lo que confiere naturaleza propia al tipo de suicidio que acaba de ser designado, y lo que justifica el nombre que le hemos dado. ¿Qué hay, pues, en el individualismo que pueda explicar ese resultado?

Se ha dicho algunas veces que, en virtud de su constitución psicológica, el hombre no puede vivir sino se consagra a un fin que le exceda y que le sobreviva, y se ha dado como razón de esta necesidad, la precisión que tenemos de no perecer por completo. Se dice que la vida no es tolerable, sino cuando se vislumbra en ella alguna razón de ser, cuando tiene un objeto que valga la pena. El individuo, por si solo, no es un fin suficiente para su actividad. Es muy poca cosa. No solamente está limitado en el espacio, sino que lo está estrechamente en el tiempo. Así, pues, cuando no tenemos más objetivo que nosotros mismos, no podemos escapar a la idea de que nuestros esfuerzos están destinados finalmente a perderse en la nada, puesto que a ella debemos ir a parar. Pero el aniquilamiento nos horroriza. En estas condiciones, no se podría tener valor para vivir, es decir, para obrar y luchar, porque de todo el esfuerzo que se haga no debe quedar nada. En una palabra, el estado de egoísmo se encuentra en contradicción con la naturaleza humana y, por consiguiente, sería demasiado precario para tener probabilidades de durar.

Pero bajo esta forma absoluta, la proposición es muy discutible. Si verdaderamente, la idea de que nuestro ser debe tener un fin, nos fuera tan odiosa, no podríamos consentir en vivir más que a condición de haber cegado y de tomar partido contra el valor de la vida. Porque si es posible ocultar, en cierta medida, la vista de la nada, no podemos impedir que exista y hágase lo que se quiera, es inevitable. Podemos, desde luego, retroceder al límite de algunas generaciones, hacer de suerte, que nuestro nombre dure algunos años o algunos siglos más que nuestro cuerpo; siempre llegará su día, muy pronto para el común de los hombres, en que nada quedará de él. Porque los grupos a los que así nos ligamos a fin de poder, por su mediación, prolongar nuestra existencia, son ellos mismos mortales; están también destinados a disolverse, llevándose consigo todo lo que hayamos puesto en ellos de nosotros mismos. Son infinitamente raros, aquellos cuyo recuerdo está lo bastante ligado a la humanidad para estar seguros de durar tanto como él. Así, pues, si tuviéramos realmente tal sed de inmortalidad, no serían unas perspectivas, tan cortas las que nos podrían servir para satisfacerle. Por otra parte, ¿qué subsiste así de nosotros? Una palabra, un eco, un rasgo imperceptible y, lo más a menudo, anónimo[43], nada, por consiguiente que esté en relación con la intensidad de nuestros esfuerzos y que puede justificarlos a nuestros ojos. De hecho, aunque el niño sea generalmente egoísta, aunque no experimente la menor necesidad de sobrevivirse, y aunque el viejo, bajo este aspecto, como bajo tantos otros, parezca muy a menudo un niño, ni el uno ni el otro dejan de estimar la existencia, tanto y aun más que el adulto; hemos visto, en efecto, que el suicidio es muy raro durante los quince primeros años y que tiende a disminuir durante el período intensivo de la vida. Lo mismo le pasa al animal, cuya constitución psicológica no difiere más que en grados de la edad del hombre. Es falso, pues, que la vida no sea nunca posible más que a condición de tener fuera de ella su razón de ser.

Y en efecto, hay todo un orden de funciones que no interesan más que al individuo: son las que hacen falta para el sostenimiento de la vida física. Puesto que están hechas únicamente para este objeto, son todo lo que deben ser cuando éste es alcanzado. Por consiguiente, en cuanto concierne al hombre, puede obrar razonablemente sin tener que proponerse fines que le excedan. Sirven para algo, sólo porque le sirven. Por eso, en cuanto no hay otras necesidades, él se basta a sí mismo y puede vivir dichoso sin tener otro objetivo que el de vivir. Sólo que este no es el caso del civilizado que ha llegado a la edad adulta. En él, hay una multitud de ideas, de sentimientos, de prácticas que no tienen ninguna relación con las necesidades orgánicas. El arte, la moral, la religión, la fe política, la ciencia misma, no tienen por misión reparar el desgaste de los órganos ni mantener su buen funcionamiento. No es por las solicitaciones del medio cósmico por lo que se ha despertado y desarrollado esta vida supra-física, sino por las del medio social. Es la acción de la sociedad la que ha suscitado en nosotros unos sentimientos de simpatía y de solidaridad que nos inclinan hacia otro; ella es quien, moldeándonos a su imagen, nos ha imbuido esas creencias religiosas, políticas que gobiernan nuestra conducta; es por poder desempeñar nuestro cometido social por lo que hemos trabajado en extender nuestra inteligencia y es también la sociedad quien, al transmitimos la ciencia, cuyo depósito tiene, nos ha suministrado los instrumentos de ese desarrollo.

Por lo mismo que esas formas superiores de la actividad humana, tiene un origen colectivo, poseen un fin de la misma naturaleza. Como derivan de la sociedad, a ella también es a la que se refieren; o más bien son la sociedad misma, encarnada e individualizada en cada uno de nosotros. Pero entonces, para que tengan una razón de ser a nuestros ojos, es preciso que el objeto a que tienden no nos sea indiferente. No podemos, pues, aficionamos a las unas, sino en la medida en que nos aficionemos a la otra, es decir, a la sociedad. Al contrario, cuando más desligados nos sentimos de esta última, más también nos desligamos de esta vida de que a la vez es la fuente y el fin. ¿Para qué esas reglas de moral, esos preceptos del derecho que nos constriñen a toda clase de sacrificios, esos dogmas que nos traban, si no hay fuera de nosotros algún ser a quien sirvan y del que seamos solidarios? ¿Para qué la misma ciencia? Si no tiene otra utilidad que la de aumentar nuestras probabilidades de supervivencia, no vale el trabajo que cuesta. El instinto cumple mejor esta misión; los animales lo prueban. ¿Qué necesidad hay de sustituirlo con una reflexión más vacilante y más sujeta a error? Pero, sobre todo, ¿para qué el sufrimiento? Mal positivo para el individuo, si es con relación a él mismo como se debe estimar el valor de las cosas, no tiene compensación y se hace incomprensible.

Para el fiel firmemente apegado a su fe, para el hombre fuertemente atado por los lazos de una sociedad familiar o política, el problema no existe. Por sí mismos y sin reflexionar, contribuyen con lo que son y lo que hacen, el uno a su Iglesia o a su Dios, símbolo viviente de esta misma Iglesia, el otro a su familia, el otro a su patria o a su partido. En sus mismos sufrimientos no ven más que los medios de servir a la glorificación del grupo a que pertenecen, y se los ofrecen. Así es como el cristiano llega a amar y a buscar el dolor para testimoniar mejor su desprecio de la carne y acercarse más a su modelo divino. Pero en la medida en que duda el creyente, es decir, se siente menos solidario de la confesión religiosa de que forma parte y se emancipa de ella, en la medida en que la familia y la sociedad se le hagan extrañas, se convierte en un misterio para sí mismo y entonces no puede escapar a la pregunta irritante y angustiosa: ¿para qué?

En otros términos, si, como se ha dicho a menudo, el hombre es doble, es porque el hombre físico se sobreañade el hombre social. Ahora bien, este último supone necesariamente una sociedad que lo exprese y que le sirva. Que llegue ella, al contrario, a disgregarse, que no le sintamos ya viviente y actuante alrededor y por encima de nosotros, y b que en nosotros hay de social se encuentra desprovisto de todo fundamento objetivo. No es ya más que una combinación de imágenes ilusorias, una fantasmagoría que un poco de reflexión basta para desvanecer; nada, por consiguiente, que pueda servir de fin a nuestros actos. Y, sin embargo, este hombre social es el todo del hombre civilizado; es el que da precio a la existencia. De ello resulta que nos faltan las razones de vivir; porque la única vida a la que podíamos tener apego no responde ya a nada en la realidad; y la única que está todavía fundada en la realidad no responde ya a nuestras necesidades. Por haber sido iniciados en una existencia más exaltada no podemos contentarnos con lo que satisface al niño y al animal, y la primera forma también se nos escapa y nos deja desamparados. No hay ya nada a que puedan prenderse nuestros esfuerzos y tenemos la sensación de que se pierden en el vacío. He aquí en qué sentido se puede decir que nuestra actividad necesita un objeto que la exceda. No es que nos sea necesario para mantenernos en la ilusión de una inmortalidad imposible; es que está implicado en nuestra constitución moral, y que no puede eludirla, ni aun en parte, sin que en la misma medida, pierda su razón de ser. No hay necesidad de demostrar que, en tal estado de conmoción, las menores causas de descorazonamiento pueden fácilmente dar origen a resoluciones desesperadas. Si la vida no vale la pena de vivirse, todo llega a ser pretexto para desembarazarse de ella.

Pero esto no es todo. Este desligamiento no se produce tan sólo en los individuos aislados. Uno de los elementos constitutivos de todo temperamento racional, consiste en la manera especial de estimar el valor de la existencia. Hay un humor colectivo, como hay un humor individual, que inclina a bs pueblos a la tristeza o a la alegría, que les hace ver las cosas risueñas o tétricas. La sociedad es la única que puede tener un juicio de conjunto en cuanto al valor de la vida humana; el individuo no es competente para ese juicio. No conoce más que a él mismo y a su pequeño horizonte; su experiencia está, pues, demasiado restringida para poder servir de base a una apreciación general. Puede, desde luego, juzgar que su vida no tiene objeto; no puede decir nada que se refiera a los otros. La sociedad, por el contrario, puede, sin sofisma, generalizar el sentimiento que tiene de sí misma, de su estado de salud y de enfermedad. Los individuos participan demasiado estrechamente en su vida para que esté enferma sin que ellos sean atacados por la dolencia. Su sufrimiento se hace el sufrimiento de ellos. Por ser él todo, el mal de que se resiente se transmite a las partes de que está formada. Pero entonces no se puede desintegrar ni tener conocimiento de que las condiciones de la vida general están perturbadas en la misma medida. Porque es el fin a que se atiene la mejor parte de nosotros mismos, no puede sentir que le escapamos sin darse cuenta, al mismo tiempo, de que nuestra actividad queda sin objeto.

Puesto que somos su obra, no puede sentir el sentimiento de su fracaso sin experimentar que, en adelante, esta obra, no sirve ya para nada. Así se forman corrientes de depresión y de desencanto que no emanan de ningún individuo en particular, pero que expresan el estado de desintegración en que se encuentra la sociedad. Lo que traducen es el relajamiento de las bases sociales, una especie de astenia colectiva, de malestar social, como la tristeza individual, cuando es crónica, traduce a su manera el mal estado orgánico del individuo. Entonces aparecen esos sistemas metafísicos y religiosos que, reduciendo a fórmulas esos sentimientos obscuros, vienen a demostrar a los hombres queja vida no tiene sentido y que es engañarse a sí mismo el atribuírselo. Entonces se constituyen nuevas morales que, erigiendo el hecho en derecho, recomiendan el suicidio o, al menos, encaminan el recomendar que se viva lo menas posible. En el momento en que se producen, parece que han sido inventadas por completa por sus autores y se culpa a estos del descorazonamiento que preconizan. En realidad, son más bien un efecto que una causa; no hacen más que simbolizar, en un lenguaje abstracto y bajo una forma sistemática, la miseria fisiológica del cuerpo social[44]. Y como esas corrientes son colectivas, tienen, a consecuencia de este origen, una autoridad que hace que se impongan al individuo y le empujen con más fuerza en el sentido hacia donde le inclina el desampara moral que ha suscitado directamente en él la desintegración de la sociedad. Así, aun en el momento en que se libera con exceso del ambiente social, sufre todavía su influencia. Por individualizado que cada una esté, queda siempre algo colectivo; la depresión y la melancolía que resultan de esta individualización exagerada. Se comulga en la tristeza, cuando no hay otra ideal común.

Bien merece, pues, este tipo de suicidio, el nombre que le hemos dado. El egoísmo no es un factor simplemente auxiliar; es su causa generadora. Si, en ese caso, el lazo que liga al hombre a la vida se afloja, es porque el nexo que le une a la sociedad, se ha relajado. Los incidentes de la existencia privada, que parecen inspirar inmediatamente el suicidio y que pasan por ser sus condiciones determinantes, en realidad no son más que causas excepcionales. Si el individua cede al menor choque de las circunstancias es porque en el estado en que se encuentra, la sociedad ha hecho de él una fuerza dispuesta al suicidio.

Muchas hechas confirman esta explicación. Sabemos que el suicidio es excepcional en el niño y que disminuye en el viejo llegado a los últimos límites de la vida; y es porque, tanto en el uno como en el otro, el hombre físico tiende a ser todo el hombre. La sociedad está aún ausente del primero, al que no ha tenido tiempo de formar a su imagen; empieza a separarse del segundo, o, lo que es igual, él se retira de ella. Por consecuencia, se bastan por sí solos. Teniendo necesidad de completarse por algo que no sea ellos mismos, están también menos, expuestos a carecer de lo necesario para vivir. No tiene otras causas la inmunidad del animal. Del mismo modo, en el próximo capítulo veremos que, si las sociedades inferiores practican un suicidio que les es propio, este de que acabamos de ocuparnos, es completamente ignorado de ellos. Y es que, siendo en ellas muy sencilla la vida social, las inclinaciones sociales de los individuos tienen el mismo carácter y, por consiguiente, necesitan poco para estar satisfechas. Encuentran fácilmente fuera un objetivo, al que pueden tener apego. A todas partes donde vaya, el primitivo, si puede llevar con él sus dioses y su familia, tiene todo lo que reclama su naturaleza social.

He aquí, por fin, por qué puede la mujer, más fácilmente que el hombre, vivir aislada. Cuando se ve a la viuda soportar su condición mucho mejor que el viudo y buscar el matrimonio con menor pasió n, se llega a creer que esta aptitud para prescindir de la familia, es una señal de superioridad; se dice que, siendo muy intensas las facultades afectivas de la mujer, encuentran fácilmente su empleo fuera del círculo doméstico, mientras que su abnegación nos es indispensable para ayudarnos a soportar la vida. En realidad, si tiene ese privilegio, es porque su sensibilidades más bien rudimentaria que muy desarrollada. Como vive más que el hombre fuera de la vida común, la vida común la penetra menos; la sociedad le es menos necesaria, porque está menos impregnada de sociabilidad. Tiene pocas necesidades que se dirijan en ese sentido y las satisface a poca costa. Con algunas prácticas de devoción, algunos animales que cuidar, la solterona llena su vida. Si continúa tan fácilmente ligada a las tradiciones religiosas y si, por consecuencia, encuentra en ellas un útil abrigo contra el suicidio, es que esas formas sociales muy sencillas, bastan a todos sus exigencias. El hombre, por el contrario, las encuentra muy restringidas. Su pensamiento y su actividad, a medida que se desarrollan, desbordan cada vez de esos marcos arcaicos. Pero entonces le hacen falta otros. Porque él es un ser social más complejo, no puede mantenerse en equilibrio sino encuentra fuera más puntos de apoyo, y porque su asiento moral depende de más condiciones, se altera también más fácilmente.

[1] V. Wagner: *Die Gesetzmässigkeit*, etc., pág. 177.
[2] V. articulo *Mariage en Dictionnaire encyclopédique des sciences médicales*, 2ª serie. V. pág. 30 y sigs. Confróntese sobre esta misma cuestión, J. Bertillón, hijo: *Les célibataires, les veufs et les divorcés aun point de vue du mariage*, en

Revue scientifique, febrero 1879. Del mismo autor, un artículo en el *Bulletin de la société danthropologie*, 1880, pág. 280 Y sigs. Durkheim: *Suicide et naturalité*, en *Revue philosophique*, noviembre 1888.

[3] Suponemos que la media de edad de los grupos es la misma que en Francia. El error que puede resultar de esta suposición es muy ligero.

[4] A condición de considerar los dos sexos reunidos. Después se verá la importancia de esta observación (libro II, capítulo V, párrafotercero).

[5] V. Bertillón, artículo "Mariage", en *Dict. Encycl.*, segunda serie, V. p. 52.-Morselli, p. 348. -Corre, *Crime et suicide*, p. 472.

[6] El trabajo necesario para reunir estas informaciones, considerable si hubiera de emprenderse por un particular, se podría efectuar, sin grandes molestias, por los centros oficiales de estadística.

Se nos dan toda clase de datos sin interés y se nos calla el único que nos permitiría apreciar, como se verá después, el estado en que se encuentra la familia en las diferentes sociedades de Europa.

[7] Hay también una estadística sueca, reproducida en el *Bulletin de Demographie infernationale*, año 1878, p. 195, que proporciona los mismos datos. Resulta inútil. Por lo pronto, los viudos están confundidos en ella con los solteros, lo que hace la comparación poco significativa, puesto que condiciones tan diferentes exigen que se les distinga. Por lo demás, la creemos errónea. Véanse a continuación las cifras que en ella se encuentran:

Suicidios por cada 100.000 habitantes de distintos sexos, del mismo estado civil y de la misma edad.

	16-25	26-35	36-45	46-55	56-65	66-75	Más
Hombres							
Casados	10,51	10,58	18,77	24,08	26,29	20,76	9,48
Solt. y viudos	5,69	25,73	66,95	90,72	150,08	229,27	333,35
Mujeres							
Casadas	2,63	2,76	4,15	5,55	7,09	4,67	7,64
Solt. y viudas	2,99	6,14	13,23	17,05	25,98	51,93	34,69

¿Cuántos suicidios se dan en los casados y en los no casados del mismo sexo y de la misma edad?

	16-25	26-35	36-45	46-55	56-65	66-75	Más
Hombres	0,50	2,40	3,50	3,70	5,70	11,00	37,00
Mujeres	1,13	21,22	3,18	3,04	3,66	11,22	4,50

Estos resultados nos han parecido sospechosos desde el primer momento en lo concerniente al enorme grado de preservación de que gozarían los casados de las edades avanzadas; tanto se diferencian de todos los hechos que nosotros conocemos. Para proceder a una comprobación que juzgamos indispensable hemos indagado los números absolutos de suicidios cometidos por cada grupo de edad, en el mismo país y durante el mismo período. Son los siguientes, para el sexo masculino:

	16-25	26-35	36-45	46-55	56-65	66-75	Más
Casados	16	220	567	640	383	140	15
Solt. y viudos	283	519	410	269	217	156	56

Relacionando estas cifras con los números proporcionales que se consignan más arriba, podemos convencernos de que se ha cometido un error. En efecto, de sesenta y seis a setenta y cinco años, los casados y los no casados dan casi el mismo número absoluto de suicidios, cuando por cada 100.000 habitantes los primeros se matan once veces menos que los segundos. Para esto sería preciso que a esta edad hubiese alrededor de diez veces (exactamente 9,2 veces) más de casados que de no casados, es decir, que de viudos y de solteros reunidos. Por la misma razón, por encima de setenta y cinco años, la población casada debería ser exactamente diez veces más considerable que la otra, y esto es imposible. A estas edades avanzadas los viudos son muy numerosos y, juntamente con los solteros, son iguales y aún superiores en número a los casados; y así

nos explicamos por qué aquel error se ha cometido, probablemente. Se han debido adicionar los suicidios de los solteros y de los viudos y no dividir el total así obtenido más que por la cifra que representa la población celibataria solamente; en cambio, los suicidios de los esposos han sido divididos por una cifra que representa la población viuda y la población casada reunidas. Lo que tiende a hacernos creer que se ha debido proceder así, es que el grado de preservación de que pudieran gozar los casados no es extraordinario, sino hacia las edades avanzadas, es decir, cuando el número de viudos llega a ser lo bastante importante para falsear gravemente los resultados del cálculo. La inverosimilitud llega a su máximum después de los setenta y cinco años, es decir, cuando los viudos son numerosísimos.

[8] Las cifras se refieren no a la media anual, sino al total de suicidios cometidos durante quince años.

[9] V. p. 180. Pudiera creerse que esta situación desfavorable de los esposos de quince a veinte años proviene de que su media de edad es superior a la de los solteros del mismo período pero lo que prueba que hay agravación efectiva es que la cifra de los esposos de la edad siguiente (veinte a veinticinco años) es cinco veces menor.

[10] V. Bertillón, artículo "Mariage", p. 43 y siguientes.

[11] No hay más que una excepción, que son las mujeres de setenta a ochenta años, cuyo coeficiente desciende ligeramente por debajo de la unidad. Lo que determina esta fluctuación es la influencia del departamento del Sena. En los otros departamentos (V. cuadro XXII) el coeficiente de mujeres de esta edad es superior a la unidad; sin embargo, es de notar que, aun en provincias, es inferior al de otras edades.

[12] París, 1888, p. 436.

[13] J. Bertillón (hijo), artículo citado de la *Revue Scientifique*.

[14] Para rechazar la hipótesis según la que la situación privilegiada de los casados sería debida a la selección matrimonial, se ha alegado algunas veces la pretendida agravación que resultan de la viudez. Acabamos de ver que esta agravación no existe en relación con los solteros. Los viudos se matan menos que los individuos no casados. El argumento no va más allá.

[15] Estas cifras se refieren a Francia y a la estadística de 1891.

[16] Hacemos esta reserva porque este coeficiente de 2,39 se refiere al período de los quince a los veinte años, y como los suicidios de casados son muy raros en esta edad, el pequeño número de casos que ha servido de base al cálculo hace su exactitud un poco dudosa.

[17] Con frecuencia, cuando se compara en esta forma la situación respectiva de los sexos en dos condiciones diferentes del estado civil, no se tiene el cuidado de eliminar la influencia de la edad y se obtienen resultados inexactos. Así, según el método ordinario, encontraríamos que en 1887-91 hubo veintiún suicidios de mujeres casadas por setenta y nueve de casados, y diecinueve de solteras por 100 de solteros, de todas las edades. Estas cifras dan una idea falsa de la realidad. El cuadro que precede demuestra que la diferencia entre la cuota de las casadas y la de las solteras es en todas las edades mucho mayor. La razón de esto es que la diferencia entre los sexos varía con la edad en ambas situaciones. Entre los setenta y ochenta años es casi doble de lo que resultaba a los veinte. Además, la población de los célibes resulta casi integramente compuesta de individuos menores de treinta años. Si no se tiene en cuenta la edad, la diferencia que se obtiene es en realidad la que separa a los solteros y solteras hacia los treinta años. Pero entonces, comparándola a la que separa a los casados, sin distinción de edad, como estos últimos están en una media de edad igual a cincuenta años, es con relación a los casados de esta media como queda hecha la comparación. Así obtenida resulta falseada y el error se agrava por el hecho de que la distancia entre los sexos no varía de igual manera entre los dos grupos por la acción de la edad. Crece más en los solteros que en los casados.

[18] Igualmente puede verse en el cuadro que precede que la parte proporcional de las casadas en los suicidios de las personas de este estado, supera cada vez más la cuota de las solteras en los suicidios de los célibes, a medida que la edad avanza.

[19] Legoyt (op. cit. p. 175), y Corre *(Crime et suicide*, p. 475), han creído poder establecer, sin embargo, una relación entre el movimiento de los suicidios y el de la nupcialidad. Pero ese error proviene, en primer lugar, de que no han considerado más que un período demasiado corto, además de que han comparado los años más recientes a un año anormal, 1872, en que la nupcialidad francesa ha alcanzado una cifra excepcional desconocida desde 1813, porque era necesario llenar los vacíos causados por la guerra de 1870 en la población casada; no se pueden medir los movimientos de la nupcialidad en relación con tal punto de vista. La misma observación se aplica a Alemania y aun a casi todos los países de Europa. Parece que en esta época la nupcialidad ha sufrido como un latigazo. Notamos un aumento importante y brusco que se continúa muchas veces hasta 1873 en Italia, en Suiza, en Bélgica, en Inglaterra y en Holanda. Se diría que toda Europa ha contribuido a reparar las pérdidas experimentadas por la guerra en los dos países. Naturalmente, al cabo de algún tiempo ha resultado un enorme descenso que no tiene la significación que se le da (V. Oettingen, *Moralstatistik*, anejos, cuadros 1, 2 y 3).

[20] Según Levasseur, *Population française*, t. II, p. 208.

[21] Según el censo de 1886, p. 123 del *Dénombrement*.

[22] V. *Annuaire statistique de la France*, vol. XV, p. 43.

[23] Por la misma razón, la edad de los casados con hijos es superior a la de los casados en general y, en consecuencia, el coeficiente depreservación 2,9, debe serconsiderado como por debajo delareal idad.

[24] Una diferencia análoga se encuentra entre el coeficiente de los casados sin hijos y de las casadas sin hijos y, a veces, es mucho más considerable. El segundo (0,67) es inferior al primero (0,5) en un 66 por 100. La presencia de los hijos hace ganar a la mujer la mitad del terreno que pierde casándose, es decir, que si se beneficia menos que el hombre en el matrimonio le aprovecha, por el contrario, mucho más que el de la familia, o sean los hijos. Es más sensible que él a su bienhechora influencia.

[25] Artículo "Mariage", *Dict. Encycl.*, segunda serie, t. V, p. 36.

[26] Op. cit., p. 342.

[27] V. Bertillón, "Les celibataires, les veufs", etc., *Rev. scient.*, 1879.

[28] Morselli invoca igualmente en apoyo de su tesis el hecho de que a continuación de las guerras los suicidios de las viudas sufren un alza mucho más considerable que los de solteras o de casadas. Ocurre sencillamente que en ese momento la población de viudas crece en proporciones excepcionales, y es natural que produzca más suicidios y que esta elevación persista hasta que el equilibrio se restablezca y las diferentes categorías del estado civil vuelvan a sus valores normales.

[29] Cuando hay prole, la baja que experimentan los dos sexos, por influjo de la viudez, es casi la misma. El coeficiente de los casados con hijos es de 2,9 y llega a ser de 1,6. El de las mujeres en iguales condiciones pasa de 1,89 a 1,06. La disminución es de un 45 por 100 para los primeros; de un 44 por 100 para las segundas. Y es que, como ya hemos dicho, la viudez produce dos clases de efectos, y perturba: 1°, la sociedad conyugal; 2°, la sociedad familiar. La primera perturbación es mucho menos sentida por la mujer que por el hombre, precisamente porque le reporta menos provecho el matrimonio. Pero, en compensación, la segunda lo es más, pues es frecuentemente más difícil sustituir al esposo en la dirección de la familia, que reemplazada a ella en sus funciones domésticas. Cuando hay hijos se produce una especie de compensación, que hace que la tendencia al suicidio en los dos sexos varíe, por efectos de la viudez, en las mismas proporciones. Es, sobre todo cuando no hay hijos, cuando la mujer viuda gana una parte del terreno que había perdido en el estado matrimonial.

[30] Se puede ver en el cuadro XXII que en París, como en provincias, el Coeficiente de los casados menores de veinte años está por debajo de la unidad; es decir, que hay para ellos agravación. Es esta una confirmación de la ley enunciada precedentemente.

[31] Se ve que cuando el sexo femenino es el más favorecido por el matrimonio, la desproporción es mucho menor que cuando es el esposo el que tiene la ventaja; nueva confirmación de lo observado en otro lugar.

[32] M. Bertillón (artículo citado de la *Revue Scientifique*) había dado ya la cifra de los suicidios para las diferentes categorías de estado civil, según que hubiese o no hijos. Véanse los resultados que ha encontrado:

Casados con hijos: 205 suicidios por millón. Viudos con hijos: 526
Casados sin hijos: 478 suicidios por millón. Viudos sin hijos: 1.004
Casadas con hijos: 45 suicidios por millón. Viudas con hijos: 104
Casados sin hijos: 158 Suicidios por millón. Viudas sin hijos: 238.

Estas cifras se refieren a los años 1861-68. Admitiendo el crecimiento general de los suicidios, confirman las halladas por nosotros. Pero como la ausencia de un cuadro análogo a nuestro cuadro XXI no permite comparar a los casados y viudos con los solteros de la misma edad, no se puede sacar conclusión alguna precisa relativa a los coeficientes de preservación. Por otra parte, nos preguntamos si se refieren al país íntegramente. Se nos asegura, en efecto, en la oficina de la Estadística de Francia, que la distinción entre casados sin hijos y casados con hijos no ha sido jamás hecha antes de 1886 en los censos, salvo el 1855 para los departamentos, a excepción del Sena.

[33] V. libro II, cap. V, 3.

[34] *Dénombrement de* 1886, p. 106.

[35] Acabamos de emplear la palabra densidad en un sentido muy diferente del que le damos de ordinario en sociología. Generalmente definimos la densidad de un grupo en función, no de un número absoluto de individuos asociados (esto es más bien lo que llamamos el volumen), sino del número de individuos que, en volumen igual están, efectivamente, en relaciones (V. *Regles de la méthode social*, pág. 139). Pero en el caso de la familia la distinción entre el volumen y la densidad carece de interés, porque a causa de las pequeñas dimensiones del grupo, todos los individuos asociados se hallan en relaciones efectivas.

[36] No se confundan las sociedades jóvenes, llamadas a desenvolverse, con las sociedades inferiores; en estas últimas, al contrario, los suicidios son muy abundantes, como se verá en el capítulo siguiente.

[37] Véase lo que escribía Helvetius en 1781: "El desorden financiero y el cambio de la constitución del Estado sembraron una general consternación. Lo prueban tristemente numerosos suicidios en la capital". Tomamos esta cita de Legoyt, p. 35. Mercier, en su *Tableau de París* (1782), dice que en veinticinco años ha triplicado el número de los suicidios en París.

[38] Según Legoyt, p. 252.

[39] Según Masaryk, *Der Selbstmord*, p. 137.

[40] En efecto, en 1889-91, el porcentaje anual, en esa edad, era tan sólo de 396; el porcentaje semestral, de unos 200. De 1870 a 1890 el número de los suicidios en cada edad se ha doblado.

[41] Y aun no es muy seguro que esta disminución de 1872 haya tenido por causa los acontecimientos de 1870. En efecto, fuera de Prusia, la depresión de los suicidios no se ha hecho apenas sentir más allá del período de la misma guerra. En Sajonia, la baja de 1870, que no es, por otra parte, más que de un 8 por 100, no se acentúa en 1871 y cesa en 1872 casi completamente. En el Ducado de Baden, la disminución se ha limitado a 1870; 1871, con 244 casos, excede a 1869 en un 10 por 100. Parece, pues, que Prusia ha sido la sola atacada de una especie de euforia colectiva después de la victoria. Los otros estados fueron menos sensibles al provecho de gloria y de poderío que resulta de la guerra, y, una vez pasada la gran angustia nacional, las pasiones sociales entraron en reposo.

[42] Véase antes.

[43] No hablamos de la prolongación ideal de la vida que lleva consigo la creencia en la inmortalidad del alma, porque: primero, esto no puede explicar por qué la familia o el apego a la sociedad política nos preservan del suicidio; segundo, ni siquiera es esta creencia la que da a la religión su influencia profiláctica; lo hemos demostrado antes.

[44] Por esto es injusto acusar a esos técnicos de la tristeza de generalizar impresiones personales. Son el eco de un estado genera.

Capítulo IV

El suicidio altruista[1]

En el orden de la existencia nada es bueno sin medida. Un carácter biológico no puede llenar los fines a que debe servir, más que a condición de no traspasar ciertos limites. Igual ocurre con los fenómenos sociales. Si, como acabamos de ver, una individuación excesiva conduce al suicidio, una individuación insuficiente produce los mismos efectos. Cuando el hombre está desligado de la sociedad se mata fácilmente; fácilmente, también, se mata cuando está con demasiada fuerza integrado en ella.

I

Algunas veces se ha dicho[2] que el suicidio era desconocido de las sociedades inferiores. En esos términos la aseveración es inexacta. Es cierto que el suicidio egoísta, tal como acabamos de construirlo, no parece ser en ellas muy frecuente. Pero se encuentra otra forma en estado endémico.

Barthohia, en su libro *De camis contemptae mortis a Danis*, relata, que los guerreros daneses, consideraban como una vergüenza morir en su cama, de vejez o de enfermedad, y se suicidaban para escapar a esta ignominia. Del mismo modo, los Godos, creían que los que mueren de muerte natural están destinados a pudrirse eternamente en antros llenos de animales ponzoñosos[3]. En los límites de las tierras de los Visigodos, habla una roca elevada, llamada *La Roca de los Abuelos,* desde cuya altura se precipitaban los viejos cuando estaban cansados de la vida. Se encuentra la misma costumbre en los Tracios, los Hérulos, etc. Silvio Itálica, dice de los Celtas españoles: "Es una nación pródiga de su sangre y muy dada a apresurar la muerte. Luego que el celta ha franqueado los años de la fuerza floreciente, soporta con impaciencia el muro del tiempo y desdeña conocer la vejez; el término de su destino está en su mano[4]". Asignaban también una mansión de delicias a los que se daban la muerte y un espantoso subterráneo a los que morían de vejez o de decrepitud. El mismo uso se ha mantenido largo tiempo en la India. Tal vez esta complacencia por el suicidio no existía en los Vedas, pero ciertamente era muy antigua. A propósito del suicidio del brahamam Calamis, dice Plutarco: "Se sacrificó a sí mismo como era uso en los sabios de su país[5]; y Quinto Curcio: "Existe entre ellos una casta de hombres salvajes y groseros, a los que dan el nombre de sabios. A sus ojos es una gloria prevenir el día de la muerte y se hacen quemar vivos en cuanto su avanzada edad o la enfermedad empieza a molestarles. La muerte, cuando se la espera, es, según ellos, el deshonor de la vida; así no rinden ningún honor a los cuerpos que ha destruido la vejez. El fuego se mancharía si no recibiera al hombre respirando aún[6]". Hechos parecidos se observan en Fidjir[7], en las Nuevas Hébridas, en Manga, etc.[8]. En Ceos, los hombres que habían llegado a cierta edad se reunían en un solemne festín, donde, coronada la cabeza de flores, bebían alegremente la cicuta[9]. Las mismas prácticas existían entre los Trogloditas[10], y en los Leres, famosos, sin embargo, por su moralidad[11].

Aparte de los viejos, se sabe que, en esos mismos pueblos, las viudas están a menudo obligadas a matarse al fallecimiento de sus maridos. Esta práctica bárbara, es tan inveterada en las costumbres indias, que persiste a pesar de los esfuerzos de los ingleses. En 1817, se suicidaron 706 viudas, tan sólo en la provincia de Bengala y, en 1821, se contaron 2.366 en toda la India. Además, cuando muere un príncipe o un jefe, sus servidores están obligados a no sobrevivirle. Este era el caso de la Galia. Los funerales de los jefes, dice Henri Martín, eran sangrientas hecatombes; allí se quemaban solemnemente sus trajes, sus armas, sus caballos, sus esclavos favoritos, a los que se unían los secuaces que no habían muerto en el último combate[12]. Nunca un subordinado debía sobrevivir a su jefe. En los Achantes, a la muerte del rey, sus oficiales tienen la obligación de morir[13]. Algunos observadores han encontrado el mismo caso en Hawai[14].

El suicidio es, pues, bastante frecuente en los pueblos primitivos. Pero presenta en ellos caracteres muy particulares. Todos los hechos que acaban de relatarse entran, en efecto, en una de las tres categorías siguientes:

1° Suicidios de hombres llegados al dintel de la vejez o atacados de enfermedad.

2° Suicidios de mujeres a la muerte de su marido.

3° Suicidios de clientes o de servidores, a la muerte de sus jefes.

Ahora bien, en todos esos casos, si el hombre se mata, no es porque se arrogue el derecho de hacerlo, sino *porque cree que ese es su deber,* cosa bien distinta. Si falta a esta obligación, se le castiga con el deshonor y también, lo más a menudo, con penas religiosas.

Sin duda, cuando se nos habla de ancianos que se dan la muerte, nos inclinamos a creer que la causa de ella es el cansancio o los ordinarios sufrimientos de la edad. Pero si, verdaderamente esos suicidios no tuviesen otro origen, si el individuo se matase únicamente para desembarazarse de una vida insoportable, no estada obligado a hacerlo; no se está nunca obligado a gozar de un privilegio. Ahora bien, hemos visto que, si persiste en vivir pierde la estimación de las gentes; en un sitio se le rehúsan los honores ordinarios de los funerales, en el otro se le representa una vida espantosa más allá de la tumba. La sociedad hace presión sobre él para que se destruya. Interviene también en el suicidio egoísta; pero su intervención no se lleva a cabo del mismo modo en los dos casos. En el uno, se conforma con usar con el hombre un lenguaje que le desligue de la existencia; en el otro le prescribe formalmente que la abandone. Allí sugiere o, todo lo más, aconseja; aquí, obliga, y ella es la que determina las condiciones y circunstancias que hacen exigible esta obligación.

Es también, en consideración a fines sociales, por lo que impone ese sacrificio. Si el cliente no debe sobrevivir a su jefe o el servidor a su príncipe, es porque la constitución de la sociedad, implica entre los secuaces y su jefe, entre los oficiales y el rey, una dependencia tan estrecha que excluye toda idea de separación. Es preciso que el destino del uno sea el de los otros. Los súbditos deben seguir a su dueño a todas partes donde vaya, aún más allá de la tumba, lo mismo que sus vestidos y sus armas; si se pudiera concebir que ocurriera de otro modo, la subordinación social no sería lo que debe ser[15].

Lo mismo ocurre con la mujer respecto al marido. En cuanto a los viejos, sí están obligados a no esperar la muerte, es, verosímilmente, a lo menos en un gran número de casos, por razones religiosas. En efecto, se repite que es en el jefe de la familia donde reside el espíritu que la protege. De otra parte, se admite que un dios que habita un cuerpo extraño, participa de la vida de este último, pasa por las mismas fases de salud y de enfermedad y envejece al mismo tiempo. No puede, pues, la edad disminuir las fuerzas del uno, sin que al mismo tiempo se debilite el otro, sin que el grupo, por consecuencia, esté amenazado en su existencia, puesto que ya no estaría protegido más que por una divinidad sin vigor.

Véase por qué en interés común está obligado el padre a no esperar el límite extremo de la vida para transmitir a sus menores el precioso depósito que tiene en custodia[16].

Esta descripción basta para determinar de qué dependen esos suicidios. Para que la sociedad pueda constreñir así a ciertos miembros suyos a matarse, es preciso que la personalidad individual se cuente por poca cosa. Porque, desde que empieza a constituirse, el primer derecho que se le reconoce es el de vivir; todo lo más se le suspende en las circunstancias, muy excepcionales, como la guerra. Pero esta misma débil individuación no puede tener más que una sola causa. Para que el individuo ocupe tan poco lugar en la vida colectiva, es preciso que esté casi totalmente absorbido en el grupo y, por consiguiente, que éste se halle muy fuertemente integrado. Para que las partes tengan tan poca existencia propia, es preciso que el todo forme una masa compacta y continua. Y, en efecto, en otra parte hemos mostrado, que esta cohesión maciza es, desde luego, la de las sociedades donde se observan las prácticas precedentes[17]. Como no comprenden más que un pequeño número de elementos, todo el mundo vive allí la misma vida: todo es común a todo, ideas, sentimientos, ocupaciones. Al mismo tiempo, por lo mismo que el grupo es pequeño, está cerca de todos y así puede no perder a nadie de vista; resulta de ello que la vigilancia colectiva se lleva a cabo en todo momento, se extiende a todo y previene más fácilmente las divergencias. Faltan, pues, al individuo, los medios para crearse un ambiente especial, a cuyo abrigo Puede desarrollar su naturaleza y hacerse una fisonomía propia. Distinto de sus compañeros, no es, por decirlo así, más que una parte alicua del todo, sin valor por sí mismo. Su persona tiene tan poco precio, que, los atentados dirigidos contra ella por los particulares, sólo son objeto de una represión relativamente indulgente. Desde luego, es más natural que esté aún menos protegido contra las exigencias colectivas, y que la sociedad, por el menor motivo, no duda en pedirle que ponga fin a una vida, que ella estima en tan poco.

Estamos, pues, en presencia de un tipo de suicidio que se distingue del precedente por caracteres definidos. Mientras que éste se debe a un exceso de individuación, aquél tiene por causa, una individuación demasiado rudimentaria. El uno, se produce porque la sociedad, disgregada en ciertos puntos, o aun en su conjunto, deja al individuo escapársele; el otro, porque le tiene muy estrechamente bajo su dependencia. Puesto que hemos llamado *egoísmo*, al estado en que se encuentra el yo cuando vive su vida personal y no obedece más que a sí mismo, la palabra *altruismo* expresa bastante bien el estado contrario, aquél en que el yo no se pertenece, en que se confunde con otra cosa que no es él, en que el polo de su conducta está situado fuera de él, en uno de los grupos de que forma parte. Por eso llamamos *suicidio altruista,* al que resulta de un altruismo intenso. Pero puesto que además, presenta el carácter de ser llevado a cabo como un deber, importa que la terminología adoptada exprese esta particularidad. Parécenos, pues, el nombre de *suicidio altruista obligatorio* el que conviene al tipo así constituido.

Es necesaria la reunión de estos dos objetivos para definirlo; porque no todo suicidio altruista es necesariamente obligatorio. Los hay que no están expresamente impuestos por la sociedad, que tienen un carácter más facultativo. Dicho de otro modo, el suicidio altruista es una especie que comprende muchas variedades. Acabamos de determinar una; veamos las otras.

En esas mismas sociedades de que acabamos de hablar, o en otras del mismo género, se observan frecue ntemente, suicidios cuyos móviles inmediatos y aparentes, son de los más fútiles. Tito Livio, César, Valerio Máximo, nos hablan, no sin extrañeza mezclada de admiración, de la tranquilidad con la que los bárbaros de la Galia y de la Germania, se daban la muerte[18]. Había celtas que se comprometían a dejarse matar por vino o por dinero[19]. Otros presumían de no retirarse ante las llamas del incendio, ni ante las olas del mar[20]. Los viajeros modernos han observado parecidas prácticas en una multitud de sociedades inferiores. En Polinesia, basta muy a menudo, una ligera ofensa para determinar a un hombre al suicidio [21]. Lo mismo ocurre entre los indios de la América del Norte; basta una querella conyugal o un impulso de celos, para que un hombre o una mujer se maten[22]. En los Dacotahs, en los Brecks, el menor desengaño arrastra a menudo a resoluciones desesperadas[23]. Conocida es la facilidad con que los japoneses se abren el vientre por el motivo más insignificante. Hasta se cuenta que se practica allí una especie de extraño duelo, donde los adversarios compiten, no en habilidad para alcanzarse mutuamente, sino en destreza para abrirse el vientre con sus propias manos[24]. Hechos análogos se observan en China, en Cochinhina, en el Tíbet y en el reino de Siam.

En todos esos casos el hombre se mata sin estar obligado expresamente a ello. Sin embargo, esos suicidios no son de otra naturaleza que el suicidio obligatorio. Si la opinión no los impone formalmente, no deja de serles favorable. Como es, entonces, una virtud y aun la virtud por excelencia, no tener apego a la vida, se elogia a quien renuncia a ella por la menor invitación de las circunstancias o hasta por simple alarde. Se confiere una prima social el suicidio que, por eso mismo, se ve alentado, y el rehusar esta recompensa tiene, aunque en menor grado, los mismos efectos que un castigo propiamente dicho. Lo que se hace en un caso por escapar a la deshonra se hace en el otro para conquistar mayor estima. Cuando se está desde la infancia habituado a no hacer caso de la vida y a despreciar a los que la tienen excesivo apego, es inevitable deshacerse de ella con el más ligero pretexto. Se decide uno sin pena a un sacrificio que tan poco cuesta. Estas prácticas se ligan lo mismo que el suicidio obligatorio, a los que hay de más fundamental en la moral de las sociedades inferiores. Porque ellas no pueden mantenerse más que cuando el individuo carece de intereses propios, es preciso que esté amaestrado en el renunciamiento y en una abnegación exclusiva; de ahí proceden esos suicidios, espontáneos en parte. Y como los que la sociedad prescribe más explícitamente, se deben a este estado de impersonalidad o, como hemos dicho, de altruismo, que puede considerarse como la moral característica del primitivo. Por eso les daremos igualmente el nombre de altruistas y si, para poner mejor de relieve lo que tienen de especial, se debe añadir que son *facultativos,* por esta palabra ha de entenderse solamente que son menos exigidos por la sociedad que cuando son estrictamente obligatorios. Esas dos variedades se hallan tan estrechamente emparentadas que es imposible señalar el punto en que comienza la una y acaba la otra.

Hay, en fin, otros casos en que el altruismo arrastra al suicidio más directamente y con más violencia. En los ejemplos que preceden, aquél no determina al hombre a matarse más que con el concurso de ciertas circunstancias. Hacía falta que la muerte fuera impuesta por la sociedad como un deber o que el honor estuviera puesto en entredicho o, por lo menos, que cualquier acontecimiento desagradable hubiese acabado de depreciar la existencia a los ojos de la víctima. Pero sucede, así que el individuo se sacrifica únicamente por el placer del sacrificio, porque el renunciamiento, en sí y sin razón particular, es considerado como laudable.

La India es la tierra clásica de esas clases de suicidios. Ya bajo la influencia del brahmanismo, el indio se mataba fácilmente. Es cierto que las leyes de Manú no recomiendan el suicidio más que con ciertas reservas. Es preciso que el hombre haya llegado ya a cierta edad, que haya dejado un hijo, por lo menos. Pero, llenadas estas condiciones, nada tiene que hacer en la vida. "El Brahman, que se ha desligado de su cuerpo por una de las prácticas puestas en uso por los grandes santos, exento de pena y de temor, es admitido con honor en la residencia de Brama"[25]. Aunque a menudo se ha acusado al budismo de haber llevado ese principio hasta sus más extremas consecuencias y erigido el suicidio en práctica religiosa, en realidad, más bien lo ha condenado. Sin duda, enseñaba que el supremo bien deseable era aniquilarse en el nirvana; pero esta suspensión del ser puede y debe obtenerse en esta vida y no hay necesidad de maniobras violentas para realizarla. Con todo, la idea de que el hombre debe huir de la existencia está tan en el espíritu de la doctrina y es tan conforme a las aspiraciones del espíritu indio, que se la encuentra bajo formas diferentes en las principales sectas que han nacido del budismo o se han constituido al mismo tiempo que él. Tal es el caso del jainismo. Aunque uno de los libros canónicos de la religión jainista reprueba el suicidio, reprochándole el aumentar la vida, inscripciones recogidas en un gran número de santuarios demuestran que, sobre todo en los jainas del sur, el suicidio religioso ha sido de una práctica muy frecuente[26]. El fiel se dejaba morir de hambre[27]. En el judaísmo, la costumbre de buscar la muerte en las aguas del Ganges o en otros ríos sagrados estaba muy extendida. Las inscripciones nos dan a conocer nombres de reyes y ministros que se prepararon a terminar así sus días[28], y se asegura que al principio del siglo esas supersticiones no habían desaparecido completamente[29].

En los Bhils habla una roca desde lo alto de la cual se precipitaban por piedad, a fin de consagrarse a Siva[30]; en 1822 un oficial ha asistido a uno de esos sacrificios. Se ha hecho clásica la historia de esos fanáticos que se hacen aplastar bajo las ruedas del ídolo de Jaggarnat[31]. Charlevoix había observado ya ritos del mismo género en el Japón: "No hay nada más general –dice– que ver a lo largo de las orillas del mar barcas llenas de esos fanáticos que se precipitan en el agua cargados de piedras, o que taladran sus naves y se dejan sumergir poco a poco cantando las alabanzas de sus ídolos. Un gran número de espectadores les siguen con los ojos y exaltan hasta el cielo su valor y les piden, antes de desaparecer, su bendición. Los sectarios de Amida se hacen encerrar y murar en las cavernas, donde apenas tienen espacio para permanecer sentados, y donde no pueden respirar más que por un orificio. Allí se dejan morir tranquilamente de hambre. Otros suben a la cumbre de rocas muy elevadas, encima de las cuales hay minas de azufre, de donde de vez en cuando salen llamas. No cesan de invocar a sus dioses; les ruegan acepten el sacrificio de su vida y piden que se eleven algunas de esas llamas. En cuanto aparece una, la consideran como un indicio del consentimiento de los dioses y se echan de cabeza al fondo del abismo... Se conserva con veneración la memoria de estos pretendidos mártires"[32].

No hay suicidios donde esté más marcado el carácter altruista. En efecto, en todos esos casos vemos al individuo aspirar a despojarse de su ser personal, para abismarse en esa otra cosa que considera como su ciencia verdadera. Poco importa el nombre que le dé, es sólo en ella donde cree existir, y para ser es por lo que tan enérgicamente tiende a confundirse con ella. Y es porque se considera como falto de existencia propia. La impersonalidad está aquí llevada a su máximum; el altruismo se encuentra en estado agudo. Pero, se dirá: ¿no se producen esos suicidios sencillamente porque el hombre encuentra triste la vida? Es claro que, cuando se mata con esta espontaneidad, no tiene mucho apego a la existencia de la que se forma, por consiguiente, una representación más o menos melancólica. Pero, bajo este aspecto, todos los suicidios se parecen. Sería, sin embargo, un grave error no hacer entre ellos ninguna distinción; porque esta representación no tiene siempre idéntica causa y, por consiguiente, a pesar de las apariencias, no es la misma en los diferentes casos. Mientras que el egoísta está triste porque no ve nada real en el mundo más que el individuo; la tristeza del altruista intemperante procede, al contrario, de que el individuo le parece destituido de toda realidad. El uno está desligado de la vida porque, no percibiendo ningún fin al que puede dedicarse, se siente inútil y sin razón de ser; el otro porque tiene un fin, pero situado fuera de esta vida, que se le aparece desde entonces como un obstáculo. La diferencia de las causas se encuentra también en los efectos, y la melancolía del uno es de una naturaleza completamente distinta de la del otro. La del primero está hecha de un sentimiento de cansancio incurable y de abatimiento disolvente, expresa un hundimiento completo de la actividad que, no pudiendo emplearse útilmente, se desmorona sobre sí misma. La del segundo, al contrario, está hecha de esperanza; porque precisamente entreví bellas perspectivas más allá de esta vida. Implica hasta el entusiasmo y los impulsos de una fe impaciente de satisfacerse que se afirma por actos de una gran energía.

Desde luego, la manera más o menos sombría con que un pueblo concibe la existencia no basta por si sola a explicar la intensidad de su inclinación al suicidio. El cristiano no se imagina su permanencia en esta tierra bajo más risueño aspecto que el sectario de Jina. No ve en ella más que un período de pruebas dolorosas; también juzga que su verdadera patria no es de este mundo, y, sin embargo, se sabe qué aversión profesa e inspira al cristiano el suicidio. Y es porque las sociedades cristianas conceden al individuo un lugar más destacado que las sociedades anteriores. Le asignan. deberes personales que cumplir, y le prohíben eludirlos; sólo según el modo con que ha llevado a cabo su misión aquí bajo es o no admitido a los goces del más allá, y estos goces mismos son personales, como las obras que a ellos dan derecho. Así, el individualismo moderado que existe en el espíritu del cristianismo le ha impedido favorecer el suicidio, a despecho de sus teorías sobre el hombre y su destino.

Los sistemas metafísicos y religiosos, que sirven como de marco lógico a esas prácticas morales, acaban de probar que tal es, desde luego, su origen y significación. Desde hace largo tiempo, en efecto, se ha observado que generalmente coexisten con creencias panteístas. Sin duda, el jainismo, como el budismo, es ateo; pero el panteísmo no es necesariamente deísta. Lo que le caracteriza esencialmente es la idea de que lo que hay de real en el individuo es extraño a su naturaleza, que el alma que lo anima no es un alma y que, por consiguiente, no hay existencia personal. Ahora bien, este dogma está en la entraña de las doctrinas indias; se le encuentra ya en el brahmanismo. Inversamente, donde el principio de los seres no se confunde con ellos, sino que es concebido bajo una forma individual, es decir, en los pueblos monoteístas, como los judíos, los cristianos, los. mahometanos, o politeístas, como los griegos y los latinos, esta forma del suicidio es excepcional. Nunca se la encuentra en ellos en estado de práctica ritual.

Es quizá porque entre ella y el panteísmo hay verosímilmente una relación. ¿Cuál es?

No se puede admitir que sea el panteísmo el que haya producido el suicidio. No son las ideaos abstractas las que conducen a los hombres, y no se podría explicar el desarrollo de la historia por el mecanismo de los puros conceptos metafísicos. En los pueblos, como en los individuos, las concepciones tienen ante todo por función, expresar una realidad que ellas no crean; por el contrario, proceden de ella y si luego pueden servir para modificarla, nunca es, sino en una medida restringida. Las concepciones religiosas, muy lejos de producirlo, son productos del medio social y, si una vez formadas, reaccionan contra las causas que las han engendrado, esta reacción no puede ser profunda. Por tanto, si lo que constituye el panteísmo es una negación más o menos radical de toda individualidad; tal religión no puede formarse más que en el seno de una sociedad donde, de hecho, el individuo no se cuente por nada, es decir, está casi totalmente perdido en el grupo. Porque los hombres no pueden imaginarse el mundo más que a semejanza del pequeño mundo social en queviven.

El panteísmo religioso no es, pues, más que una consecuencia y como un reflejo de la organización panteísta de la sociedad. Por consiguiente, es también en esta última donde se encuentra la causa del suicidio particular, que presenta en todas partes en conexión con el panteísmo.

He aquí, pues, constituido un segundo tipo de suicidio, que comprende tres variedades: el suicidio altruista obligatorio, el suicidio altruista facultativo, el suicidio altruista agudo, cuyo perfecto modelo es el suicidio místico. Estas diferentes formas contrastan del modo más notable con el suicidio egoísta. El uno está ligado a esa ruda moral que estima en nada lo que sólo interesa al individuo; el otro es solitario de esta ética refinada que pone tan alta la personalidad humana que ésta no puede ya subordinarse a nada. Hay, pues, entre ellas, toda la distancia que separa a los pueblos primitivos de las naciones más cultas.

Sin embargo, si las sociedades inferiores son, por excelencia, el terreno del suicidio altruista, éste se encuentra también en las civilizaciones más recientes. Especialmente se puede clasificar bajo este rótulo la muerte de cierto número de mártires cristianos. En efecto no son más que suicidas todos esos neófitos que si no se mataban por sí mismos, voluntariamente se hacían matar. Si por sí mismos no se daban la muerte, la buscaban con todas sus fuerzas y se conducían de un modo que la hiciera inevitable. Ahora bien, para que haya suicidio, basta con que el acto, de donde debe necesariamente resultar la muerte, haya sido llevado a cabo por la víctima con conocimiento de causa. Por otra parte, la pasión entusiasta con que los fieles de la religión iban al encuentro del último suplicio, muestra cómo, en ese momento, habían enajenado completamente su personalidad, en provecho de la idea de que se habían hecha servidores. Es probable que las epidemias de suicidio que, en muchas ocasiones, desolaran los monasterios durante la Edad Media, que parecían haber sido determinadas por exceso de fervor religioso, fueran de la misma naturaleza[33].

En nuestras sociedades contemporáneas, como la personalidad individual está cada vez más independizada de la personalidad colectiva, tales suicidios no pueden propagarse mucho. Es posible hablar de soldados que prefieren la muerte a la humillación de la derrota, como el comandante Beaurepaire y almirante Villeneuve, sea de desgraciados que se matan para evitar una vergüenza a su familia, afirmando que ceden a móviles altruistas. Porque si los unos y nos otros renuncian a la vida, es porque hay algo a lo que amaban más que a sí propios. Pero estos son casos aislados, que no se producen más que excepcionalmente[34]. Sin embargo, todavía hoy existe entre nosotros un medio especial donde el suicidio altruista está en estado crónico: es el ejército.

II

Es un hecho general en todos los países de Europa, que la aptitud de los militares para el suicidio es muy superior a la de la población civil de la misma edad. La diferencia en más varía entre 25 y 900 por 100. (Véase cuadro XXIII).

Dinamarca es el único país donde el contingente de las dos poblaciones es sensiblemente el mismo, 388 por un millón de soldados, durante los años 1845-56. Los suicidios de oficiales no están comprendidos en esa cifra[35].

A primera vista sorprende este hecho tanto más cuanto que muchas causas parece que deberían preservar al ejército del suicidio. En primer lugar, los individuos que lo componen representan, bajo el, punto de vista físico, la flor del país. Escogidos con cuidado, no tienen defectos orgánicos que sean graves[36]. Además, el espíritu de cuerpo, la vida en común, debería tener aquí la influencia profiláctica que ejerce en otras partes. ¿De dónde procede, pues, tan considerable agravación?

CUADRO XXIII

COMPARACIÓN DE LOS SUICIDIOS MILITARES Y DE LOS SUICIDIOS CIVILES EN LOS PRINCIPALES PAÍSES DE EUROPA

	Suicidiospor		Coef. agravac.
	mill. soldados	mill. civiles misma edad	
Austria (1876-90)	1.253	122	10
Estados Unidos (1870-84)	680	80	8,5
Italia (1876-90)	407	77	5,2
Inglaterra(1876-90)	209	79	2,6
Wurtemberg (1846-59)	320	170	1,92
Sajonia (1847-58)	640	369	1,77
Prusia (1876-90)	607	394	1,50
Francia (1876-90)	333	265	1,25

Como los soldados no son nunca casados, se ha achacado al celibato. Pero, por lo pronto, el celibato no debería tener en el ejército tan funestas consecuencias como en la vida civil; porque, como acabamos de decir, el soldado no es un solitario. Es miembro de una sociedad fuertemente constituida y de naturaleza bastante para reemplazar en parte a la familia. Pero sea lo que quiera de esta hipótesis, hay un medio de aislar ese factor. Basta con comparar los suicidios de los soldados y los de los célibes de la misma edad; el cuadro XXI, cuya importancia se ve de nuevo, nos permite esta comparación. Durante los años 1888-91, se han contado en Francia 380 suicidios por un millón del efectivo; en el misma momento, los solteros de veinte a veinticinco años no daban más que 237. Por cada 100 suicidios de célibes civiles, había, pues, 160 de militares, lo que hace un coeficiente de agravación, igual a 1,6, completamente independiente del celibato.

Si se cuentan aparte los suicidios de suboficiales, ese coeficiente es todavía más elevado. Durante el período 1867-74, un millón de suboficiales daba un promedio anual de 993 suicidios. Según un censo hecho en 1866, tenían una edad media de un poco más de treinta años. No ignoramos, ciertamente, la cifra a que subían entonces los suicidios de célibes de treinta años; los cuadros que hemos formado se refieren a una época mucho más reciente (1889-91), y son los únicos que existen; pero el tomar por puntos de mira las cifras que nos dan el error que cometemos, no podrá tener otro efecto que de disminuir el coeficiente de agravación de los suboficiales, por bajo del que verdaderamente era. En efecto, habiendo casi doblado el número de los suicidios de uno a otro de esos períodos, el porcentaje de los célibes de la edad considerada ha aumentado ciertamente. Por consiguiente, al comparar los suicidios de los suboficiales de 1867-74 a los de los solteros de 1889-91, podríamos, desde luego, atenuar, y no empeorar la mala influencia de la profesión militar. Así, pues, si, a pesar de este error, encontramos, no obstante, un coeficiente de agravación, podemos estar seguros no sólo de que es real, sino de que sensiblemente es más importante de como aparece en el cálculo. Ahora bien, en 1889-91, un millón de célibes de treinta y un años daba una cifra de suicidios comprendida entre 394 y 627, o sea alrededor de 510. Este número es a 993 como 100 es a 194; lo que implica un coeficiente de agravación de 1,94, que se puede casi elevar a cuatro, sin temor de sobrepasar la realidad[37].

En fin, el Cuerpo de oficiales ha dado un promedio, de 1862 a 1878, de 490, suicidios por millón de sujetos. Su edad media, que no ha debido variar mucho, era en 1866 de treinta y siete años y nueve meses. Como muchos de ellos son casados, no es a los célibes de esa edad a los que hay que compararlos, sino al conjunto de la población masculina, solteros y casados reunidos. Ahora bien; a los treinta y siete años, en 1863-68, un millón de hombres de todos los estados civiles sólo daba un poco más de 200 suicidios. Ese número es a 430 como 100 es a 215, lo que hace un coeficiente de agravación de 2,15, que en nada depende del matrimonio ni de la vida de familia.

Ese coeficiente, que, siguiendo los grados de la jerarquía varía de 1,6 a cerca de cuatro, no puede, evidentemente, explicarse mas que por causas propias del estado militar. Es cierto que no hemos establecido su existencia mas que para Francia; en los otros países nos faltan los datos necesarios para aislar la influencia del celibato. Pero como resulta que, precisamente, es el Ejército francés el menos atacado por el o suicidio, en Europa, con la sola excepción de Dinamarca, se puede estar seguro de que el precedente resultado es general, y hasta de que aun debe ser más marcado en los otros Estados europeos. ¿A qué causa atribuido?

Se ha pensado en el alcoholismo, que, se dice, se ensaña con más violencia en el Ejército que en la población civil. Pero, por lo pronto, si, como hemos demostrado, el alcoholismo no tiene influencia definida sobre el porcentaje de los suicidios en general, no podría tenerla mayor sobre el porcentaje de los suicidios militares en particular. Después, los pocos años que dura el servido, tres en Francia y dos y medio en Prusia, no podrían bastar para producir tan gran número de alcohólicos inveterados con que se pudiese explicar el enorme contingente que el Ejército suministra al suicidio. En fin, aun según los observadores que atribuyen más influencia al alcoholismo, tan sólo le sería imputable la décima parte de los casos. Por consiguiente, aun cuando los suicidios alcohólicos fueran dos o tres veces más numerosos en dos soldados que en los civiles, lo que no está demostrado, quedaría siempre un excedente considerable de suicidios militares a los que habría de buscarse otro origen.

La causa que se ha invocado más frecuentemente es el disgusto del servicio. Esta explicación concuerda con la hipótesis corriente, que atribuye el suicidio a las dificultades de la existencia, porque los rigores de la disciplina, la ausencia de libertad, la privación de toda comodidad, hacen que se esté inclinado a mirar la vida de cuartel como particularmente intolerable. A decir verdad, parece que, desde luego, hay muchas otras profesiones más rudas y que, sin embargo, no refuerzan la inclinación al suicidio. Al menos, el soldado está siempre seguro de tener albergue y comida suficiente. Pero, valgan lo que quieran esas explicaciones, los hechos siguientes demuestran la insuficiencia de esa interpretación simplista:

1º Es lógico admitir que el disgusto del oficio debe ser mucho más pronunciado durante los primeros años de servicio e ir disminuyendo a medida que el soldado se acostumbra a la vida de cuartel. Al cabo de cierto tiempo, debe producirse una aclimatación, sea por efecto de la usanza, sea porque los sujetos más refractarios hayan desertado o se hayan matado, y esta aclimatación debe hacerse tanto más completa cuando la permanencia en el servicio se prolongue más. Así, pues, si fuese el cambio de costumbres y la imposibilidad de hacerse a la nueva existencia, la que determinara la aptitud especial de los soldados por el suicidio, se debería ver el coeficiente de agravación disminuir a medida que estén más largo tiempo bajo las armas. Ahora bien, no pasa nada de esto, como lo prueba el cuadro que sigue:

EJÉRCITO FRANCÉS		EJÉRCITO INGLÉS		
Años de servicio	Subof. y soldados Suicids. anuales c/100.000 1862-69	Edad	Suicids. c/100.000	
			En la Metrópoli	En la India
Menores de 1 año	28	20-25	20	15
De 1 a 3	27	25-30	39	39
De 3 a 5	40	30-35	51	84
De 5 a 7	48	35-40	71	103
De 7 a 10	76			

En Francia, en menos de diez años de servicio, el porcentaje de los suicidios iba triplicado casi, mientras que en los célibes civiles, durante ese tiempo, solamente pasa de 237 a 394. En los Ejércitos ingleses de la India, se hace, en veinte años, ocho veces más elevado; nunca el porcentaje de los civiles progresa tan rápidamente. Esto prueba que la agravación propia del Ejército no está localizada en los primeros años.

Parece que, desde luego, ocurre lo mismo en Italia. Es, cierto que no tenemos cifras proporcionales al efectivo de cada contingente. Pero las cifras en junto son sensiblemente las mismas para cada uno de los tres años de servicio: 15,1 para el primero, 14,8 para el segundo, 14,3 para el tercero. Ahora. bien, es muy cierto que el efectivo disminuye de año en año, a consecuencia de las muertes, de los declarados inútiles, de los licenciados, etc. Las cifras absolutas no han podido, pues, mantenerse en el mismo nivel mas que si las cifras proporcionales han aumentado sensiblemente. No es, sin embargo,. inverosímil que, en algún país, haya al principio del servicio cierto número de suicidios que sean debidos realmente al cambio de existencia, Se cuenta, en efecto, que en Prusia son excepcionalmente numerosos durante los seis primeros meses. Del mismo modo, en Austria, por cada 1.000 suicidios, hay 156 llevados a cabo durante los tres primeros meses[38], lo que ciertamente es una cifra muy considerable. Pero estos hechos no tienen nada de inconciliable con los que preceden. Porque sí es muy posible que, aparte de da agravación temporal que se produce durante este período de perturbación, haya otra que proceda de muy otras causas y que vaya creciendo según una ley análoga a la que hemos observado en Francia y en Inglaterra. Desde luego, en Francia misma, el porcentaje del segundo y tercer año es ligeramente inferior al del primero; lo que no obstante, no impide la progresión ulterior[39].

2° La vida militar es mucho menos penosa, la disciplina menos ruda, para los oficiales y suboficiales que para los simples soldados. El coeficiente de agravación de las dos primeras categorías debería, pues, ser inferior al de la tercera. Sin embargo lo contrario es lo que tiene lugar; lo hemos establecido ya para Francia; el mismo hecho se encuentra en los otros países. En Italia, los oficiales presentaban, durante los años 1871-75, un promedio anual de 565 casos por millón, mientras que la tropa no contaba mas que 230,(Morselli). Para los suboficiales, el porcentaje es todavía más enorme: excede de 1.000 por millón. En Prusia, mientras que los simples soldados no dan mas que 560 suicidios por millón, los suboficiales suministran 1.140. En Austria hay un suicidio de oficial por nueve suicidios de simples soldados, cuando, evidentemente, hay mucho más de nueve hombres de tropa por oficial. Del mismo modo, aunque no haya un suboficial para dos soldados hay un suicidio de los primeros, por 2,5 de los segundos.

3º El disgusto en la vida militar debería ser menor en los que la eligen libremente y por vocación. Los enganchados voluntarios y los reenganchados, deberían presentar una menor aptitud para el suicidio. Muy al contrario, éste es excepcionalmente crecido.

Años		% suicids. x mill.	Edad media probabl e	% célibes civiles misma edad (1880-91)	Coef. agrava- ción
1875-78	Voluntarios	670	25 años	e/237 y394 (315)	2,12
	Reenganchados	1.300	30 años	e/394 y627 (510)	2,54

Por las razones que hemos expuesto, esos coeficientes, calculados con relación a los célibes de 1889-91, están por debajo de la realidad. La intensidad de la inclinación que manifiestan los reenganchados es, sobre todo, notable, puesto que continúa en el Ejército después de haber hecho la experiencia de la vida militar.

Así, los miembros del Ejército a quienes ataca más el suicidio son los que tienen más vocación por esta carrera, los que están más hechos a sus exigencias y más al abrigo de las molestias e inconvenientes que puede tener. Es porque el coeficiente agravatorio especial de esta profesión tiene por causa, no la repugnancia que inspira, sino, por el contrario, el conjunto de estados, costumbres adquiridas o predisposiciones naturales que constituyen el espíritu militar. La primera cualidad del soldado es una especie de impersonalidad que no se encuentra en ninguna parte, en el mismo grado, en la vida civil.

Es preciso que esté ejercitado en hacer poco caso de su existencia, puesto que debe hallarse dispuesto a su sacrificio en cuanto se le ordene. Aun aparte de estas circunstancias excepcionales, en tiempo de paz, y en la práctica cotidiana de la profesión, la disciplina exige que obedezca sin discutir y aun muchas veces sin comprender. Pero para eso es necesaria una abnegación intelectual poco compatible con el individualismo. Es preciso estar muy débilmente apegado a la individualidad para conformarse tan rápidamente con los impulsos exteriores. En una palabra, el soldado tiene las principios de su conducta fuera de sí mismo, que es lo que caracteriza al estado de altruismo. De todas las partes que componen nuestras sociedades modernas, el Ejército es, por la demás, la que recuerda mejor la estructura de las sociedades inferiores. Consiste también en un grupo macizo y compacto, que enmarca fuertemente al individuo y le impide moverse con movimiento propio. Puesto que esta constitución moral es, pues, el terreno natural del suicidio altruista, hay mucha razón para suponer que el suicidio militar tiene ese mismo carácter y proviene del mismo origen.

Así se explicará por qué el coeficiente agravatorio aumenta con la duración del servicio; es que esta aptitud para la renuncia, este gusto por la impersonalidad se desarrolla por consecuencia de un adiestramiento más prolongado. Del mismo modo, como el espíritu militar es necesariamente más fuerte en los reenganchados y en los que tienen graduación que en los simples soldados; es natural que los primeros estén más especialmente inclinados al suicidio que los segundos. Esta hipótesis permite, además, comprender la singular superioridad que los suboficiales tienen, a este respecto, sobre los oficiales. Si se matan más, es porque no hay función que exija hasta tal grado el hábito de la sumisión y de la pasividad. Por disciplinado que esté el oficial, debe ser, en cierta medida, capaz de iniciativa; tiene un campo de acción más extenso; por consiguiente, una individualidad más desarrollada. Las condiciones favorables al suicidio altruista están, pues, menos realizadas en él, que en el suboficial; teniendo un sentimiento más vivo de la que vale su vida, está menos propenso a deshacerse de ella.

Esta explicación no sólo es la de los hechos que han sido anteriormente expuestos, sino que está, además, confirmada por los que siguen:

1º Del cuadro XXIII se desprende que el coeficiente de agravación militar es tanto más elevado cuanto menos inclinación al suicidio tenga la población civil, e inversamente.

En Dinamarca, la tierra clásica del suicidio, los soldados no se matan más que el resto de los habitantes. Las ejército más fecundos en suicidios son, en seguida, Sajonia, Prusia y Francia; el ejército no está en ellas muy atacado; su coeficiente de agravación varia entre 1,25 y 1,77. Por el contrario, es muy considerable para Austria, Italia, Estados Unidos e Inglaterra, países donde las clases civiles se matan muy poco. Rosenfeld, en el artículo citado, habiendo procedido a una clasificación de los principales países de Europa, desde el punto de vista del servicio militar, sin pensar, por otra parte, en sacar de esta consecuencia ninguna clasificación teórica, ha llegado a los mismos resultados. He aquí, en efecto, en qué orden coloca dos diferentes Estados con los coeficientes calculados por él:

	Coef. agrav. sold. s/civiles 20-30 años	% poblac. x mill.
Francia	1,3	150 (1871-75)
Prusia	1,8	133 (1871-75)
Inglaterra	2,2	73 (1876)
Italia	entre 3 y 4	37 (1876)
Austria	8	72 (1864-72)

Salvo que Austria debería venir antes que Italia, la inversión es absolutamente regular[40].

Aun se observa de una manera más notable en el interior del imperio austrohúngaro. Los cuerpos de Ejército que tienen el coeficiente de agravación más elevado, son los que están de guarnición en las regiones donde las clases civiles gozan de la más fuerte inmunidad, e inversamente:

Territorios militares	Coef. agrav. sold. s/civiles de +20 años		Suicids. civiles + de 20 años xmill.	
Viena (Austria inf. y sup. Salzburgo)	1,42		580 620 660	
Brunn (Moravia y Silesia)	2,41		240	
Praga (Bohemia)	2,58	Prom. 2,46	250	Prom. 480
Insbruck (Tyrol, Vorarlberg)	2,41		290	
Zara (Dalmacia)	3,48	?		?
Graz (Steiermarck, Carinthia, Carniola) Cracovia	3,58	Prom. 3,82	810	Prom. 283
Bukovina)	4,41			

Sólo hay una excepción: la del Innsbruck, donde el porcentaje de los civiles es débil y donde el coeficiente de agravación no es más que mediano.

Del mismo modo, en Italia, Bolonia es, de todos los distritos, aquél donde menos se matan los soldados (180 suicidios por un millón); es también donde más se matan los civiles (89,5).
Las Ponilles y los Abruzos, al contrario, cuentan muchos suicidios militares (370 y 400 por millón), y sólo 15 ó 16 suicidios civiles. Observaciones análogas se pueden hacer en Francia. El Gobierno militar de París, con 260 suicidios por un millón, está muy por debajo del cuerpo de Ejército de Bretaña, que tiene 140. Aun en París, el coeficiente de agravación debe ser insignificante, puesto que, en el Sena, un millón de célibes de veinte a veinticinco años da 214 suicidios.
Esos hechos prueban que las causas del suicidio militar son, no sólo diferentes, sino inversas de las que más contribuyen a determinar los suicidios civiles, En las grandes sociedades europeas, esos últimos son, sobre todo, debidos a la individuación excesiva que acompaña a la civilización. Los suicidios militares deben depender, pues, de la disposición contraria, a saber: de una individuación débil, o de lo que hemos llamado el estado de altruismo. De hecho, los pueblos donde el ejército está más predispuesto al suicidio, son también aquellos menos adelantados, y cuyas costumbres se acercan más a las que se observan en las sociedades inferiores. El tradicionalismo, ese antagonismo por excelencia del espíritu individualista, está mucho más desarrollado en Italia, en Austria y aun en Inglaterra, que en Sajonia, en Prusia y en Francia. Es más intenso en Zara y en Cracovia que en Gres y que en Viena; en las Ponilles que en Roma o en Bolonia; en la Bretaña que en el Sena. Como preserva del suicidio egoísta, se comprende sin pena que donde aun es poderoso, la población civil cuente pocos suicidios. Sólo que no tiene esta influencia profiláctica más que cuando permanece moderado. Si excede de cierto grado de intensidad, llega a ser una fuente originaria de suicidios. Pero el ejército, como sabemos, tiende necesariamente a exagerarlo, y está tanto más expuesto a exceder la medida cuanto más ayuda y reforzada sea su propia acción por la del medio ambiente. La educación que da tiene efectos tanto más violentos cuanto más conforme se encuentra con las ideas y con los sentimientos de la población civil misma; porque entonces, ya no está contenida por nada. Al contrario, donde el espíritu militar está sin cesar y enérgicamente contradicho por la moral pública, no puede ser tan fuerte como donde todo concurre a inclinar al joven soldado en la misma dirección. Se explica, pues, que en los países en que el estado de altruismo es suficiente para proteger en cierta medida el conjunto de la población, el ejército la lleve fácilmente a tal punto, y sea en ella la causa de una notable agravación[41].
2° En todos los Ejércitos, las tropas escogidas son las que tienen más elevado coeficiente de agravación.

	Edad media real o prob.	Suicids. x millón		Coef. de agrav.
Cuerpos espec. París Gendarmería	de 30 a 35 - --	570 (1862-78) 570 (1873)	2,45 2,45	Con respcto a poblac. civil. masc. de 35 años (todos los estados)
Veteranos (suprim. en 1872)	de 45 a 55	2.860	2,37	Con respecto a célibes misma edad, años 1889-91

Esa última cifra, calculada con respecto a los célibes, desde 1889-91, es mucho más débil, y, sin embargo, resulta muy superior a la de las tropas ordinarias. Del mismo modo en el Ejército de Argelia, que pasa por ser escuela de virtudes militares, el suicidio ha dado, durante el período 1872-78, una mortalidad doble de la que han suministrado, en el mismo momento, las tropas estacionadas en Francia (570 suicidios por un millón, en lugar de 280). Al contrario, las armas menos atacadas son los pontoneros, los ingenieros, los enfermeros, los obreros de administración, es decir, aquellas cuyo carácter militar está menos acusado. Del mismo modo, en Italia, mientras que el Ejército, en general, durante los años 1878-81, daba solamente 430 casos por millón, los *bersaglieri* tenían 580, los carabineros 800, las escuelas militares y los batallones de instrucción, 1.010.

Lo que distingue a las tropas elegidas es el grado intenso a que llega en ellas el espíritu de abnegación y de renunciación militar. El suicidio en el ejército varía siguiendo ese estado moral.

3° Una última prueba de esta leyes que el suicidio militar está por todas partes en decadencia. En Francia, en 1862, había 630 casos por millón; en 1890 no hay mas que 280. Se ha pretendido que esta disminución se debe a las leyes que han reducido la duración del servicio. Pero el movimiento regresivo es muy anterior a la nueva ley de Reclutamiento. Es continuo desde 1862, salvo un alza bastante importante de 1882 a 1888[43]. Además, se le encuentra en todas partes. En Prusia, los suicidios militares han pasado de 716 por millón, en 1877, a 457 en 1893; en toda Alemania, de 707, en 1877, a 550, en 1890; en Bélgica, de 391, en 1885, a 185, en 1891; en Italia, de 431, en 1876, a 389, en 1892. En Austria y en Inglaterra, la disminución es poco sensible, pero no hay aumento (1.209, en 1892, en el primero de esos países, y 210 en el segundo, en 1890, en lugar de 1.277 y 217 en 1876).

Ahora bien; si nuestra explicación tiene fundamento, es así, desde luego, como debían pasar las cosas. En efecto, el hecho constante es que, durante el mismo tiempo, se ha producido en todos los países un retroceso del viejo espíritu militar. Con razón o sin ella, esos hábitos de obediencia pasiva, de sumisión absoluta en una palabra, de impersonalidad, se han encontrado cada vez más en contradicción con las exigencias de la conciencia pública. Por consiguiente, iban perdido terreno. Para dar satisfacción a las nuevas aspiraciones, la disciplina se ha hecho menos rígida, menos opresora del individuo[44].

Por otra parte, es notable que en esas mismas sociedades, y durante el mismo tiempo, los suicidios civiles no han hecho más que aumentar. Esta es una nueva prueba de que la causa de que dependen tiene una naturaleza contraria a la que engendra, más. generalmente, la aptitud especifica de los soldados.

Todo prueba, que el suicidio militar no es más que una forma del suicidio altruista. Seguramente no queremos decir que todos los casos particulares que se producen en los regimientos tienen ese carácter y ese origen. El soldado, al vestir el uniforme, no se convierte en un hombre enteramente nuevo; los efectos de la educación que ha recibido, de la existencia que hasta entonces ha llevado, no desaparecen como por encanto; y, por otra parte, no está tan separado del resto de la sociedad para que no participe en la vida común. Puede ocurrir que el suicidio que comete sea en alguna ocasión civil por sus causas y por su naturaleza. Pero una vez que se han eliminado esos casos esparcidos, sin lazos entre si, queda un compacto y homogéneo, que comprende la mayor parte de los suicidios, cuyo teatro es el ejército y que depende de ese estado de altruismo, sin el cual no hay espíritu militar. Este es el suicidio de las sociedades inferiores que sobrevive entre nosotros, porque la moral militar es, en ciertos aspectos, una supervivencia de la moral primitiva[45]. Bajo el influjo de esta predisposición, el soldado se mata por la menor contrariedad, por los motivos más fútiles, por un permiso rehusado, por una reprensión por un castigo injusto, por una detención en su ascenso, por una cuestión de honor o por un acceso de celos pasajeros, o hasta, sencillamente, porque han tenido lugar otros suicidios ante su vista y ante su conocimiento. He aquí en efecto, de donde provienen esos fenómenos de contagio que se han observado a menudo en los ejércitos y de que más arriba hemos citado ejemplos. Son inexplicables, si el suicidio depende, esencialmente, de causas individuales. No se puede admitir que el azar haya reunido justamente en tal regimiento, sobre tal punto del territorio, un número tan grande de individuos predispuestos al homicidio de sí mismos por su constitución orgánica. Por otra parte, aun es más inadmisible que tal propagación imitativa puede tener lugar fuera de toda predisposición. Pero el hecho se explica fácilmente cuando se reconoce que la carrera de las armas desarrolla una constitución moral, que inclina poderosamente al hombre a deshacerse de la existencia. Porque es natural que esta constitución se encuentre en diversos grados, en la mayor parte de los que están o han pasado por el ejército, y como ella es para los suicidios un terreno eminentemente favorable, hace falta poco para traducir en actos la inclinación a matarse que encubre; basta el ejemplo para tal fin. Por eso se esparce como un reguero de pólvora en los sujetos así preparados a seguirle.

III

Ahora se puede comprender mejor el interés que habrá en dar una definición objetiva del suicidio y en permanecer fiel a ella.

Como el suicidio altruista, aun presentando los rasgos cafestaciones más notables, a ciertas categorías de actos que estamos habituados a honrar con nuestra estimación y aun con nuestra admiración, se ha rehusado a menudo el considerarlo como un homicidio de sí mismo. Se recuerda que, para Esquirol y Falret, la muerte de Catón y la de los Girondinos no eran suicidios. Pero entonces, si los suicidios que tienen por causa visible e inmediata el espíritu de renunciamiento y de abnegación, no merecen ser calificados así, no podría el concepto convenir más a los que proceden de la misma disposición moral, aunque de una manera menos aparente; porque los segundos no difieren de los primeros más que por algunos matices. Si el habitante de las islas Canarias que se precipita en una mina para honrar a su Dios, no es un suicida, ¿cómo dar ese nombre al sectario de Siria que se mata para entrar en la nada al primitivo que, bajo la influencia del mismo estado mental, renuncia a la existencia por una ligera ofensa que ha sufrido o simplemente para manifestar su desprecio de la vida; al quebrado, que prefiere no sobrevivir a su deshonor; en fin, a esos numerosos soldados que vienen a engrosar todos los años el contingente de las muertes voluntarias? Porque todos esos casos tienen por raíz ese mismo estado de altruismo, que es igualmente la causa de lo que se podría llamar el suicidio heroico. ¿Se los clasificará solamente como suicidios, y no se excluirá a aquellos cuyo móviles particularmente puro? Pero, por lo pronto, ¿con qué criterio se dividirán? ¿Cuándo deja de ser un motivo bastante laudable, para que el acto que determina pueda ser calificado de suicidio? Luego, al separar radicalmente una de otra esas dos categorías de hechos, se está condenado a desconocer su naturaleza. Porque es en el suicidio altruista obligatorio donde están mejor señalados los caracteres esenciales del tipo. Las otras variedades no son más que formas que de él derivan. Así, o bien se tendrá como no acaecido un grupo considerable de fenómenos instructivos, o bien, si no se les rechaza a todos, aparte de que no se podrá hacer entre ellos más que una elección arbitraria, se estará en la imposibilidad de conocer el tronco común al que se enlazan los que se hayan retenido. Tales son los peligros a que se está expuesto cuando se hace depender la definición del suicidio de los sentimientos objetivos que inspira.

Por otra parte, aun las razones de sentimiento por las que se cree justificar esta exclusión, no están fundadas. Se apoyan en el hecho de que los móviles de que proceden ciertos suicidios altruistas se encuentran, bajo una forma apenas diferente, en la base de los actos que todo el mundo considera como morales. Pero, ¿ocurre de otro modo con el suicidio egoísta? ¿No tiene su moralidad el sentimiento de la autonomía individual, así como el sentimiento contrario? Si esta es una condición de cierto valor, que fortalece los corazones y llega hasta endurecerlos, la otra los enternece y los hace propicios a la piedad. Si, donde reina el suicidio altruista, el hombre está siempre dispuesto a dar su vida, en desquite, no hace más caso de la vida de otro. Por el contrario, donde pone tan alta la personalidad individual, que ya no percibe ningún fin que la exceda, la respeta en los demás. El culto que por ella tiene hace que sufra por todo lo que pueda disminuida, aun en sus semejantes. Una simpatía más amplia por los sufrimientos humanos sucede a las abnegaciones fanáticas de los tiempos primitivos. Cada clase de suicidios no es, pues, más que la forma exagerada o desviada de una virtud. Pero entonces, la manera cómo afectan a la conciencia moral, no los diferencia lo bastante para que se tenga el derecho de hacer de ellos tantos géneros separados.

[1] Bibliografía: Steinmetz, *Suicide among primitive Peoples*, en *American Anthropologie*, enero 1894. –Waitz, *Anlhropologie der Naturvoelker, passim.* –*Suicides dans les Armées*, en el *Journal de la société de statistique*, 1874, p. 250. –Millar, *Statistic of military suicide*, en el *Journal of the statistical society*, Londres, junio 1874. Mesnier, *Du suicide dans l'Armée*, Paris 1881. –Bournet, *Criminalité en France et Italie*, p. 83 y siguientes. –Roth, *Die Selbstmorde in der K. u. K. in den Iahren 1873-80*, en *Statistische Monatschrift* 1892. –Rosenfeld, *Die Selbstmorde in der Preussischen Armée*, en *Militarwochenblatt*, 1894, 3° Beiheft. –Del mismo, *Der Selbstmorded in der K. u. K. oesterreischischen Heere*, en *Deutsche Worte*, 1893. –Antony, *Suicide dons l'armée allemande*, en *Arch. de med. et de phar. militaire*, Paris 1895.

[2] Oetingen, *Moralstatistik*, p. 762.

[3] Cita tomada de Brierre de Boismont, p. 23.

[4] *Punica*, I, 225 y siguientes.

[5] *Vida de Alejandro*, CXIII.

[6] VIII, 9.

[7] V. Wyatt Gill, *Myths and songs of the South Pacific*, p. 163.

[8] Frazer, *Golden Bough*, t. I, p. 216 y siguientes.

[9] Estrabon, párrafo 486. –Elien, V. H. 337.

[10] Diodoro de Sicile, III, 33, párrafos 5 y 6.

[11] Pomponio, Mela; III, 7.

[12] *Histoire de Francc*, I, 81. *Cfr.* César, *De Bello Gallico*, VI, 10.

[13] V. Spencer, *Sociologie*, t. II, p. 146.

[14] V. Jarves, *History of the Sandwich Islands*, 1843, p. 108.

[15] Es probable que haya también en el fondo de esas prácticas la preocupación de impedir al espíritu del muerto la vuelta a la tierra para buscar las cosas y los seres que le afectan de cerca. Pero esta misma preocupación implica que servidores y clientes están estrechamente subordinados al dueño, que son inseparables de él, y que, además, para evitar las desgracias que resultaran de la persistencia del espíritu en este mundo, deben sacrificarse en interés común.

[16] V. Frazer, *Golden Bough*, loc. cit. y pássim.

[17] V. *Division du travail social*, pássim.

[18] César, *Guerra de las Galias*, VI, 14.–Valerio Máximo, VI, 11 y 12. –Plinio, *Hist. nato* IV, 12.

[19] Posidonio, XXIII, ap. Athen. Deipno, IV, 154.

[20] Elien, XII, 23.

[21] Waitz, *Anthropologie der Naturvoelker*, t. VI, p. 115.

[22] *Ibíd.*, t. III, pr1mer Hoelfte, p. 102.

[23] Mary Eastman, *Dacotah*, p. 89, 169. –Lombroso, *L'Uomo delinquente*, 1884, p. 51.

[24] Lisle, op. cit., p. 333.

[25] *Lois de Manou*, VI, 32 (trad. Loiseleur).

[26] Barth, *The religions of India*, Londres, 1891, p. 146.

[27] Bühler, *Uber die Indische Secte der Jaina*, Vienne, 1897, p. 10, 19 y 37.

[28] Barth, op. cit., p. 279.

[29] Heber, *Narrative of a Journey through the Upper Provinces of India*, 1824-25, cap. XII.

[30] Forsyth, *The Highlands of Central India*, Londres, 1871, p. 172-175.

[31] V. Burnell, *Glossary*, 1886, en la palabra *Jagarnnth*. La práctica casi ha desaparecido; sin embargo, aun se han observado en nuestros días casos aislados. V. Stirling, *Asiat. Resch.*, t. XV, p. 324.

[32] *Histoire du japon*, t. II.

[33] Se ha llamado *acedia* el estado moral que determinaba esos suicidios. V. Boucquelot, *Recherches sur les opinions et la législation en matière de mort volontaire pendant le moyen âge*.

[34] Es verosímil que los suicidios, tan frecuentes en los hombres de la revolución, se debían, a lo menos en parte, a un estado de espíritu altruista. En esos tiempos de luchas interiores, de entusiasmo colectivo; la personalidad individual había perdido su valor. Los intereses de la patria o del partido, estaban sobre todo. La multiplicidad de las ejecuciones capitales proviene, sin duda, de la misma causa. Se mataba a otro tan fácilmente como a uno mismo.

[35] Las cifras relativas a los suicidios militares están tomadas de documentos oficiales, o de Wágner (op. cit., pág. 229 y sig.); las cifras relativas a los suicidios civiles, de documentos oficiales, de las indicaciones de Wágner o de Morselli. Para los Estados Unidos hemos supuesto que la edad media, en el ejército era, como en Europa, de veinte a treinta años.

[36] Nueva prueba de la ineficacia del factor orgánico en general y de la selección matrimonial en particular.

[37] Durante los años 1867-74, el porcentaje de los suicidios da alrededor de 140; en 1889-91 es de 210 a 220, o sea un aumento de cerca de 60 por 100. Si el porcentaje de los célibes ha crecido en la misma medida, y no hay razón de que sea de otro modo, no habría sido durante el primero de esos períodos más que de 319, lo que elevaría a 3,11 el coeficiente de agravación de los suboficiales. Si no habíamos de los suboficiales después de 1874, es porque, a partir de ese momento, hubo cada vez menos suboficiales de carrera.

[38] V. el artículo de Roth, en la *Stat. Monatschrift*, 1892, p. 200.

[39] Para la Prusia y el Austria, no tenemos el efectivo por años de servicio, lo que nos impide establece los números proporcionales. En Francia se ha pretendido que si, al terminar la guerra, dos suicidios militares habían disminuido, en porque el servicio se había hecho menos largo (5 años en lugar de 7). Pero esta disminución no se ha mantenido, y, a partir de 1882, las cifras han subido sensiblemente. De 1882 a 1889 han vuelto a ser lo que eran antes de la guerra, oscilando entre 322 y 424 por millón, y esto, aunque el servicio haya sufrido una nueva reducción: 3 años en lugar de 5.

[40] Se puede preguntar si la enormidad del coeficiente de agravación militar en Austria no procede de que la estadística de los suicidios en el ejército está mejor llevada que en la población civil.

[41] Se notará que el estado de altruismo es inherente a la región. El cuerpo de ejército de Bretaña no está compuesto exclusivamente de bretones, pero sufre la influencia del estado moral ambiente.

[42] Porque los gendarmes y los guardia municipales son a menudo casados.

[43] Este alza es demasiado importante para ser accidental. Si se observa que se ha producido exactamente en el momento en que comenzaba el período de las empresas coloniales, se tiene derecho a preguntar si las guerras que aquéllas han producido no han determinado un despertar del espíritu militar.

[44] No queremos decir que los individuos sufrían por esta opresión y se mataban porque la sufrían. Se mataban más porque estaban más individualizados.

[45] Lo que no quiere decir que deba desaparecer desde ahora. Dichas supervivencias tienen sus razones de ser, y es natural que una parte del pasado subsista en el seno del presente. La vida está hecha de estas contradicciones.

Capítulo V

El suicidio anómico

Pero la sociedad no es solamente un objeto que atraiga, con una intensidad desigual, los sentimientos y la actividad de los individuos. Es también un poder que los regula. Existe una relación entre la manera de ejercer esta acción reguladora y el porcentaje social de los suicidios.

I

Es conocida la influencia agravante que tienen las crisis económicas sobre la tendencia al suicidio.

En Viena, en 1873, se declara una crisis financiera, que alcanza su máximum en 1874, en seguida se eleva el número de los suicidios. De 141 en 1872, suben a 153 en 1873, y a 216 en 1874, con un aumento de 51 por 100 con relación a 1872, y de 41 por 100 con relación a 1873. Lo que prueba que esta catástrofe es la única causa de este crecimiento, es que el mismo se hace sentir, sobre todo en el momento en que la crisis se agudiza; es decir, durante los cuatro primeros meses de 1874. Desde 1º de enero al 30 de abril, se habían contado 48 suicidios. en 1871, 44 en 1872, 43 en 1873; en 1874 fueron 73. El aumento es de 70 por 100. Al producirse la misma crisis, en la misma época, en Francfort-sur-le-Mein, ocasionó los mismos efectos. En los años que precedieron a 1874 se producían 22 suicidios al año por término medio; en 1874 hubo 32, ó sea un 45 por 100 más.

No se ha olvidado el famoso *crac;* que se produjo en la Bolsa de París durante el invierno de 1892. Las consecuencias se lucieron sentir no solamente en París, sino en toda Francia. Desde 1874 a 1886, el crecimiento medio anual no es más que de un 2 por 100; en 1882 es de un 7 por 100. Además no se reparte igualmente entre las diferentes épocas del año, sino que tiene lugar sobre todo durante los tres primeros meses es decir, en el preciso instante en que se produjo el crac. A este solo trimestre corresponden las 59 centésimas del aumento total. De tal modo es esta elevación el producto de circunstancias excepcionales, que no solamente no se la encuentra en 1881, sino que ha desaparecido en 1883, aunque este último año tenga, en conjunto, unos pocos más suicidios que el precedente:

	1881	1882	1883
Año total	6.741	7.213 (+7%)	7.267
Primer trimestre	1.589	1.170 (+ 11%)	1.604

Esta relación no se comprueba solamente en algunos casos excepcionales: es la ley. La cifra de las quiebras es un barómetro que refleja con sensibilidad suficiente las variaciones por que pasa la vida económica. Cuando, de un año a otro, se hacen bruscamente más numerosas, se puede estar seguro de que se ha producido alguna grave perturbación. Desde 1845 a 1869 se han originado por tres veces estas súbitas elevaciones, síntomas de crisis.

Mientras que, durante este período, el crecimiento anual del número de quiebras es de 3,2 por 100, en 1847 es de 26 por 100; en 1854, de 37 por 100, y en 1861, de 20 por 100.

Ahora bien; en estos tres momentos se comprueba igualmente una ascensión, excepcionalmente rápida, en la cifra de los suicidios. Mientras que, durante estos 24 años, el aumento medio anual es solamente de 2 por 100, en 1847 es de 17 por 100; en 1854, de 8 por 100; en 1861, de 9 por 100.

¿Pero a qué deben su influencia estas crisis? ¿.Es porque, al hacer vacilar la fortuna pública, aumenta la miseria? ¿Es porque, al tornarse la vida más difícil, se renuncia a ella de mejor gana. La explicación seduce por su sencillez; por otra parte, se halla conforme con la concepción corriente del suicidio. Pero está contradicha por 100 hechos.

En efecto, si las muertes voluntarias aumentasen cuando la vida se hace más ruda, deberían disminuir sensiblemente cuando el bienestar aumenta. Ahora bien: si cuando el precio de los artículos de primera necesidad se eleva con exceso, los suicidios, generalmente, hacen lo mismo, no se comprueba que desciendan por bajo del término medio en el caso contrario. En Prusia, en 1850, el trigo alcanzó el precio más bajo de todo el período 1848-81; estaba a 6,91 marcos los 50 kilos; sin embargo, en este mismo momento, los suicidios, de 1.527, donde estaban en 1849, pasan a 1.736, sufren un aumento de 13 por 100, y continúan creciendo durante los años 1851, 1852 y 1853, aunque la baratura persistía. En 1859 se produjo una nueva baja; sin embargo, los suicidios se elevan de 2.038 en 1857, a 2.126 en 1858, a 2.146 en 1859. De 1863 a 1866, los precios, que habían alcanzado 11,04 marcos en 1861, caen progresivamente hasta 7,95 marcos en 1864, y permanecen muy mediados durante todo el período; los suicidios, durante este mismo tiempo, aumentan de 17 por 100 (2.112 en 1862, 2.485 en 1866)[1]. En Baviera se observan hechos análogos. Según una curva construida por Mayr[2] para el período 1835-61, es, durante los años 1857-58 y 1858-59, cuando ha estado más bajo el precio del centeno; ahora bien: los suicidios, que en 1857 no eran más que 286, suben a 329 en 1858, después a 387 en 1859. El mismo fenómeno se había producido durante los años 1848-50; el trigo, en este momento, había estado muy barato, como en toda Europa. Y, sin embargo, a pesar de una disminución ligera y provisional, debida a los acontecimientos políticos y de la que hemos hablado, los suicidios se mantuvieron en el mismo nivel. Se contaban 217 en 1847, todavía eran 215 en 1848, y si en 1849 descendieron un instante a 189, desde 1850 vuelven a subir, y se elevan hasta 250.

Tampoco contribuye el crecimiento de la miseria al de los suicidios, que hasta las crisis dichosas, cuyo efecto es el de acrecentar bruscamente la prosperidad de un país, influyen en el suicidio lo mismo que los desastres económicos.

La conquista de Roma por Víctor Manuel en 1870, al fundar definitivamente la unidad de Italia, ha sido para ese país el punto de partida de un movimiento de renovación, que está en camino de hacer de ella una de las grandes potencias de Europa. El comercio y la industria recibieron un vivo impulso y le produjeron transformaciones de extraordinaria rapidez. Mientras que en 1876, 4.459 calderas de vapor, con una fuerza total de 54.000 caballos, bastaban a las necesidades industriales, en 1887, el número de máquinas era de 9.983, y su poder, elevado a 167.000 caballos de vapor, estaba triplicado. Naturalmente, la cantidad de los productos aumentó durante el mismo tiempo en la misma proporción[3]. Los cambios siguieron la proporción; no solamente la marina mercante, las vías de comunicación y de transporte se desarrollaron, sino que el número de las cosas y las personas transportadas se duplicó[4]. Como esta actividad general trajo un aumento de los salarios (se estima en 35 por 100 el aumento, de 1873 a 1879), la situación material de los trabajadores se mejoró tanto más cuanto que, en este momento, el precio del pan fue bajando[5]. En fin, según los cálculos de Bodio, la riqueza privada había pasado de 45.500 millones, más o menos, durante el, período 1875-80, a 51.000 millones durante los años 1880-85, y 54.500 millones en 1885-90[6].

Ahora bien, paralelamente a este renacimiento colectivo, se comprueba un aumenta excepcional en el número de suicidios. De 1866 a 1870 habían permanecida casi constantes; de 1871 a 1877 aumentan un 36 por 100. Había en

1864-70	29 suicids x mill.	1874	suicids x mill.	37
1871	31	1875		34
1872	33	1876		36,5
1873	36	1877		40,6

Y después, el movimiento ha continuado. La cifra total, que era de 1.139 en 1877, ha pasada a 1.463 en 1889, a sea un nueva aumento de 28 por 100.

En Prusia se ha producido el mismo fenómeno en dos ocasiones. En 1866 este reino obtiene un primer aumento. Se anexiona muchas provincias importantes al misma tiempo que llega a ser la capital de la Confederación del Norte.

Esta ganancia de gloria y de poder se acompaña en seguida de una brusca floración de suicidios. Durante el período 1856-1860 hubieron, por término medio anual, 123 suicidios por un millón, y 122 solamente durante las años 1861-65. En el quinquenio 1866-70, a pesar de la baja que se produjo en 1870, el término medio se eleva a 133. En el año 1867, el que siguió inmediatamente a la victoria, es cuando los suicidios alcanzaron el punto más alto a que habían llegado desde 1816 (un suicidio por 5.423 habitantes, mientras que en 1864 no había más que un caso sobre 8.739).

Al terminar la guerra de 1870, se produjo una nueva transformación feliz. Alemania se ha unificado y colocado por completo bajo la hegemonía de Prusia. Una enorme indemnización de guerra viene a engrosar la fortuna pública; el comercio y la industria se desarrollan. Jamás ha sido tan rápido el desenvolvimiento del suicidio. Desde 1875 a 1886, aumenta un 70 por 100, pasando de 3.278 a 6.212.

Las Exposiciones universales, cuando tienen éxito, son consideradas como un feliz acontecimiento en la vida de una sociedad. Estimulan los negocios, traen más dinero al país y pasan por aumentar la prosperidad. pública, sobre todo en la ciudad misma donde tienen lugar. Y, sin embargo, no es imposible que al final se cancelen con una elevación considerable de la cifra de los suicidios. Es lo que parece, sobre todo, haberse cumplido en la Exposición. de 1878. El aumento ha sido, ese año, el más elevado que se haya producido de 1874 a 1886. Fue de un 8 por 100; por consecuencia, superior al que determinó el *crac* de 1882. Y lo que no permite ni siquiera suponer que esta recrudescencia haya tenido otra causa que la Exposición, es que los 86 centésimos de este aumento han tenido lugar justamente durante los seis meses que ha durado.

En 1889 no se ha reproducido el mismo hecho para el conjunto de Francia. Pero es posible que la crisis *boulangista,* por la influencia depresiva que ha ejercido sobre la marcha de los suicid ios, haya neutralizado los efectos contrarios de la Exposición. Lo cierto es que en París, y aunque las pasiones políticas desencadenadas hubiesen debido tener la misma relación que en el resto del país, pasaron las cosas como en 1878. Durante los siete meses de la Exposición, los suicidios aumentaron cerca de un 10 por 100, exactamente 9,66, mientras que en el resto del año, permanecieron por debajo de lo que habían sido en 1888 y de lo que fueron en seguida en 1890.

	1888	1889	1890
Los siete meses que corresponden a la Exposición	517	567	540
Los otros cinco meses	319	311	356

Puede preguntarse si sin el *boulangismo* no hubiese sido el alza más pronunciada.

Pero lo que demuestra mejor aún que el desastre económico no tiene la influencia agravante que se le ha atribuido a menudo, es que produce más bien el efecto contrario. En Irlanda, donde el aldeano vive una vida tan penosa, se matan muy poco. La miserable Calabria, no cuenta, por decirlo, así, con suicidios; España tiene 10 veces menos que Francia. Hasta se puede decir que la miseria protege. En los diferentes departamentos franceses, los suicidios son tanto más numeroso, cuanto más gentes hay que viven de sus rentas.

Suicids. x 100.000 hab. (1878-1887)	Prom. depersonas que viven de sus rentas x 1.000 hab. en c/grupo de deptos. (1886)
De 48 a 43 suicids, 5 deptos.	127
De38 a 31 suicids. 6 deptos.	73
De 30 a 24 suicids. 6 deptos.	69
De 23 a18 suicids. 15 deptos.	59
De 17 a 13 suicids. 18 deptos.	49
De 12 a 8 suicids. 26 deptos.	49
De 7 a 3 suicids. 10 deptos.	42

La comparación de los mapas confirma la de los promedios. Así, pues, si las crisis industriales o financieras aumentan los suicidios, no es por no que empobrecen, puesto que las crisis de prosperidad tienen el mismo resultado; es porque son crisis, es decir, perturbaciones de orden colectivo[7].

Toda rotura de equilibrio, aun cuando de ella resulte un bienestar más grande y un alza de la vitalidad general, empuja a la muerte voluntaria. Cuantas veces se producen en el cuerpo social graves reorganizaciones, ya sean debidas a un súbito movimiento de crecimiento o a un cataclismo inesperado, el hombre se mata más fácilmente. ¿Cómo es posible esto? ¿Cómo lo que se considera generalmente como un mejoramiento de la existencia puede separar de ella?

Para contestar a esta pregunta son necesarias algunas consideraciones prejudiciales.

II

Un ser vivo cualquiera no puede ser feliz, y hasta no puede vivir más que si sus necesidades están suficientemente en relación con sus medios. De otro modo, si exigen más de lo que se les puede conceder, estarán contrariadas sin cesar y no podrán funcionar sin dolor. Ahora bien: un movimiento que no puede producirse sin sufrimiento tiende a no reproducirse. Las tendencias que no están satisfechas se atrofian, y como la tendencia a vivir no es más que el resultado de todas las otras, tiene que debilitarse si las otras se aflojan.

En el animal, a lo menos en estado normal, este equilibrio se establece con una espontaneidad automática, porque depende de condicio nes puramente materiales. Todo lo que reclama el organismo es que las cantidades de substancia y de energía, empleados sin cesar en vivir, sean reemplazadas periódicamente por cantidades equivalentes: es que la reparación sea igual al desgaste. Cuando el vado que la vida ha ahondado con sus propios recursos está colmado, el animal se encuentra satisfecho y no pide nada más. Su reflexión no está bastante desarrollada para imaginar otros fines que los implícitos en su naturaleza física. Por otra parte, como el trabajo pedido a cada órgano depende el mismo del estado general de las fuerzas vitales y de las necesidades del equilibrio orgánico, el desgaste, a su vez, se regula sobre la reparación, y la balanza se realiza por sí misma. Los límites del uno son también los de la otra: están igualmente inscritos en la constitución misma del viviente, que no tiene medios de sobrepasarlos.

Pero no ocurre lo mismo con el hombre, porque la mayor parte de sus necesidades no están, o no están en el mismo grado, bajo la dependencia del cuerpo. En rigor, se puede todavía considerar como determinable la cantidad de alimentos materiales necesarios al sostenimiento físico de una vida humana, aunque la determinación sea ya menos estrecha que en el caso precedente y el margen más ampliamente abierto a las libres combinaciones del deseo; porque, más allá del limite indispensable con el que la naturaleza está pronta a conformarse cuando procede instintivamente, la reflexión más despierta hace entrever condiciones mejores, que aparecen como fines deseables y que solicitan la actividad. Sin embargo, se puede admitir que los apetitos de ese género encuentran, tarde o temprano, un límite que no pueden franquear. Pero ¿cómo fijar la cantidad de bienestar, de confort, de lujo que puede legítimamente perseguir un ser humano? Ni en la constitución orgánica, ni en la constitución psicológica del hombre se encuentra nada que marque un límite a semejantes inclinaciones. El funcionamiento de la vida individual no exige que se detengan más bien aquí que allá; la prueba es que no han hecho más que desenvolverse desde el comienzo de la historia, que se le han concedido satisfacciones siempre más completas, y que, sin embargo, la salud media no se ha ido debilitando. Sobre todo, ¿cómo establecer la manera en que deben variar, según las condiciones, las profesiones, la importancia relativa de los servicios, etc.? No hay ninguna sociedad en que sean igualmente satisfechas en las diferentes grados de la jerarquía social. Sin embarga, en sus rasgos esenciales, la naturaleza es sensiblemente la misma en todos los ciudadanos. No es, pues, ella quien puede asignar a las necesidades este límite variable que les sería precisa. Por consecuencia, en cuanto dependan del individuo solamente, son ilimitadas. Por sí misma, hecha abstracción de todo poder exterior que la regule, nuestra se sensibilidad es un abismo sin fondo que nada puede colmar.

Pero entonces, si nada viene a contenerla desde fuera, no puede ser par sí misma más que un manantial de tormentos. Porque los deseos ilimitados son insaciables por definición, y no sin razón se ha considerado la insaciabilidad como un signo morboso. Puesto que nada los limita, sobrepasan siempre e indefinidamente los medios de que disponen; nada sabría calcularlos, pues una sed inextinguible es un suplicio perpetuamente renovado. Es cierto que se ha dicho que es propio de la actividad humana desplegarse sin término asignable y proponerse fines que no puede alcanzar. Pero es imposible percibir cómo tal estado de indeterminación se concibe más bien con las condiciones de la vida mental, que con las exigencias de la vida física. Por mucho placer que el hombre sienta al obrar, al moverse, al esforzarse, aun es preciso que sienta que sus esfuerzos no son vanos y que al marchar avanza. Ahora bien, no se adelanta cuando no se marcha hacia algún fin, o, lo que viene a ser lo mismo, cuando el objeto a que se tiende es el infinito. Siendo siempre la misma la distancia de la que se queda alejado, sea el que quiera el camino que se recorra, resulta como si uno se hubiese inútilmente agitado sobre el mismo sitio. Hasta las miradas echadas atrás y el sentimiento de orgullo que se puede experimentar al considerar el espacio ya recorrido, no podrían causar más que una satisfacción ilusoria, puesto que el espacio que queda para recorrer no ha disminuido en proporción. Perseguir un fin inaccesible por hipótesis es condenarse a un perpetuo estado de descontento. Sin duda, el hombre llega a esperar contra toda razón; y hasta cuando es irrazonable, la esperanza tiene sus goces. Puede suceder, pues, que ella le sostenga algún tiempo, pero no podría sobrevivir indefinidamente a las decepciones repetidas de la experiencia. Ahora bien: ¿qué puede dar el porvenir más que el pasado, puesto que nunca será posible alcanzar un estado donde se pueda permanecer, y puesto que no es posible ni siquiera acercarse al ideal vislumbrado? Así, cuanto más se tenga, más se querrá tener, puesto que las satisfacciones recibidas no hacen más que estimular las necesidades, en luga r de calmarlas. ¿Se dirá que la acción es agradable por sí misma? Pero, en primer lugar, es preciso que se ciegue bastante para no sufrir su inutilidad. Después, para que este placer sea percibido y venga a atemperar y velar a medias la inquietud dolorosa que acompaña, es preciso, al menos, que este movimiento sin fin se despliegue siempre con comodidad y sin contrariedad alguna. Pero que se le pongan trabas, y quede la inquietud sola, con el malestar que lleva consigo. Sería un milagro si no surgiera nunca algún obstáculo infranqueable. En estas condiciones no se está unido a la vida más que por un hilo muy tenue y que a cada momento puede romperse.

Para que pase otra cosa es preciso, ante todo, que las pasiones sean limitadas. Solamente entonces podrán ser puestas en armonía con las facultades, y, por consiguiente, satisfechas. Pero, puesto que no hay nada en el individuo que pueda fijarles un límite, éste debe venirle necesariamente de alguna fuerza exterior a él. Es preciso que un poder regulador desempeñe para las necesidades morales el mismo papel que el organismo para las necesidades físicas. Es decir, que este poder no puede ser más que moral. Es el despertar de la conciencia lo que ha venido a romper el estado de equilibrio en el que dormitaba el animal; la conciencia solamente puede proporcionar los medios de restablecerlo. La coacción natural no produce aquí efecto; no es con fuerzas físicas con las que se pueden modificar los corazones. Cuando los apetitos no son detenidos automáticamente por mecanismos fisiológicos, no pueden detenerse más que delante del límite que reconozcan como justo. Los hombres no consentirían en limitar sus deseos si se creyeran aptos para sobrepasar el límite que les está asignado. Sólo que esta ley de justicia no sabrían dictársela a sí mismos, por las razones que hemos dicho. Deben, pues, recibirla de una autoridad que respeten y delante de la cual se inclinen espontáneamente. La sociedad sola, sea directamente y en su conjunto, sea por medio de uno de sus órganos, está en situación de desempeñar este papel moderador; porque ella es el único poder moral superior al individuo, y cuya superioridad acepta éste. Ella sola tiene la autoridad necesaria para declarar él derecho y marcar a las pasiones el punto más allá del cual no deben ir. Ella sola, también, puede apreciar qué premio debe ofrecerse en perspectiva a cada orden de funcionarios, en bien del interés común.

Y en efecto, en cada momento de la historia hay, en la conciencia moral de las sociedades, un sentimiento obscuro de lo que valen, respectivamente, los diferentes servicios sociales, de la remuneración relativa que se debe a cada uno de ellos, y, por consecuencia, de la medida de las comodidades que convienen al promedio de los trabajadores de cada profesión. Las diferentes funciones están como jerarquizadas en la opinión, y se atribuye a cada una un cierto coeficiente de bienestar, según el lugar que ocupan en la jerarquía. Según las ideas admitidas, hay, por ejemplo, cierto modo de vivir que se considera como el límite superior que puede proponerse el obrero en los esfuerzos que hace para mejorar su existencia, y un límite inferior por bajo del cual se tolera difícilmente que descienda, si no se ha degradado gravemente.

Uno y otro son diferentes para el obrero de la ciudad y el del campo, para el criado y para el jornalero, para el empleado de comercio y para el funcionario, etc., etc. Del mismo modo se vitupera al rico que vive como pobre, pero se le vitupera también si persigue con exceso los refinamientos del lujo. En vano los economistas protestan; siempre será un escándalo para el sentimiento público que un particular pueda emplear en consumaciones absolutamente superfluas una cantidad de riquezas demasiado grande, y hasta parece que esta intolerancia no se afloja más que en épocas de perturbación moral[8].

Hay, pues, una verdadera reglamentación, que no por carecer siempre de una forma jurídica deja de fijar, con una precisión relativa, el máximum de bienestar que cada clase de sociedad puede legítimamente buscar o alcanzar. Por otra parte, la escala así establecida no tiene nada de inmutable. Cambiará según que la renta colectiva crezca o disminuya, y según los cambios que experimentan las ideas morales de la sociedad. Así es que lo que tiene carácter de lujo para una época, no lo tiene para otra; que el bienestar que durante largo tiempo no estaba asignado a una clase más que a título excepcional, acaba por parecer, como rigurosamente necesario y de estricta equidad.

Bajo esta presión, cada uno, en su esfera, se da cuenta vagamente del punto extremo adonde pueden ir sus ambiciones, y no aspira a nada más allá. Si, por lo menos, es respetuoso de la regla y dócil a la autoridad colectiva, es decir, si tiene una sana constitución moral, siente que no está bien exigir más. Así Se marca a las pasiones un objetivo y un término.

Indudablemente, esta determinación no tiene nada de rígida, ni de absoluta. El ideal económico asignado a cada categoría de ciudadanos está comprendido entre ciertos límites, dentro de los cuales los deseos pueden moverse con libertad. Pero no es ilimitado. Esta limitación relativa y la moderación que de ella resulta, es la que hace que los hombres estén contentos con su suerte, al mismo tiempo que les estimula con medida a hacerla mejor; y este contento medio, es el que produce ese sentimiento de goce tranquilo y activo, ese placer de ser y vivir que, tanto para las sociedades como para los individuos, es la característica de la salud. Cada uno, por lo menos en general, está entonces en armonía con su condición y no desea más que lo que pueda legítimamente esperar, como precio normal. de su actividad. Por otra parte, el hombre no está por esto condenado a una especie de inmovilidad. Puede tratar de embellecer su existencia; pero las tentativas que hace en este sentido pueden malograrse sin dejarle desesperado. Porque como ama lo que tiene y no pone toda su pasión en perseguir lo que no tiene, las novedades a las que le acontezca suspirar pueden faltar a sus deseos y a sus esperanzas, sin que le falte todo a la vez. Le queda lo esencial. El equilibrio de su dicha se establece porque está definido y no bastan algunos disgustos para trastornarlo.

Con todo, no servirá para nada que cada uno estimase como justa la jerarquía de las funciones tal como está organizada por la opinión, si al mismo tiempo no se considerase como igualmente justa la manera con que se reclutan esas funciones. El trabajador no se encuentra en armonía con su situación social si no está convencido de que tiene lo que debe tener. Si se cree apto para ocupar otra, la que tiene no puede satisfacerle. No basta, pues, que el nivel medio de las necesidades esté, para cada condición, regulado por el sentir público; aun es necesario que otra reglamentación, más precisa, fije la manera cómo las diferentes condiciones deben ser asequibles a los particulares. Y, en efecto, no hay sociedad donde esta reglamentación no exista. Varia según los tiempos y los lugares. Antaño hacía del nacimiento el principio casi exclusivo de la clasificación social; hoy no mantiene otra desigualdad nativa que la que resulta de la formación hereditaria y del mérito. Pero, bajo esas diversas formas, en todas partes tiene el mismo objeto. También en todas partes no es posible más que si se impone a los individuos por una autoridad que está por encima de ellos, es decir, por la autoridad colectiva. Porque no puede establecerse sin pedir a los unos y a los otros, sacrificios y concesiones en nombre del interés público.

Es cierto que algunos han creído que esta presión moral se haría inútil el día en que la situación económica cesara de ser transmitida hereditariamente. Se iba dicho que si la herencia fuese abolida y cada uno entrara en la vida con los mismos recursos, si la lucha entre los distintos competidores se entablase en condiciones de perfecta igualdad, ninguno podría encontrar resultados injustos. Todo el mundo sentiría espontáneamente que las cosas estaban como debían estar.

Efectivamente, no es dudoso que, cuanto más se aproxime esta igualdad ideal, menos necesaria será también la coacción social. Pero esto no es más que una cuestión de grado. Porque siempre subsistiría una herencia: la de los dones naturales. La inteligencia, el gusto, la valía científica, artística, literaria, industrial, el valor, la habilidad manual, son fuerzas que cada uno recibe al nacer, como el que ha nacido propietario recibe su capital, como el noble, en otro tiempo, recibía su título y su función. Será necesaria, todavía una disciplina moral para hacer aceptar a los que la naturaleza ha favorecido menos la situación inferior, que deben al azar de su nacimiento. ¿Se irá hasta reclamar que el reparto sea igual para todos y que no se dé ninguna ventaja a los más útiles y meritorios? Pero entonces haría falta una disciplina, muy de otro modo enérgica, para hacer aceptar a estos últimos un trato sencillamente igual al de los mediocres e impotentes.

Sólo que esta disciplina, del mismo modo que la precedente, no puede ser útil, más que si es considerada como justa por los pueblos que se le han sometido. Cuando no ose mantiene más que por la habilidad y la fuerza, la paz y la armonía sólo subsisten en apariencia; el espíritu de inquietud y el descontento están latentes; los apetitos, superficialmente contenidos, no tardan en desencadenarse. Es lo que ha sucedido en Roma y en Grecia, cuando las creencias, sobre las que reposaba la vieja organización del patriciado y de la plebe, se quebrantaron; en nuestras sociedades modernas, cuando los prejuicios aristocráticos empezaron a perder su ascendiente antiguo. Pero este estado de quebrantamiento es excepcional; no tiene lugar sino cuando la sociedad atraviesa alguna crisis enfermiza. Naturalmente, el orden social, se reconoce como equitativo por la gran generalidad de los sujetos. Cuando decimos, pues, que es necesaria una autoridad para imponerlo a los particulares, de ningún modo entendemos que la violencia sea el solo medio de establecerlo. Porque esta reglamentación está destinada a contener las pasiones individuales, es preciso que emane de un poder que domine a los individuos, pero igualmente es preciso que se obedezca a este poder por respeto y no por temor.

Así, no es cierto que la actividad humana pueda estar libre de todo freno. Nada hay en el mundo capaz de gozar de tal privilegio. Porque todo ser, siendo una parte del universo, es relativo al resto del universo; en su naturaleza y la manera de manifestarla no dependen, solamente de sí mismos, sino de los otros seres, que, por consiguiente, los contienen y les dan reglas. Bajo este aspecto, no hay más que diferencias de grados y formas entre el mineral y el sujeto pensante. Lo que el hombre tiene de característico es que el freno a que está sometido no es físico, sino moral, es decir, social. Recibe su ley, no de un medio material que se le impone brutalmente, sino de una conciencia superior a la suya y cuya imperiosidad siente. Porque la mayor y la mejor parte de su vida sobrepasa el cuerpo, escapa al yugo del cuerpo, pero sufre el de la sociedad.

Solamente cuando la sociedad está perturbada, ya sea por crisis dolorosas o felices, por demasiado súbitas transformaciones, es transitoriamente incapaz de ejercer esta acción; y he aquí de dónde vienen estas bruscas ascensiones de la curva de los suicidios, cuya existencia hemos establecido más arriba.

En efecto, en los casos de desastres económicos, se produce como una descalificación, que arroja bruscamente a ciertos individuos en una situación inferior a la que ocupaban hasta entonces. Es preciso que rebajen sus exigencias, que restrinjan sus necesidades, que aprendan a contenerse más. Todos los frutos de la acción social se pierden en lo que les concierne; se ha de rehacer su educación moral. Ahora bien, la sociedad no puede plegarlos en un instante a esta vida nueva y enseñarles a ejercer sobre sí mismos este aumento de continencia al que no se hallaban acostumbrados. De ello resulta que no están ajustados a la condición que se les crea, y que hasta su perspectiva les es intolerable; de aquí los sufrimientos que les apartan de una existencia empequeñecida, aun antes de que la hayan experimentado.

Pero no ocurre de otro modo si la crisis tiene por origen un brusco acrecentamiento del poderío y de la fortuna. Entonces como las condiciones de la vida han cambiado, la escala según a cual se regulan las necesidades no puede permanecer la misma, porque varía con los recursos sociales, y que determina en globo la parte que debe corresponder a cada categoría de productores. La producción se ha alterado; pero, por otra parte, no podría improvisarse una nueva graduación. Hace falta tiempo para que los hombres y las cosas sean de nuevo clasificados por la conciencia pública. Hasta que las fuerzas sociales, así puestas en libertad, no hayan vuelto a encontrar el equilibrio, su valor respectivo permanece indeterminado, y, por consecuencia, toda reglamentación es defectuosa durante algún tiempo. Ya no se sabe lo que es posible y lo que no lo es, lo que es justo y lo que es injusto, cuáles son las reivindicaciones y las esperanzas legitimas, cuáles las que pasan de la medida. Por consiguiente, no hay nada que no se pretenda. Por poco profunda que sea esta conmoción, alcanza hasta a los principios que presiden la distribución de los ciudadanos entre los diferentes empleos. Porque como las relaciones entre las diversas partes de la sociedad son necesariamente modificadas, las ideas que expresan esas relaciones no pueden permanecer las mismas. Tal clase, que la crisis ha favorecido más especialmente, no está ya dispuesta a la misma resignación, y, de rechazo, el espectáculo de su mayor fortuna despierta alrededor y por debajo de ella toda clase de codicias. Así, los apetitos, que no están contenidos por una opinión desorientada, no saben dónde están los límites ante los que se deben detener. Por otra parte, en ese mismo momento están en un estado de eretismo natural, por la sola razón de que la vitalidad general es más intensa.

Porque la prosperidad ha acrecido, los deseos se han exaltado. La presa más rica que se les ofrece los estimula, los hace más exigentes, más impacientes a toda regla, justamente entonces cuando las reglas tradicionales han perdido su autoridad. El estado de irregularidad o de anomalía está, pues, reforzado por el hecho de que las pasiones se encuentran menos disciplinadas en el preciso momento en que tendrían necesidad una disciplina más fuerte.

Pero entonces, sus mismas exigencias hacen que sea imposible satisfacerlas. Las ambiciones sobrexcitadas van siempre más allá de los resultados obtenidos, cualquiera que sean, porque no se les advierte que no deben ir más lejos. Nada, pues, las contenta, y toda esta agitación se gasta sobre sí misma sin llegar a saciarse. Sobre todo, como esta carrera hacia un fin inaprehensible no puede procurar otro placer que el de la carrera misma, si en ella hay algún obstáculo o si se le pone se queda el sujeto con las manos completamente vacías. Ahora bien, sucede que al mismo tiempo la lucha se hace más violenta y más dolorosa, a la vez que está menos regulada y que las competencias son más ardientes. Todas las clases están en lucha, porque ya no hay clasificación establecida. El esfuerzo es, pues, más considerable en el momento en que se hace más improductivo. ¿Cómo, en estas condiciones, no se debilitada la voluntad de vivir?

Esta explicación está confirmada por la singular inmunidad de que gozan los países pobres. Si la pobreza protege contra el suicidio, es porque, por sí misma, es un freno. Hágase lo que se quiera, los deseos, en cierta medida, se ven obligados a contar con los medios; lo que se tiene, sirve de punto de mira para determinar lo que se quisiera tener. Por consecuencia, cuanto menos posee uno, menos intenta extender el circulo de sus necesidades. La impotencia, constriñéndonos a la moderación, nos acostumbra a ella, además de que, donde la mediocridad es general, nada viene a excitar el deseo. La riqueza, al contrario, por los poderes que confiere, nos da la ilusión de que nos engrandecemos por nosotros mismos. Al disminuir la resistencia que nos oponen las cosas, nos induce a creer que pueden ser indefinidamente vencidas. Ahora bien, cuando menos limitado se siente uno, más insoportable le parece toda limitación. No sin razón, pues, tantas religiones han celebrado los beneficios y el valor moral de la pobreza. Es porque ella es, en efecto, la mejor de las escuelas para enseñar al hombre a contenerse. Al obligarnos a ejercer sobre nosotros una constante disciplina nos prepara a aceptar dócilmente la disciplina colectiva, mientras que la riqueza, exaltando al individua, está en peligra siempre de despertar ese espíritu de rebelión, que es la fuente misma de la inmoralidad. No hay duda de que esta no es una razón para impedir a la humanidad el mejoramiento de su condición natural. Pera si el peligra moral que trae consigo todo acrecentamiento del bienestar no es irremedia ble, es precisa, con todo, no perderlo de vista.

III

Si, coma en los casos precedentes, la anomalía no se produjera sino por accesos intermitentes y bajo la forma de crisis agudas, podría hacer variar de vez en cuando el porcentaje social de los suicidio s, pero no sería un factor regular y constante. Pero hay una esfera de la vida social donde está actualmente en estado crónico: la del mundo del comercio *y* de la industria.

Desde hace un siglo, en efecto, el progreso económico ha consistido, principalmente, en libertar a las relaciones industriales de toda reglamentación. Hasta los tiempos recientes, todo un sistema de poderes morales tenía por función disciplinarlos. Por lo pronto, estaba la religión, cuya influencia se hacía sentir lo mismo sobre los obreros que sobre los patronos, sobre los pobres que sobre los ricos. Consolaba a los primeros y los enseñaba a contentarse con su suerte, mostrándoles que el orden social es providencial, que la parte de cada clase ha sido fijada por Dios mismo, y haciéndoles esperar de un mundo futuro las justas compensaciones a las desigualdades de éste. Moderaba a los segundas recordándoles que los intereses terrenos no son todo para el hombre, que deben subordinarse a otros, más elevados, y, por consiguiente, que no merecen ser perseguidos sin regla ni medida. El poder temporal, por su parte, por la supremacía que ejercía sobre las funciones económicas, por el estado relativamente subalterno en que las mantenía, las contenía en su desarrollo. En fin, en el mismo seno del mundo de los negocios, las corporaciones de los oficios, reglamentando los salarios, el precio de los productos y la producción misma, fijaban indirectamente el nivel medio de las rentas, sobre el cual, por la fuerza de las cosas; se regulan en parte las necesidades. Al describir esta organización, no intentamos, desde luego, proponerla como un modelo. Claro está que, sin profundas transformaciones, no podría convenir a las sociedades actuales. Todo lo que hacemos constar es que existía, que producía efectos útiles, y que hoy nada de esto tiene lugar.

En efecto, la religión ha perdido la parte más grande de su imperio. El Poder gubernamental, en vez de ser el regulador de la vida económica, se ha convertido en su instrumento y su servidor. Las más contrarias escuelas, economistas ortodoxos y socialistas extremos se entienden, para reducirle al papel de intermediario, más o menos pasivo, entre las diferentes funciones sociales. Los unos quieren hacer de él simplemente el guardián de los contratos individuales; los otros le asignan por tarea el cuidado de llevar la contabilidad colectiva, es decir, de registrar las demandas de los consumidores, de transmitirlas a los productores, de inventariar la renta total y de repartirla según una fórmula establecida. Pero los unos y los otros le rehúsan capacidad para someter el resto de los órganos sociales y hacerlos converger hacia un fin que les domine. De una y otra parte se proclama que las naciones deben tener por único y principal objetivo prosperar industrialmente; esto es lo que implica el dogma del materialismo económico, que sirve igualmente de base a estos sistemas, opuestos en apariencia. Y como estas teorías no hacen más que expresar el estado de la opinión, la industria, en vez de continuar siendo considerada como un medio al servicio de un fin que le sobrepasa, se ha convertido en el fin supremo de los individuos y de las sociedades. Entonces ha ocurrido que los apetitos que pone en juego se han encontrado libertados de toda autoridad que los limite. Esta apoteosis del bienestar, al santificados, por decido así, los ha puesto por encima de toda ley humana. Parece que hay una especie de sacrilegio en ponerles diques. Por esto, aun la reglamentación puramente utilitaria que el mismo mundo industrial ejercía sobre ellos, por intermedio de las corporaciones, no ha logrado mantenerse.

En fin, ese desencadenamiento de los deseos ha sido aún agravado por el desarrollo mismo de la industria y la extensión casi indefinida del mercado. Cuando el productor no podía librar sus productos más que a la vecindad lo módico de la ganancia posible, no podía sobreexcitar mucho su ambición. Pero ahora, que casi puede pretender tener por cliente el mundo entero, ¿cómo ante estas perspectivas sin límites, aceptar las pasiones que se le limita como en otro tiempo?

De aquí es de donde viene la efervescencia que reina en esta parte de la sociedad, y que de allí se ha extendido al resto. Es que el estado de crisis y de anomalía es constante, y, para decido así, normal. De arriba a abajo de la escala, las concupiscencias se han elevado sin saber dónde posarse definitivamente. Nada podrá calmarlas, porque el objetivo adonde se dirigen está infinitamente más allá de lo que pueden alcanzar. La realidad parece sin valor en comparación de lo que vislumbran como posible las imaginaciones calenturientas; se la aparta, pero para prescindir en seguida de lo posible, cuando a su vez se convierte en real. Se tiene sed de cosas nuevas, de goces ignorados, de sensaciones sin nombre, pero que pierden todo su atractivo cuando son conocidas. Entonces, al menor revés que sobrevenga, faltan las fuerzas para soportado. Toda esta fiebre cae, y se percibe cuan estéril era el tumulto, y como todas esas sensaciones nuevas, indefinidamente acumuladas, no han logrado constituir un sólido capital de dicha, sobre el que se pueda vivir en los días de prueba. El prudente, que sabe gozar de los resultados adquiridos sin experimentar perpetuamente la necesidad de reemplazados por otros, encuentra en ello un asidero a la vida, cuando suena la hora de las contrariedades. Pero el hombre que siempre lo ha esperado todo del porvenir, que ha vivido con los ojos fijos en el futuro, no tiene nada en su pasado que le consuele contra las amarguras del presente, porque el pasado no contiene para él más que una serie de etapas atravesadas con impaciencia. Lo que le permitía cegarse sobre sí mismo, es que contaba siempre con encontrar más lejos la felicidad, que no había aún encontrado hasta entonces. Pero se le ha detenido en su marcha; desde entonces, ya no hay nada detrás ni delante de él, sobre lo que pueda descansar su mirada. La fatiga, por otra parte, basta por sí sola para producir el desencantamiento, porque es difícil no sentir, a la larga, la inutilidad de una persecución sin término.

Hasta se puede preguntar si no es, sobre todo, este estado moral el que hace hoy tan fecundas en suicidios las catástrofes económicas. En las sociedades donde está sometido a una sana disciplina, el hombre, se entrega, también más fácilmente a los golpes de la desgracia. Habituado a contrariarse y a contenerse, el esfuerzo necesario para imponerse un poco más de molestia le cuesta relativamente poco. Pero cuando todo límite es odioso por sí mismo, ¿cómo parecerla soportable una limitación más estrecha? La impaciencia febril en que se vive no inclina apenas a la resignación. Cuando no se tiene otro objetivo que sobrepasar sin cesar el lugar que se ha alcanzado, ¡cuán doloroso es ser lanzado hacia atrás! Esta misma desorganización que caracteriza nuestro estado económico abre la puerta a todas las aventuras. Como las imaginaciones están ávidas de novedades y nada las regula, andan a tientas, al azar. Necesariamente, los fracasos crecen con los riesgos, y así, las crisis se multiplican en el momento en que se hacen más mortíferas.

CUADRO XXIV
SUICIDIOS POR UN MILLÓN DE SUJETOS DE CADA PROFESIÓN

	Comercio	Transp.	Industria	Agricult.	Carreras liberales[9]
Francia (1879-87)[10]	440		340	240	300
Suiza (1876)	664		577	304	558
Italia (1866-76)	277		80,4	23,7	618[11]
Prusia(1883-90)	754	1.541,0	456	315	832
Baviera(1884-91)	465	152,6	369	153	454
Bélgica(1884-90)	421		160	160	100
Wurtemberg (1886-90)	273		190	206	
Sajonia(1878)		341,59		71,17	

Y, sin embargo, estas disposiciones son tan inveteradas, que la sociedad se ha hecho a ellas y se ha acostumbrado a considerarlas como normales. Se repite sin cesar que está en la naturaleza del hombre ser un eterno descontento, ir siempre para adelante, sin tregua ni reposo, hacia un fin indeterminado. La pasión del infinito se presenta diariamente como una señal de distinción moral, siendo así que no puede producirse sino en el seno de las conciencias desordenadas y que erigen en regla el desorden que sufren. La doctrina del progreso, a pesar de todo y lo más rápido posible, se ha convertido en artículo de fe. Pero también, paralelamente a estas teorías que celebran los beneficios de la inestabilidad, se ve aparecer otras que, generalizando la situación de donde derivan, declaran la vida mala, la acusan de ser más fértil en dolores que en placeres y de no seducir al hombre sino por atractivos engañosos. Y como es en el mundo económico donde este desarreglo tiene su apogeo, allí es también donde hace más victimas.

Las funciones industriales y comerciales están, en efecto, entre las profesiones que proporcionan más suicidios (V. el cuadro XXIV). Se encuentran casi siempre en el mismo plano que las carreras liberales, muchas veces hasta las sobrepasan; sobre todo, están sensiblemente más atacadas que la agricultura. Es que la industria agrícola es donde los antiguos poderes reguladores hacen todavía sentir mejor su influencia y donde la fiebre de los negocios ha penetrado menos. Ella es quien recuerda mejor lo que era antiguamente la constitución general del orden económico. Y aun estaría más marcada la separación, si entre los suicidas de la industria se distinguiera a los patronos de los obreros, porque son probablemente los primeros los que están más atacados por el estado de *anomia*. El enorme porcentaje de la población rentista (270 por millón) muestra también que son los de mayor fortuna quienes más sufren. Es porque todo lo que obliga a la subordinación atenúa los efectos de este estado. Las clases inferiores tienen al menos su horizonte limitado por aquellas que les están superpuestas, y, por eso mismo, sus deseos son más definidos. Pero los que no tienen más que el vado sobre ellos, están casi forzados a perderse en él, si no hay una fuerza que las impulse hacia atrás.

La anomía es, pues, en nuestras sociedades modernas, un factor regular y especifico de suicidios; una de las fuentes donde se alimenta el contingente anual. Estamos, por consiguiente, en presencia de un nuevo tipo que debe distinguirse de los otros. Difiere de ellos en cuanto depende, no de la manera de estar ligados los individuos a la sociedad, sino del modo como ella los reglamenta. El suicidio egoísta procede de que los hombres no perciben ya la razón de estar en la vida; el suicidio altruista, de que esta razón les parece estar fuera de la misma vida; la tercera clase de suicidio, cuya existencia acabamos de comprobar, de que su actividad está desorganizada y de lo que por esta razón sufren. En orden de su origen, demos a esta última especie el nombre de *suicidio anómico*.

Seguramente este suicidio y el suicidio egoísta no dejan de tener relaciones de parentesco. El uno y el otro se producen por no estar la sociedad bastante presente ante los individuos. Pero la esfera de donde está ausente no es la misma en los dos casos. En el suicidio egoísta es a la actividad propiamente colectiva a quien hace falta, dejándola así desprovista de freno y de significación. En el suicidio anómico son las pasiones propiamente individuales las que la necesitan y quedan sin norma que les regule. De ello resulta que, a pesar de sus relaciones, estos dos tipos quedan independientes uno de otro. Podemos devolver a la sociedad todo lo que hay de social en nosotros y no saber limitar nuestros deseos; sin ser un egoísta se puede vivir en estado de anomía y viceversa. Así, no es en ol s mismos medios sociales donde estas dos especies de suicidios reclutan su principal clientela; el uno elige el terreno de las carreras intelectuales, el mundo donde se piensa; el otro, el mundo industrial o comercial.

IV

Pero la anomía económica no es la única que puede engendrar el suicidio.

CUADRO XXV
COMPARACIÓN DE LOS ESTADOS EUROPEOS BAJO EL DOBLE PUNTO DE VISTA DEL DIVORCIO Y EL SUICIDIO

	Divorciosanualesx 1.000 matrimonios	Suicids. x mill. hab.
I. Países donde los divorcios y las separaciones de cuerpo son raros		
Noriega	0,54 (1875-80)	73,0
Rusia	1,60 (1871-77)	30,0
Inglaterra y Gales	1,30 (1871-79)	68,0
Esoccia	2,10 (1871-81)	
Italia	3,05 (1871-73)	31,0
Finalndia	3,90 (1875-79)	30,8
Promedio	*2,07*	*46,5*
II. Países con divorcios y separaciones de frecuencia mediana		
Baviera	5,0 (1881)	90,5
Bélgica	5,1 (1871-80)	68,5
Países Bajos	6,0 (1871-80)	35,5
Suecia	6,4 (1871-80)	81,0
Baden	6,5 (1874-79)	156,6
Francia	7,5 (1871-78)	150,0

Wurtember	8,4 (1876-78)	162,4
g Prusia		133,0
Promedio	*6,4*	*109,6*
III. Países con divorcios y separacionesfrecuentes		
Saonia Real	26,9 (1876-80)	209
Dinamarca	38 (1871-80)	258
Suiza	47 (1876-80)	126
Promedio	*37,3*	*57*

Los suicidios que tienen lugar cuando se inicia la crisis de la viudez y de los que ya hemos hablado, se deben en efecto, a la anomia doméstica que resulta de la muerte de uno de los esposos. Se origina entonces un trastorno en la familia y el superviviente sufre la influencia. No está adaptado a la nueva situación que se le produce y por ello se mata más fácilmente.

Pero hay otra variedad del suicidio anómico en la que nos hemos de detener, tanto porque es más crónica como porque ha de servirnos para poner en claro la naturaleza y las funciones del matrimonio.

En los *Annales de demographie internationale* (septiembre de 1882), M. Bertillon ha publicado un notable trabajo sobre el divorcio, en el curso del cual establece la siguiente proporción: en toda Europa, el número de los suicidios varía con el de los divorcios y las separaciones de cuerpo.

Si se comparan lo s diferentes países bajo este doble punto de vista, se comprueba ya este paralelismo (V. Cuadro XXV). No solamente la relación entre los promedios es evidente, sino que la única irregularidad de detalle un poco marcada es la de los Países Bajos, donde los suicidios no están en la proporción de los divorcios.

La ley se comprueba con más rigor aun si se comparan, no países diferentes, sino provincias diferentes de un mismo país. En Suiza, especialmente, la coincidencia entre estos dos órdenes de fenómenos es chocante (véase cuadro XXVI). Son los cantones protestantes los que cuentan más divorcios; ellos son también los que cuentan más suicidios. Vienen después los cantones mixtos, en los dos puntos de vista, y, solamente luego, los cantones católicos. En el interior de cada grupo se notan las mismas concordancias. Entre los cantones católicos, Soleure y Appenzell, interior se distinguen por el número elevado de divorcios; se distinguen igualmente por el número de sus suicidios. Friburgo, aunque católico y franc és, tiene bastantes divorcios; tiene también bastantes suicidios. Entre los cantones protestantes alemanes no hay ninguno que tenga tantos divorcios como Schaffouse; Schaffouse está también a la cabeza en los suicidios. En fin, los cantones mixtos, con la sola excepción de Argovia, se clasifican exactamente de la misma manera en ambos respectos.

CUADRO XXVI
COMPARACIÓN DE LOS CA NTONES SUIZOS, BAJO EL PUNTO DE VISTA DE LOS DIVORCIOS Y LOS SUICIDIOS

	Div. y sep. x 1.000 matrim.	Suicids. x mill.		Div. y sep. x 1.000 matrim.	Suicids. x mill.
I. Cantonescatólicos					
Franceses e italianos					
Tessio	7,6	57	Friburgo	15,9	119
Valais	4,0	47			

		Alemanes			
Uri		60	Soleure	37,7	119
Unterwalden alto	4,9	20	Appenzellint	18,9	205
Unterwalden bajo	5,2	1	Zug	14,8	158
Schwytz	5,6	70	Lucerna	13,0	87
Promedio	3,9	37,7	Promedio	21,1	100

II. Cantones protestantes
Franceses

Neufchâtel	42,4	560	Vaud	42,3	155
		Alemanes			
Berna	47,3	229	Schafouse	106,0	602
Bâle(cdad.)	34,5	323	Appenzell ext.	109,7	213
Bâle(campo)	33,0	288	Glaris	83,1	127
			Zurich	80,0	288
Promedio	38,2	280	Promedio	92,4	307

III. Cantones mixtos en cuanto a la religión

Agrovia	40,0	195	Ginebra	70,5	360
Grisones	30,9	116	Saint-Gall	57,6	179
Promedio	36,9	155	Promedio	64,0	269

Hace la misma composición entre los departamentos franceses con el mismo resultado. Habiéndolos clasificado en ocho categorías, según la importancia de su mortalidad suicida, hemos comprobado que los grupos, así formados, se alineaban en el mismo orden que respecto a los divorcios y separaciones de cuerpos:

Grupos	Suicidios por mill.	Prom. suicids. y sep. por 1.000 matrim.
Primero, 5 deptos.	Por debajo de 50	2,6
Segundo, 18 deptos.	De 51 a 75	2,9
Tercero, 15 deptos.	De76 a 100	5,0
Cuarto,19 deptos.	De 101 a 150	5,4
Quinto, 10 deptos.	De 151 a 200	7,5
Sexto, 9 deptos.	De 201 a 250	8,2
Séptimo, 4deptos.	De 251 a 300	10,0
Octavo, 5 deptos.	Por encima	12,4

Establecida esta relación vamos a clasificada.
No mencionaremos, sino para tenerla presente, la explicación que M. Bertillón ha propuesto sumariamente. Según este autor, el número de los suicidios y el de los divorcios varia paralelamente porque uno y otro dependen de un mismo factor; la frecuencia más o menos grandes de individuos mal equilibrados. En efecto, dice, hay tantos más divorcios en un país cuanto más esposos insoportables hay en él. Ahora bien, estos últimos se reclutan sobre todo entre los irregulares, los individuos de carácter mal hecho y mal ponderado, a quienes este mismo temperamento los predispone igualmente al suicidio.
El paralelismo no procedería, pues, de que la institución del divorcio tenga por sí misma, alguna influencia sobre el suicidio, sino de que éstos dos órdenes de hechos derivan de una misma causa, que expresan de distinto modo. Pero el ligar con el divorcio a ciertas taras psicopáticas es arbitrario y sin pruebas. No hay ninguna razón para suponer que haya en

Suiza quince veces más desequilibrados que en Italia y de seis a siete veces más que en Francia y, sin embargo, los. divorcios son, en el primero de estos países, quince veces más frecuentes que en el segundo y alrededor de siete veces más que en el tercero. Además, en lo que toca al suicidio, sabemos cuán lejos están las condiciones puramente individuales de contribuir a él. Todos lo que sigue, acabará, por otra parte, de demostrar la insuficiencia de esta teoría.

No es en las predisposiciones orgánicas de los sujetos, sino en la naturaleza intrínseca del divorcio donde es preciso ir a buscar la causa de esta notable relación. Sobre este punto puede establecerse una primera relación: en todos los países, de donde tenemos los informes necesarios, los suicidios de divorciados son incomparablemente superiores en número a los que proporcionan las otras partes de la población.

	Suicidios pormillón							
	Célibes + de 15 años		Casados		Viudos		Divorciados	
	Hom.	Muj.	Hom.	Muj.	Hom.	Muj.	Hom.	Muj.
Prusia (1887-89)	360	190	430	90	1.471	215	1.875	290
Prusia (1883-90)	388	129	498	100	1.552	194	1.952	328
Baden (1885-93)	458	93	460	85	1.172	171	1.328	
Sajonia (1876)			481	120	1.242	240	3.102	312
Wurtemberg (1846-60)	551,18		821	146			3.252	389
Wurtemberg (1879-92)	251		218		405		796	

Así, los divorciados de los dos sexos se matan de tres y cuatro veces más que los casados, aunque sean más jóvenes (cuarenta años en Francia, en lugar de cuarenta y seis años) y sensiblemente más que los viudos, a pesar de la agravación que resulta para estos últimos, de su edad avanzada. ¿Cómo ocurre esto?

No hay duda de que el cambio de régimen moral y material, que es consecuencia del divorcio, debe contribuir a este resultado Pero no basta a explicarlo. En efecto, la viudez es una perturbación de la existencia; hasta tiene, en general, consecuencias mucho más dolorosas, puesto que no es deseada por los esposos, mientras que el divorcio es para ellos, lo más a menudo, una liberación. Y, sin embargo, los divorciados que, a causa de su edad, debían matarse dos veces menos que los viudos, se matan en todas partes más y hasta dos veces más en algunos países. Esta agravación, que puede estar representada por un coeficiente comprendido entre 2,5 y 4, no depende de ningún modo de su cambio de estado.

Para encontrar las causas, refirámonos a una de las proporciones que hemos establecido precedentemente. Hemos visto en el capítulo tercero de este mismo libro que, para una misma sociedad, la tendencia de los viudos por el suicidio era función de la tendencia correspondiente de los casados. Si los segundos están fuertemente protegidos, los primeros gozan de una inmunidad, menor, sin duda, pero aun importante y el sexo que el matrimonio preserva mejor, es también el mejor preservado en el estado de viudez. En una palabra, cuando la sociedad conyugal se disuelve por el fallecimiento de uno de los esposos, los efectos que producía con relación al suicidio, continúan haciéndose sentir en parte sobre el superviviente. Pero entonces, ¿no es legítimo suponer que el mismo fenómeno se produce cuando se rompe el matrimonio, no por la muerte, sino por un acto jurídico y que la

agravación que sufren los divorciados es una consecuencia, no del divorcio, sino del matrimonio al que puso fin? Debe provenir de cierta constitución matrimonial, cuya influencia continúan sufriendo los esposos, hasta cuando están separados. Si tienen una tendencia tan violenta al suicidio, es que ya estaban fuertemente inclinados a él cuando vivían juntos ypor el hecho mismo de su vida en común.
Admitida esta proposición, la correspondencia de los divorcios y los suicidios se hace explicable. En efecto, en los pueblos en que el divorcio es frecuente, esta constitución *sui géneris* del matrimonio, de que es solidario, debe estar necesariamente muy extendida; porque no es especial para las uniones que están predestinadas a una disolución legal. Si en ellos alcanza un máximum de intensidad, debe encontrarse en las otras o en la mayoría de las otras, aunque en menor grado. Porque, lo mismo que donde hay muchos suicidios hay muchas tentativas de suicidio, y que la mortalidad no puede crecer sin que la morbidez aumente al mismo tiempo, debe haber muchas uniones más o menos próximas al divorcio donde haya muchos divorcios efectivos. El número de estos últimos no puede, pues, elevarse sin que se desenvuelva y generalice en la misma medida ese estado de familia que predispone al suicidio, y, por consiguiente, es natural que los dos fenómenos varíen en el mismo sentido.

CUADRO XXVII
INFLUENCIA DEL DIVORCIO SOBRE LA INMANIDAD DE LOS CASADOS

Países		Suicids. x mill.		Coef. preserv. esposos s/solteros
Donde no haydivorcio	Italia (1884-88)	145	88	1,64
	Francia (1863-68)[12]	273	245,7	1,11
Donde es amplio	Baden (1885-93)	458	460	0,99
	Prusia (1883-90)	384	496	0,77
	Prusia (1887-89)	364	431	0,83
Divorcio frecuente[13]	Sajonia (1879-90)	*% suicids. s/tot. personas*		0,63
		Solteros 27,5	Casados 52,5	
		Sobre varones		
		Solteros 42,10	Casados 53,47	

Además de que esta hipótesis está conforme con todo lo que se ha demostrado anteriormente, es susceptible de una prueba directa. En efecto, si es fundada, los casados deben tener, en los países donde son numerosos los divorcios, una menor inmunidad contra el suicidio que donde el matrimonio es indisoluble. Esto es, efectivamente, lo que resulta de los hechos, a lo menos *en lo que concierne a los esposos,* como muestra el cuadro XXVII. Italia, país católico donde el divorcio es desconocido, es también aquel donde el coeficiente de preservación de los casados es más elevado; éste es menor en Francia, donde las separaciones de cuerpo han sido siempre más frecuentes, y se le ve decrecer a medida que se pasa a sociedades donde el divorcio es más ampliamente practicado[14].

No hemos podido procuramos la cifra de los divorcios en el Gran Ducado de Oldemburgo. Sin embargo, dado que es un país protestante, se puede creer que son allí frecuentes, sin serlo, con todo, excesivamente, porque la minoría católica es bastante importante. Debe estar, pues, bajo este punto de vista, casi al mismo nivel que Badén y que Prusia. Ahora bien, se clasifica también en el mismo plano, bajo el punto de vista de la inmunidad de que allí gozan los esposos; 100.000 célibes de más de 15 años dan anualmente 52 suicidios, mientras que 100.000 esposos cometen 66. El coeficiente de preservación para estos últimos es, pues, de 0,79, muy distinto, por consiguiente, del que se observa en los países católicos, donde el divorcio es raro o desconocido.

Francia nos suministra ocasión de hacer una observación que confirma las precedentes, tanto mejor cuanto que tiene aún más rigor. Los divorcios son mucho más frecuentes en el Sena que en el resto del país. En 1885, el número de los divorcios pronunciados era allí de 23,99 por cada 10.000 uniones regulares, mientras que, para toda Francia, el promedio no era más que de 5,65. Ahora bien, basta referirse al cuadro XXII para comprobar que el coeficiente de preservación de los esposos es sensiblemente menor en el Sena que en provincias. No alcanza, en efecto, 3 más que una sola vez, para un período de veinte a veinticinco años; y aun la exactitud de la cifra es dudosa, porque está calculada según un pequeño número de casos, atendiendo a que no hay apenas más que suicidios de esposos anualmente, en esta edad. A partir de treinta años, el coeficiente no pasa de 2, está más a menudo por debajo y hasta llega a ser inferior a la unidad entre los 60 y los 70 años. Por término medio, es de 1,73. En los departamentos, al contrario, es cinco veces sobre ocho superior a 3; por término medio, es de 2,88, es decir, 1,66 veces más fuerte que en el Sena.

Esta es una prueba más de que el número elevado de los suicidio s en los países donde el divorcio está extendido, no se debe a ninguna predisposición orgánica, singularmente a la frecuencia de individuos desequilibrados. Porque si fuese ésta la verdadera causa, debería hacer sentir sus efectos tanto sobre los célibes como sobre los casados. Ahora bien, de hecho, son estos últimos los más atacados. Es porque el origen del mal se encuentra, como hemos supuesto, en alguna particularidad del matrimonio o de la familia. Queda por escoger entre estas dos hipótesis. ¿Se debe esta menor inmunidad de los esposos al estado de la sociedad doméstica o al estado de la sociedad matrimonial? ¿Es que el espíritu familiar es menos bueno, o el lazo conyugal no es todo lo fuerte que debe ser?

Un primer hecho, que hace improbable la primera explicación, es que, en los pueblos donde el divorcio es más frecuente, la natalidad es muy crecida, y por consecuencia, la densidad del grupo doméstico muy elevada. Y ya sabemos que donde la familia es densa, el espíritu de familia es generalmente fuerte. Hay, pues, sobrada razón para creer que en la naturaleza del matrimonio es donde se encuentra la causa del fenómeno.

Y, en efecto, si fuera imputable a la constitución de la familia, las esposas también deberían estar menos preservadas del suicidio, en bs países donde el divorcio es de un uso corriente, que allí donde se practica poco; porque ellas están tan atacadas como los esposos por el mal estado de las relaciones domésticas. Es exactamente lo contrario lo que ocurre. El coeficiente de preservación de las mujeres casadas se eleva a medida que el de los esposos desciende, es decir, a medida que los divorcios son más frecuentes, y viceversa. Cuanto más fácilmente y a menudo se rompe el lazo conyugal, más favorecida resulta la mujer con relación al marido. (Véase el cuadro siguiente)

	Suicidios x millón		Coef. preservación		Casados/Casadas	Casadas/Casados
Italia	21	22	0,95	1,72		
Francia	59	62,5	0,96	1,15		
Badén	93	85	1,09		1,10	
Prusia (1887-89)	120	100	1,29		1,67	
Sajonia	% suicids. s/total					
	Solteras	Casadas				
	35,3	42,6				
	% hab. s/total					
	Solteras	Casadas				
	37,97	49,74	1,19	0,63		1,73

La inversión entre las dos series de coeficientes es notable. En los países donde el divorcio no existe, la mujer está menos preservada que el marido; pero su inferioridad es más grande en Italia que en Francia, donde el lazo matrimonial ha sido siempre más frágil. Al contrario, desde que se practica el divorcio (Badén), el marido está menos preservado que la esposa, y la ventaja de ésta crece regularmente, a medida que los divorcios se propagan.

Lo mismo que anteriormente, el Gran Ducado de Oldemburgo se porta, bajo este punto de vista, como los otros países de Alemania donde el divo rcio es de una frecuencia media. Un millón de solteras dan 203 suicidios; un millón de casadas, 156; éstas tienen un coeficiente de preservación igual a 1,3, bastante superior al de los esposos, que sólo era de 0,79. El primero es 1,64 veces más fuerte que el segundo, casi como en Prusia.

La comparación del Sena con los otros departamentos franceses confirma esta ley de una manera brillante. En provincias, donde la gente se divorcia menos, el coeficiente medio de las mujeres casadas es sólo de 1,49; no representa, pues, sino la mitad del coeficiente medio de los esposos, que es de 2,88. En el Sena, la relación está invertida. La inmunidad de los hombres no es más que de 1,56, Y hasta 1,44 si se dejan de lado las cifras dudosas que se refieren al período de veinte a veinticinco años; la inmunidad de las mujeres es de 1,79. La situación de la mujer con relación al marido es allí más de dos veces mejor que en los departamentos.

Se puede hacer la misma comprobación si se comparan las diferentes provincias de Prusia:

PROVINCIAS DONDE HAY POR CADA 100.000 CASADOS

De 810 a 405 divorciados	Coef. preserv. esposas	De 871 a324 divorciados	Coef. preserv. esposas	De 229 al16 divorciados	Coef. preserv. esposas
Berlín	1,72	Pomerania	1,00	Posen	1,00
Broandeburgo	1,75	Silesia	1,18	Hesse	1,44
Prusia Orient.	1,50	Prusia Occid.	1,00	Hannover	0,90
Sajonia	2,08	Schleswig	1,20	País del Rhin	1,25
				Wesfalia	0,80

Todos los coeficientes del primer grupo son sensiblemente superiores a los del segundo, y es en el tercero donde se encuentran los más débiles.
La única anomalía es la de Hesse, donde, por razones desconocidas, las mujeres casadas gozan de una inmunidad bastante importante, aunque los divorciados sean allí poco numerosos[16].

CUADRO XXIX
PARTE PROPORCIONAL DE CADA SEXO EN LOS SUICIDIOS DE CADA CATEGORÍA DE ESTADO CIVIL EN DIFERENTES PAÍSES DE EUROPA

Países y años	% s/suicidios de célibes		% s/suicidios de casados		Exced. medio por
Italia 1871	87	13	79	21	
Italia 1872	82	18	78	55	6,2
Italia 1873	86	14	79	21	
Italia 1874-88	85	15	79	21	
Francia 1863-88	84	16	78	22	3,6
Francia 1863-66	84	16	79	21	
Francia 1888-91	81	19	81	19	
Baden 1869-73	84	16	85	15	1
Baden 1885-93	84	16	85	15	
Prusia 1873-75	78	22	83	17	5
Prusia 1887-89	77	23	83	17	
Sajonia 1866-70	77	23	84	16	7
Sajonia 1879-90	80	22	86	14	

A pesar de esta concordancia de pruebas, sometamos esta ley a una última comprobación. En lugar de comparar la inmunidad de los esposos a la de las esposas, busquemos de qué manera, diferente según el país, modifica el matrimonia la situación respectiva de los sexos en cuanto al suicidio. Esta comparación es la que tiene por objeto el cuadro XXIX. Se ve allí que, en los países donde el divorcio no existe o sólo está establecido desde hace poco, la mujer participa en mayor proporción en los suicidios de los casados que en los suicidios de los solteros. Es decir, que el casamiento favorece allí al esposo más que a la esposa, y la situación desfavorable de esta última está más de relieve en Italia que en Francia. El excedente medio de la parte proporcional de las mujeres casadas sobre la de las hijas es, en efecto, dos veces más elevado en el primero de estos dos países que en el segundo. En cuanto se pasa a los pueblos donde la institución del divorcio funciona ampliamente, se produce el fenómeno inverso: es la mujer quien gana terreno, por el mismo hecho que lo hace perder al marido; y el provecho que ella consigue es más considerable en Prusia que en Badén, y en Sajonia más que en Prusia. Alcanza su máximo en el país donde los divorcios, por su parte, tienen su frecuencia mayor.
Se puede, pues, considerar por encima de toda comprobación la ley siguiente: *Tanto más favorece el matrimonio a la mujer bajo el punto de vista del suicidio, cuanto más practicado es el divorcio, y viceversa.*
De esta proposición se deducen dos consecuencias:
La primera es que solamente los esposos contribuyen a esta elevación del porcentaje de los suicidios, que se observa en las sociedades donde los divorcios son frecuentes, matándose en ellas los casados menos que en otras partes. Así, pues, si el divorcio no puede extenderse sin que la situación moral de la familia se mejore, es inadmisible que está ligado a un mal

estado de la sociedad doméstica, de tal naturaleza que agrava la tendencia al suicidio. Pero esta agravación debería producirse tanto en la mujer como en el marido. Un debilitamiento del espíritu de familia no puede producir efectos tan opuestos sobre los dos sexos: no puede favorecer a la madre y atacar tan gravemente al padre. Por consiguiente, es en el estado de matrimonio y no en la constitución de la familia donde se encuentra la causa del fenómeno que estudiamos. Y en efecto, es muy posible que el matrimonio obre en sentido inverso sobre el marido que sobre la mujer. Porque si, en cua nto padres, tienen el mismo objetivo, en cuanto cónyuges, sus intereses son diferentes y a menudo antagónicos. Puede ocurrir muy bien que en ciertas sociedades, tal particularidad de la institución matrimonial aproveche al uno y perjudique a la otra. Todo lo que precede tiende a probar que precisamente el caso del divorcio es éste.

En segundo lugar, la razón que nos obliga a rechazar la hipótesis, según la que se produce este mal estado del matrimonio en que divorcios y suicidios son voluntarios, consiste simplemente en una frecuencia mayor de las discusiones domésticas; porque tal causa no podría tener por resultado acrecer la inmunidad de la mujer, como tampoco produce el debilitamiento del lazo familiar. Si la cifra de los suicidios, donde el divorcio está en uso, tuviera relación realmente con el número de las querellas conyugales, la esposa debería sufrir las consecuencias tanto como el esposo. No hay en ella nada peculiar para preservarla excepcionalmente. Tal hipótesis es tanto menos, sostenible cuanto que en la mayoría de los casos, el divorcio se solicita por la mujer contra el marido (en Francia, el 60 por 100 de los divorcios y el 83 por 100 en las separaciones de cuerpo)[17]. Ocurre así porque las perturbaciones del hogar son, en la mayoría de los casos, imputables al hombre. Pero entonces será, incomprensible que, en los países donde se divorcia mucho, el hombre, se mate más porque hace sufrir a una mujer, que la mujer, y ella al contrario, se mate menos porque el marido la hace sufrir más. Por otra parte, no está demostrado que el número de los disentimientos conyugales crezca como el de los divorcios[18].

Descartada esta hipótesis, sólo queda una posible. Es preciso que la institución misma del divorcio, por la acción que ejerce sobre el matrimonio, predisponga al suicidio.

Y, en efecto, ¿qué es el matrimonio? Una reglamentación de las relaciones de los sexos, que se extiende no sólo a los instintos físicos que este comercio pone en juego, sino también a los sentimientos de toda clase que la civilización ha injertado, poco a poco, sobre la base de los apetitos materiales. Porque el amor es, en nosotros, un hecho mucho más mental que orgánico. Lo que el hombre busca en la mujer no es simplemente la satisfacción del deseo genésico. Si esa inclinación natural ha sido el germen de toda la evolución sexual, se ha complicado, progresivamente, con sentimientos estéticos y morales, numerosos y variados, y ya no es hoy más que el menor elemento del proceso total y complejo a que ha dado nacimiento. Al contacto de estos elementos intelectuales, el hombre se ha libertado parcialmente del cuerpo y como intelectualizado. Las razones morales le sugieren tanto como las intelectuales. No tiene ya la periodicidad regular y automática que presenta en el animal. En cualquier época puede despertarlo una excitación psíquica; y es de todas las estaciones. Pero precisamente porque estas diversas inclinaciones, así transformadas, no están directamente colocadas bajo la dependencia de necesidades orgánicas les es indispensable una reglamentación social. Puesto que no hay nada en el organismo que las contenga, es preciso que sean contenidas por la sociedad. Tal es la función del matrimonio. Regula toda esta vida pasional, y el matrimonio monogámica más estrechamente que cualquier otro, porque, al obligar al hambre a no ligarse sino a una mujer, siempre la misma, asigna a la necesidad de amar un objeto rigurosamente definido y cierra el horizonte.

Esta determinación es la que produce el estado de equilibrio moral con que se beneficia el esposo. Parque no puede, sin faltar a sus deberes, buscar otras satisfacciones que las que así le están permitidas, limitando sus deseos. La saludable disciplina a que está sometido le fuerza a encontrar su felicidad en su condición, y, por eso mismo, le suministra los medios de ella. Por otra parte, si su pasión está forzada a no variar el objeto sobre que se fija, está forzado igualmente a no faltarle, porque la obligación es recíproca.

Si sus goces están definidos, también están asegurados, y esta certidumbre consolida su consistencia mental. Completamente distinta es la situación del célibe. Como puede legítimamente ligarse a lo que le plazca, aspira a toda y nada le satisface. Este mal del infinito que la anomia lleva consiga por todas partes, puede alcanzar lo mismo esta zona de nuestra conciencia que cualquiera otra, que Musset ha descrita[19]. En el momento en que no se está contenido por nada, no se sabe uno detener por sí misma. Más allá de los placeres que se han experimentado, se imaginan y se quieren otros; si sucede que se ha recorrido casi todo el círculo de lo posible, se sueña en lo imposible, se tiene sed de lo que no existe[20]. ¿Cómo no ha de exasperarse la sensibilidad en esta persecución que no puede tener éxito? Para que se llegue a este punto, ni siquiera es necesario que se hayan multiplicado hasta el infinito las experiencias amorosas y vivido como un Don Juan. Basta con la existencia mediocre del célibe vulgar. Sin cesar existen esperanzas nuevas que se despiertan y que se marchitan, dejando tras sí una impresión de fatiga y de desencanto. Por otra parte, no podrá fijarse el deseo, puesto que no está seguro de poder guardar lo que le atrae, porque la anomia es doble. Del mismo modo que el sujeto no se entrega definitivamente, no posee nada con titulo definitivo. La incertidumbre del porvenir, junto a su propia determinación, le condena, pues, a una perfecta movilidad. De todo esto, resulta un estado de perturbación, de agitación y de descontento que aumente necesariamente las probabilidades de suicidio.

Ahora bien, el divorcio implica un debilitamiento de la reglamentación matrimonial. Donde está establecido. Sobre todo donde el derecho y las costumbres facilitan con exceso su práctica, el matrimonio sólo es una forma debilitada de sí mismo: un menor matrimonio. No podrá, pues, producir sus efectos útiles en el mismo grado. El límite que pone al placer no tiene la misma fijeza, si es cómodamente conmovido y cambiado de lugar, contiene menos enérgicamente a la pasión, y ésta, por consiguiente, tiende más a extenderse por fuera. Se resigna menos fácilmente a la condición que se le ha asignado. La calma, la tranquilidad moral que crea la fuerza del esposo es, pues, menor: ella da lugar, en alguna medida, a un estado de inquietud que impide al hombre conformarse con lo que tiene. Se encuentra, por otra parte, tanto menos atento a ligarse al presente, cuanto que el goce no le está completamente asegurado; el porvenir se halla menos garantido. No es posible encontrase fuertemente retenido por un lazo, que a cada instante puede ser roto, sea de un lado, sea de otro. No es posible dejar de mirar más allá del punto donde uno se encuentra cuando no se siente firme el terreno que pisa. Por estas razones, en los países donde el matrimonio está fuertemente atemperado por el divorcio, es inevitable que la inmunidad del hombre casado sea más débil. Como, bajo tal régimen, se aproxima al célibe, no puede dejar de perder algunas de sus ventajas. Por consiguiente, el número total de los suicidios se eleva[21].

Pero esta consecuencia del divorcio es especial para el hombre; no alcanza a la esposa. En efecto, las necesidades sexuales de la mujer tienen un carácter menos intelectual, porque, en general, su vida psíquica está menos desarrollada. Están más inmediatamente en relación con las exigencias del organismo, las siguen más que adelantarlas y encuentran en eso, por consiguiente, un freno eficaz. Porqué la mujer es un ser más instintivo que el hombre, para encontrar la calma y la paz no tiene más que seguir sus instintos. Una reglamentación social tan estrecha como la del matrimonio, y, sobre todo, del matrimonio monogámico no le es, pues, necesaria. Ahora bien, tal disciplina, aun donde es útil, no deja de tener inconvenientes. Al fijar para siempre la condición conyugal, impide salir de ella suceda lo que suceda. Al limitar el horizonte cierra las salidas y corta todas las esperanzas, aun las legítimas. El hombre mismo no deja de sufrir con esta inmutabilidad; pero le está ampliamente recompensado el mal con los beneficios que obtiene por otro lado. Por otra parte, las costumbres le conceden ciertos privilegios que le permiten atenuar, en alguna medida, el rigor del régimen. Para la mujer, al contrario, no hay compensación. Para ella la monogamia es de obligación estricta, sin atenuantes de ninguna especie, y, por otro lado, el matrimonio no le es útil, en el mismo grado, para limitar sus deseos, que son naturalmente limitados, y enseñarla a conformarse con su suerte; pero la impide cambiarlos y se le hace intolerable. La regla es, pues, para ella una molestia sin grandes ventajas. Por consiguiente, todo lo que la ablande y aligere, ha de mejorar, por fuerza, la situación de la esposa. He aquí por qué el divorcio la protege y por qué recurre a él de buen grado.

Es, pues, el estado de anomia conyugal, producido por la institución del divorcio, el que explica el desarrollo paralelo de los divorcios y los suicidios. Por consiguiente, estos suicidios de esposos que, en los países donde hay muchos divorcios, elevan el número de las muertes voluntarias, constituyen una variante del suicidio anómico. No tienen su origen en que en esas sociedades haya peores esposos y peores mujeres y, por no tanto, más hogares desgraciados. Resultan de una constitución moral *sui géneris* que tiene por causa un debilitamiento de la reglamentación matrimonial; es esta constitución, adquirida durante el matrimonio, la que, al sobrevivirle, produce la excepcional tendencia al suicidio que manifiestan los divorciados. Desde luego, no se entienda que decimos que este enervamiento de la regla está completamente engendrado por el establecimiento legal del divorcio. El divorcio no se ha declarado nunca más que para consagrar un estado de las costumbres que le era anterior. Si la conciencia pública no hubiese llegado poco a poco a juzgar que la indisolubilidad del lazo conyugal no tiene razón de ser, el legislador no hubiera ni siquiera soñado en aumentar su fragilidad. La anomia matrimonial puede, pues, existir en la opinión, sin dejar todavía inscrita en la ley. Pero, por otro lado, solamente cuando ha tomado una forma legal, es cuando puede producir todas sus consecuencias. En tanto que el derecho matrimonial no sea modificado, sirve, a lo menos, para con tener materialmente las pasiones; sobre todo se opone a que, el gusto de la anomia gane terreno, sólo porque la reprueba. Por esto no tiene efectos característicos y, fácilmente observables más que allí donde ha llegado a ser una institución jurídica.

Al mismo tiempo que esta explicación da cuenta del paralelismo observado entre los divorcios y los suicidios[22] y de las variaciones inversas que presenta la inmunidad de los esposos y de las esposas, se halla confirmada por muchos otros hechos:

1° Solamente bajo el régimen del divorcio puede haber una verdadera inestabilidad matrimonial; porque sólo él rompe completamente el matrimonio, mientras que la separación de cuerpos no hace más que suspender parcialmente ciertos defectos, sin devolver a los esposos su libertad. Si, pues, esta anomia especial agrava realmente la tendencia al suicidio, los divorciados deben tener una aptitud bastante superior a la de los separados. Esto es, en efecto, lo que resulta del único documento que conocemos sobre este punto. Según un cálculo de Legoyt[23], en Sajonia, durante el período 1847-1856, un millón de divorciados había dado un promedio anual de 1.400 suicidios y un millón de separados 176 solamente. Este último porcentaje es hasta inferior al de los esposos (318).

2° Si la tendencia tan fuerte de los célibes proviene en parte de la anomia sexual en que viven de una manera crónica, es sobre todo en el momento en que el sentimiento sexual esté más en efervescencia cuando la agravación que sufren debe ser más sensible. Y, en efecto, de los veinte a los cuarenta y cinco años, el porcentaje de los suicidios de los célibes crece mucho más aprisa que después; en el curso de este período se cuadruplica, mientras que de los cuarenta y cinco años, a la edad máxima (después de los ochenta años), no hace más que duplicarse. Pero, del lado de las mujeres, no se encuentra la misma aceleración; de los veinte a los cuarenta y cinco años, el porcentaje de las solteras ni siquiera se eleva al doble; pasa tan sólo de 106 a 171 (véase cuadra XXI). El período sexual no afecta, pues, a la marcha de los suicidios femeninos. Esto es lo que debe ocurrir si, como hemos admitido, la mujer no es muy sensible a esta forma de anomia.

3° En fin, muchos de los hechos establecidos en el capítulo III de este mismo libro encuentran una explicación en la teoría que acaba de ser expuesta, y, por eso mismo, pueden servir para comprobarla.

Hemos visto en otro lugar que, por sí mismo e independientemente de la familia, el matrimonio, en Francia, confería al hombre un coeficiente de preservación igual a 1,5. Sabemos ahora a qué corresponde este coeficiente. Representa las ventajas que el hombre obtiene de la influencia reguladora que ejerce sobre él el matrimonio, de la moderación que impone a sus inclinaciones y del bienestar moral que de él resulta. Pero hemos comprobado, al mismo tiempo, que en este mismo país la condición de la mujer casada estaba, por el contrario, agravada, hasta tanto que la presencia de los hijos no venía a corregir los malos efectos que tiene para ella el matrimonio. Acabamos de decir la razón. No es que el hombre sea, por naturaleza, un ser egoísta y malvado, cuyo papel en el hogar consista en hacer sufrir a su compañera. Es que en Francia, donde, hasta los tiempos recientes, el matrimonio no estaba debilitado por el divorcio, la regla inflexible que imponía a la mujer, era para ella un yugo muy pesado y sin provecho. Mas, generalmente, véase a qué causa es debido este antagonismo de los sexos, que hace que el matrimonio no pueda favorecerlos igualmente; es que sus intereses son contrarios: el uno tiene necesidad de contención, el otro de libertad.

Parece, por otra parte, que el hombre, en cierto momento de su vida, está afectado por el matrimonio del mismo modo que la mujer, aunque por otras razones. Si, como lo hemos señalado, los esposos demasiado jóvenes se matan mucho más que los célibes de la misma edad, es, sin duda, porque sus pasiones son entonces demasiado tumultuosas y demasiado confiadas en sí mismas para poder someterse a una regla tan severa. Esta les aparece como un obstáculo insoportable, contra el que sus deseos vienen a chocar y romperse.

Es por esto, por lo que es probable que el matrimonio no produzca sus efectos bienhechores sino cuando la edad ha venido a calmar un poco al hombre y a hacerle sentir la necesidad de una disciplina[24].

En fin, hemos visto en este mismo capítulo III que, donde el matrimonio favorece a la esposa con preferencia al esposo, la separación entre los dos sexos es siempre menor que donde el caso inverso tiene lugar. Esta es la prueba de que, hasta en las sociedades donde el estado matrimonial se da en todo en favor de la mujer, le presta menos servicios que al hombre, cuando este último es quien más se aprovecha de él. Ella puede sufrirlo si le es contrario, más que beneficiarse con él si está de acuerdo con sus intereses. Y es porque ella lo necesita menos. Así lo supone la teoría que se acaba de exponer. Los resultados que hemos obtenido anteriormente y las que se derivan del presente capítulo se reúnen y se prestan a comprobación mutua.

Llegamos así a una conclusión bastante alejada de la idea que se tiene generalmente del matrimonio y de su papel. Pasa por haber sido instituido en consideración a la esposa y para proteger su debilidad contra los caprichos masculinos. La monogamia, especialmente, es representada como un sacrificio, que el hombre ha hecho de sus instintos polígamos para realzar y mejorar la condición de la mujer en el matrimonio. Su realidad, cualesquiera que sean las causas históricas que le han determinado a imponerse esta restricción, es a él a quien más aprovecha. La libertad, a la que así ha renunciado, sólo podía ser para él una fuente de tormentos. La mujer no tenía los mismos motivos para abandonarla, y en este respecto, se puede decir que, al someterse a la misma regla, es ella la que se ha sacrificado[25].

[1] V. Starck, *Verbrechen und Vergehn in Preussen*, Berlin, 1884, página 55.

[2] *Die Geselsmënikil in Gesellschaftsleben*, p. 345.

[3] V. Fornasari di Verce, La *criminalita e le vicende economiche d'Italia*, Turín, 1894, p. 77-83.

[4] Ibíd., p. 108-117.

[5] V. Fornasari di Verce, op. cit., p. 86-104.

[6] El aumento es menor en el período 1885-90, a consecuencia de una crisis financiera.

[7] Para probar que el mejoramiento del bienestar disminuye los suicidios, se ha tratado muchas veces de sostener que, cuando la emigración, esta válvula de seguridad de la miseria se practica ampliamente, bajan los suicidios (V. Legoyt, p. 257-259). Pero los casos en que, en lugar de una inversión, se comprueba un paralelismo entre esos dos fenómenos, son numerosos. En Italia, de 1876 a 1890, el número de los emigrantes ha pasado de 76 por 100.000 a 335, cifra que aun ha sido sobrepasada de 1887 a 1889. Al mismo tiempo, los suicidios no han dejado de crecer.

[8] Esta reprobación es, en la actualidad, completamente moral, y no parece susceptible de ser sancionado jurídicamente. No creemos que un restablecimiento cualquiera de leyes suntuarias sea deseable o simplemente posible.

[9] Cuando la estadística distingue muchas especies de carreras liberales, indicamos como punto de mira aquella en que el porcentaje de suicidios es más elevado.

[10] Desde 1826 a 1880, las funciones económicas parece que han sido menos puestas a prueba (V. *Compte-rendu* de 1880); pero, ¿era exacta la estadística de las profesiones?

[11] Esta cifra no es alcanzada mas que por las gentes de letras.

[12] Tomamos este período alejado porque el divorcio no existía en absoluto entonces. La ley de 1884, que lo ha establecido, no parece, por otra parte, haber producido hasta el presente sensibles efectos sobre los suicidios de casados; su coeficiente de preservación no había variado sensiblemente en 1882-92; una institución no produce sus efectos en tan poco tiempo.

[13] Para Sajonia sólo tenemos los números relativos que van arriba, tomados de Oettingen.; bastan para nuestro objeto. Se encontrarán en Legoyt (p. 171) otros documentos que prueban igualmente que, en Sajonia, los casados tienen un porcentaje más elevado que los célibes. Legoyt mismo lo hace notar con sorpresa.

[14] Si no comparamos bajo este punta de vista mas que esos pocos países, es porque, para los otros, las estadísticas confunden los suicidios de esposos con los de las esposas, y después se verá cuán necesario es distinguirlos. Pero no se deberá deducir de este cuadro, que en Prusia, en Baden y en Sajonia, los casados se matan más que los solteros. Es preciso no perder de vista que estos coeficientes se han establecido con independencia de la edad y de su influencia sobre el suicidio. Ahora bien; como las hombres de veinticinco a treinta años, edad media de los solteras, se matan alrededor de dos veces menos que los hombres de cuarenta a cuarenta y cinco años, edad media de los casados, éstos gozan de cierta inmunidad, aun en los países donde el divorcio es frecuente: pero allí es más débil que en otra parte. Para que se pudiera decir que es nula, haría falta que el porcentaje de los casados, hecha abstracción de la edad, fuese dos veces más grande que el de los célibes; cosa que no ocurre. Esta omisión no altera en nada, por otra parte, la conclusión a que hemos llegado. Porque la edad media de los casados vacía poco de uno a otro país, dos o tres años solamente, y, por otro lado, la ley según la cual la edad influye sobre el suicidio, en todas partes es la misma. Por consiguiente, al desdeñaría acción de ese factor, hemos disminuido bastante el valor absoluto de los coeficientes de preservación; pero, como los hemos disminuido en todas partes según la misma proporción, no hemos alterado el valor relativo, que es el único que nos importa. Porque no tratamos de estimar en su valor absoluto la inmunidad de los esposos en cada país, sino de clasificar los diferentes países bajo el punto de vista de esta inmunidad. En cuanto a las razones que nos han determinado a hacer esta simplificación, obedecen tanto a no querer complicar el problema inútilmente, como también a que no tenemos en todos los casos los elementos necesarios paca calcular exactamente la influencia de la edad.

[15] Los períodos son los mismos que los del Cuadro XXVII.

[16] Hemos tenido que clasificar esas provincias según el número de los divorcios empadronados, no habiendo encontrado el número le divorcios anual.

[17] Levasseur, *Population française*, t. II, p. 92. Cf. Bertillon *Annales de Dem. Inter.*, 1880, p. 460. – En Sajonia, las demandas intentadas por los hombres son casi tan numerosas como las que emanan de las mujeres.

[18] Bertillon, *Annales*, etc., 1882, p. 275 y siguientes.

[19] V. *Rolla y* en *Namouna* el retrato de Don Juan.

[20] V. el monólogo de Fausto en la obra de Goethe.

[21] Pero se dirá: ¿es que donde el divorcio no atempera el matrimonio, la obligación estrictamente monogámica no tiene el riesgo de conducir al hastío? Sí; sin duda; este resultado se producirá necesariamente si ya no se siente el carácter moral de la obligación. Lo que importa, en efecto, no es tan sólo que la reglamentación exista, sino que esté aceptada por las conciencias; de otro modo, no tiene autoridad moral, no se mantiene mas que por la fuerza de la inercia y no puede ya desempeñar un papel útil. Molesta, sin servir mucho.

[22] Puesto que donde la inmunidad del esposo es menor, la de la mujer es más elevada, se preguntará cómo no se establece la compensación. Pero es que siendo muy débil la parte de la mujer en el número total de suicidios, la disminución de los suicidios femeninos no es sensible en el conjunto y no compensa el aumento de los suicidios masculinos. Por esto es por lo que el divorcio se acompaña finalmente de una elevación en la cifra general de los suicidios.

[23] Op. cit., p. 171.

[24] Hasta es probable que el matrimonio, por sí sólo, no empiece a producir efectos profilácticos sino más tarde, después de los treinta años. En efecto, hasta entonces, los casados sin hijos dan anualmente, en cifras absolutas, tantos suicidios como los casados con hijos, a saber: 6,6 de veinte a veinticinco años para los unos y para los otros; 33 de un lado y 34 del otro, de los veinticinco a los treinta años. Sin embargo, es claro que los hogares fecundos son, aun en este período, mucho más numerosos que los estériles. La tendencia al suicidio de estos últimos debe, pues, ser muchas veces más fuerte que la de los esposos con hijos; por consiguiente, debe acercarse mucho en intensidad a la de los célibes. Desgraciadamente, sobre este punto no podemos hacer más que hipótesis; porque como el padrón no da para cada edad la población de los esposos sin hijos, distinguida de los esposos con hijos, nos es imposible calcula separadamente el porcentaje de los unos y de los otros para cada período de la vida. Nos limitamos a dar las cifras absolutas, tales como las hemos obtenido del Ministerio de Justicia, para los años 1899-91. Las reproducimos en un cuadro especial que se encontrará al fin de la obra. Esta laguna del censo es de las más lamentables.

[25] Se cree, por las consideraciones que preceden, que existe un tipo de suicidio que se contrapone al suicidio anómico, como el suicidio egoísta y el altruista se contraponen entre sí. Es el que resulta de un exceso de reglamentación: el que cometen los sujetos cuyo porvenir está implacablemente limitado, cuyas pasiones están violentamente comprimidas por una disciplina opresiva. Es el suicidio de los esposos demasiados jóvenes, de la mujer casada sin hijos. Para completar, deberíamos constituir un cuarto tipo de suicidio. Pero tiene tan poca importancia y, fuera de los casos que acabamos de citar, es tan difícil encontrar ejemplos, que nos parece inútil detenernos en él. Sin embargo, pudiera ocurrir que ofreciese un interés histórico. ¿No se relacionan con este tipo los suicidios de esclavos, que se dice que son frecuentes en ciertas condiciones (V. Corre, *Le crime en pays creoles*, p. 48), y todos los que, en una palabra, pueden ser atribuidos a las intemperancias del despotismo material o moral? Para mostrar claramente el carácter inevitable e inflexible de la regla, contra la que nadase puede, y por oposición a esta expresión de anomia, que acabamos de emplear, podría llamársele el suicidio fatalista.

Capítulo VI

Formas individuales de los diferentes tipos de   suicidios

De nuestra investigación se desprende, hasta ahora, un resultado, y es que no hay suicidio, sino suicidios. Sin duda, el suicidio es siempre el acto de un hombre que prefiere la muerte a la vida. Pero las causas que lo impulsan no son de la misma naturaleza en todos los   casos; hasta, a veces, son opuestas entre sí. Ahora bien, es imposible que la diferencia de las causas no se vuelva a encontrar en los efectos. Se puede, pues, estar seguro de que hay muchas clases de suicidios cualitativamente distintas las unas de las otras. Pero no basta con haber demostrado que deben existir esas diferencias. Se querría poderlas obtener directamente por la observación y saber en qué consisten. Se querría ver los caracteres de los suicidios particulares agruparse por sí mismos en clases distintas, correspondientes a los

tipos que acaban de distinguirse. De este modo se seguiría la diversidad de las corrientes suicidógenas, desde sus orígenes sociales hasta sus manifestaciones individuales.
Esta clasificación, que era poco posible al empezar este estudio, puede intentarse ahora que una división etiológica suministra la base. En efecto, no tenemos mas que tomar por puntos de mira las tres clases de factores que acabamos de asignar al suicidio y buscar si las propiedades distintivas que reviste, al realizarse en los individuos, pueden derivarse de ellos y de qué manera. Sin duda, no se pueden deducir así todas las particularidades que es susceptible de presentar porque debe haber algunas que dependan de la naturaleza propia del sujeto. Cada suicida da a su acto una huella personal, que expresa su temperamento, las condiciones especiales en que se encuentra, y que, por consecuencia, no puede explicarse por las causas sociales y generales del fenómeno. Pero éstas, a su vez, deben imprimir en las suicidas que determinan una tonalidad *sui géneris,* una marca especial que las expresa. Esta marca colectiva, es la que se trata de encontrar.
Por otra parte, es cierta que esta operación no puede hacerse mas que con una exactitud aproximada. No estamos en estado de ofrecer una descripción metódica de todos las suicidio que diariamente se llevan a cabo por las hombres o que se han cometida en el curso de la historia. Sólo podemos destacar los caracteres más generales y más significativos, sin que dispongamos ni siquiera de un criterio objetivo para realizar esta selección. Además, para ligarlas a las causas respectivas de que parecen derivar, no podríamos proceder más que deductivamente. Toda lo que nos será posible, es señalar que están en ellas lógicamente implicados, sin que el razonamiento pueda, siempre recibir una confirmación experimental. Ahora bien, no se nos oculta que una deducción es siempre sospechosa cuando ninguna experiencia la comprueba. Sin embargo, aun con estas reservas, no deja de tener utilidad esta investigación. Aunque no se viera en ella mas que un media de ilustrar con ejemplos las resultadas que preceden, todavía tendría la ventaja de darles un carácter más concreto, de ligarlos más estrechamente a los datos de la observación sensible y a los detalles de la experiencia diaria. Además, ella permitirá introducir un poca de distinción en esta masa de hechos, que se confunden de ordinario, como si sólo estuviesen separadas por matices, cuando existen entre ellos diferencias radicales. Sucede con el suicidio como con la generación mental. Esta consiste para el vulgo en un estado única, siempre el mismo, susceptible tan sólo de diversidades exteriores, según las circunstancias. Para el alienista, la palabra designa, al contrario, una pluralidad de tipos nosológicos. Del mismo moda se representa de ordinario a todo suicida como un melancólico, para el que la existencia es una carga. En realidad, los actos por los que un hombre renuncia a la vida se ordenan en diferentes especies, cuya significación moral y social no es en absoluta la misma.

I

Existe una primera forma de suicidio, que la antigüedad ha conocido ciertamente, pero que se ha desarrollado sobre todo en nuestros días: el *Rafael* de Lamartine nos ofrece el tipo ideal del mismo. Lo que lo distingue es un estado de languidez, melancólica, que afloja los resortes de la acción. Los negocios, las funciones públicas, el trabajo útil, hasta los deberes domésticos sólo inspiran al sujeto la indiferencia y el alejamiento. Le repugna salir de sí mismo. En desquite, el pensamiento y la vida interior ganan todo lo que pierde la actividad. Al desviarse de lo que le rodea, la conciencia se repliega sobre sí misma, se toma como su propio y único objeto y se da por tema principal observarse y analizarse. Pero con esta extrema concentración no hace sino profundizar el obstáculo que la separe del resto del universo. Desde el momento en que el individuo se apasiona hasta tal punto por sí mismo, no puede sino desligarse más de todo lo que no sea él, y consagrar, al reforzado, el aislamiento en que vive. Al no mirarse más que a sí, no puede la persona encontrar razones de ligarse a ninguna otra cosa más que a ella. Todo movimiento, en cierto sentido, es altruista, porque es centrifugo y extiende al ser fuera de sí mismo. La reflexión, al contrario, tiene algo de personal y de egoísta, porque no es posible sino en la medida en que el sujeto se desprende del objeto, y se aleja de él para volver sobre sí mismo; y es tanto más intensa cuanto esta vuelta sobre ella sea más completa. No se puede obrar mas que mezclándose al mundo; para pensar como, al contrario, es preciso tratar de confundirse con él, de manera que se le pueda contemplar desde fuera; con mayor motivo, es necesario para pensar como uno mismo. Aquél, cuya completa actividad se convierte en pensamiento interior, se hace más insensible a todo lo que le rodea. Si ama, no es para entregarse, para no unirse en una unión fecunda, a otro ser fuera de él; es para meditar sobre su amor. Sus pasiones sólo son aparentes, porque son estériles. Se disipan en vanas combinaciones de imágenes, sin producir nada que les sea exterior.

Pero, por otro lado, toda vida interior toma de fuera su primera materia. No podemos pensar más que en los objetos o en la manera de concebirlos. No podemos reflexionar nuestra conciencia más que en un estado de indeterminación pura; bajo esta forma es impensable. Ahora bien, ella no se determina más que afectada por otra cosa que no sea ella misma. Si se individualiza, pues, más allá de cierto punto, si se separa demasiado radicalmente de los otros seres, hombres o cosas, se encuentra incomunicada con las fuentes mismas de donde debía normalmente alimentarse y no tiene nada a que poderse aplicar. Al hacer el vacío a su alrededor, ha hecho el vacío en ella, y no resta nada más en que reflexionar que su propia miseria. Ya no tiene por objeto de meditación más que la nada, que está en ella, y la tristeza que es su consecuencia. Se complace en ello, se abandona a ello con una especie de goce malsano, que Lamartine, que lo conoce, ha descrito maravillosamente por boca de su héroe: "La languidez de todas las cosas en torno mío, era –dice– una maravillosa consonancia con mi propia languidez. La aumentaba, encantándola. Yo me sumergía en abismos de tristezas. Pero esta tristeza era viva y lo bastante llena de pensamientos, de impresiones, de comunicaciones con el infinito, de claroscuro en mi alma, para que yo no deseara sustraerme de ella. Enfermedad del hombre, pero enfermedad cuyo sentimiento mismo es un atractivo en lugar de ser un dolor, y en la que la muerte se asemeja a un voluptuoso desvanecimiento en el infinito. Estaba, resuelto a entregarme a él, en adelante, por completo, a apartarme de toda sociedad que pudiera distraerme de ella, a rodearme de silencio, de soledad y de frialdad en medio de la gente que encontraba; mi aislamiento de espíritu era un sudario a través del cual no quería ya ver a los hombres, sino solamente la Naturaleza y Dios[1].

Pero no se puede quedar así, en contemplación ante el vacío, sin ser progresivamente atraído hacia él. El que se le designe con el nombre de infinito no lo cambia de naturaleza. Cuando uno experimenta tanto placer en no ser, no puede satisfacer completamente su inclinación, sino renunciando completamente, a vivir. Esto es lo que hay de exacto en el paralelismo que Hartmann cree observar entre el desarrollo de la conciencia y el debilitamiento de la voluntad de vivir. Es que la idea y el movimiento son, en efecto, dos fuerzas antagónicas que progresan en sentido inverso la una de la otra; y que el movimiento es la vida. Se ha dicho que pensar es impedirse obrar; en la misma medida es, pues, impedirse vivir. Es porque el reino absoluto de la idea no puede establecerse, ni sobre todo mantenerse, porque es la muerte. Pero no hay que decir, como cree Hartmann, que la realidad sea, por sí misma intolerable, a menos de estar velada por la ilusión. La tristeza no es inherente a las cosas; ella no nos viene del mundo, y no es por el mundo sólo por lo que la pensamos. Es un producto de nuestro propio pensamiento. Somos nosotros quienes la creamos por completo; pero para esto es preciso que nuestro pensamiento sea anormal. Si la conciencia hace muchas veces la desgracia del hombre, es solamente cuando alcanza un desarrollo enfermizo; cuando insubordinándose contra su propia naturaleza se considera como un absoluto y busca en sí misma su propio fin. Tampoco se trata de un descubrimiento retrasado, de la última conquista de la ciencia, hubiéramos podido tomar del estado de espíritu estoico los principales elementos de nuestra descripción. El estoicismo enseña también que el hombre debe apartarse de todo lo que le es exterior, para vivir de sí mismo y para sí mismo. Sólo que, como la vida no encuentra entonces su razón de ser, la doctrina lleva al suicidio.

Estos mismos caracteres se encuentran en el acto final, que es la conciencia lógica de este estado moral. El desenlace no tiene nada de violento ni de precipitado. El paciente escoge su hora y medita su plan con mucha anticipación. Ni siquiera le repugnan los medios lentos. Una melancolía tranquila y que, muchas veces, no carece de dulzura, caracteriza sus últimos momentos. Se analiza hasta el fin. Tal es el caso de ese comerciante de que habla Falret[2], que se retira a un bosque poco frecuentado y se deja allí morir de hambre. Durante una agonía que duró cerca de tres semanas, había consignado con regularidad sus impresiones en un diario que se conserva. Otro se asfixia, soplando con la boca el carbón que debe darle la muerte y anota sus impresiones a medida que se producen: "No pretendo, escribe, mostrar más valor o cobardía; quiero sólo emplear los pocos instantes que me restan en describir las sensaciones que se experimentan al asfixiarse y la duración de los sufrimientos"[3]. Otro, antes de dejarse ir a lo que él llama "la embriagadora perspectiva del reposo", construye un aparato complicado, destinado a consumar su fin sin que la sangre pueda extenderse sobre el piso[4].

Se percibe fácilmente cómo estas diversas particularidades se ligan con el suicidio egoísta. Es poco dudoso que no sean su consecuencia y su expresión individual. Esta pereza por la acción, este apartamiento melancólico resultan de ese estado de individualización exagerada, para el que hemos definido ese tipo de suicidio. Si el individuo se aísla, es que los lazos que lo unían a los otros seres se han aflojado o roto, es que la sociedad, sobre los puntos por donde él se halla en contacto con ella, no está bastante fuertemente soldada. Estos vacíos que separan las conciencias y las hacen extrañas unas a otras, proceden precisamente del relajamiento del tejido social. En fin, el carácter intelectual y meditativo de esas especies de suicidios se explica sin esfuerzo, si se recuerda que el suicidio egoísta tiene por acompañamiento necesario un gran desarrollo de la ciencia y de la inteligencia reflexiva. Es evidente, en efecto, que, en una sociedad donde la conciencia esté normalmente necesitada de extender su campo de acción, está también mucho más expuesta a exceder esos límites naturales, que no puede traspasar sin destruirse ella misma. Un pensamiento que lo pone todo en discusión, si no es bastante fuerte para soportar el peso de su ignorancia, corre el riesgo de ponerse él mismo en discusión y de abismarse en la duda. Porque si no llega a descubrir los títulos que puede tener a la existencia, las cosas sobre las que se interroga –y sería una maravilla si pudiera tan pronto profundizar tantos misterios– les negará toda realidad; el hecho mismo de que se plantee el problema, implica, ya que tiende a las soluciones negativas. Pero, al mismo tiempo, se despojará de todo contenido positivo y, no encontrando ya nada ante sí, que se le resista, sólo podrá perderse en el vacío de los ensueños interiores.

Pero esta forma elevada del suicidio egoísta no es la única; hay otra, más vulgar. El sujeto, en vez de meditar tristemente sobre su estado, toma alegremente su partido. Tiene conciencia de su egoísmo y de las consecuencias que de él derivan lógicamente; pero las acepta por adelantado y se pone a vivir como el niño o el animal, con la única diferencia de que se da cuenta de lo que hace. Se impone, pues, como única tarea, satisfacer sus necesidades personales, hasta simplificándolas, para asegurarse más su satisfacción. Sabiendo que no puede esperar nada de otro, no pide ya nada, completamente dispuesto, si se le impide alcanzar este fin único, a deshacerse de una existencia que no tiene razón de ser en adelante. Este es el suicidio epicúreo. Porque si Epicuro no ordenaba a sus discípulos apresurar la muerte, les aconsejaba el contrario, vivir, mientras en ello encontraran algún interés. Sólo que, como él suponía muy bien que, si no se tiene otro objeto, se está a cada instante expuesto a no tener ninguno y que el placer sensible es un lazo muy frágil para sujetar el hombre a la vida, les exhortaba a hallarse siempre dispuestos a salir de ella, al menor llamamiento de las circunstancias. Aquí, pues, la melancolía filosófica y soñadora está reemplazada por una sangre fría escéptica y desengañada que es particularmente sensible en la hora del desenlace. El paciente se mata sin odio, sin cólera, pero también sin esa satisfacción morbosa con la que el intelectual saborea su suicidio. Obra sin pasión y aun más que este último. No le sorprende la salida a la que se lanza; es un acontecimiento que preveía como más o menos próximo. Así, no se ingenia en largos preparativos; de acuerdo con su vida anterior trata solamente de disminuir el dolor. Tal es, especialmente, el caso de esos vividores que, cuando ha llegado el momento inevitable en que no pueden ya continuar una existencia fácil, se matan con una tranquilidad irónica y con una especie de sencillez[5].

Cuando hemos tratado del suicidio altruista, multiplicamos lo bastante los ejemplos para no tener necesidad de describir ampliamente las formas psicológicas que lo caracterizan. Ellas se oponen a las que reviste el suicidio egoísta como el altruismo a su contrario. Lo que distingue al egoísta que se mata es una depresión general que se manifiesta, por una languidez melancólica, o por la indiferencia epicúrea. Al contrario, el suicidio altruista, como tiene por origen un sentimiento violento, no ocurre sin cierto despliegue de energía. En el caso del suicidio obligatorio, esta energía se pone al servicio de la razón y de la voluntad. El sujeto se mata porque su conciencia se lo ordena: se somete a un imperativo. Así, su acto tiene por nota dominante esta firmeza serena que da el sentimiento del deber cumplido; la muerte de Catón, la del comandante Beaurepaire, son ejemplos históricos del mismo. Por otra parte, cuando el altruismo está en estado agudo, el movimiento tiene algo de más pasional y de más irreflexivo. Es un impulso de fe y de entusiasmo el que precipita al hombre en la muerte. Este entusiasmo mismo es unas veces alegre, y otras sombrío, según que la muerte sea concebida como un medio de unirse a una divinidad bien amada o como un sacrificio expiatorio, destinado a apaciguar una potencia temible y que se cree hostil. El fervor religioso del fanático que se hace aplastar con beatitud bajo el carro de su ídolo, no se asemeja al del monje atacado de tristeza o a los remordimientos del criminal, que pone fin a sus días para expiar su maldad. Pero, bajo estos matices diversos, los rasgos esenciales del fenómeno permanecen los mismos. Es un suicidio activo, que contrasta, por consiguiente, con el suicidio depresivo de que se ha tratado.

Este carácter se encuentra hasta en esos suicidios más sencillos del primitivo o del soldado, que se matan porque una ligera ofensa ha empañado su honra, o para demostrar su valor. La facilidad con que se llevan a cabo no debe ser confundida con la sangre fría desengañada del epicúreo. La predisposición a hacer el sacrificio de la vida no deja de ser una tendencia activa, aun cuando esté profundamente arraigada para obrar con la facilidad y la espontaneidad del instinto. Leroy nos relata un caso que puede ser considerado como el modelo de este género. Se trata de un oficial que, después de haber tratado de ahorcarse sin éxito una primera vez, se prepara a comenzar de nuevo, pero cuida, anticipadamente, de consignar por escrito sus últimas impresiones: "¡Extraño destino el mío! –dice–. Acabo de ahorcarme, había perdido el sentido, se ha roto la cuerda, he caído sobre el brazo izquierdo... Están terminados los nuevos preparativos, voy bien pronto a comenzar de nuevo, pero voy a fumar aún una última pipa; espero que sea la última. No me ha costado mucho la primera vez, la cosa ha pasado bastante bien; espero que la segunda ocurrirá lo mismo. Estoy tan tranquilo como si me tomara una copa por la mañana. Es bastante extraordinario, lo reconozco; pero, sin embargo, así es. Todo es verdad. Voy a morir una segunda vez, con la conciencia tranquila"[6]. No hay bajo esta tranquilidad ni ironía, ni escepticismo, ni esta especie de crispación involuntaria que el vividor que se mata no consigue jamás disimular completamente; ningún rastro de esfuerzos; el acto se desliza porque todas las tendencias activas del sujeto le preparaban el camino.

En fin, hay una tercera clase de suicidios que se contraponen a los primeros, porque su acto es esencialmente pasional, y a los segundos, en cuanto que la pasión que los inspira y que domina la escena final es de una naturaleza completamente distinta. No es el entusiasmo, la fe religiosa, moral o política, ni ninguna de las virtudes militares; es la cólera y todo lo que de ordinario acompaña a la decepción. Brierre de Boismont, que ha analizado los escritos de 1.507 suicidas, ha comprobado que un número muy grande expresaban, ante todo, un estado de irritación y de fastidio exasperado. Tan pronto son las blasfemias, las recriminaciones violentas contra la vida en general, a tan pronto las amenazas y quejas contra una persona en particular, a la que el sujeto imputa la responsabilidad de sus desgracias. A este mismo grupo se ligan evidentemente los suicidios, que son como el complemento de un homicidio previo; el hombre se mata después de haber matado al que acusa de haber envenenado su vida. En ninguna parte mejor que aquí se manifiesta la exasperación del suicida, puesto que se afirma no sólo con palabras, sino con actos. El egoísta que se mata no se deja arrastrar jamás a parecidas violencias. Sin duda ocurre que también él se queja de la vida, pero de una manera doliente. Ella le oprime, pero no le irrita por disgustos agudos. No le interesa, pero no le inflige sufrimientos positivos. El estado de depresión en que se encuentra no le permite ni siquiera los arrebatos. En cuanto a los del altruista, tienen un sentida por completo distinto. Por definición, en cierto modo, es a él mismo a quien se sacrifica, no a su prójimo. Estamos, pues, en presencia de una forma psicológica distinta de las precedentes.

Sin embargo, parece ser que está implícita en la naturaleza del suicidio anómico. En efecto, unos movimientos que no están reglamentadas, que no están ajustadas los unas a los otros, ni a las condiciones a las que deben responder, no pueden dejar de estrecharse dolorosamente. Ya sea progresiva, o regresiva, la anomia, al franquear las necesidades de la medida que conviene, abre la puerta a las ilusiones, y, por consiguiente, a las decepciones. Un hombre que es bruscamente arrojado por debajo de la condición a la que estaba acostumbrado, no puede dejar de exasperarse al sentir escapársele una situación de que se creía dueño, y su exasperación se vuelve naturalmente contra la causa, cualquiera que sea, real o imaginaria, a la que atribuye su ruina. Si él mismo se reconoce como el autor responsable de la catástrofe, la tomará consigo mismo; si no, con otro. En el primer caso, no tendrá más medio que el suicidio; en el segunda, podrá éste ser precedido de un homicidio o de alguna otra manifestación violenta.

Pero el sentimiento es el mismo en los dos casos; sólo el punto de aplicación varía. El sujeto se mata siempre en un acceso de cólera, haya atacada o no anteriormente a algún semejante. Este trastorno de todas sus costumbres le produce un estado de sobreexcitación aguda, que tiende necesariamente a aliviarse por actos destructivos. El objeto sobre el que descargan las fuerzas pasionales, así producidas, es, en suma, secundario. El azar de las circunstancias es el que determina el sentida en que esas fuerzas se dirigen.

No sucede de otro modo las distintas veces en que, lejos de caer por debajo de él mismo, el individuo es, por el contrario, arrastrado, pero sin regla ni medida, a sobrepasarse perpetuamente a sí propio. Tan pronto, en efecto, coma le falta el fin que se creía capaz de alcanzar, pera que, en realidad, excedía de sus fuerzas. Este es el suicidio de los incomprendidos, tan frecuente en las épocas donde no hay clasificación reconocida. Otras veces, después de haber conseguido, durante cierto tiempo, satisfacer todos sus deseas y su gusto de cambio, viene a chocar de pronto contra una resistencia que no puede vencer, y se deshace con impaciencia de una existencia en la que se encuentra en adelante agobiada. Este es el caso de Werther, ese corazón turbulento, como él mismo se llama, que se marta por un amor contrariado, y de todos los artistas que, después de encontrarse colmadas de éxitos, se suicidan por oír un silbido, por una crítica un poco severa o porque su renombre cesa de aumentar[7].

Aun hay otros que, sin tener que quejarse de los hombres ni de las circunstancias, acaban por cansarse de una persecución sin defensa posible, donde sus deseos se irritan en vez de calmarse. La toman entonces con la vida en general y la acusan de haberles engañado. Sólo que la varia agitación a la que se han entregado deja tras sí una especie de agotamiento, que impide a las pasiones decepcionadas manifestarse con la misma violencia que en los casos precedentes. Se hallan como fatigadas, a la larga, y así, resultan menos capaces de reaccionar con energía. El sujeto cae en una especie de melancolía, que, por algunos lados, recuerda la del egoísta intelectual, pero no tiene su encanto lánguido. Lo que entonces domina es un disgusto de la existencia más o menos irritado. Ese estado de alma es el que Séneca observaba en sus contemporáneos, al mismo tiempo que el suicidio que de él resulta. "El mal que nos roe –dice– no está en los lugares en que nos hallamos, está en nosotros. Nos encontramos sin fuerzas para soportar nada, incapaces de sufrir el dolor, impotentes para gozar el placer, impacientes de todo. Cuantas gentes llaman a la muerte, cuándo, después de haber ensayado todos los cambios, se encuentran con que vuelven a las mismas sensaciones, sin poder experimentar ninguna nueva"[8]. En nuestros días, uno de los tipos donde tal vez se ha encarnado mejor esta especie de espíritu, es en René de Chateaubriand. Mientras que Rafael es un meditabundo que se abisma en sí mismo, René es un insaciado. "Se me acusa –exclama dolorosamente– de tener gustos inconstantes, de no poder gozar largo tiempo de la misma quimera, de ser presa de una imaginación que se apresura en llegar al fondo de mis placeres, como si estuviese abrumada por su duración; se me acusa de sobrepasar siempre el objetivo que puedo alcanzar: ¡ay!, tan sólo busco un bien desconocido, cuyo instinto me persigue. *¿Es la culpa mía si por todas partes encuentro límites, si lo que ha terminado no tiene para mí ningún valor?"*[9].

Esta descripción viene a poner de relieve las relaciones y las diferencias del suicidio egoísta y del suicidio anómico, que nuestro análisis sociológico nos había permitido ya vislumbrar. Los suicidios del uno y de otro tipo parecen lo que se ha llamado el mal del sufrimiento. Pero este mal no toma la misma forma en los dos casos. Allí es la inteligencia reflexiva la atacada y la que se hipertrofia desmedidamente; aquí es la sensibilidad la que sobreexcita e irregulariza. En el uno, el pensamiento, a fuerza de replegarse sobre sí mismo, ya no tiene objeto; en el otro, la pasión, no reconociendo nuevos límites, carece de objetivo. El primero se pierde en el infinito del ensueño; el segundo, en el infinito del deseo.

Así, aun la forma psicológica del suicida, no tiene la sencillez que vulgarmente se cree. No se le ha definido cuando se ha dicho de él que está cansado de la existencia, disgustado de la vida, etc. En realidad hay muy diferentes clases de suicidas y estas diferencias son sensibles en la manera con que el suicidio se lleva a cabo. Se pueden clasificar de este modo actos y agentes en cierto número de especies; ahora bien, esas especies corresponden, en sus rasgos esenciales, a los tipos de suicidios que hemos constituido anteriormente, según la naturaleza de las causas sociales de que dependen. Ellas son como su prolongación en el interior de los individuos.

Conviene, con todo, añadir, que no se presentan siempre en la experiencia, aisladas y sin mezcla, sino que sucede a menudo que se combinan entre sí, de suerte que dan nacimiento a especies compuestas; caracteres pertenecientes a muchas de ellas se encuentran conjuntamente en un mismo suicidio. La razón de esto es que las diferentes causas sociales del suicidio pueden actuar simultáneamente sobre un mismo individuo y mezclarse en él diferentes efectos. Así sucede que hay enfermos presa de delirios de naturaleza diferente que se mezclan unos con otros, pero que, convergiendo todos en un mismo sentido, a pesar de la diversidad de sus orígenes, tienden a determinar un mismo acto. Se refuerzan mutuamente. Del mismo modo, también, se ven coexistir fiebres muy diversas en un mismo sujeto y contribuir, cada una por un lado, a elevar la temperatura del cuerpo.

Singularmente hay dos factores del suicidio que tienen el uno con el otro una afinidad especial, y son el egoísmo y la anomia. Sabemos, en efecto, que no son generalmente más que dos aspectos diferentes de un mismo estado social; no es, pues, extraño que se encuentren en un mismo individuo. Es hasta casi inevitable que el egoísta tenga alguna propensión a la irregularidad; porque, como está desligado de la sociedad, ésta no ejerce sobre él el suficiente dominio para imponerle reglas. Si, no obstante eso, sus deseos lo se exasperan de ordinario, es porque la vida pasional está en él languideciente, a causa de que se halla por completo vuelto sobre sí mismo y el mundo exterior no le atrae. Pero puede suceder que no sea ni un egoísta completo ni un puro agitado. Entonces se le ve desempeñar el papel de los dos personajes. Para calmar el vacío que siente en sí, busca sensaciones nuevas; es cierto que pone en ellas menor ardor que el apasionado propiamente dicho, pero también se cansa más pronto y este cansancio lo repliega de nuevo sobre sí mismo y refuerza su melancolía primera, e inversamente, la irregularidad va acompañada de un germen de egoísmo; porque no sería rebelde a todo freno social si estuviese fuertemente socializado. Sólo que donde prepondera la acción de la anomia no se puede desenvolver ese germen; porque al arrojar al hombre fuera de sí le impide aislarse en él. Pero, aunque sea menos intensa, puede dejar el egoísmo producir algunos de sus efectos. Por ejemplo, el límite contra el que viene a chocar el insaciado puede llevarle a replegarse en sí y a buscar en la vida interior un derivativo a sus pasiones decepcionadas. Pero como no encuentra nada donde pueda fijarse, la tristeza que le causa este espectáculo le determina a situarse de nuevo y aumenta, por consiguiente, su inquietud. Así se producen suicidios mixtos, en que el abatimiento alterna con la agitación, el ensueño con la acción, los arrebatos del deseo con las meditaciones del melancólico.

La anomia puede, igualmente, asociarse al altruismo. Una misma crisis basta para trastornar la existencia de un individuo, romper el equilibrio entre él y su medio y, al mismo tiempo, poner sus disposiciones altruistas en un estado que le incite al suicidio. Este es el campo especialmente de lo que hemos llamado suicidios de obsesión. Si los judíos, por ejemplo, se mataron en masa al ser tomado Jerusalén, fue a la vez porque la victoria de los Romanos, al hacer de ellos súbditos y tributarios de Roma, amenazaba transformar el género de vida a que estaban acostumbrados y porque amaban demasiado su ciudad y su culto para sobrevivir al aniquilamiento probable de uno y otra. Al mismo tiempo, sucede a menudo que un hombre arruinado se mata, tanto porque no quiere vivir en una situación menguada cuanto por evitar a su nombre y su familia la vergüenza de la ruina. Si fácilmente se suicidan oficiales y suboficiales en el momento en que se ven obligados a tomar su retiro, es no sólo a causa del cambio súbito que va a producirse en su manera de vivir, sino también por su predisposición general de estimar la vida en nada. Las dos causas actúan en la misma dirección. Por ello resultan suicidios donde se dan la exaltación pasional o la firmeza valerosa del suicidio altruista, o bien el enloquecimiento exasperado que produce la anomía.

En fin, el egoísmo y el altruismo mismos, estos dos contrarios, pueden unir su acción. En ciertas épocas en que la sociedad, disgregada, no puede ya servir de objetivo a las actividades individuales, se encuentran sin embargo individuos o grupos de individuos que, al mismo tiempo que sufren la influencia de este estado general de egoísmo, aspiran a otra cosa. Pero, percibiendo bien que es un mal modo de huir de ellos, ir continuamente de unos en otros placeres egoístas y que los goces fugitivos, aun cuando sean incesantemente renovados, no pueden calmar su inquietud, buscan un objetivo duradero por el que puedan internarse con constancia y que dé un sentido a su vida. Sólo que, como no hay nada real que les preocupe, no pueden satisfacerse más que constituyendo por completo una realidad ideal, que pueda desempeñar este papel. Crean, pues, por el pensamiento un ser imaginario del que se hacen los servidores y al que se entregan de un modo tanto más exclusivo cuanto más disgustados están de lo demás, incluso de ellos. Es en sí mismos donde ponen todas las razones de ser que se atribuyen, puesto que nada más tiene valor a sus ojos. Viven, así, una existencia doble y contradictoria, individualistas para todo lo que está en relación con el mundo real, son de un altruismo inmoderado para aquello que concierne a este objeto ideal. Una y otra disposición llevan al suicidio.

Tales son los orígenes y tal es la naturaleza del suicidio estoico. Hace un momento mostrábamos de qué modo reproduce ciertos rasgos esenciales del suicidio egoísta; pero puede considerarse bajo un aspecto completamente distinto. Si el estoico profesa una absoluta independencia para todo lo que traspasa el recinto de la personalidad individual, si exhorta al individuo a bastarse a sí mismo, al mismo tiempo le coloca en estado de estrecha dependencia frente a la razón universal y le reduce a no ser más que el instrumento por el que ella se realiza. Combina, pues, estas dos concepciones antagónicas: el más radical individualismo moral y un, panteísmo intemperante. También el suicidio que practica, es a veces apático como el del egoísta, y realizado como un deber igual que el altruista[10]. Se encuentran en él la melancolía del uno y la energía activa del otro; el egoísmo mezclado al misticismo. Por otra parte esta elección es la que distingue el misticismo propio de las épocas de decadencia, tan diferente, a pesar de las apariencias, del que se observa en los pueblos jóvenes y en vías de formación. El último resulta del impulso colectivo que arrastra en un mismo sentido las voluntades particulares de la abnegación con que los ciudadanos se olvidan de sí mismos, para colaborar en la obra común; el otro no es más que un egoísmo consciente de sí mismo y de su vacío, que se esfuerza en sobrepasarse; pero que sólo lo logra en apariencia y artificialmente.

II

A priori, se podría creer que existe alguna relación entre la naturaleza del suicidio y el género de muerte escogido por el suicida. Parece, en efecto, bastante natural que los medios que emplee para ejecutar su resolución dependan de los sentimientos que lo animan y, por consiguiente, los expresen. En consecuencia, podría intentarse utilizar los informes que nos suministran sobre este punto las estadísticas, para caracterizar con más precisión, según sus formas exteriores, las diferentes especies de suicidios. Pero las investigaciones que hemos emprendido sobre este punto, sólo nos han dado resultados negativos.

Con todo, son causas sociales las que nos ofrece esta selección; porque la frecuencia relativa de las diferentes modos de suicidio, permanece durante mucho tiempo invariable para una misma sociedad, mientras que varía, muy sensiblemente, de una sociedad a otra, como muestra el cuadra siguiente:

CUADRO XXX
PROPORCIÓN DE LOS DIFERENTES GÉNEROS DE MUERTE POR CADA 1.000 SUICIDIOS (LOS DOS SEXOS REUNIDOS)

Países y años		Estran-gulac. y horca	Sub-mer-	Armas de fuego	Preci-pitado dde.alto	Veneno	Asfixia
Francia	1872	46	269	103	106	28	69
	1873	430	298	106	30	21	67
	1874	440	269	122	28	23	72
	1875	446	294	107	31	19	63
Prusia	1872	610	197	102	6,9	25	3
	1873	597	217	95	8,4	25	4,6
	1874	610	162	126	9,1	28	6,5
	1875	615	170	105	9,5	35	7,7
Inglat.	1872	374	221	38	30	91	--
	1873	366	218	44	20	97	--
	1874	374	176	58	20	94	--
	1875	362	208	45	--	97	--
Italia	1874	174	305	236	106	60	13,7
	1875	173	273	251	104	62	31,4
	1876	125	246	285	113	69	29
	1877	176	299	238	111	55	22

Se ve que cada pueblo tiene un género de muerte preferido y el orden de sus diferencias sólo cambia difícilmente. Hasta es más constante que la cifra total de los suicidios; las acontecimientos que, a veces, modifican circunstancialmente la segunda, no afectan siempre al primero. Hay más: las causas sociales son de tal modo preponderantes que la influencia de las factores cósmicas no parece apreciable. Así es que las suicidios por submersión, en contra de todas las presunciones, no varían de una estación a otra, según una ley especial. He aquí, en efecto, cual era, en Francia, durante el período 1872-78 su distribución mensual, comparada con la de los suicidios en general:

PARTE CORRESPONDIENTE A CADA MES POR CADA 1.000 SUICIDIOS ANUALES

	Ene	Feb	Mar	Abr	May	Jun	Jul	Ago	Set	Oct	Nov	Dic

Todos	75,8	66,5	84,8	00,3	103,1	109,9	103,5	86,3	74,3	74,1	65,2	59,2
Subm.	73,5	67,0	81,9	94,4	106,4	117,3	107,7	91,2	71,0	74,3	61,0	54,2

Apenas si durante el buen tiempo los suicidios por submersión aumentan un poco más que los otros; la diferencia es insignificante. Sin embargo, parece que el estío debería favorecerlos excepcionalmente. Es verdad que se ha dicho que la submersión se empleaba menos en el Norte que en el Mediodía y se ha atribuido este hecho al clima[11]. Pero en Copenhague, durante el período 1845-56, esta clase de suicidio no era menos frecuente que en Italia (281 casos por 100, en vez de 300). En San Petersburgo, durante los años 1873-74, no era menos practicado. La temperatura no pone, pues, un obstáculo a este género de muerte.

Sólo que las causas sociales de que dependen los suicidios en general, difieren de las que determinan la manera de ejecutarse: porque no se puede establecer ninguna relación entre los tipos de suicidios que hemos distinguido y los modos de ejecución más extendidos. Italia es un país esencialmente católico, donde la cultura científica estaba, hasta tiempos recientes, muy poco desarrollada. Es probable, por ello, que los suicidios altruistas sean allí más frecuentes que en Francia y que en Alemania, puesto que están un poco en razón inversa del desarrollo intelectual; muchas razones que han de encontrarse en la continuación de esta obra, confirmarán esta hipótesis. Por consiguiente, como el suicidio con armas de fuego es allí mucho más frecuente que en los países del centro de Europa, se pudiera creer que no deja de tener relación con el estado de altruismo. Hasta se pudiera aún hacer notar, en apoyo de esta suposición, que es el género de suicidio preferido por los militares. Desgraciadamente ocurre que en Francia son las clases más intelectuales, escritores, artistas, funcionarios, los que más se matan de este modo[12]. Del mismo modo podrá parecer que el suicidio melancólico encuentra en la horca su expresión natural; de hecho, es en el campo donde más se recurre a él y, sin embargo la melancolía es un estado de espíritu especialmente urbano.

Las causas que llevan al hombre a suprimirse no son las mismas que le deciden a matarse de un modo mejor que de otro. Los móviles que fijan su elección son de una naturaleza completamente distinta. Es, por lo pronto, un conjunto de usos y de reglas de toda especie el que pone a su alcance un medio de muerte, más bien que otro. Siguiendo siempre la línea de menor resistencia, en tanto que un factor contrario no interviene, tiende a emplear el medio de destrucción que encuentra inmediatamente a mano y que una práctica diaria le ha hecho más familiar. He aquí por qué, por ejemplo, en las grandes ciudades se mata la gente más que en el campo, arrojándose desde lo alto de un lugar elevado: es porque las casas son más altas. Del mismo modo, a medida que el suelo se cubre de caminos de hierro, se generaliza la costumbre de buscar la muerte haciéndose aplastar por un tren. El cuadro que señala la parte relativa de los diferentes modos de suicidio, en el conjunto de las muertes voluntarias traduce, en parte, el estado de la técnica industrial, de la arquitectura más extendida, los conocimientos científicos, etcétera. A medida que el empleo de la electricidad se vulgarice, los suicidios, con ayuda de procedimientos eléctricos, se harán también más frecuentes.

Pero tal vez la causa más eficaz es la dignidad relativa que cada pueblo y, en el seno de cada pueblo, cada grupo social atribuye a los diferentes géneros de muerte. En efecto, resulta que no se sitúan todos en el mismo plano. Hay unos que pasan por ser más nobles, otros que repugnan como vulgares y envilecedores; y la manera como se clasifican por la opinión cambia con las comunidades. En el ejército, la decapitación es considerada como una muerte infamante; en otras partes será la horca. Resulta que el suicidio por estrangulación está mucho más extendido en el campo que en las ciudades, y en las ciudades pequeñas más que en las grandes. Es que tiene algo de violento y grosero, que choca con la suavidad de las costumbres urbanas y el culto que las clases cultivadas tienen por la persona física. Tal vez, también, esta repulsión procede del carácter deshonroso que causas históricas han atribuido a este género de muerte y que los refinados de las ciudades sienten con una vivacidad que no afecta a la sensibilidad, más sencilla, del rural.

La muerte escogida por el suicida es un fenómeno completamente ajeno a la naturaleza misma del suicidio. Por íntimamente cercanos que parezcan esos elementos de un mismo acto, son, en realidad, independientes el uno del otro. Al menos, no hay entre ellos más que relaciones de yuxtaposición exterior. Porque, si ambos dependen de causas sociales, los estados sociales que expresan son muy diferentes. El primero no nos enseña nada sobre el segundo; pertenece a un estudio completamente distinto. Por esto es por lo que, aunque esté en uso tratar de él con bastante atención a propósito del suicidio, no nos detendremos más en ello. No podría añadir nada a los resultados que han dado las investigaciones precedentes y que reúne el cuadro que sigue:

CLASIFICACIÓN ETIOLÓGICA Y MORFOLÓGICA DE LOS TIPOS SOCIALES DELSUICIDIO

Formas individuales que revalan		
Carácter fundamental		Variedades secundarias
Tipos elementales	Suicidio egoista	Apatia	Melancolía perezosa con complacencia de sí misma
			Sangre fría, desengañada, del escéptico
	Suicidio altruista	Energia apasionada o voluntaria	Con sentimiento, tranquilo del deber
			Con entusiasmo místico
			Con valor apacible
	Suicidio anónimo	Irritación, hastio	Recriminaciones violenta contra la vida en general
			Recriminaciones violentas contra una persona en particular (homicidio o suicidio).
Tipos mixto	Suicidioanónimo-altruista		Efervescencia exasperada
	Suicidioego-altruista		Melancolía atemperada por una cierta firmeza moral

Tales son los caracteres generales del suicidio, es decir, los que resultan inmediatamente de causas sociales. Individualizándose en los casos particulares, se complican con matices variados, según el temperamento personal de la víctima y las circunstancias especiales en las que está colocada.

Pero bajo la diversidad de combinaciones que así se producen, se pueden encontrar siempre esas formas fundamentales.

[1] *Raphael*, Edit. Hachette, p. 6.
[2] *Hypochondrie etsuicide*, p. 316.
[3] Brierre du Boismont, *Du suicide*, p. 198.
[4] Ibíd., p. 194.
[5] Se encontrarán ejemplos en Brierre du Boismont, páginas 494 y 506.
[6] Laroy, op. cit., p. 241.
[7] V. casos en Brierre du Boismont, p. 187-189.
[8] *De tranquillitate animi, II, sub fine*. Cf. Carta XXIV.
[9] *René*, edición Vialet, París, 1849, p. 112.

[10] Séneca celebra el suicidio de Catón como el triunfo de la voluntad humana sobre las cosas. (V. *De Prov.*, 2, 9, y *Ep.*, 71, 16.)
[11] Morselli, p. 445-446.
[12] V. Lisle, op. cit., p. 94.

Libro tercero

El suicidio como fenómeno social en general

Capítulo primero

El elemento social del suicidio

Ahora que conocemos los factores en virtud de los que varía el porcentaje social de los suicidios, podemos precisar la naturaleza de la realidad a que corresponde y que expresa numéricamente.

I

Las condiciones individuales, de las que se podría *a priori* suponer que depende el suicidio, son de dos clases.

Tenemos, por lo pronto, la situación exterior en que se encuentra colocado el agente. Los hombres que se matan, o han sufrido disgustos de familia o decepciones de amor propio, o han sido víctimas de la miseria o de la enfermedad, o tienen que reprocharse alguna falta moral, etc., etc. Pero ya hemos visto que estas particularidades individuales no podrían duplicar el porcentaje social de los suicidios; porque éste varía en proporciones considerables, mientras que las diversas combinaciones de circunstancias que sirven también de antecedentes inmediatos a los suicidios particulares, guardan poco más o menos la misma relativa frecuencia. Y es porque ellas no son las causas determinantes del acto a que preceden. El papel importante que desempeñan en la deliberación, no es una prueba de su eficacia. Se sabe en efecto, que las deliberaciones humanas, tales como se ofrecen a la conciencia refleja, no son, a menudo más que pura fórmula y no tienen otro objeto que corroborar una solución ya tomada, por razones que la conciencia no conoce.

Por otra parte, las circunstancias que pasan como causa del suicidio, porque le acompañan con bastante frecuencia, son casi infinitas en número. Uno se mata en la abundancia, otro en la pobreza; uno era desgraciado en su pagar, otro acababa de romper por el divorcio un casamiento que lo hacía infortunado. Aquí, un soldado renuncia a la vida a consecuencia de haber sido castigado por una falta que no cometió, allí un criminal cuyo delito ha quedado impune se mata. Los más diversos acontecimientos de la vida y hasta los más contradictorios pueden igualmente servir de pretexto al suicidio. Pero ninguno de ellos es su causa específica. ¿Podríamos al menos atribuir esta causalidad a los caracteres que son comunes a todos? ¿Existen estos caracteres? Todo lo más que puede decirse es que consisten en contrariedades, en disgustos, pero sin que sea posible determinar que intensidad debe alcanzar el dolor para tener esta trágica consecuencia. No hay descontento en la vida, por insignificante que sea, del que se puede decir por adelantado que no podrá en ningún caso hacer la existencia intolerable: no hay tampoco ninguno que necesariamente produzca este efecto. Veremos algunos hombres resistir espantosos dolores, mientras otros se suicidan con ligeras molestias. Y, por otra parte, hemos señalado que los individuos que más sufren no son los que más se matan. Es más bien el excesivo bienestar el que arma el hombre contra sí mismo. Es en las épocas y en las clases donde la vida es menos ruda, donde se deshacen de ella más fácilmente. Al menos, si verdaderamente sucede que la situación personal de la víctima es la causa eficiente de su resolución, ocurre así en casos ciertamente muy raros y, por consiguiente, no se sabría explicar por ellos el porcentaje social de los suicidios.

Resulta, también, que los mismos que han atribuido la mayor influencia a las condiciones individuales, las han buscado menos en los incidentes exteriores que en la naturaleza intrínseca del sujeto, es decir, en su constitución biológica y entre las concomitancias físicas de que depende. El suicidio ha sido presentado como el producto de cierto temperamento, como un episodio de la neurastenia, sometido a la acción de los mismos factores que ella. Más nosotros no hemos descubierto ninguna relación inmediata y regular entre la neurastenia y el proceso social de los suicidios. Hasta sucede que estos dos hechos varían en razón inversa el uno del otro y que el uno está en su mínimo en el mismo momento y en los mismos lugares en que el otro alcanza su máximo. No hemos encontrado mayores relaciones definidas entre el movimiento de los suicidios y los estados del medio físico que se reputan como de más fuerte influencia sobre el sistema nervioso, como la raza, el clima, la temperatura. Es que, si el neurópata puede en ciertas condiciones, manifestar alguna disposición por el suicidio, no está predestinado necesariamente a matarse; y la acción de los factores cósmicos no basta para determinar en este sentido preciso las tendencias muy generales de su naturaleza.

Completamente distintos son los resultados que hemos obtenido cuando, dejando de lado al individuo, hemos buscado en la naturaleza de las sociedades mismas, las causas de la aptitud que cada una de ellas tiene por el suicidio. Tan equivocadas y dudosas eran las relaciones del suicidio con los hechos del orden biológico y del orden físico, como son inmediatas y constantes con ciertos estados del medio social. Esta vez nos hemos encontrado, por fin, en presencia de verdaderas leyes, que nos han permitido ensayar una clasificación metódica de los tipos de suicidios. Las causas sociológicas que hemos determinado así, nos han explicado hasta estas consecuencias diversas que se han atribuido a menudo a la influencia de causas materiales y donde se ha querido ver una prueba de esta influencia. Si la mujer se mata mucho menos que el hombre, es porque participa mucho menos que él en la vida colectiva; y siente, pues, menos fuertemente su influencia, buena o mala. Lo mismo ocurre con el viejo y el niño, aunque por otras razones. En fin, si el suicidio crece de enero a junio, para disminuir en seguida, es que la actividad social pasa por las mismas variaciones de estación. Es, pues, natural que los diferentes efectos que ella produce, estén sometidos al mismo ritmo y, por consecuencia, sean más; marcados durante el primero de estos dos períodos, y el suicidio es uno de ellos.

De todos estos hechos resulta que la cifra social de los suicidios no se explica más que sociológicamente. Es la constitución moral de la sociedad la que fija en cada instante el contingente de las muertes voluntarias. Existe pues, para cada pueblo una fuerza colectiva, de una energía determinada, que impulsa a los hombres a matarse. Los actos que el paciente lleva a cabo y que, a primera vista, parecen expresar tan sólo su temperamento personal, son, en realidad, la consecuencia y prolongación de un estado social, que ellos manifiestan exteriormente.

Así se encuentra resuelta la cuestión que nos hemos planteado al principio de este trabajo. No es una metáfora decir que cada sociedad humana tiene para el suicidio una aptitud más o menos pronunciada; la expresión se funda en la naturaleza de las cosas. Cada grupo social tiene realmente por este acto una inclinación colectiva que le es propia y de la que proceden las inclinaciones individuales; de ningún modo nace de éstas. Lo que la constituye son esas corrientes de egoísmo, de altruismo y de anomia que influyen en la sociedad examinada con las tendencias a la melancolía lánguida o al renunciamiento colectivo o al cansancio exasperado, que son sus consecuencias. Son esas, tendencias de la colectividad las que, penetrando en los individuos, los impulsan a matarse. En cuanto a los acontecimientos privados, que pasan generalmente por ser las causas próximas del suicidio, no tienen otra acción que la que les prestan las disposiciones morales de la víctima, eco del estado moral de la sociedad. Para explicarse su despego de la existencia, el individuo se basa en las circunstancias que le envuelven más inmediatamente; encuentra la vida triste, porque él es triste.

Sin duda, en cierto sentido, su tristeza le viene de fuera, pero no de tal o cual incidente de su carrera, sino del grupo de que forma parte. He aquí porque no hay nada que no puede servir de causa ocasional al suicidio. Todo depende de la intensidad con que las causas suicidógenas han actuado sobre el individuo.

II

Por otra parte, la constancia de la cifra social de los suicidios, bastaría por sí sola para demostrar la exactitud de esta conclusión. Si, por razón de método hemos creído un deber reservado hasta ahora, el problema de hecho, no tiene otra solución.

Cuando Quetelet llamó la atención de los filósofos[1] sobre la sorprendente regularidad con que ciertos fenómenos sociales se repiten durante períodos idénticos de tiempo, creyó poder dar cuenta de ello por su teoría del hombre medio, que ha quedado por otra parte, como la única explicación sistemática de esta notable propiedad. Según él, hay en cada sociedad un tipo determinado que la generalidad de los individuos, reproduce más o menos exactamente y del cual tan sólo tiende a apartarse la minoría, bajo la influencia de causas perturbadoras. Hay, por ejemplo, un conjunto de caracteres físicos y morales que presentan la mayoría de los franceses, pero que no se encuentran en el mismo grado en los italianos o en los alemanes y recíprocamente. Como, por definición, esos caracteres son, con mucho, los más extendidos, los actos que de ellos derivan son, con mucho también, los más numerosos; y los que forman las grandes agrupaciones. Los que, por el contrario, están determinados por propiedades divergentes, son relativamente raros, como estas propiedades mismas, son raras. Por otra parte, sin ser absolutamente inmutable, este tipo general varía con mucha más lentitud que un tipo individual, porque le es mucho más difícil cambiar en masa a una sociedad que a uno o a algunos individuos en particular. Esta constancia se comunica naturalmente a los actos que se derivan de los atributos característicos de ese tipo: los primeros permanecen los mismos en cantidad y calidad, mientras no cambien los segundos, y, como estas mismas maneras de obrar son también las más usadas, es inevitable que la constancia sea ley general de las manifestaciones de la actividad humana que registra la estadística. En efecto, el estadístico lleva la cuenta de todos los hechos de la misma especie que pasan en el seno de una sociedad determinada. Puesto que la mayor parte de ellos permanecen invariables, en tanto que el tipo general de la sociedad no cambia, y puesto que, de otra parte cambia difícilmente, los resultados de los censos estadísticos deben forzosamente continuar iguales durante series de años consecutivos, bastante largas. En cuanto a los hechos que derivan de los caracteres particulares y de los accidentes individuales, no están sujetos, es cierto, a la misma regularidad; por esto la constancia no es siempre absoluta. Pero son la excepción: porque la invariabilidad es la regla, mientras que el cambio es excepcional.

Quetelet ha dado a este tipo general el nombre de tipo medio, porque se obtiene casi exactamente tomando la medida aritmética de los tipos individuales. Por ejemplo, si después de haber determinado todas las tallas en cierta sociedad se hace la suma de ellas y se la divide por el número de los individuos medidos, el resultado obtenido expresa, con un grado de aproximación muy insuficiente, la talla más general.

Porque se puede admitir que las desviaciones por más o por menos, los enanos y los gigantes, son de un número casi igual. Se compensan los unos a los otros; se anulan mutuamente y, por consiguiente, no afectan al cociente.

La teoría parece muy sencilla. Pero, por lo pronto, no puede ser considerada como una explicación más que si permite comprender el porqué el tipo medio se realiza en la generalidad de los individuos. Para que continúe idéntico a sí mismo cuando cambian, es preciso que, en cierto sentido, sea independiente de ellos; y, sin embargo, hace falta también que haya algún camino por donde pueda insinuarse en ellos. Es cierto que la cuestión deja de serlo si se admite que se confunde con el tipo étnico. Porque los elementos constitutivos de la raza, teniendo sus orígenes fuera del individuo, no están sometidos a las mismas variaciones que él; y, no obstante, es en él y sólo en él donde se realizan. Se concibe, pues, muy bien que ellos penetren los elementos propiamente individuales y hasta que les sirvan de base. Sólo que, para que esta explicación pueda convenir al suicidio, sería preciso que la tendencia que arrastra al hombre a matarse dependiese estrechamente de la raza; y ya sabemos que los hechos son contrarios a esta hipótesis. ¿Se dirá que el estado general del medio social, siendo el mismo para la mayor parte de los particulares, los afecta casi a todos de la misma manera y, por consiguiente, les imprime en parte una misma fisonomía? Pero el medio social está esencialmente hecho de ideas, de creencias, de costumbres, de tendencias comunes. Para que puedan impregnar de ese modo a los individuos, es preciso que ellas existan de alguna manera independientemente de ellos; y entonces está cercana la solución que hemos propuesto. Porque se admite implícitamente que existe una tendencia colectiva al suicidio de la que proceden las tendencias individuales y todo el problema consiste en saber en qué consiste y cómo actúa.

Pero hay más; de cualquier manera que se explique la generalidad del hombre medio, no podría, en ningún caso, esta concepción dar cuenta de la regularidad con que se reproduce la cifra social de los suicidios. En efecto, por definición, los únicos caracteres que es tipo puede comprender son los que se encuentran en la mayor parte del pueblo. Y el suicidio es el hecho de una minoría. En los países donde está más desarrollado, se cuentan todo lo más 300 ó 400 casos por millón de habitantes. La energía que el instinto de conservación guarda en el tipo medio humano, lo excluye radicalmente; el hombre medio no se mata. Mas entonces, si la tendencia a matarse es una rareza y una anomalía, es completamente ajena al tipo medio, y, por consiguiente, un conocimiento, aun siendo profundo, de este último, está muy lejos de ayudarnos a comprender cómo sucede que el número de suicidios es constante para una misma sociedad, y no podrá ni aun explicarnos por qué hay suicidios. La teoría de Quetelet reposa, en definitiva, sobre una observación inexacta. El consideraba como establecido que la constancia no se observa sino en las manifestaciones más generales de la actividad humana, y se encuentra en el mismo grado, en las manifestaciones esporádicas, que no tienen lugar mas que sobre puntos aislados y raros del campo social. Creía haber respondido a todos los *desiderata* haciendo ver cómo, en rigor, se podía hacer inteligible la invariabilidad de lo que no es excepcional; pero la excepción misma tiene su invariabilidad, que no es inferior a ninguna otra. Todo el mundo muere; todo organismo vivo está constituido de tal suerte, que no puede dejar de disolverse. Por el contrario, muy poca gente se mata; en la inmensa mayoría de los hombres no hay nada que les incline al suicidio. Y, sin embargo, el porcentaje de los suicidios es todavía más constante que el de la mortalidad en general. No hay, pues, entre la difusión de un carácter y su permanencia, la estrecha solidaridad que admitía Quetelet.

Por otra Parte, los resultados a que conduce su propio método confirman esta conclusión. En virtud de su principio, para calcular la intensidad de un carácter cualquiera del tipo medio, precisaría dividir la suma de los hechos que lo manifiestan en el seno de la sociedad considerada, por el número de los individuos aptos para producirlos. Así, en un país como Francia, donde durante largo tiempo no ha habido más de 150 suicidios por millón de habitantes, la intensidad media de la tendencia al suicidio sería explicada por la relación 150/1.000.000 = 0,00015; y en Inglaterra, donde no hay más que 80 casos para la misma población, esta relación sólo sería de 0,00008. Habría, pues, en el individuo medio una tendencia a matarse de esta magnitud. Pero tales cifras son prácticamente iguales a cero. Una inclinación tan débil está de tal modo alejada del acto, que puede ser considerada como nula. No tiene fuerza suficiente para poder, por sí sola, determinar un suicidio. No es, pues, la generalidad de tal tendencia la que ha de hacer comprender por qué se cometen anualmente tantos suicidios en una u otra de esas sociedades.

Y aun esta evaluación está infinitamente exagerada. Quetelet no ha llegado a ella mas que adjudicando arbitrariamente al promedio de los hombres cierta afinidad por el suicidio y estimando la energía de esta afinidad según manifestaciones que no se observan en el hombre medio, sino tan sólo en un pequeño número de sujetos excepcionales. Se ha usado así del anormal para determinar el normal. Es cierto que Quetelet creía escapar a la objeción haciendo observar que los casos anormales, teniendo lugar tanto en un sentido como en el contrario, se compensan y se borran mutuamente. Pero esta compensación sólo se realiza para caracteres que, en diversos grados, se encuentran en todo el mundo, como, por ejemplo, la talla. Se puede creer, en efecto, que los individuos excepcionalmente chicos son casi tan numerosos como los otros. El promedio de estas tallas exageradas debe ser notoriamente igual a la talla ordinaria; por consiguiente, esta es la única a que corresponde el cálculo. Pero es lo contrario lo que tiene lugar cuando se trata de un hecho excepcional por naturaleza, como la tendencia al suicidio; en este caso, el procedimiento de Quetelet sólo puede introducir en el tipo medio artificialmente un elemento que está fuera del promedio. Sin duda, como acabamos de ver, no lo encuentra sino extremadamente diluido, precisamente porque el número de individuos entre los que está fraccionado es muy superior a lo que debiera. Pero si el error es prácticamente de poca importancia, no deja de existir.

En realidad, lo que expresa la relación calculada por Quetelet es sencillamente la probabilidad que hay para un hombre, perteneciente a un grupo social determinado, se mate en el curso del año. Si, para una población de 100.000 almas se dan anualmente quince suicidios, se puede deducir que hay quince probabilidades sobre 100.000 para que un individuo cualquiera se suicide durante esta misma unidad de tiempo. Pero esta probabilidad no nos da de ningún modo la medida de la tendencia media al suicidio, ni puede servir para probar que esta tendencia existe. El hecho de que un tanto por ciento de individuos se den la muerte, no implica que los otros estén expuestos a ella en un grado cualquiera, y no puede enseñarnos nada relativo a la naturaleza y a la intensidad de las causas que determinan al suicidio[2].

La teoría del hombre medio no resuelve el problema. Considerémosle de nuevo y veamos bien cómo se plantea. Los suicidas son una ínfima minoría dispersa en los cuatro puntos cardinales: cada uno de ellos lleva a cabo un acto separadamente, sin saber que otros hacen lo mismo por su parte; y,sin embargo, en tanto que la sociedad no cambia, el número de los suicidios es el mismo. Es preciso, pues, que todas esas manifestaciones individuales, por independientes que aparezcan las unas de las otras, sean en realidad el producto de una misma causa o de un mismo grupo de causas, que dominen sobre los individuos. Porque de otro modo, ¿cómo explicar que cada año todas esas voluntades particulares, que se ignoran mutuamente, vengan, en número equivalente, a parar al mismo resultado? No actúan, a lo menos por regla general, las unas sobre las otra; no hay entre ellas ningún concierto; y,sin embargo, todo sucede como si maniobrasen por una orden. Y es, pues, porque en el medio común que las envuelve existe alguna fuerza que las inclina a todas en ese mismo sentido, y cuya intensidad, más o menos grande, produce el número, mayor o menor, de los suicidios particulares. Los efectos por los que esta fuerza se revela no varían según los medios orgánicos y cósmicos, sino exclusivamente según el estado del medio social. Es, pues, colectiva. Dicho de otro modo: cada pueblo tiene colectivamente por el suicidio una tendencia que le es propia y de la que depende la importancia del tributo que paga a la muerte voluntaria.

De este punto de vista, la invariabilidad del porcentaje de los suicidios no tiene nada de misteriosa, como tampoco su individualidad. Porque, como cada sociedad tiene su temperamento, que no puede cambiar de un día a otro, y como esta tendencia al suicidio encuentra su origen en la constitución moral delos grupos, es inevitable que difiera de un grupo a otro, y que, en cada uno de ellos permanezca, durante largos años, notablemente igual a sí misma. Es uno de los elementos esenciales de la cenestesia social; y en los seres colectivos, como en los individuos, el estado cenestésico es lo que hay más personal e inmutable, porque no existe nada tan fundamental. Pero entonces los efectos que de él resultan deben tener la misma personalidad y la misma estabilidad. Hasta es natural que ofrezcan una constancia superior a la de la mortalidad general. Porque la temperatura, las influencias climatológicas y geológicas; en una palabra, las condiciones diversas de que depende la salud pública, cambian mucho más fácilmente de un año a otro que el humor de los pueblos.

Hay, sin embargo, una hipótesis, diferente en apariencia a la que precede, que podría tentar a algunos espíritus. Para resolver la dificultad, ¿no bastaría con suponer que los diversos incidentes de la vida privada que pasan por ser las causas determinantes del suicidio por excelencia, vuelven regularmente cada año, en las mismas proporciones? Todos los años, se dirá[3], hay casi el mismo número de matrimonios desgraciados, de quiebras, de ambiciones fracasadas, de miseria, etc. No es necesario imaginar que los hombres ceden a una fuerza que los domina: basta suponer que, ante las mismas circunstancias, razonan, en general, del mismo modo.

Pero sabemos que estos acontecimientos individuales, si preceden generalmente a los suicidios, no son realmente sus causas. Más aún, no hay desgracias en la vida que determinen al hombre necesariamente a matarse, si no está inclinado a hacerlo por otra causa. La regularidad con que pueden reproducirse esas diversas circunstancias no bastará para explicar el suicidio. Además, cualquiera que sea la influencia que se les atribuya, tal solución no haría, en todo caso, más que cambiar de lugar el problema, sin resolverlo. Porque es preciso hacer comprender por qué estas situaciones desesperadas se repiten idénticamente cada año, siguiendo una ley propia de cada país. ¿Cómo es que, para una misma sociedad, que se supone estacionaria, hay siempre un número equivalente de familias desunidas, de ruinas económicas, etc.? Este turno regular de los mismos acontecimientos, según proporciones constantes, para un mismo pueblo, aunque muy diversas de un pueblo a otro, sería inexplicable si no hubiese en cada sociedad corrientes definidas, que arrastran a los habitantes con una fuerza determinada a las aventuras comerciales e industriales, a prácticas de toda especie propicias a perturbar a las familias, etc. Ahora bien; esto es volver, bajo una forma apenas diferente, a la hipótesis misma de que se creía haber prescindido[4].

III

Pero apliquémonos a comprender bien el sentido y el alcance de los términos que acaban de ser empleados.

De ordinario, cuando se habla de tendencias o de pasiones colectivas, Se está inclinado a no ver en esas excepciones más que metáforas y maneras de hablar, que no designan nada real, salvo una especie de promedio entre cierto número de estados individuales. Se rehúsa considerarlas como cosas, como fuerzas *sui géneris,* que dominan las conciencias particulares. Tal es, sin embargo, su naturaleza; y esto es lo que la estadística del suicidio demuestra brillantemente[5]. Los individuos que componen una sociedad cambian de un año a otro; y, sin embargo, el número de los suicidios es igual, en tanto que la sociedad misma no cambia. La población de París se renueva con una extrema rapidez; sin embargo, la parte de París en el conjunto de los suicidios franceses continúa siendo constante. Aunque algunos años bastan para que el efectivo del ejército esté enteramente transformado, el porcentaje de los suicidios militares no varía, para una misma nación, sino con una extrema lentitud; en todos los países, la vida colectiva evoluciona según el mismo ritmo en el curso del año: crece de enero a julio para menguar luego. Así, aunque los miembros de las diversas sociedades europeas pertenezcan a tipos medios muy diferentes los unos de los otros, las variaciones por estación y por meses de los suicidios, tienen lugar en todas partes, siguiendo idéntica ley. Del mismo modo, cualquiera que sea la diversidad de los humores individuales, la relación entre la aptitud de los casados para el suicidio y la de los viudos y viudas, es exactamente la misma en los grupos sociales más diferentes, por la sola razón de que el estado moral de la viudez sostiene en todas partes la misma relación con la constitución moral propia al matrimonio. Las causas que fijan el contingente de las muertes voluntarias para una sociedad o una parte de sociedad determinada, deben ser, pues, independientes, de los individuos, puesto que guardan la misma intensidad cualesquiera que sean los sujetos particulares sobre los que se ejerce su acción. Se dirá que es el género de vida el que, siempre el mismo, produce los mismo s efectos. Sin duda, pero un género de vida es alguna cosa y es preciso que se explique su constancia. Si se mantiene invariable, cuando sin cesar se producen cambios en las existencias de los que lo practican, es imposible que proceda de ellos toda su realidad.

Se ha creído eludir la consecuencia haciendo observar que esta continuidad misma era la obra de los individuos y que, por consiguiente, para dar cuenta de ella no era necesario prestar a los fenómenos sociales una especie de trascendencia en relació n con la vida individual. En efecto, se ha dicho, "una cosa social cualquiera, una palabra de una lengua, un rito de una religión, un secreto de un oficio, un procedimiento de un arte, un artículo de una ley, una máxima de moral se trasmite y pasa de un individuo, pariente, amigo, vecino o camarada, a otro individuo"[6].

Sin duda que, si sólo se tratara de hacer comprender cómo, de un modo general, una idea o un sentimiento pasa de una generación a otra, cómo el recuerdo no se pierde, esta explicación podría, en rigor, ser considerada como suficiente[7].

Pero la transmisión de hechos como el suicidio y, más generalmente, como los actos de toda especie, sobre los que nos informa la estadística moral, presenta un carácter muy particular, del que no se puede dar cuenta con esa facilidad. Ella alcanza, no solamente al conjunto de cierta manera de hacer, *sino al número de casos en que, esta manera de hacer es concretada*. No solamente hay suicidios todos los años, sino que, por regla general, cada año hay tantos como en el precedente. El estado de espíritu que determina a los hombres a matarse no se transmite pura y sencillamente, sino que, cosa aun más notable, se transmite a un número igual de individuos colocados todos en las condiciones necesarias para que lo traduzcan en acto.

¿Cómo es ello posible si sólo hay individuos en potencia? En sí mismo el número no puede ser objeto de ninguna transmisión directa. La gente de hoy no ha aprendido de la de ayer, cuál es el importe de la contribución que debe pagar al suicidio; y, sin embargo, satisfará, si las circunstancias no cambian, exactamente el mismo.

¿Será preciso imaginar que cada suicida ha tenido por iniciador y por maestro, de alguna manera, a una de las víctimas del año precedente de la que es como un heredero moral? Con esta sola condición es posible concebir que la cifra social de los suicidios pueda perpetuarse por medio de tradiciones inter-individuales. Como la cifra total no puede trasmitirse en bloque, es preciso que las unidades de que se forma se trasmitan una por una. Cada suicida debería, pues, haber recibido su tendencia de alguno de sus predecesores y cada suicidio sería como el eco de un suicidio anterior. Pero no hay un hecho que autorice a admitir esta especie de filiación personal entre cada uno de los acontecimientos morales que la estadística registra en un año, y un acontecimiento similar del año precedente. Es completamente excepcional, como hemos demostrado más arriba, que un acto así sea sugerido por otro acto de la misma naturaleza. Por otra parte, ¿por qué estos cambios tendrían lugar regularmente de un año a otro? ¿Por qué el hecho generador emplearía un año en producir su semejante? ¿Por qué, en fin, no se suscitaría más que una sola y única copia? Porque es preciso que, por término medio, cada modelo no se reproduzca más que una vez; de otro modo el total no sería constante. Se nos dispensará que no discutamos con más extensión una hipótesis tan arbitraria como irrepresentable. Pero si se la separa, si la igualdad numérica de los contingentes anuales no procede de que cada caso particular engendre su semejante en el período que sigue, ella sólo puede ser debida a la acción permanente de cualquier causa impersonal que se cierne por encima de todos los casos particulares.

Es preciso, pues, tomar los términos al pie de la letra. Las tendencias colectivas tienen una existencia que les es propia; son fuerzas tan reales como las fuerzas cósmicas, aun cuando sean de otra naturaleza; actúan igualmente sobre el individuo de fuera, aunque esto ocurra por otros medios. Lo que permite afirmar que la realidad de las primeras no es inferior a la de las segundas, es que se prueba de la misma manera, es decir, por la constancia de sus efectos. Cuando comprobamos que el número de fallecimientos varía muy poco de un año a otro, nos explicamos esta regularidad diciendo que la mortalidad depende del clima, de la temperatura, de la naturaleza del suelo, en una palabra, de cierto número de fuerzas materiales que, siendo independientes de los individuos, permanecen constantes cuando las generaciones cambian. Por consiguiente, puesto que actos morales como el suicidio se reproducen con una uniformidad, no solamente igual, sino superior, debemos del mismo modo admitir que dependen de fuerzas exteriores a los individuos. Sólo que, como esas fuerzas no pueden ser más que morales y fuera del hombre individual no hay en el mundo más ser moral que la sociedad, es preciso que sean sociales. Pero, cualquiera que sea el nombre que se les de, lo que importa es reconocer su realidad y concebirlas como un conjunto de energías que nos determinan desde fuera a obrar, como hacen las energías físico químicas, cuya acción sufrimos. De tal modo son cosas *sui géneris* y no entidades verbales que se les puede medir y hasta comparar su magnitud relativa, como se hace con la intensidad de las corrientes eléctricas o de los focos luminosos. Así, esta proposición fundamental de que los hechos sociales son objetivos, proposición que hemos tenido ocasión de sentar en otra obra[8], y que consideramos como el principio del método sociológico, encuentra en la estadística moral, y sobre todo en la del suicidio, una prueba nueva y particularmente demostrativa. Sin duda, ella choca al sentido común. Pero todas las veces que la ciencia ha venido a revelar a ols hombres la existencia de una fuerza ignorada, se ha encontrado la incredulidad. Como es preciso modificar el sistema de las ideas recibidas para dar lugar al nuevo orden de cosas y construir nuevos conceptos, los espíritus resisten perezosamente. Sin embargo, es preciso entenderse. Si la sociología existe, no puede ser más que el estudio de un mundo aún desconocido, diferente de los que exploran las otras ciencias. Y este mundo no es nada si no es un sistema de realidades.

Pero precisamente porque choca con los prejuicios tradicionales, esta concepción ha provocado objeciones a las que nos es preciso contestar.

En primer lugar, ella implica que las tendencias, así como los pensamientos colectivas, son de otra naturaleza que las tendencias y las pensamientos individuales; que los primeros tienen caracteres que no poseen los segundos. Sin embargo, se dirá, ¿cómo es posible, puesta que en la sociedad sólo hay individuos? Pera, teniendo esta en cuenta, precisaría decir que no hay nada en la naturaleza viviente más que en la materia bruta, puesta que la célula está exclusivamente hecha de átomos que no viven. Del mismo modo es muy cierto que la sociedad no comprende otras fuerzas actuantes que las de los individuos; sólo que los individuas, al unirse, forman un ser psíquico de una especie nueva que, por consiguiente, tiene su manera propia de pensar y de sentir. Sin duda, las propiedades elementales de donde resulta el hecho social, están contenidas en germen en los espíritus particulares. Pero el hecho social no sale de éstos sino cuando aquéllas han sido transformadas por la asociación, puesto que solamente en este momento es cuando aparece. La asociación es también, un factor activo que produce efectos especiales. Resulta por sí misma algo nuevo. Cuando las conciencias, en vez de permanecer aisladas unas de otras, se agrupan y se combinan, hay algo cambiado en el mundo. Desde luego, es natural que este cambio produzca otros, que esta novedad engendre otras novedades, que aparezcan fenómenos cuyas propiedades características no se encuentran en las elementos de que se componen.

El única media de contradecir esta proposición, sería admitir que un todo es cualitativamente idéntico a la suma de sus partes, que en un efecto es cualitativamente reducible a la suma de las causas que la han engendrado; lo que equivaldría a negar todo cambio o a hacerla inexplicable. Se ha llegada, sin embargo, hasta sostener esta tesis extrema, pero no se han encontrado para defendería más que das razones verdaderamente extraordinarias. Se ha dicho, primero, que "en sociología tenemos, por un principia singular, el conocimiento íntima del elemento que es nuestra conciencia individual, tan bien como del compuesta que es el conjunto de las conciencias"; segundo, que, por esta doble introspección "comprobamos claramente que, separando lo individual, lo social no es nada"[9].

La primera aseveración es una negación atrevida de toda la psicología contemporánea. Se está hoy de acuerdo en reconocer que la vida psíquica, lejos de poder ser conocida por una visión inmediata, tiene, por el contrario, profundas interioridades donde el sentido íntimo no penetra y que sólo alcanzaremos poco a poco por vías indirectas y complejas, análogas a las que emplean las ciencias del mundo exterior. Es preciso, pues, que la naturaleza de la conciencia quede en lo sucesivo sin misterios. En cuanto a la segunda proposición, es puramente arbitraria. El autor puede afirmar que, siguiendo su impresión personal, no hay nada real en la sociedad más que lo que viene del individuo, pero, para apoyar esta afirmación faltan pruebas, y la discusión, por consiguiente, es imposible. ¡Sería tan fácil oponer a este sentimiento el sentimiento contrario de un gran número de individuos, que se representan a la sociedad, no como la forma que toma espontáneamente la naturaleza individual, expandiéndose hacia fuera, sino como una fuerza antagónica que les limita y contrae la que luchan! ¿Qué decir, por lo demás, de esta intuición por la que conoceríamos directamente y sin intermediario, no tan sólo el elemento, o sea el individuo, sino también el compuesto, o sea la sociedad? Si verdaderamente bastase con abrir los ojos y mirar bien para percibir en seguida las leyes del mundo social, la sociología sería inútil, o, al menos, muy sencilla. Desgraciadamente, los hechos muestran más de lo suficiente, cuán incompetente es la conciencia en la materia. Nunca hubiese llegado por sí misma a sospechar esta necesidad que vuelve a traer todos los años, en el mismo número, los fenómenos demográficos, sino hubiese estado advertida desde fuera. Con mucha más razón es incapaz, reducida a sus fuerzas, de descubrir sus causas.

Pero, al separar así la vida social de la vida individual, no queremos decir de ningún modo, que no tenga nada de psíquica. Es evidente, al contrario, que esté hecha esencialménte de representaciones. Sólo que las representaciones colectivas son de una naturaleza completamente distinta de las del individuo. No vemos ningún inconveniente en que se diga de la sociología, que es una psicología, si se tiene cuidado de añadir que la psicología social tiene sus leyes propias, que no son las de psicología individual. Un ejemplo acabaría de hacer comprender nuestro pensamiento. De ordinario se dan como origen a la religión, las impresiones de temor o de deferencia que inspiran a los individuos conscientes, seres misteriosos y temibles; desde este punto de vista aparece como el desenvolvimiento de estados individuales y de sentimientos privados. Pero esta explicación simplista no tiene relación con lo s hechos. Basta observar que, en el reino animal, donde la vida social es siempre, muy rudimentaria, la institución religiosa es desconocida, que no se observa nunca mas que allí donde existe una organización colectiva, que cambia según la naturaleza de las sociedades, para que se pueda deducir que los hombres sólo en grupo, piensan religiosamente. Nunca el individuo se habría elevado a la idea de unas fuerzas que le sobrepasan tan infinitamente, a él y a todo lo que le rodea, si no hubiese conocido mas que a él mismo y al universo psíquico. Ni aun las grandes fuerzas naturales con las que está en relación, habrían podido sugerirle su noción; porque en el origen, estaba lejos de saber cómo hoy, hasta qué punto le dominan; creía, por el contrario, poder, en ciertas condiciones, disponer de ellas a su voluntad[10]. Es la ciencia la que le ha enseñado cuan inferior es a ellas. La potencia que se ha impuesto así a su respeto y que se ha convertido en el objeto de su adoración, es la sociedad, de la que los dioses sólo fueron la forma hipostática. La religión, es, en definitiva, el sistema de símbolos por los que la sociedad toma conciencia de sí misma, la manera de pensar propia al ser colectivo. He aquí, pues, un vasto conjunto de estados mentales, que no se habrían producido si las conciencias particulares no estuviesen unidas; que resultan de esta unión y que se han sobreañadido a los que derivan de las naturalezas individuales. Por muy minuciosamente que se quieran analizar estas últimas, jamás se descubrirá nada que explique cómo se han fundado y desarrollado esas creencias y esas prácticas singulares de donde ha nacido el totemismo, cómo ha salido de él el naturismo, cómo el naturismo ha venido a ser, aquí la religión de Jehová, allí el politeísmo de los griegos y de los romanos, etc. Todo lo que queremos decir, cuando afirmamos la heterogeneidad de lo social y de lo individual, es que las observaciones precedentes se aplican, no solamente a la religión, sino también al derecho, a la moral, a las modas, a las instituciones políticas, a las prácticas pedagógicas, etc., en una palabra, a todas las formas de la vida colectiva[11].

Pero se nos ha hecho otra objeción que puede parecer más grave a primera vista. No hemos admitido solamente que los estados sociales difieren cualitativamente de los estados individuales, sino también que son, en cierto sentido, exteriores al individuo. Hasta no tememos comparar esta exterioridad a la de las fuerzas físicas. Y se ha dicho, puesto que no hay nada en la sociedad mas que individuos, ¿cómo podrá existir algo fuera de ellos?

Si la objeción fuera fundada, estaríamos en presencia de una antinomia. Porque es preciso no perder de vista lo que se ha sentado precedentemente. Puesto que el promedio de gente que se mata cada año no forma un grupo natural, puesto que no están en comunicación unos con otros, el número constante de los suicidios no puede ser debido más que a la acción de una misma causa que domina a los individuos y que les sobrevive. La fuerza que hace la unidad de haz formado por la multitud de casos particulares, esparcidos sobre la superficie del territorio, debe necesariamente estar fuera de cada uno de ellos. Si fuera, pues, realmente imposible que actuase desde el exterior, el problema sería insoluble. Pero la imposibilidad sólo es aparente.

Y por lo pronto no es cierto que la sociedad sólo esté compuesta de individuos; comprende también cosas materiales y que desempeñan un papel importante en la vida común. El hecho social se materializa muchas veces hasta llegar a ser un elemento del mundo exterior. Por ejemplo, un tipo determinado de arquitectura es un fenómeno social; está encarnado en parte en las casas, en los edificios de toda especie, que, una vez construidos, se hacen realidades autónomas, independientes de los individuos. Así ocurre con las vías de comunicación y de transporte, con los instrumentos y máquinas empleadas en la industria o en la vida privada y que expresan el estado de la técnica en cada momento de la historia, con el lenguaje escrito, etcétera. La vida social que se ha como cristalizado y fijado sobre soportes materiales, se encuentra pues, por esto mismo, exteriorizada, y es desde fuera desde donde obra sobre nosotros. Las vías de comunicación que han sido construidas antes de nosotros, imprimen a la marcha de nuestros asuntos una dirección determinada, según que nos pongan en comunicación con tales o cuales países. El niño forma su gusto al ponerse en contacto con los movimientos del gusto nacional, legados por las generaciones anteriores. Hasta muchas veces se ven desaparecer en el olvido estos monumentos durante siglos y después, un día, cuando las naciones que los habrán elevado, se han extinguido desde mucho tiempo antes, reaparecen a la luz y recomienzan, en el seno de nuevas sociedades, una nueva existencia. Esto es lo que caracteriza el fenómeno, muy particular, que se llama los renacimientos. Un renacimiento es vida social que, después de haber permanecido largo tiempo latente, se despierta de pronto y viene a cambiar la orientación intelectual y moral de pueblos que no habrían concurrido a elaborarla. Es indudable que no podría reanimarse sino se encontrasen allí conciencias vivientes para recibir su acción; pero de otro lado, estas conciencias habrían pensado y sentido de muy otro modo si esta acción no se hubiese producido.

La misma observación se aplica a esas fórmulas definidas en ue se condensan, sea los dogmas de la fe, sea los preceptos del derecho, cuando se fijan exteriormente bajo una forma consagrada. Seguramente, por bien redactadas que puedan estar, serían letra muerta si no hubiera nadie para recogerlas y ponerlas en práctica. Pero, si no se bastan ellas, no dejan de ser factores *sui géneris* de la actividad social. Porque tienen un modo de acción que les es propio. Las relaciones jurídicas no son las mismas en absoluto, según que el derecho sea o no escrito. Donde existe un código constituido, la jurisprudencia es más regular, pero menos flexible, la legislación más uniforme, pero también más inmutable. Sabe peor apropiarse a la diversidad de los casos particulares y opone más resistencia a los intentos de los innovadores. Las formas materiales que reviste no son, pues, simples combinaciones verbales sin eficacia, sino realidades actuantes, puesto que de ellas resultan efectos que no tendrían lugar si no existiesen. Y sin embargo, no tan sólo son ellas exteriores a las conciencias individuales, sino que esta exterioridad es la que forma sus caracteres específicos. Porque están menos al alcance de los individuos, es por lo que éstos pueden más difícilmente acomodarse a las circunstancias; la misma causa es la que los hace más refractarios a los cambios.

Con todo, es incontestable que toda la conciencia social no llega íntegramente a exteriorizarse y a materializarse así. Toda la estética nacional no está en las obras que inspira; toda la moral no se formula en preceptos definidos. La mayor parte permanece difusa. Hay una vida colectiva que está en libertad; toda clase de corrientes, van, vienen, circulan en varias direcciones, se cruzan y se mezclan de mil maneras diferentes, y, precisamente porque se encuentran en un perpetuo estado de movilidad, no llegan a concretarse en una forma objetiva. Hoy, es un viento de tristeza y de decaimiento el que sopla sobre la sociedad; mañana, por el contrario, un impulso de alegre confianza vendrá a levantar los corazones. Durante cierto tiempo todo el grupo es arrastrado hacia el individualismo; viene otro período y son las aspiraciones sociales y filantrópicas las que se tornan preponderantes. Ayer, todo era cosmopolitismo, hoy es el patriotismo lo que prevalece. Y todas éstas, todos estos flujos y todos estos reflujos, tienen lugar sin que los preceptos cardinales del derecho y de la moral, inmovilizados en sus formas hieráticas, sean ni siquiera modificados. Por otra parte, estos preceptos mismos no hacen mas que expresar toda una vida subyacente de que forman parte; son el resultado de ella, pero no la suprimen. A base de todas estas máximas hay sentimientos actuales y vivos que esas fórmulas reúnen, pero de los que no son mas que la envoltura superficial. Ellas no despertarían ningún eco, si no correspondiesen a emociones y a impresiones concretas, esparcidas en la sociedad. Aunque les atribuimos una realidad, no soñamos con hacer de ellas toda la realidad moral. Esto sería tomar el signo por la cosa significada. Un signo es seguramente algo; no es una especie de epifenómeno subrogatorio; se sabe hoy el papel que juega en el desenvolvimiento intelectual. Pero, al fin, no es mas que un signo[12].

Pero no porque esta vida carezca de un suficiente grado de consistencia para fijarla, deja de tener el mismo carácter que esos preceptos formulados, de que hablábamos ha poco. *Ella es exterior a cada individuo medio, tomado separadamente.* Ocurre, por ejemplo, que un gran peligro público determina una erupción del sentimiento patriótico. Resulta de ello un impulso colectivo en virtud del cual, la sociedad, en su conjunto, siente como un axioma que los intereses particulares, hasta los que pasan de ordinario por los más respetables, deben desaparecer completamente ante el interés común. Y el principio no se enuncia solamente como una especie de desiderátum; si es necesario se le aplica a la letra. ¡Observad en el mismo momento el promedio de los individuos! Encontrareis en un gran número de ellos algo de ese estado moral, pero infinitamente atenuado. Son raros los que, aun en tiempo de guerra, están dispuestos a hacer espontáneamente una entera abdicación de sí mismos. *Así, pues, de todas las conciencias particulares que componen la gran masa de la nación, no hay ninguna respecto de la cual, la corriente colectiva no sea exterior, casi en su totalidad, puesto que cada una de ellas no la contiene sino en una parte.*

Se puede hacer la misma observación a propósito de los sentimientos morales más estables y más fundamentales. Por ejemplo, toda sociedad tiene por la vida del hombre en general un respeto, cuya intensidad está determinada y puede medirse según la gravedad relativa [13] de las penas asignadas al homicidio. De otro lado, el hombre medio no deja de tener en sí algo de este mismo sentimiento, pero, en un grado bastante menor y de muy otra manera que la sociedad. Para darse cuenta de esta distinción, basta comparar la emoción que puede causamos individualmente la vista del asesino y el espectáculo mismo del asesinato, y la que se apodera en las mismas circunstancias de las multitudes reunidas. Se sabe a qué extremos se dejan arrastrar, si no se les resiste nada. Es que, en este caso, la cólera es colectiva. La misma diferencia se encuentra en cada instante entre la manera cómo la sociedad se resiente de estos atentados y la forma en que afectan a los individuos; por consiguiente, entre la forma individual y la forma social del sentimiento que ofenden. La indignación social es de tal energía, que no queda muy a menudo satisfecha, sino por la expiación suprema. Para nosotros, si la victima es un desconocido o un indiferente, si el autor del crimen no vive en nuestra sociedad y, por consiguiente, no constituye para nosotros una amenaza personal, aun encontrando justo que el acto sea castigado, no estamos bastante emocionados para experimentar una verdadera necesidad de vengarlo. No daremos ni un paso para descubrir al culpable; nos repugnará hasta entregarle. La cosa no cambia de aspecto mas que si la opinión pública, como se dice, se ha encargado del asunto. Entonces nos hacemos más exigentes y más activos.

Pero es la opinión la que habla por nuestra boca: obramos bajo la presión de la colectividad, y no como individuos.

Hasta es más frecuente que la distancia entre el estado social y sus repercusiones individuales sea más considerable. En el caso precedente, el sentimiento colectivo, al individualizarse, guardaba, al menos, en la mayoría de los individuos, bastante fuerza para oponerse a los actos que lo ofenden; el horror de la sangre humana está hoy profundamente arraigado en la generalidad de las conciencias para prevenir la eclosión de ideas homicidas. Pero la simple sustracción, el fraude silencioso y sin violencia, están lejos de inspirarnos la misma repulsa. No son muy numerosos los que tienen para los derechos de otro un respeto suficiente a ahogar en su germen todo deseo de enriquecimiento injusto. No es que la educación no desarrolle cierto alejamiento de todo acto contrario a la equidad. ¡Pero qué distancia entre ese sentimiento vago, vacilante, siempre dispuesto a los compromisos, y la deshonra categórica, sin reserva y sin reticencia, que la sociedad inflige al robo bajo todas su formas! Y qué diremos de tantos otros deberes que aun tienen menos raíces en el hombre ordinario, como el que nos ordena contribuir con nuestra parte equitativa a los gastos públicos, el de no defraudar al fisco, el de no evitar hábilmente el servicio militar, el de cumplir lealmente nuestros contratos, etc., etc. Si, sobre todos estos puntos, la moralidad no estuviese asegurada mas que por los sentimientos vacilantes que contienen las conciencias medias, sería singularmente precaria.

Es, pues, un error fundamental el confundir, como se ha hecho tantas veces, el tipo colectivo de una sociedad con el tipo medio de los individuos que la componen. El hombre medio es de una moralidad muy mediocre. Las máximas más esenciales de la ética sólo están grabadas en él con escasa fuerza, y aún están lejos de revestir la precisión y la autoridad que tienen en el tipo colectivo, es decir, en el conjunto de la sociedad. Esta confusión, que Quetelet precisamente ha cometido, hace de la génesis de la moral un problema incomprensible. Porque, puesto que el individuo es, en general, de tal mediocridad, ¿cómo ha podido constituirse una moral que le sobrepasa en tal punto, si no expresa mas que el promedio de los temperamentos individuales? Lo más no podría, sin un milagro, nacer de lo menos. Si la conciencia común noes otra cosa que la conciencia más general, no puede elevarse por encima del nivel vulgar. Pero entonces, ¿de dónde vienen esos preceptos elevados y netamente imperativos que la sociedad se esfuerza en inculcar a sus hijos y cuyo respeto impone a sus miembros. No sin razón, las religiones, y, siguiendo sus pasos, tantas filosofías, consideran que la moral no puede tener toda su realidad mas que en Dios. Es que el pálido e incompleto esbozo que de ella contienen las conciencias individuales no puede ser considerado como el tipo original. Hace más bien el efecto de una reproducción infiel y grosera, cuyo modelo, desde luego, debe existir en alguna parte de los individuos. Por eso, la imaginación popular, con su simplismo ordinario, lo realiza en Dios.

La ciencia, sin duda, no podría detenerse en esta concepción, que ni siquiera ha de conocer[14]. Sólo que si se la separa, no queda ya otra alternativa que la de dejar a la moral en el aire e inexplicada, o la de hacer de ella un sistema de estados colectivos. O no procede de nada que esté en el mundo de la experiencia o procede de la sociedad. No puede existir mas que en una conciencia; si no es en la del individuo, será en la del grupo. Pero entonces es preciso admitir que la segunda, lejos de confundirse con la conciencia media, la desborda por todas partes.

La observación confirma, pues, la hipótesis. De una parte, la regularidad de los datos estadísticos implica que existen tendencias colectivas, exteriores a los individuos; de otra, en un número considerable de casos importantes podemos directamente comprobar esta exterioridad. Ella no tiene, por otra parte, nada de sorprendente para cualquiera que haya reconocido la heterogeneidad de los estados individuales y de los estados sociales. En efecto, por definición, los segundos no pueden venirnos a cada uno mas que de fuera, puesto que no se derivan de nuestras predisposiciones personales; se forman de elementos que nos son extraños, expresan algo que no está en nosotros mismos. Sin duda, en la medida en que sólo éramos un todo con el grupo y vivíamos de su vida, estamos abiertos a su influencia; pero inversamente, en tanto que tenemos una personalidad distinta de la suya, le somos refractarios y tratamos de escaparle.

Y como no hay nada que no lleve concurrentemente esta doble existencia, cada uno de nosotros está animado a la vez de un doble movimiento. Nos hallamos arrastrados en el sentido social y tendemos a seguir la inclinación de nuestra naturaleza. El resto de la sociedad pasa, pues, sobre nosotros para contener nuestras tendencias centrífugas, y nosotros concurrimos, por nuestra parte, a pesar sobre el prójimo, con el fin de neutralizar las suyas. Sufrimos nosotros mismos la presión que ejercen unos sobre los otros. Dos fuerzas antagónicas están en presencia. La una viene de la colectividad y trata de apoderarse del individuo; la otra proviene del individuo y rechaza a la precedente. Es cierto que la primera es muy superior a la segunda, puesto que es debida a una combinación de todas las fuerzas particulares; pero como encuentra tantas resistencias como sujetos particulares hay, se desgasta en parte en estas luchas múltiples y no nos penetra más que desfigurada y debilitada. Cuando es muy intensa, cuando las circunstancias que la ponen en acción toman con frecuencia, puede todavía marcar con bastante intensidad las constituciones individuales; inserta en ellas estados de cierta vivacidad, y que, una vez organizados, funcionan con la espontaneidad del instinto; es lo que sucede con las ideas morales más esencia les. Pero la mayor parte de las corrientes sociales, o son muy débiles, o no están en contacto con nosotros mas que de una manera intermitente para que puedan criar profundas raíces; su acción es superficial. Por consiguiente, restan totalmente externos. Así, el medio de calcular un elemento cualquiera del tipo colectivo, no es el de medir la magnitud que tengan en las conciencias individuales y sacar el promedio de todas estas medidas; es más bien la suma la que habría que hacer. Aun este procedimiento de evaluación estada muy por debajo de la realidad, porque no se obtendría así mas que el sentimiento social, disminuido en todo lo que ha perdido al individualizarse.

Ha habido, pues, alguna ligereza al tachar nuestra concepción de escolástica y al reprocharle que dé por fundamento a los fenómenos sociales no sé qué principio vital; de un género nuevo. Aunque no rehusamos admitir que tengan por sustrato la conciencia del individuo, les asignamos otro: el que forman, al uniese y combinarse, todas las conciencias individuales. Este substrato no tiene nada de substancial ni de ontológico, puesto que no es otra cosa que un todo compuesto de partes. Pero no deja de ser real, como los elementos que lo componen; y como no están constituidos de otra manera, también ellos son compuestos. En efecto, se sabe hoy que el yo es la resultante de una multitud de conciencias sin yo; que cada una de estas conciencias elementales es, a su vez, el producto de unidades vitales sin conciencia, del mismo modo que cada unidad vital es ella misma, debida a una asociación de partículas inanimadas.

Así, pues, si el psicólogo y el biólogo consideran, con razón, como bien fundados los fenómenos que estudian, sólo porque están ligados a una combinación de elementos de orden inmediatamente inferior, ¿por qué pasaría otra cosa en sociología? Sólo podrían juzgar insuficiente tal base los que no han renunciado a la hipótesis de una fuerza vital o de un alma substancial. Así que nada es menos extraño que esta proposición, de la que se ha creido un deber escandalizarse[15]. Una creencia o una práctica social es susceptible de existir con independencia de sus expresiones individuales. Evidentemente, que no queremos decir con esto que la sociedad es posible sin individuos, absurdo manifiesto de que no se nos imputará ni la sospecha. Sino que entendemos: 1°, que el grupo formado por los individuos asociados es una realidad de especie distinta que cada individuo tomado separadamente; 2°, que los estados colectivos existen en el grupo de la naturaleza de que se derivan, antes de afectar al individuo como tal y de organizaren él, bajo una forma nueva, una existencia puramente interior.

Esta forma de comprender las relaciones del individuo con la sociedad recuerda, por otra parte, la idea que los zoologistas contemporáneos tienden a hacerse de las relaciones que sostiene igualmente con la especie o la raza. La teoría, muy sencilla, según la cual la especie no sería sino un individuo perpetuado en el tiempo y generalizado en el espacio, está cada vez más abandonada. Viene, en efecto, a chocar con el hecho de que las variaciones que se producen en un individuo aislado, no se hacen específicas sino en casos muy raros y tal vez dudosos[16]. Los caracteres distintivos de la raza no cambian en el individuo más que cuando cambian en la raza en general. Esta tendría, quizá, alguna realidad, de donde procederían las formas diversas que toma en los seres particulares, lejos de ser una generalización de estos últimos. Sin duda, no podemos considerar esas doctrinas como definitivamente demostradas. Pero nos basta hacer ver que nuestras concepciones sociológicas, sin sernos prestadas por otro orden de investigaciones, no dejan, sin embargo, de tener analogías en las ciencias positivas.

IV

Apliquemos esas ideas a la cuestión del suicidio; la solución que hemos dado al principio de este capítulo tomará mayor precisión.

No hay idea moral que no combine en proporciones variables, según las sociedades, el egoísmo, el altruismo y una cierta anomia. Porque la vida social supone a la vez, que el individuo tiene cierta personalidad; que está dispuesto, si la comunidad lo exige, a abandonada; y que está abierto, en cierta medida, a las ideas del progreso. Por eso no hay pueblo donde no coexistan esas tres corrientes de opinión, que inclinan al hombre en tres direcciones diferentes y hasta contradictorias. Donde se atemperan mutuamente, el agente moral está en estado de equilibrio, que le pone al abrigo contra toda idea del suicidio. Pero si una de ellas llega a sobrepasar un cierto grado de intensidad en detrimento de las otras, por las razones expuestas, al individualizarse, se hace suicidógena.

Naturalmente, cuanto más fuerte es, tanto más sujetos contamina, bastando suficientemente para determinados al suicidio, y viceversa. Pero esta in tensidad no puede depender más que de las tres especies de causas siguientes: 1°, la naturaleza de los individuos que componen la sociedad; 2°, la manera cómo están asociados, es decir, la naturaleza de la organización social; 3°, los acontecimientos pasajeros que perturban el funcionamiento de la vida colectiva, sin alterar su constitución anatómica, como las crisis nacionales, económicas, etc. En cuanto a las propiedades individuales sólo pueden desempeñar un papel aquellos que se encuentren en todos. Porque las que son estrictamente personales o no pertenecen más que a pequeñas minorías, se anegan en la masa de los demás; además, como difieren entre ellas, se neutralizan y se borran mutuamente en el curso de la elaboración de que resulta el fenómeno colectivo. Así, pues, sólo los caracteres generales de la humanidad pueden ser de algún efecto. Ahora bien, estos son casi inmutables; al menos, para que puedan cambiar, no son bastantes los pocos siglos que puede durar una nación. Por consiguiente, las condiciones sociales de que depende el número de suicidios son las únicas, en virtud de las cuales, puede el suicidio variar; porque son las únicas que son invariables. He aquí: el fenómeno permanece constante, en tanto que la sociedad no se modifica. Esta constancia no procede de que el estado de espíritu generador del suicidio se encuentre, por un azar ignorado, albergado por un determinado número de particulares, que lo transmiten por una razón, que tampoco se sabe, a un cierto número de imitadores. Pero es que las causas impersonales que le han dado nacimiento son las mismas. Es que no ha venido nada a modificar la manera de agruparse las unidades sociales, ni la naturaleza de su *consensus*. Las acciones y reacciones que cambian entre sí, continúan idénticas, y por ello, las ideas y los sentimientos que de ellas se desprenden no pueden variar.

Sin embargo, es muy raro, si no imposible, que una de esas corrientes llegue a ejercer tal preponderancia sobre todos los puntos de la sociedad. Siempre es dentro de medios restringidos, donde encuentra condiciones particularmente favorables a su desarrollo, donde alcanza su grado de energía. Son determinadas condiciones sociales, y profesiones o confesiones religiosas las que le estimulan más especialmente. Así se explica el doble carácter del suicidio. Cuando se le considera en sus manifestaciones exteriores se está tentado de ver sólo en él una serie de acontecimientos independientes unos de otros, porque se produce sobre puntos separados, sin relaciones visibles entre sí. Y, sin embargo, la suma formada por todos los casos particulares reunidos, tiene su unidad y su individualidad, puesto que la cifra social de los suicidios es un rasgo distintivo de cada personalidad colectiva. Es que, si esos medios particulares, donde se produce con poca frecuencia, son distintos los unos de los otros, fermentando de mil maneras sobre toda la extensión del territorio; están, sin embargo, estrechamente ligados entre sí, como son partes de un mismo todo y como órganos de un mismo organismo . El estado en que se encuentra cada uno de ellos, depende, pues, del estado general de la sociedad; hay una íntima solidaridad entre el grado de virulencia que en él alcanza, tal o cual tendencia y la intimidad que tiene en el conjunto del cuerpo social. El altruismo es más o menos violento en el ejército, según lo que lo sea en la población civil; el individualismo intelectual está tanto más desarrollado y es tanto más fecundo en suicidios en los medias protestantes, cuanto más pronunciado esté en el resto de la nación, etc. Todo guarda relación.

Pero si, exceptuada la locura, no hay estado individual que pueda considerarse como un factor determinante del suicidio, parece, sin embargo, que un sentimiento colectivo no pueda penetrar en los individuos cuando sean absolutamente refractarios a él. Se podría, pues, creer incompleta la explicación precedente, en tanto que no se determine como en el momento y en los medios precisos donde los corrientes suicidógenas se desenvuelven, unos y otros encuentran ante ellos un número suficiente de individuos accesibles a su influencia.

Pero, aun suponiendo que, verdaderamente, ese concurso sea siempre necesario y que una tendencia colectiva no pueda imponerse a los particulares, independientemente de toda predisposición previa, esta armonía se realiza por, sí misma; porque las causas que determinan la corriente social actúan al mismo tiempo sobre los individuos y les ponen en disposición conveniente para que se presten a la acción colectiva. Hay entre estos dos órdenes de factores un parentesco natural, por lo mismo que dependen de una misma causa y que la expresan y es por la que cambian y se adaptan mutuamente. La hipercivilización que da nacimiento a la tendencia anómica y a la tendencia egoísta tiene también, por efecto, afinar los sistemas nerviosos, hacerlos excesivamente delicados; por lo mismo son menos capaces de entregarse con constancia a un objeto definido, más impacientes de toda disciplina, más accesibles a la irritación violenta y a la decepción exagerada. Inversamente, la cultura grosera y ruda que implica el altruismo excesivo de los primitivos facilita la renunciación. En una palabra, como la sociedad hace, en gran parte, al individuo, en la misma medida lo forma a su imagen. La materia que necesita no podría faltarle porque se la ha preparado, por decirlo así; con sus propias manos.

Es posible representarse ahora, con más precisión, cuál es el papel de los factores individuales en la génesis del suicidio. Si en un mismo medio moral, por ejemplo; en una misma confesión, en un mismo cuerpo de ejército o en una misma profesión, son atacados tales individuos y no tales otros, es, sin duda, a lo menos en general, porque la constitución mental de los primeros, tal como la han hecho la naturaleza y los elementos, ofrece menos resistencia a la corriente suicidógena. Pero si estas condiciones pueden contribuir a determinar los sujetos particulares en que se encarna esa corriente, no es de ellas de quien dependen sus caracteres distintivos ni su intensidad. No es porque haya muchos neurasténicos en un grupo social por lo que anualmente se cometen tantos suicidios. La neurastenia hace tan sólo que sucumban unos con preferencia a otros. De aquí es de donde proviene la gran diferencia que separa el punto de vista del clínico del sociólogo. El primero se encuentra siempre enfrente de casos particulares, aislados los unos de los otros. Comprueba que, muy a menudo, la víctima es un nervioso o un alcohólico y explica por uno u otro de estos estados psicopáticos el acto cometido. Tiene razón, en cierto sentido; porque si el sujeto se ha matado y no lo han hecho sus prójimos, frecuentemente es por ese motivo. Mas no es por ese motivo por el que, en general, hay gentes que se ma tan, y *sobre todo por el que se matan, en cada sociedad un número definido por período de tiempo determinado.* La causa productora del fenómeno escapa necesariamente a quien no observe más que individuos, porque esté fuera de ellos. Para descubrirla, es preciso elevarse por encima de los suicidios particulares y percibir lo que produce su unidad. Se objetará que si no hubiese suficientes neurasténicos, las causas sociales no podrían producir todos sus efectos. Pero no hay sociedad donde las diferentes formas de la degeneración nerviosa no provean al suicidio de más candidatos que los necesarios.

Y sólo son llamados a él unos determinados, si se puede decir así. Son los que, por las circunstancias, se han encontrado más próximos a las corrientes pesimistas y, por consiguiente, han sufrido más por completo su acción.

Pero queda por resolver una última cuestión. Si cada año cuenta un número igual de suicidios, es porque la corriente no ataca de una vez a todos los que puede y debe atacar. Los sujetos a los que ha de alcanzar el año próximo, existen desde ahora; desde ahora también, están en su mayoría mezclados a la vida colectiva y, por consiguiente, sometidos a su influencia. ¿Por qué los conserva provisionalmente? Se comprende, sin duda, que le sea necesario un año para producir la totalidad de su acción; porque como las condiciones de la actividad social no son las mismas, de acuerdo con las estaciones, cambia también, en los diferentes momentos del año, de intensidad y de dirección. Sólo cuando la revolución anual está cumplida, tienen lugar todas las combinaciones de circunstancias, en cuya virtud es susceptible de variar esa corriente. Pero, puesto que el año siguiente, por hipótesis, no hace más que repetir al que le precede y volver a traer las mismas combinaciones, ¿por qué no ha bastado el primero?

Creemos que lo que explica esta temporización es la manera que tiene de obrar el tiempo sobre la tendencia al suicidio. Es su factor auxiliar, pero importante. Sabemos, en efecto, que ésta crece sin interrupción desde la juventud a la madurez[17], y que es, a menudo, diez veces más fuerte hacia el fin de la vida que al principio. Por tanto, la fuerza colectiva que impele al hombre a matarse no le penetra mas que poco a poco. En igualdad de circunstancias, a medida que avanza en edad, es cuando se hace más accesible, sin duda porque hacen falta repetidas experiencias para llevarle a sentir todo el vacío de una existencia egoísta o toda la vanidad de las ambiciones sin término. Esta es la razón por qué los suicidas no cumplen su destino más que por etapas sucesivas de las generaciones[18].

[1] Especialmente en sus dos obras *Sur l'homme et la développement de ses facultés on Essai de phisique sociale*, 2 vol., París, 1835, y *Du systeme social et des lois qui le regissent*, París, 1848. Si Quetelet ha sido el primero que ha ensayado el explicar científicamente esta regularidad, no es el primero que la ha observado. El verdadero fundador de la estadística moral es el pastor Süsmilch, en su obra *Die Göttliche Ordnung in den Veränderungen des menschlichen Geschlechts, aus der Geburt, dem Tode und der Fortpflanzung desselben ermiesen*, 3 vols., 1742.
Véase, sobre este mismo punto, Wagner, *Die Gesetzmässigkeit*, etcétera, primera parte. Drobisch, Die *Moralische Statistik und die memchliche Willensfreieit*, Leipzig, 1867 (sobre todo, p. 1-58); Mayr, *Die Gesetzmässigkeit im Gesellschaftsleben*, Munich, 1877; Oettingen, *Moralstatistik*, p. 90 y siguientes.
[2] Estas consideraciones suministran una prueba más de que la raza no puede explicar el porcentaje social de los suicidios. El tipo étnico, en efecto, es también un tipo genérico: no comprende más que caracteres comunes a una masa considerable de individuos. El suicidio, al contrario, es un hecho excepcional. La raza no tiene nada que baste por sí solo para determinar el suicidio; de otro modo, tendría éste una generalidad que, de hecho, no posee. ¿Se dirá que si, en efecto,

ninguno de los elementos que constituyen la raza puede considerarse como una causa suficiente del suicidio, sin embargo, puede ella, por si, hacer a los hombres más o menos accesibles a la acción de las causas suicidógenas? Pero, aun cuando los hechos comprobaran esta hipótesis, cosa que no ocurre, se precisaría, al menos, reconocer que el tipo étnico es un factor de eficacia bien mediocre, puesto que su influencia supuesta estaría impedida para manifestarse en la casi totalidad de los actos y no sería apreciable, sino excepcionalmente. En una palabra, la raza no puede explicar por qué, en un millón de individuos que pertenecen igualmente a ella, hay todo lo más 100 ó 200 que se matan, en cada año.

[3] Esta es, en el fondo, la opinión expuesta por Drobisch, en su libro antes citado.

[4] Este argumento no es verdadero tan sólo para el suicidio, aunque sea, en este caso, más particularmente sorprendente que en cualquier otro. Se aplica idénticamente al crimen, bajo sus diferentes formas. El criminal, en efecto, es un ser excepcional como el suicida, y, por consiguiente, no es la naturaleza del tipo medio la que puede explicar los movimientos de la criminalidad. Pero no ocurre de otro modo con el matrimonio, aunque la tendencia a contraer matrimonio sea más general que la inclinación a matar o a matarse. En cada periodo de la vida, el número de personas que se casan sólo representa una pequeña minoría respecto a la población célibe de la misma edad. Así, en Francia, de veinticinco a treinta años, es decir, en la época en que la nupcialidad es *máxima*, no hay más que 176 hombres y 135 mujeres por año que se casan, por 1.000 célibes de cada sexo (periodo de 1877-81). Si, pues, la tendencia al matrimonio, que no es preciso confundir con el gusto por el comercio sexual, sólo tiene en un pequeño número de individuos una fuerza suficiente para satisfacerse, no es la energía que tiene en el tipo medio la que puede explicar el estado de la nupcialidad en un momento dado. La verdad es que aquí, como cuando se trata del suicidio, las cifras de la estadística expresan, no la intensidad media de las disposiciones individuales, sino la de la fuerza colectiva que impulsa al matrimonio.

[5] Ella no es la única, por otra parte; todos los hechos de la estadística moral, como lo muestra la nota precedente, implican esta conclusión.

[6] Tarde, *Lasociologieelementaire*, en *Annalesdel'Institutintemational desociologie*, p. 213.

[7] Decimos en rigor, porque lo que hay de esencial en el problema no podría quedar resuelto de esta manera. En efecto, lo que importa, si se quiere explicar esta continuidad, es hacer ver no sencillamente cómo no se olvidan las prácticas creadas en un período durante el período que sigue, sino cómo conservan su autoridad y continúan funcionando. De que las nuevas generaciones puedan saber, por transmisiones puramente individuales, lo que hacían sus mayores, no se sigue que estén precisadas a obrar del mismo modo. ¿Qué las obliga a ello? ¿El respeto de la costumbre, la autoridad de los antiguos? Pero entonces, a causa de la continuidad, ya no son los individuos los que sirven de vehículo a las ideas o a las prácticas, es ese estado de espíritu eminentemente colectivo que hace que, en determinado pueblo, los antepasados sean objeto de un respeto particular. Y este estado de espíritu se impone a los individuos. Lo mismo que una tendencia al suicidio, hay, para cada sociedad, una intensidad definida, y según el grado de ella, los individuos se conforman más o menos con la tradición.

[8] V. *Régles de la méthode sociologique*, cap. II.

[9] Tarde, op. cit., en *Annales de l'Institut de sociol.*, p. 222.

[10] V.Frazer, *Golden Bough*, p. 9 y siguientes.

[11] Añadamos, para prevenir toda interpretación inexacta, que no por eso admitimos que haya un punto preciso donde acabe lo individual y donde empiece el reino de lo social. La asociación no se establece de un golpe, y hay momentos, por consiguiente, en que la realidad está indecisa. Así se pasa sin solución de continuidad de un orden de hechos a otro; pero esto no es razón para no distinguirlos. De otro modo, no habría nada distinto en el mundo, si al menos se piensa que no hay géneros separados y que la evolución es continua.

[12] Creemos que, después de esta explicación, no se nos reprochará más de querer, en sociología, sustituir lo exterior a lo interior. Partimos del exterior, porque es lo único inmediatamente conocido, para alcanzar el interior. El procedimiento es, sin duda, complicado; pero no hay otro, ya que no se quiere estar expuesto a que se dirija la investigación no sobre el orden de los hechos que se quieren estudiar, sino sobre el sentimiento personal que de ellos se tiene.

[13] Para saber si este sentimiento de respeto es más fuerte en una sociedad que en otra, no hay que considerar solamente la violencia intrínseca de las medidas que constituyen la represión, sino el lugar ocupado por la pena en la escala penal. El asesinato sólo es castigado con la muerte, lo mismo hoy que en los siglos últimos. Pero hoy, la simple pena de muerte tiene una gravedad relativamente más grande, porque constituye el castigo supremo, mientras que en otro tiempo podía ser agravada. Y puesto que estas agravaciones no se aplicaban entonces al asesinato ordinario, resulta de ello que éste era objeto de una menor reprobación.

[14] Del mismo modo que la ciencia de la física no tiene que discutir la creencia en Dios, creador del mundo físico, la conciencia de la moral no tiene que conocer la doctrina que ve en Dios el creador de la moral. La cuestión no es de nuestra incumbencia; no tenemos por qué pronunciarnos por ninguna solución. Las causas segundas son las únicas de que hemos de ocuparnos.

[15] V. Tarde, op. cit., p. 212.

[16] V. Delage, *Structure du protoplasme; pássim;* Weissmann, *L'hérédité*, y todas las teorías que se acercan a la de Weissmann.

[17] Señalemos, con todo, que esta progresión no ha sido establecida más que para las sociedades europeas, donde el suicidio altruista es relativamente raro. Puede que no sea verdadera en cuanto a este último. Es posible que alcance su apogeo hacia la época de la madurez, en el momento en que el hombre está más ardientemente mezclado a la vida social. Las relaciones que este suicidio sostiene con el homicidio, y de las que se hablará en el capítulo siguiente, confirman esta hipótesis.

[18] Sin querer plantear una cuestión de metafísica, que no hemos de resolver, haremos notar que esta teoría de la estadística no obliga a negar al hombre toda especie de libertad. Deja, por el contrario, la cuestión del libre albedrío mucho más entera que si se hace del individuo la fuente de los fenómenos sociales. En efecto, cualesquiera que sean las causas a las que es debida la regularidad de las manifestaciones colectivas, no pueden dejar de producir sus efectos donde se encuentren; porque, de otro modo, se vería variar estos efectos caprichosamente, siendo así que son uniformes. Por lo tanto, si son inherentes al individuo, no pueden dejar de determinar necesariamente a aquellos en quienes residen. De consiguiente, con es ta hipótesis, no se ve el medio de escapar al determinismo más riguroso. Pero no ocurre lo mismo si esta constancia de los datos estadísticos proviene de una fuerza exterior a los individuos. Porque ésta no determina a unos sujetos más bien que a otros. Ella reclama ciertos actos en número definido, no exige que esos actos procedan de éste o de aquél. Se puede admitir que determinados sujetos la resisten y que se cumpla otros. En definitiva, nuestra concepción no tiene otro efecto que añadir a las fuerzas físicas, químicas, biológicas y psicológicas, fuerzas sociales que actúan sobre el hombre desde fuera, lo mismo que las primeras. Así, pues, si éstas no excluyen la libertad humana, no hay razón para que ocurra otra cosa con aquéllas. La cuestión se plantea en los mismos términos para las unas y para las otras. Cuando se declara un foco de, epidemia, su intensidad predetermina la mortalidad que de él resultará; pero no por eso están designados los que deben ser atacados. La situación de los suicidas no es otra respecto a las corrientes suicidógenas.

Capítulo II

Relaciones del suicidio con los otros fenómenos   sociales

Puesto que el suicidio es, por su esencia, un fenómeno social, conviene investigar el lugar que ocupa entre los otros fenómenos de esta clase.

La primera y más importante cuestión que se plantea en este terreno es la de saber si debe clasificársele entre los actos que permite la moral o entre los que proscribe. ¿Se ha de ver en él, en cualquier grado, un hecho criminológico? Se sabe cuán discutida ha sido esta cuestión en todo tiempo. De ordinario, para resolverla, se empieza por formular cierta concepción de la idea moral y se busca luego si el suicidio le es o no lógicamente contrario. Por razones que hemos expuesto en otra parte[1], este método no puede ser el nuestro. Una deducción sin prueba es siempre sospechosa, y, además, la de esta especie tiene por punto de partida un puro postulado de la sensibilidad individual; porque cada uno concibe a su manera ese ideal moral que se plantea como un axioma. En lugar de proceder así, vamos e investigar, por lo pronto, en la historia cómo, de hecho, han apreciado moralmente los pueblos el suicidio; trataremos luego de determinar cuáles han sido las razones de   esta apreciación. No nos quedará entonces más que ver si en la naturaleza de nuestras sociedades actuales son fundadas estas razones y en qué medida[2].

I

En cuanto se constituyeron las sociedades cristianas, el suicidio fue formalmente proscrito de ellas. Desde el 452, el Concilio de Arlés declaró que el suicidio era un crimen y no podía o ser efecto más que de un furor diabólico. Pero sólo en el siglo siguiente, en 563, en el Concilio de Praga, fue cuando esta proscripción recibió una sanción penal. Allí se decidió que los suicidas no serían "honrados con ninguna conmemoración en el santo sacrificio de la misa y que el canto de los salmos no acompañarla sus cuerpos a la tumba". La legislación civil se inspiró en el Derecho canónico, añadiendo penas materiales a las religiosas. Un capítulo de las ordenanzas de San Luis regula especialmente la materia: se hacía un proceso al cadáver del suicida ante las autoridades que hubiesen sido competentes para   en el caso de homicidio de otro; los bienes del fallecido se sustraían a los herederos ordinarios e ib an a parar al varón. Un gran número de costumbres no se contentaban con la confiscación, sino que prescribían, además, diferentes suplicios. "En Burdeos, el cadáver era suspendido por los pies; en Abbeville, se le arrastraba por las calles sobre unas andas; en Lille, si era un hombre, el cadáver, arrastrado de mala manera, era colgado; si era mujer, quemado"[3]. Ni aun la locura se consideraba siempre como causa bastante. La Ordenanza criminal publicada por Luis XIV en 1670, codificó estos usos, sin atenuarlo s mucho. Se pronunciaba una condena regular *ad perpetuam rei memoriam;* el cuerpo, arrastrado sobre unas andas, cara a tierra, por las calles y encrucijadas, era luego colgado o echado al muladar. Los bienes eran confiscados. Los nobles incurrían en degradación y eran declarados plebeyos. Se talaban sus bosques, se demolía su castillo, se rompían sus escudos. Poseemos todavía un decreto del Parlamento de París, acordado en 31 de enero de 1749, en conformidad con esta legislación.

Por una brusca reacción, la revolución de 1789 abolió todas esas medidas represivas y suprimió el suicidio de la lista de los crímenes legales. Pero todas las religiones a que pertenecen los franceses continúan prohibiéndolo y castigándolo, y la moral común lo reprueba. Inspira, aun a la conciencia popular, un alejamiento que se extiende a los lugares donde el suicida ha llevado a cabo su resolución y a todas las personas unidas estrechamente a él. Constituye una mancha moral, aunque la opinión parece poseer una tendencia a mostrarse, sobre este punto, más indulgente que en otro tiempo. No deja el hecho por otra parte, de conservar algo de su antiguo carácter criminológico. Según la jurisprudencia más general, el cómplice del suicidio es perseguido como homicida. No sucedería así si el suicidio fuera considerado como un acto moralmente indiferente.

Se encuentra esta legislación en todos los pueblos cristianos, y ha continuado casi en todas partes, más severa que en Francia. En Inglaterra, desde el siglo X, el rey Edgardo, en uno de los Cánones publicados por él, asimilaba los suicidas a los ladrones, a los asesinos, a los criminales de toda especie. Hasta el 1823 imperó el uso de arrastrar el cuerpo del suicida por las calles, con un palo pasado al través, y enterrarlo en un camino público, sin ninguna ceremonia. Todavía hoy se le inhuma en lugar aparte. El suicida era declarado felón *(felo de se)* y sus bienes, incorporados a la Corona. Hasta 1870 no fue abolida esta disposición, al mismo tiempo que todas las confiscaciones por causa de felonía. Bien es verdad que la exageración de la pena la había hecho, desde largo tiempo atrás, inaplicable: el Jurado interpretaba la ley declarando, muy a menudo, que el suicida había obrado en un momento de locura, y, por consiguiente, era irresponsable. Pero el acto quedó calificado como crimen; cada vez que se comete, es objeto de una instrucción regular y de un juicio, y, en principio, la tentativa es castigada.

Según Ferri[4], aun se instruyeron en 1889, 106 procedimientos por este delito y 84 condenas, solamente en Inglaterra. Con mucha mayor razón ocurre lo mismo con la complicidad.

En Zurich, cuenta Michelet, el cadáver era sometido en otro tiempo a un tratamiento espantoso. Si el hombre era apuñalado, se le introducía cerca de la cabeza un pedazo de madera en el cual se clavaba el cuchillo; si era ahogado; se le enterraba a cinco pies del agua, en la arena[5]. En Prusia, hasta el Código penal de 1871, el entierro debía de tener lugar sin pompa ninguna y sin ceremonias religiosas. El nuevo Código penal alemán castiga todavía la complicidad con tres años de prisión (art. 216). En Austria, las antiguas prescripciones canónicas se mantienen casi íntegramente.

El Derecho ruso es más severo. Si el suicida no parece haber obrado bajo la influencia de una pertur bación mental, crónica o pasajera, su testamento es considerado como nulo, lo mismo que todas las disposiciones que haya podido tomar, en consideración a su muerte. Se le rehúsa la sepultura cristiana. La simple tentativa es castigada con una multa que la autoridad eclesiástica es la encargada de fijar. En fin, todo el que excite a otro a matarse o le ayude de cualquier manera a ejecutar su resolución, por ejemplo, proporcionándole los instrumentos necesarios, es tratado como cómplice de homicidio premeditado[6]. El Código español, aparte de las penas religiosas y morales, prescribe la confiscación de los bienes y castiga toda complicidad[7].

En fin, el Código penal del Estado de Nueva York, que, sin embargo, es de fecha reciente (1881), califica de crimen al suicidio. Cristo que, a pesar de esta calificación, se ha renunciado a castigarlo por razones prácticas, no pudiendo alcanzar la pena últimamente al culpable. Pero la tentativa es susceptible de una condena, ya de prisión, que puede durar hasta dos años, ya de multa que puede subir hasta 200 dólares, o de una y de otra a la vez. El solo hecho de aconsejar el suicidio o de favorecer su realización está asimilado a la complicidad en el asesinato[8].

Las sociedades mahometanas no prohíben menos enérgicamente el suicidio. "El hombre, dice Mahoma, no muere sino por la voluntad de Dios, según el libro que fija el término de su vida"[9]. "Cuando el término llegue, no podrá retrasarlo ni adelantarlo un solo instante"[10]. "Hemos decretado que la muerte os hiera por turno y nadie podrá contradecirnos"[11]. Nada, en efecto, es más contrario que el suicidio al espíritu general de la civilización mahometana; porque la virtud que se coloca por encima de todas las demás es la sumisión absoluta a la voluntad divina, la resignación dócil "que hace soportarlo todo con paciencia"[12]. Acto de insubordinación y de rebeldía, el suicidio no puede ser considerado si no como una falta grave al deber fundamental.

Si de las sociedades modernas pasamos a las que las han precedido en la historia, es decir, a las ciudades grecolatinas, allí encontramos igualmente una legislación del suicidio, pero que no reposa completamente sobre el mismo principio. El suicidio no era considerado como legítimo más que si no estaba autorizado por el Estado. Así, en Atenas, el hombre que se había matado era ?t ?μ?z por haber cometido una injusticia respecto a la ciudad[13], le eran rehusados los honores de la sepultura regular; además, la mano derecha del cadáver era cortada y enterrada aparte[14].

Con variantes de detalle, lo mismo ocurría en Tebas, en Chipre[15]. En Esparta, la regla era tan formal, que Aristodemos la sufrió por el modo cómo buscó y encontró la muerte en la batalla de Platea.

Pero estas penas no se aplicaban, sino en el caso en que el individuo se mataba sin haber, previamente obtenido permiso a las autoridades competentes. En Atenas, si antes de herirse pedía al Senado que le autorizase, haciendo valer las razones que le hacían la vida intolerable, y su demanda era atendida favorablemente, el suicidio se consideraba como un acto legítimo. Libanius[16] aporta sobre este punto algunos preceptos de los que no nos dice la época, pero que estuvieron realmente en vigor en Atenas; hace, por otra parte, el elogio más grande de esas leyes, y asegura que ellas han tenido los más felices efectos. Se expresan en los términos siguientes: "Que aquel que no quiera ya vivir más largo tiempo, exponga Sus razones al Senado, y después de haber obtenido licencia, se quite la vida. Si la existencia te es odiosa, muere; si estás maltratado por la fortuna, bebe la cicuta. Si te hallas abrumado por el dolor, abandona la vida. Que el desgraciado cuente su infortunio, que el magistrado le suministre el remedio, y su miseria tendrá fin". La misma ley se encuentra en

Ceos[17]. Fue aportada a Marsella por los colonos griegos que fundaron esta villa. Los magistrados tenían en reserva veneno, y suministraban la cantidad necesaria a todos los que, después de haber sometido al consejo de los Seiscientos las razones que creían tener para matarse, obtenían la autorización[18].

Estamos peor informados sobre las disposiciones del Derecho romano primitivo; los fragmentos de la ley de las XII Tablas que nos han llegado no nos hablan del suicidio. Sin embargo, como este Código estaba fuertemente inspirado en la legislación griega, es verosímil que contuviese prescripciones análogas. En todo caso, Servio, en un comentario sobre la Eneida[19], nos hace caber que, según los libros de los pontífices, todo el que se hubiese ahorcado era privado de sepultura. Los estatutos de una cofradía religiosa de Lamuoisum contenían la misma penalidad[20]. Según el analista Cassio Mermina, citado por Servio, Tarquino el Soberbio, para combatir una epidemia de suicidios, había ordenado poner en cruz los cadáveres de los suicidas y abandonarlos a la presa de los pájaros y animales salvajes[21]. La costumbre de no hacer funerales a los suicidas parece haber persistido, a lo menos en principio, porque se lee en el Digesto: *Non solent autem lugeri suspendiosi nee qui manus sibi intulerunt, non toedio vitae, sed tuala conscientia*[22].

Pero, según un texto de Quintiliano[23], habla existido en Roma, hasta una época bastante tardía, una institución análoga a la que acabamos de observar en Grecia y destinada a atemperar los rigores de las disposiciones precedentes. El ciudadano que quería matarse, debía someter sus razones al Senado, que decidía si ellas eran aceptables y hasta determinaba el género de muerte. Lo que permite creer que una práctica de este género ha existido realmente en Roma es que hasta bajo los emperadores, algo de ella sobrevivió en el ejército. El soldado que intentaba matarse para escapar al servicio, era castigado con la muerte; pero si podía demostrar que había sido compelido por algún móvil excusable, tan sólo se le expulsaba del ejército[24]. Si, en fin, su acto era debido a los remordimientos que le causaba una falta militar, su testamento era anulado y sus bienes adjudicados al físico[25]. No es dudoso, desde luego, que, en Roma, la consideración de los motivos que hubiesen inspirado al suicidio haya desempeñado en todo tiempo un papel preponderante en la apreciación moral o jurídica que de él se hiciera. De aquí el precepto: *"Et merito, si sine causa sibi manus itulit, puniendus est: qui enim sibi non pepereit, multo minus aliis parcet*[26]. La conciencia pública, vituperándolo como regla general, se reservaba el derecho de autorizarlo en ciertos casos. Tal principio se halla próximo al que sirve de base a la institución de que habla Quintiliano; y era de tal modo fundamental en la legislación romana del suicidio, que se mantuvo hasta bajo los emperadores. Sólo que, con el tiempo, la lista de las excusas legitimas se amplió. Al fin, casi no hubo más que una sola *causa injusta*: el deseo de escapar a las consecuencias de una condena criminal. Aun existió respecto a ello un momento en que la ley que la excluía de los beneficios de la tolerancia parece haber quedado sin aplicación[27].

Si de la ciudad se desciende a los pueblos primitivos, donde florece el suicidio altruista, es difícil afirmar nada preciso sobre la legislación en uso. Sin embargo, la complacencia con que allí el suicidio era allí considerado, permite creer que, no se hallaba formalmente prohibido. Aun es posible que no fuera absolutamente tolerado en todos los casos. Pero, sea de ello lo que quiera, resulta que, de todas las sociedades que han traspuesto ese estado inferior, no se conoce ninguna donde el derecho de matarse haya sido concedido al individuo. Cierto que, tanto en Grecia como en Italia, hubo un período en que las antiguas prescripciones relativas al suicidio, cayeron casi totalmente en olvido. Pero fue tan sólo en la época en que el régimen mismo de la ciudad entró en decadencia. Esta tolerancia tardía no podría ser invocada como un ejemplo a imitar; porque es evidentemente solidaria de la grave perturbación que sufrían entonces esas sociedades. Es el síntoma de un estado morbosa.

Semejante generalidad es la reprobación, abstracción hecha de esos casos regresivos, es ya por sí misma un hecho instructivo y que debería bastar para que dudaran los moralistas, demasiado inclinados a la indulgencia. Es preciso que un autor tenga una confianza singular en la potencia de su lógica para osar, en nombre de un sistema, insubordinarse hasta tal punto contra la conciencia moral de la humanidad; o bien si, juzgando esta prohibición fundada en el pasado, no reclama su abrogación más que para el presente inmediato, le faltaría, previamente, probar que, desde los tiempos recientes se ha producido alguna transformación profunda en las condiciones fundamentales de la vida colectiva.

Pero una conclusión más significativa y que apenas permite creer que esa prueba sea posible, se desprende de esta exposición. Si se dejan a un lado las diferencias de detalle que presentan las medidas represivas adoptadas por los diferentes pueblos, se ve que la legislación del suicidio ha pasado por dos fases principales. En la primera, se prohíbe al individuo destruirse por su propia autoridad; pero el Estado puede autorizarlo a hacerlo. El acto sólo es inmoral cuando es por completo obra de los particulares y no han colaborado en él los órganos de la vida colectiva. En circunstancias determinadas, la sociedad se deja desarmar, en cierto modo, y consiente en absolver lo que reprueba en principio. En el segundo período, la condena es absoluta y sin ninguna excepción. La facultad de disponer de una existencia humana, salvo cuando la muerte es el castigo de un crimen[28], está negada, no sólo al sujeto interesado, sino a la sociedad. Es una facultad sustraída en adelante, tanto al derecho colectivo, como al privado. El suicidio es considerado como inmoral, en sí mismo y por sí mismo, cualesquiera que sean los partícipes de él. Así, a medida que se adelanta en la historia, la prohibición, en lugar de relajarse, se hace más radical. Y si en el día, la conciencia pública parece menos firme en su juicio sobre este punto, este estado de flaqueza debe provenir de causas accidentales y pasajeras; porque es contrario a toda verosimilitud que la evolución moral, después de haberse proseguido en la misma dirección durante siglos, vuelva hasta tal punto atrás.

En efecto, las ideas que le han marcado esta dirección son siempre actuales. Se ha dicho algunas veces que, si el suicidio es y merece ser prohibido es porque, al matarse, el hombre se sustrae a sus obligaciones respecto de la sociedad. Pero si no nos moviéramos más que por esta consideración, deberíamos, como en Grecia, dejar en libertad a la sociedad de levantar a su arbitrio una prohibición que no habría sido establecida más que para su provecho. Si le rehusamos esta facultad, es porque no vemos sencillamente en el suicida un mal deudor, del que ella sería acreedora. Porque un acreedor puede siempre cancelar la deuda de que es beneficiario. Por otra parte, si la reprobació n de que el suicidio es objeto no tuviera otro origen, debería ser tanto más formal cuanto más estrechamente subordinado al Estado se halle el individuo; por consiguiente, sería en las sociedades inferiores donde alcanzara su apogeo. Muy al contrario, ella toma más fuerza a medida que los derechos del individuo se desarrollan frente a los del Estado. Así, pues, si se ha hecho tan formal y tan severa en las sociedades cristianas, la causa de este cambio se debe encontrar, no en la noción que estos pueblos tienen del Estado, sino en la nueva concepción que se han formado de la persona humana. Esta se ha convertido a sus ojos en una rosa sagrada y hasta en la cosa sagrada por excelencia, sobre la cual nadie puede poner las manos. Sin duda, bajo el régimen de la ciudad, el individuo no tenía ya una existencia tan borrosa como en los pueblos primitivos. Se le reconocía desde entonces un valor social, pero se consideraba que este valor pertenecía por completo al Estado. La ciudad podía, pues, disponer libremente de él, sin que él tuviera sobre sí propio los mismos derechos. Pero hoy ha adquirido una especie de dignidad que le pone por encima de sí mismo y de la sociedad. En tanto que no ha desmerecido y perdido por su conducta sus títulos de hombre, nos parece participar de alguna manera de esta naturaleza *sui generis* que toda religión presta a sus dioses y que les hace intangibles para todo lo que es mortal. Impregnado de religiosidad; el hombre se ha convertido en un dios para los hombres. Por eso todo atentado dirigido contra él nos hace el efecto de un sacrilegio. Ahora bien, el suicidio es uno de esos atentados. Poco importan las manos de donde viene el golpe; nos escandaliza por la sola razón de que viola ese carácter sacrosanto que está en nosotros y que debemos respetar en nosotros tanto como en los demás.

Se reprueba, pues, el suicidio porque deroga ese culto por la persona humana sobre el que reposa toda nuestra moral. Lo que confirma esta explicación es que la consideramos de modo muy distinto de como lo hacían las naciones de la antigüedad. En otro tiempo sólo se veía en él un simple perjuicio civil cometido contra el Estado; la religión se desinteresaba más o menos de él[29]. Por el contrario, ha llegado a ser un acto esencialmente religioso. Son los concilios los que la han condenado, y los padres laicos, al castigarla, no han hecho más que seguir e imitar a la autoridad eclesiástica. Porque tenemos en nosotros un alma inmortal, partícula de la divinidad, es por lo que debemos ser sagrados para nosotros mismos. Porque somos algo de Dioses por lo que no pertenecemos completamente a ningún ser temporal.

Pero si tal es la razón que ha hecho clasificar al suicidio entre los actos ilícitos, ¿no debemos deducir que esta consideración está en adelante desprovista de fundamento? Parece, en efecto, que la crítica científica no podría conceder el menor valor a estas concepciones místicas, ni admitir que hubiese en el hombre algo sobrehumano. Razonando así es como Ferri, en su *Omicidio -suicidio,* ha creído poder presentar toda prohibición del suicidio como una supervivencia del pasado, destinada a desaparecer. Considerando como absurdo, bajo el punto de vista racionalista, que el individuo pueda tener un fin fuera de sí mismo, deduce de ello que estamos siempre en libertad de prescindir de las ventajas de la vida común renunciando a la existencia. El derecho de vivir le parece que implica lógicamente el derecho de morir.

Pero este argumento deduce prematuramente de la forma el fondo, de la expresión verbal, por la que traducimos nuestro sentimiento, este sentimiento mismo. Sin duda, tomados en sí mismos y abstractamente, los símbolos religiosos por los cuales nos explicamos el respete que nos inspira la persona humana, no están adecuados a la realidad, y es fácil probarlo; pero no se sigue de ello que este respeto en sí carezca de razón. El hecho de que desempeña un papel preponderante en nuestro derecho y en nuestra moral debe, por el contrario, prevenirnos contra semejante interpretación. En lugar, pues, de tomar a la letra esta concepción, examinémosla en sí misma, investiguemos come se ha formado y veremos que, si la fórmula corriente es grosera, no por eso deja de tener un valor objetivo.

En efecto, esta especie de trascendencia que prestamos a la persona humana no es un carácter que le sea especial. Se la encuentra en otra parte. Es sencillamente la marca que dejan sobre los objetos a que se refieren todos las sentimientos colectivos de cierta intensidad. Precisamente porque emanan de la colectividad, los fines hacia los cuales se dirigen nuestras actividades no pueden ser más que colectivos. La sociedad tiene sus necesidades, que no son las nuestras. Los actos que ellas nos inspiran no se hallan, pues, en el sentido de nuestras inclinaciones individuales; no tienen por objeto nuestro propio interés, sino que consisten más bien en sacrificios y en privaciones. Cuando ayuno y me sacrifico para agradar a la Divinidad; cuando, por respete a una tradición, de la que ignoro con frecuencia el sentido y el alcance, me impongo alguna molestia; cuando pago mis impuestos; cuando ofrezco mi sufrimiento o mi vida al Estado, renuncio algo de mí mismo; y en la resistencia que nuestro egoísmo opone a esas renuncias, fácilmente nos damos cuenta de que nos son exigidas por una potencia a la que estamos sometidos. Hasta cuando diferimos gozosamente a sus órdenes, tenemos conciencia de que nuestra conducta está determinada por un sentimiento de deferencia para alga más grande que nosotros. Cualquiera que sea la espontaneidad con que obedezcamos a la voz que nos dicta esta abnegación, sentimos perfectamente que nos habla en un tono imperativo, que no es el del instinto. Por ese es por le que, aunque se haga oír en el interior de nuestras conciencias, no podemos, sin contradicción, considerarla como nuestra. Pero nosotros la enajenamos, como hacemos con nuestras sensaciones; la proyectamos hada fuera, la referimos a un ser que concebimos como exterior y superior a nosotros, puesto que nos manda y nos conformamos con sus decisiones. Naturalmente, todo lo que nos parece provenir del mismo origen participa de igual carácter. Así es como hemos necesitado imaginar un mundo por encima de éste y poblado con realidades de otra naturaleza.

Tal es el origen de todas esas ideas de trascendencia que están en la base de las religiones y de las morales; porque la obligación moral es inexplicable de otro modo. Seguramente, la fuerza concreta con que revestimos de ordinario esas ideas, científicamente no tiene valor. Ya les demos como fundamento un ser personal de una naturaleza especial o alguna fuerza abstracta que llamemos confusamente con el nombre de ideal moral, esas son siempre representaciones metafóricas, que no expresan adecuadamente los hechos. Pero el *processus* que simbolizan no deja de ser real. Es cierto que, en todos esos casos, estamos provocados a obrar por una autoridad que nos sobrepasa, a saber, la sociedad, y que los fines a los que ella nos liga gozan así de una verdadera supremacia social. Si ocurre de este modo, todas las objeciones que se podrán hacer a las concepciones usuales por las que los hombres han ensayado de representar esta supremacía que sentían, no pueden disminuir la realidad. Esta crítica es superficial y no alcanza al fondo de las cosas. Así, pues, si se puede afirmar que la exaltación de la persona humana es uno de los fines que persiguen y deben perseguir las sociedades modernas, toda la reglamentación moral que derive de ese principio, estará, por eso mismo, justificada, aunque pueda variar la forma como se la justifica de ordinario. Si las razones con que el vulgo se conforma son criticables, bastaría enunciarlas con otro lenguaje para darles todo su alcance.

Ahora bien, no sólo, de hecho, es este objetivo, verdaderamente, uno de los que persiguen las sociedades modernas, sino que es una ley de la historia que los pueblos tiendan de cada vez más a desprenderse de todo objetivo. En su origen, la sociedad es todo, el individuo no es nada. Por consiguiente, los sentimientos sociales más intensos son los que ligan al individuo con la colectividad; ella es el fin propio de sí misma. El hombre es considerado sólo como un instrumento en sus manos; es ella quien parece tener todos los derechos, y no hay prerrogativas por encima de ella. Pero, poco a poco, las cosas cambian. A medida que las sociedades se hacen más voluminosas, el trabajo se divide, las diferencias individuales se multiplican[30] y se ve acercarse el momento en que no habrá nada de común entre todos los miembros de un mismo grupo humano, si no es su cualidad de hombres. En estas condiciones, es inevitable que la sensibilidad colectiva se adhiera con todas su fuerzas a ese único objeto que le queda y que, por eso mismo, le comunique un valor incomparable.

Puesto que la persona humana es la única cosa que conmueve unánimemente a todos los corazones, puesto que su glorificación es el sólo objetivo que puede ser perseguido colectivamente, no puede dejar de adquirir a todos los ojos una importancia excepcional. Se eleva así muy por encima de todos los fines humanos y toma un carácter religioso.

Ese culto del hombre es, pues, una cosa completamente distinta del individualismo egoísta de que se ha hablado antes y que conduce al suicidio. Lejos de desligar a los individuos de la sociedad y de todo objetivo que les sobrepase, los une en un mismo pensamiento y los hace servidores de una misma obra. Porque el hombre que se propone al amor y al respeto colectivo no es el individuo sensible, empírico, que es cada uno de nosotros: es el hombre en general, la humanidad ideal, tal como la concibe cada pueblo en cada momento de su historia. Ahora bien, ninguno de nosotros le encarna completamente, aunque ninguno de nosotros le sea completamente extraño. Se trata, pues, no de concentrar cada sujeto particular sobre sí mismo y sobre sus propios intereses, sino de subordinarlo a los intereses generales del género humano. Tal fin le saca fuera de sí mismo: impersonal y desinteresado, se cierne por encima de todas las personalidades individuales: como todo ideal, no puede concebirse mas que como superior a lo real y dominándolo. Domina hasta a las sociedades, puesto que es toda la actividad social el fin a que tiende. Y por eso no le corresponde ya disponer de él.

Al reconocer que esas personalidades tienen razón de ser, se han puesto bajo su dependencia y han perdido el derecho de faltarles; con mucha más razón el de autorizar a los hombres a faltarle ellos mismos. Nuestra dignidad de ser moral ha cesado, pues, de ser propiedad de la ciudad; pero no por eso ha llegado a ser nuestra y no hemos adquirido el derecho de hacer de ella lo que queramos. ¿De dónde nos vendría, en efecto, si la sociedad misma, ese ser superior a nosotros, no lo tiene?

En estas condiciones es necesario que el suicidio sea clasificado en el número de los actos inmorales; porque niega un principio esencial de esta religión de la humanidad. El hombre que se mate no hace perjuicio, se dice, más que a sí mismo y la sociedad no tiene por qué intervenir, en virtud del antiguo axioma *Volenti nin fit injuria*. Esto es un error. La sociedad queda herida, porque el sentimiento sobre que reposan hoy día sus máximas morales más respetadas y que sirve casi de único lazo entre sus miembros ha sido ofendido, y se consumiría si esta ofensa pudiese producirse con toda libertad. ¿Cómo podría conservar la menor autoridad si al ser violado, no protestase la conciencia moral? Desde el momento en que la persona humana es y debe ser considerada como una cosa sagrada, de la que, ni el individuo ni el grupo tienen la libre disposición, todo atentado contra ella tiene que ser proscrito. Poco importa que el culpable y la víctima no formen más que un solo y mismo sujeto; el mal social que resulta del acto no desaparece, por la sola razón de que su autor sea el mismo que lo sufra. Si, en sí y de una manera general, el hecho de destruir violentamente una vida de hombre nos indigna como un sacrilegio, no podríamos tolerarlo en ningún caso. Un sentimiento colectivo que se abandonara a tal punto quedaría bien pronto sin fuerzas.

No hay que decir, con todo, que sea preciso volver a las penas feroces que caían sobre el suicidio durante los siglos últimos. Ellas fueron instituidas en una época en que, bajo el influjo de circunstancias pasajeras, todo el sistema represivo fue reforzado con una severidad excesiva. Pero hay que mantener el principio, a saber que el homicidio de sí mismo debe ser reprobado. Queda por conocer con qué signos exteriores debe manifestarse esta reprobación. ¿Bastan las sanciones morales, o son precisas las jurídicas, y cuáles? Es una cuestión práctica que será tratada en el capítulo siguiente.

II

Pero antes, a fin de determinar mejor cuál es el grado de inmoralidad del suicidio, investiguemos qué relaciones sostiene con los otros actos inmorales, singularmente con los crímenes y los delitos.

Según M. Lacassagne hay una relación regularmente inversa entre el movimiento de los suicidios y el de los crímenes contra la propiedad (robos calificados, incendios, bancarrotas fraudulentas, etc.). Esta tesis ha sido sostenida en su nombre por uno de sus discípulos, el doctor Chaussinaud, en su *Contribution a l'étude de la statistique criminelle*[31]. Pero las pruebas para demostrarla faltan totalmente. Según este autor bastaría comparar las dos curvas para comprobar que varían en sentido contrario una de otra. En realidad es imposible percibir entre ellas ninguna especie de relación, ni directa ni inversa. Sin duda, a partir de 1854 se ven disminuir los crímenes contra la propiedad mientras aumentan los suicidios. Pero esta baja es, en parte, ficticia: procede sencillamente de que, hacia esa fecha, los tribunales han tomado la costumbre de sustraer a la jurisdicción de las audiencias ciertos crímenes para deferirlos a los tribunales correccionales. Cierto número de malas acciones han desaparecido, pues, de la columna de los crímenes, pero es para reaparecer en la de los delitos; y son los crímenes contra la propiedad los que más se han beneficiado de esta jurisprudencia hoy consagrada. Así, pues, si la estadística los señala en menor número, es de temer que esta disminución sea exclusivamente debida a un artificio de contabilidad.

Pero aunque esta baja fuese real no se podría deducir nada de ella; porque si, a partir de 1854 las dos curvas van en sentido inverso, desde 1826 a 1854 la de los crímenes contra la propiedad o sube al mismo tiempo que la de los suicidios, aunque menos aprisa, o permanece estacionaria. Desde 1831 a 1835 se contaban anualmente, por término medio, 5.095 acusados; ese número se elevaba a 5.732 durante el período siguiente, era aún de 4.918 en 1841-45, de 4.992 desde 1846 a 1850, bajando tan sólo el 2 por 100 sobre 1830.

Por otra parte, la configuración general de las dos curvas excluye toda idea de proximidad. La de los crímenes contra la propiedad es muy accidentada; se le ve, de un año a otro, dar bruscos saltos; su evolución, en apariencia caprichosa, depende evidentemente de una multitud de circunstancias accidentales. Al contrario, la de los suicidios sube regularmente con un movimiento uniforme; no hay en ella, salvo raras excepciones, ni bruscos avances, ni súbitas caídas. La ascensión es continua y progresiva. Entre dos fenómenos cuyo desarrollo es tan poco comparable, no podría existir ninguna clase de nexo.

M. Lacassagne parece, desde luego, haberse quedado sólo con su opinión. Pero no ocurre lo mismo con otra teoría según la cual será con los crímenes contra las personas y, más especialmente con el homicidio, con los que el suicidio se halle en relación. Cuenta con numerosos defensores y merece un serio examen[32].

Desde 1883, Gerry, hacía notar que los crímenes contra las personas son dos veces más numerosos en los departamentos del Sur que en los del Norte, mientras que ocurre lo contrario con el suicidio. Más tarde, Despine calculó que en los catorce departamentos donde son más frecuentes los crímenes de sangre, había 30 suicidios tan sólo por cada millón de habitantes, mientras que se encontraban 82 en los otro catorce departamentos, donde esos crímenes eran mucho más raros. El mismo autor añade que, en el Sena, por cada 100 acusaciones, se cuentan sólo 17 crímenes contra las personas, y un promedio de 427 suicidios por un millón, mientras que en Córcega, la proporción de los primeros es de 83 por 100; la de los segundos es de 18 solamente por un millón de habitantes.

Sin embargo, estas observaciones habían quedado aisladas cuando la escuela italiana de criminología se apoderó de ellas. Ferri y Morselli, especialmente, las hicieron base de toda una doctrina.

Según ellos, el antagonismo del suicidio y del homicidio es una ley absolutamente general. Ya se trate de su distribución geográfica o de su evolución en el tiempo, por todas partes se las verá desarrollarse en sentido inverso el uno del otro. Pero este antagonismo, una vez admitido, puede explicarse de dos maneras. O bien el homicidio y el suicidio forman dos corrientes contrarias y de tal modo opuestas, que la una no puede ganar terreno sin que lo pierda la otra; o bien son dos canales diferentes de una sola y misma corriente, alimentada por un mismo manantial, y que, por consiguiente, no puede verterse en una dirección sin que se retire, en la misma medida, de la otra. De estas dos explicaciones, los criminalistas italianos adoptan la segunda. Ven en el suicidio y en el homicidio dos manifestaciones de un mismo estado, dos efectos de una misma causa, que se expresan bajo una forma o bajo otra, sin poder revestir una y otra a la vez.

Lo que les ha determinado a escoger esta interpretación es que, según ellos, la inversión que presentan en ciertos respectos esos dos fenómenos no excluye todo paralelismo. Si hay condiciones en virtud de las que varían inversamente, hay otras que les afectan de la misma manera. Así, dice Morselli, la temperatura tiene la misma acción sobre ambos; llegan á su máximum en el mismo momento del año, al aproximarse la estación calurosa; los dos son más frecuentes en el hombre que en la mujer; ambos, en fin, según Ferri, aumentan con la edad. Por todo, aun oponiéndose por determinados aspectos, son, en parte, de la misma naturaleza. Ahora bien, los factores bajo cuya influencia reaccionan semejantemente, son todos individuales, porque, o consisten directamente en ciertos estados orgánicos (edad, sexo), o pertenecen al medio cósmico, que no puede obrar sobre el individuo moral mas que por el intermedio del individuo físico. Sería, pues, por sus condiciones individuales por las que se confundirían el suicidio y el homicidio. La constitución psicológica que predispondría al uno o al otro sería la misma; las dos inclinaciones no darían más que una. Ferri y Morselli, siguiendo a Lombroso, hasta han ensayado de definir ese temperamento. Estaría caracterizado por un desfallecimiento del organismo, que pondría al hombre en condiciones desfavorables para sostener la lucha. El asesino y el suicida, serían ambos unos degenerados y unos impotentes. Igualmente incapaces de desempeñar un papel útil en la sociedad, estarían, por consiguiente, destinados a ser vencidos.

Sólo que esta predisposición única que, por sí misma, no se inclina en un sentido mejor que en otro, tomaría con frecue ncia, según la naturaleza del medio social, la forma del homicidio o la del suicidio; y así se producirían esos fenómenos de contraste que, aun siendo reales, no dejarían de ocultar una identidad fundamental. Donde las costumbres generales son dulces y pacíficas, donde se tiene horror a derramar sangre humana, el vencido se resignará, confesará su impotencia y, anticipando los efectos de la selección natural, se apartará de la lucha retirándose de la vida. Por el contrario, donde la moral media tenga un carácter más rudo, donde la existencia humana sea menos respetada, se rebelará, declarará la guerra a la sociedad, matará, en vez de matarse. En una palabra: su asesinato y el asesinato de otro son dos actos violentos. Pero tan pronto la violencia de donde derivan, no encontrando resistencia en el medio social, se extiende fuera de él y, entonces, se hace homicida; tan pronto, impedida de producirse hacia fuera por la presión que sobre ella ejerce la conciencia pública, remonta hacia su fuente y es su víctima el mismo sujeto de donde proviene.

El suicidio sería, pues, un homicidio transformado y atenuado. Con este titulo, aparece casi como bienhechor; porque, si no es un bien, es, por lo menos un mal menor y que nos ahorra otro peor. Parece que no se debe tratar de contener su desarrollo por medidas prohibitivas, porque, al mismo tiempo se restará contención al homicidio. Es una válvula de seguridad, que es útil dejar abierta. En definitiva, el suicidio tendría la gran ventaja de desembarazamos, sin intervención social y, por consiguiente, lo más sencilla y económicamente posible, de cierto número de sujetos inútiles o dañosos. ¿No vale más, dejarlos eliminarse por sí mismos y suavemente, que obligar a la sociedad a arrojarlos con violencia de su seno?

¿Tiene fundamento esta tesis ingeniosa? La cuestión es doble y cada término debe ser examinado aparte. ¿Son idénticas las condiciones psicológicas del crimen y del suicidio? ¿Hay antagonismo entre las condiciones sociales de que dependen?

III

Tres hechos se han alegado para establecer la unidad psicológica de los dos fenómenos. Por lo pronto está la influencia parecida que el sexo ejerce sobre el suicidio y el homicidio. Para hablar con exactitud esta influencia del sexo es mucho más un efecto de causas sociales que de causas orgánicas. No es porque la mujer difiere fisiológicamente del hombre por lo que se mata menos o por lo que se mata más; es que ella no participa del mismo modo en la vida colectiva. Pero, además, es preciso que la mujer tenga ese mismo alejamiento para esas dos formas de la inmoralidad. Se olvida, en efecto, que hay crímenes de los que ella tiene el monopolio; son los infanticidios, los abortos y los envenenamientos. Siempre que el homicidio está a su alcance, le comete con tanta o mayor frecuencia que el hombre. Según Octtingen[33], le es imputable la mitad de los asesinatos domésticos. Nada autoriza, pues, a suponer que tenga, en virtud de su constitución congénita, un respeto grande para la existencia ajena; pero ocurre que le faltan las ocasiones, porque está menos fuertemente mezclada a la vida. Las causas que impulsan a los crímenes de sangre obran menos sobre ella que sobre el hombre. porque se mantiene más fuera de su esfera de influencia. Por esta misma razón está menos expuesta a las muertes por accidente; de cada 100 fallecimientos de este género, sólo 20 son femeninos.

Por otra parte, aun cuando se reúnan bajo un mismo concepto todos los homicidios, parricidios, infanticidios, envenenamientos, la parte de la mujer en el conjunto es aún muy elevada. En Francia, por cada 100 de estos crímenes, hay 38 ó 39 que son cometidos por mujeres; y hasta 42 si se tienen en cuenta los abortos. La proporción en Alemania es de 51 por 100, de 52 por 100 en Austria. Es cierto que se prescinde entonces de los homicidios involuntarios; pero sólo cuando el homicidio es querido es cuando es verdadero homicidio. Por otra parte, los crímenes especiales de la mujer, infanticidios, abortos, asesinatos, son, por su naturaleza, difíciles de descubrir. Se cometen, pues, un gran número que escapan a la justicia y, por consiguiente, a la estadística. Si se piensa que, con verosimilitud, la mujer debe ya aprovecharse en la instrucción de la misma indulgencia con que se beneficia ciertamente en el juicio, donde es muy a menudo absuelta que el hombre, se verá que, en definitiva, la aptitud para el homicidio no debe ser muy diferente en los dos sexos. Se sabe, por el contrario, cuan grande es la inmunidad de la mujer contra el suicidio.

La influencia de la edad sobre el uno y el otro fenómeno no revela menores diferencias. Según Ferri, el homicidio, lo mismo que el suicidio, se hacen más frecuentes a medida que el hombre avanza en la vida. Es cierto, que Morselli ha expresado la opinión contraria[34]. La verdad, es que con hay inversión ni concordancia. Mientras que el suicidio crece regularmente hasta la vejez, el homicidio y el asesinato llegan a su apogeo desde la madurez, hacia los treinta o treinta y cinco años, pera menguar en seguida. Es lo que demuestra el cuadro XXXI. Es imposible percibir en ello la menor prueba ni de una identidad de naturaleza ni de un antagonismo entre el suicidio y los crímenes de sangre.

CUADRO XXXI
EVOLUCIÓN COMPARADA DE LOS HOMICIDIOS DE LOS ASESINATOS Y DE LOS SUICIDIOS EN LAS DISTINTAS EDADES, EN FRANCIA(1887)

Años	Edad (x 100.000hab.)		Sexo (% suicids. x edad)	
	Homicidios	*Asesinatos*	*Hombres*	*Mujeres*
De 16 a 21[35]	6,2	8,0	14	9
De 21 a 25	9,7	14,9	23	9
De 25 a 30	15,4	15,4	30	9
De 30 a 40	11,0	15,9	33	9
De 40 a 50	6,9	11,0	50	12
De 50 a 60	2,0	6,5	69	17
Más	2,3	2,5	91	20

Queda la acción de la temperatura. Si se reúnen todos los crímenes contra las personas, la curva que así se obtiene parece confirmar la teoría de la escuela italiana. Sube hasta junio y desciende regularmente hasta diciembre, como la de los suicidios. Pero este resultado procede sencillamente de que, bajo la expresión común de crimen es contra las personas, se cuentan, además de los homicidios, los atentados al pudor y las violaciones. Como estos crímenes tienen su máximum en junio y son mucho más numerosos que los atentados contra la vida, ellos son los que dan su configuración a la curva. Pero en si no tienen ningún parentesco con el homicidio; así, pues, si se quiere saber cómo varía este último en los diferentes momentos del año, es preciso aislarlo de los otros. Ahora bien, si se procede a esta operación y, sobre todo, si se tiene cuidado en distinguir unas de otras las diferentes formas de la criminalidad homicida, no se descubre ningún rastro del paralelismo anunciado (V. Cuadro XXXII).

	Homicidios	Asesinatos	Infanticidios	Golpes y heridas
Enero	560	829	647	830
Febrero	664	926	750	937
Marzo	600	766	783	840
Abril	574	712	662	867
Mayo	587	809	666	983
Junio	644	853	552	938
Julio	614	776	491	919
Agosto	716	849	501	997
Setiembre	665	839	495	993
Octubre	653	815	489	892
Noviembre	650	942	497	960
Diciembre	591	866	542	886

En efecto, mientras que el crecimiento del suicidio es continuo y regular alrededor de enero a junio, así como su decrecimiento durante la otra parte del año, el homicidio, el asesinato y el infanticidio oscilan de un mes a otro del modo más caprichoso. No solamente la marcha general no es la misma, sino que ni las *máximas* y las *mínimas* coinciden. Los homicidios tienen dos *máximas:* una en febrero y la otra en agosto; los asesinatos dos también, pero en meses diferentes: la una en febrero y la otra en noviembre. Para los infanticidios es en mayo; para los golpes y heridas en agosto y septiembre. Si se calculan las variaciones no ya mensuales, sino de estación, las divergencias no son menos marcadas. El otoño cuenta casi tantos homicidios como el estío (1.968 en vez de 1.974) y el invierno tiene más que la primavera. Para el asesinato es el invierno el que va a la cabeza (2.621), sigue el otoño (2.576), después el verano (2.478), y, por fin, la primavera (2.287). Para el infanticidio es la primavera la que sobrepasa a las otras estaciones (2.111), y le sigue el invierno (1.939). Para los golpes y heridas, el verano y el otoño están al mismo nivel (2.854 para el uno y 2.845 para el otro); después viene la primavera (2.690) y, a poca distancia, el invierno (2.653). Muy otra es, como hemos visto, la distribución del suicidio.

Por otra parte, si la tendencia al suicidio no fuese más que una inclinación al homicidio vuelta al revés, se vería a los homicidas y a los asesinos, una vez que son detenidos y que sus instintos violentos no pueden ya manifestarse hacia fuera, convertirse ellos mismos en víctimas. La tendencia homicida debería, pues, bajo la influencia de la prisión, transformarse en tendencia al suicidio. Ahora bien, del testimonio de muchos observadores resulta, por el contrario, que los grandes criminales se matan raramente. Cazauvieilhha recogido de los médicos de nuestros diferentes presidios informes sobre la intensidad del suicidio en los presidiarios[37]. En Rochefort, en treinta años, no se ha observado más que un solo caso; ninguno en Tolón, donde la población es, ordinariamente, de 3 a 4.000 individuos (1818-1834). En Brest, los resultados son un poco diferentes: en diez y siete años, sobre una población media de 3.000 individuos, se habían cometido 13 suicidios, la que hace un porcentaje anual de 21 por 100.000; aunque más elevada que las precedentes, esta cifra no tiene nada de exagerada, puesta que se refiere a una agrupación principalmente masculina y adulta. Según el doctor Lisle, "sobre 9.320 fallecimientos comprobados en los presidios desde 1816 a 1837 inclusive, no se han contado mas que 6 suicidios"[38]. De una encuesta hecha por el doctor Ferrus, resulta que ha habido solamente 30 suicidios en siete años en las diferentes casas centrales, sobre una población media de 15.111 prisioneras. Pero la proporción ha sido aún más débil en los presidios, donde no se han comprobado mas que 5 suicidios desde 1838 a 1845, por una población media de 7.041 individuos[39].

Brierre de Boismont confirma este último hecho, y añade: "Los asesinos de profesión, los grandes culpables, han recurrido más raramente a este medio violenta de sustraerse a la expiación penal que los detenidos de una perversidad menos profunda"[40]. El doctor Leray hace notar igualmente que los "granujas de profesión, las clientes de los presidios", raramente atentan contra su vida[41].

Dos estadísticas, citadas la una por Morselli[42] y la otra por Lombraso[43], tienden, es cierto, a establecer que los detenidos, en general, están particularmente inclinadas al suicidio. Pero como esos documentos no distinguen los homicidas y las asesinas de los otros delincuentes, no se podría deducir nada relativamente a la cuestión que nos ocupa. Parecen incluso confinar, mas bien, las observaciones precedentes. En efecto, prueban que, por sí misma, la detención desarrolla una inclinación al suicidio muy fuerte. Aun sin tener en cuenta los individuos que se matan en seguida de arrestados y antes de su condena, queda un número considerable de suicidios que no pueden ser atribuidos mas que a la influencia ejercida por la vida de prisión[44]. Pero entonces, el homicida encarcelado debería tener por la muerte voluntaria una inclinación de una violencia extrema, si la agravación que resulta de su encarcelamiento estuviera todavía reforzada por las predisposiciones congénitas que se le atribuyen. El hecho de que esté, desde este punto de vista, más bien por debajo que por encima, es, pues, poco favorable a la hipótesis según la que tendría, sólo en virtud de su temperamento, una afinidad natural para el suicidio, completamente dispuesta a manifestarse desde que las circunstancias favorecieran su desarrollo. Por otra parte, no se entienda que sostenemos que goce de una verdadera inmunidad; los informes de que disponemos no son suficientes para decidir la cuestión. Es posible que, en ciertas condiciones, los grandes criminales den su vida fácilmente y renuncien a ella sin demasiado dolor. Pero, por lo menos, el hecho no tiene la generalidad y la necesidad que se hallan lógicamente implícitas en la tesis italiana. Esto es lo que nos basta sentar[45].

IV

Pero queda por discutir la segunda proposición de la escuela. Dado que el homicidio y el suicidio no derivan de un mismo estado psicológico, nos es preciso investigar si hay un antagonismo real entre las condiciones sociales de que dependen.

La cuestión es más compleja de lo que han creído los autores italianos y muchos de sus adversarios. Cierto que, en muchos casos, la ley de inversión no se verifica. Con bastante frecuencia los dos fenómenos, en vez de rechazarse y excluirse, se desarrollan paralelamente. Así, en Francia, al día siguiente de la guerra de 1870, los homicidios han manifestado cierta tendencia a aumentar. Se contaban, por término medio anual; tan sólo 105 durante los años 1861-65; se elevaban a 163 desde 1871 a 1876, y los asesinatos, durante el mismo tiempo, pasaron de 175 a 201. Y en el mismo momento, los suicidios aumentaban en proporciones considerables. Igual fenómeno se había producido durante los años 1840-50 En Prusia, los suicidios que, desde 1865 a 1870, no habían pasado de 3.658, alcanzaban a 4.459 en 1876, 5.042 en 1878, aumentando en un 36 por 100. Los homicidios y los asesinatos seguían, la misma marcha; de 151 en 1869, pasaban sucesivamente a 166 en 1874, a 221 en 1875, a 253 en 1878, creciendo en un 67 por 100[46]. El mismo fenómeno ocurrió en Sajonia. Antes de 1870, los suicidios oscilaban entre 600 y 700; una sola vez, en 1868, hubo 800. A partir de 1876 suben a 981; después, a 1.114, a 1.126; en fin, en 1880 estaban en 1.171[47]. Paralelamente, los atentados contra la vida ajena pasaban de 637 en 1873, a 2.232 en 1878[48]. En Irlanda, desde 1865 a 1880, el suicidio también crece, y casi, en la misma medida (23 por 100)[49]. En Bélgica, desde 1841 a 1885, los homicidios han pasado de 47 a 139, y las suicidios, de 240 a 670, la que hace un crecimiento de 195 por 100 para los primeros y de 178 por 100 para los segundos. Estas cifras son tan poco conformes a su ley, que Ferri se ve reducido a poner en duda la exactitud de la estadística belga. Pera, aun ateniéndose a los años más recientes y sobre las cuales las datos son menos sospechosos, se llega al misma resultado. Desde 1874 a 1885, el aumento es para los homicidas de 51 por 100 (139 casas, en vez de 92), y para los suicidas, de 79 por 100 (670 casas, en vez de 374).

La distribución geográfica de las das fenómenos da lugar a observaciones análogas. Los departamentos franceses donde se cuentan más suicidios son: el Sena, el Sena y Marne, el Sena y Oise, el Marne. Ahora bien, si ellas no van a la cabeza en el homicidio, no dejan de ocupar un rango bastante elevada; el Sena está en el 26° para los homicidios y al 17° para los asesinatos; el Sena y Marne, en el 33° y en el 14°; el Sena y Oise, en el 15° y en el 24°;

el Marne, en el 27° y en el 21° El Var, que es el 10° para las suicidios, es el 5° para las asesinatos y el 6° para los homicidios. En Bocas del Ródano, donde se suicidan mucha, se matan mucho, también: está en 5° fila para los homicidios y en 6° para los asesinatos[50]. En el mapa del suicidio, como en el del homicidio, la Isla de Francia está representada por una mancha sombría, lo mismo que la banda formada por los departamentos mediterráneos, con la única diferencia de que la primera región es de un tinte menos oscuro sobre el mapa del homicidio que sobre el del suicidio, y que sucede lo contrario para la segunda. Del mismo modo, en Italia, Roma, que es el tercer distrito judicial para las muertes voluntarias, es el cuarto para las homicidios calificados. En fin, hemos visto que en las sociedades inferiores donde la vida es poco respetada, los suicidios son a menudo muy numerosos.

Pera, por incontestables que estos hechos sean y por interés que se tenga en no perderlas de vista, hay otros contrarios que no son menos constantes y que resultan hasta más numerosos. Si, en ciertos casos, los dos fenómenos concuerdan, a lo menos parcialmente, en otros, son manifiestamente contrarios.

1° Si, en ciertos momentos del siglo, progresan en el mismo sentido; las dos curvas tomadas en su conjunto, al menos donde se las puede seguir durante un tiempo bastante largo, contrastan muy netamente. En Francia, de 1826 a 1880, el suicidio crece regularmente, como hemos visto; el homicidio, por el contrario, tiende a descender, aunque menos rápidamente. En 1826-30, había anualmente 279 acusados de homicidio por término medio, no había más que 160 en 1876-80 y, en el intervalo, su número había decaído a 121 en 1861-65 y a 119 en 1856-60. En dos épocas, hacia 1845 y al día siguiente de la guerra, ha habido una tendencia al crecimiento; pero, si se hace abstracción de esas oscilaciones secundarias, el movimiento general de decrecimiento es evidente. La disminución es de 43 por 100, tanto más notoria, cuanto que la población ha crecido, al mismo tiempo, en una 16 por 100.

La regresión es menos marcada para los asesinatos. Había 258 acusados en 1826-30, quedaban aún 239 en 1876-80. El retroceso no es perceptible más que si se tiene en cuenta el crecimiento de la población. Esta diferencia en la evolución del asesinato no tiene nada que deba sorprender. Se trata, en efecto, de un crimen mixto que tiene caracteres comunes con el homicidio, pero también los tiene diferentes; corresponde, en parte, a otras causas. A veces no es más que un homicidio, más reflexivo y más querido, y otras no es más que el acompañamiento de un delito contra la propiedad. Por este último título está colocado bajo la dependencia de factores distintos que el homicidio. Lo que lo determina no es el conjunto de tendencias de todas clases que impulsan a la efusión de sangre, sino los móviles, muy diferentes que están en la raíz del robo. La dualidad de estos dos delitos era ya sensible en el cuadro de sus variaciones mensuales y de estación. El asesinato alcanza un punto culminante en invierno y más especialmente en noviembre, lo mismo que los atentados contra las cosas. No es, pues, a través de las variaciones por las que pasa donde se puede observar mejor la evolución de la corriente homicida; la curva del homicidio traduce mejor la orientación general.

El mismo fenómeno se observa en Prusia. En 1834 había 368 procesos abiertos por homicidio o golpes mortales, o sea uno por 29.000 habitantes; en 1851 no había más que 257 o sea uno por 53.000 habitantes: El movimiento ha continuado luego, aunque con un poco más de lentitud. En 1852, había todavía un proceso por 76.000 habitantes; en 1873 sólo uno por 109.000[51]. En Italia, de 1875 a 1890, la disminución para los homicidios simples y calificados, ha sido de 18 por 100 (2.660 en vez de 3.280), mientras que los suicidios aumentaban en 80 por 100[52]. Donde el homicidio no pierde terreno, queda por lo menos estacionario. En Inglaterra, de 1860 a 1865, se contaban anualmente 359 casos, no hay más 392 en 1881-85; en Austria, había 528 en 1866-70, no hay más que 510 en 1881-85[53]; y es probable que si, en esos diferentes países se aislase el homicidio del asesinato, la regresión fuera más marcada. Durante el mismo tiempo, el suicidio aumentaba en todos esos Estados.

M. Tarde se ha propuesto demostrar, sin embargo, que esta disminución del homicidio en Francia, sólo era aparente[54]. Se debería, sencillamente, a que se ha omitido unir los asuntos juzgados por las audiencias con los que han sido calificados sin consecuencias por los tribunales o se han sobreseído. Según este autor, el número de homicidios que quedan no perseguidos y que, por esta razón no entran en cuenta en los totales de la estadística judicial, no ha cesado de aumentar; añadiéndolos a los crímenes de la misma especie que han sido objeto de un juicio, se daría una progresión continua en vez de la regresión enunciada.

Desgraciadamente, la prueba que da de esta aseveración es debida a un arreglo de las cifras demasiado ingenioso. Se contenta con comparar el número de homicidios y de asesinatos que no han pasado a las audiencias durante el quinquenio 1861-65 al de los años 1876-80 y 1880-85, y de señalar que el segundo, y sobre todo el tercero, son superiores al primero. Pero ocurre que el período 1860-65 es, en todo el siglo, aquel en que ha habido, y en gran número, menos causas sobreseídas; su cifra es excepcionalmente ínfima, no sabemos por qué razones. Constituye, pues, un término de comparación completamente impropio. Por otra parte, no es comparando dos o tres cifras como se puede deducir una ley. Si, en vez de escoger así un punto de mira, M. Tarde hubiese observado, durante mucho más tiempo, las variaciones que ha sufrido el número de las causas, habría llegado a una conclusión muy distinta. He aquí, en efecto, el resultado que da ese trabajo:

NÚMERO DE CAUSAS SOBRESEÍDAS[55]

	1835 -38	1839-40	1846-50	1881-85	1876 -80	1880-85
Homicidios	442	503	408	223	322	322
Asesinatos	313	320	333	217	231	252

Las cifras no varían de una manera muy regular; pero, de 1835 a 1885, han decrecido sensiblemente, a pesar de la subida que se ha producido hacia 1876. La disminución es de 37 por 100 para los homicidios y de 24 por 100 para los asesinatos. No hay, pues, en ella nada que permita deducir un crecimiento de la criminalidad correspondiente[56].

2° Si hay países que acumulan el suicidio y el homicidio, es siempre en proporciones desiguales; nunca esas dos manifestaciones alcanzan su máximum de intensidad sobre el mismo punto. Hasta es una regla general que, *donde el homicidio está muy desarrollado, confiere una especie de inmunidad contra el suicidio.*

España, Irlanda e Italia son los tres países de Europa donde menos se suicidan; el primero cuenta 17 casos por un millón de habitantes; el segundo, 21, y el tercero, 37. Inversamente no los hay donde se mate más. *Son las mismas comarcas donde el número de homicidios sobrepasa al de las muertes voluntarias;* España tiene tres veces más de unos que de otras (1.484 homicidios por término medio, durante los años 1885-89, y 514 suicidios solamente). Irlanda, el doble (225 de un lado y 116 de otro). Italia, una vez y media más (2.322, contra 1.437). Al contrario, Francia y Prusia son muy fecundas en suicidios (160 y 260 casos por millón); los homicidios resultan en ella diez veces menos numerosos: Francia

no cuenta con más de 730 casos, y Prusia, 459 por término medio anual en el período 1882-88.
Las mismas relaciones se observan en el interior de cada país. En Italia, en el mapa de los suicidios, todo el Norte es oscuro, todo el Sur es absolutamente claro; sucede exactamente lo contrario en el mapa de los homicidios. Si, además, se reparten las provincias italianas según el porcentaje de los suicidios y si se busca cuál es, en cada una, el porcentaje medio de los homicidios, el antagonismo aparece de la manera más acusada:

Primera clase De 4,1 suicids. a 30 por mill.   271,9 homicidios por mill.
Segunda clase De 30 suicids. a 88 por mill.   95,2 homicidios por mill.

La provincia donde más se mata es Calabria, 69 homicidios por un millón; y no hay otra donde el suicidio sea tan raro.
En Francia, donde se cometen más homicidios, es en Córcega, en los Pirineos Orientales, en la Lozere y en l'Ardeche. Ahora bien, respecto a los suicidios, Córcega pasa del primer puesto al 85°, los Pirineos Orientales al 63°, le Lorere al 83°, y, en fin, l'Ardeche, al 68°[57].
En Austria, es en el Austria inferior, en Bohemia y en Moravia, donde el suicidio, llega a su máximum, mientras que está poco desarrollado en la Carniola y la Dalmacia. Al contrario, la Dalmacia cuenta 79 homicidios por un millón de habitantes, y la Carniola, 57,4, mientras que el Austria inferior no tiene más que 14, la Bohemia 11 y la Moravia 15.
3° Hemos sentado que las guerras tienen sobre la marcha del suicidio una influencia deprimente. Producen el mismo efecto en los robos, las estafas, los abusos de confianza, etcétera. Pero hay un crimen que constituye la excepción. Es el homicidio. En Francia, en 1870, los homicidios, que eran por término medio 119 durante los años 1866-69, pasan bruscamente a 133, luego a 224 en 1871, con un aumento de 88 por 100[58], para volver a descender a 162 en 1872. Este aumento parecerá más importante aun si se piensa que la edad en que más se matan es hacia la treintena y que toda la juventud estaba entonces en el ejército. Los crímenes, que ella hubiese cometida en tiempo de paz no han entrado, pues, en los cálculos de la estadística. Además, no es dudoso que el desorden de la administración judicial ha debido impedir que más de un crimen permanezca ignorado o que más de una instrucción obtenga resultado. Si a pesar de esas dos causas de disminución el número de dos homicidios iba crecido, cuan serio ha debido ser el aumento real.
Del mismo modo, en Prusia, cuando estalló la guerra contra Dinamarca, en 1864, los homicidios pasan de 137 a 169, nivel que no habían alcanzado desde 1854; en 1865 descienden a 153, pero se elevan en 1866 (159), aunque el ejército prusiano había sido movilizado. En 1870 se comprueba, respecto a 1869, una ligera baja (151 casos en vez de 185), que se acentúa, aún en 1871 (136 casos), pero, ¡cuán menar que para los otros crímenes!
En el mismo momento, los robos calificados bajaban a la mitad, 4.599 en 1870, en vez de 8.676 en 1864. Además, en estas cifras homicidios y asesinatos, se confunden; ahora bien, estos dos crímenes no tienen la misma significación, y sabemos que, también en Francia, los primeros sólo aumentan en tiempo de guerra. Así, pues, si la disminución total de los homicidios de todas clases no es más considerable, se puede creer que los homicidios, una vez aislados de los asesinatos, manifiestan un alza importante. Por otra parte, si se pudiesen reintegrar todos los casos que se han debido omitir por las dos causas señaladas más arriba, esta misma regresión aparente quedaría reducida a poca cosa. En fin, es muy significativa que los homicidios involuntarios se han elevada entonces muy notablemente, de 269 en

1868, a 309 en 1870, y a 310 en 1871[59]. ¿No es esto prueba de que, en ese momento, se hacía menos caso de la vida humana que en tiempo de paz?
Las crisis políticas tienen el mismo efecto. En Francia, mientras que de 1840 a 1846 la curva de los homicidios había permanecido estacionaria, en 1848 sube bruscamente para llegar a su máximum en 1849 con 240[60]. El mismo fenómeno se había producido ya durante los primeros años del reinado de Luis Felipe. Las luchas de los partidos políticos fueron en ellos de una extrema violencia. También en este momento es cuando los homicidios alcanzan el punto más alto adonde han llegado durante todo lo que va del siglo; de 204 en 1830 se elevan a 264 en 1831, cifra que no fue nunca sobrepasada; en 1832, son aún 253 y 257 en 1833. En 1834 se produce un descenso brusco que se afirma más y más; en 1838 sólo hay 145 casos, o sea una disminución de un 44 por 100. Durante ese tiempo, el suicidio evolucionaba en sentido inverso. En 1838 está en el mismo nivel que en 1829 (1.973 casos de un lado, 1.904 del otro); luego, en 1834, comienza un movimiento ascensional muy rápido. En 1838, el aumento es de 30 por 100.
4° El suicidio es mucho más urbano que rural. Lo contrario que el homicidio. Sumando juntos los homicidios, parricidios e infanticidios, resulta que, en el campo, en 1887, se han cometido 11,1 delitos de esa naturaleza y 8,6 tan sólo en las ciudades. En 1880 las cifras son casi las mismas; resultan, respectivamente, de 11,0 y de 9,3.
5° Hemos visto que el catolicismo disminuye la tendencia al suicidio, mientras que el protestantismo la aumenta. Inversamente, los homicidios son mucho más frecuentes en los países católicos que en los pueblos protestantes:

Países católico	Homic. simp. x mill. hab.	Asesin. x mill. hab.	Países protestantes	Homic. simp. x mill. hab.	Asesin. x mill. hab.
Italia	70	23,1	Alemania	3,4	3,3
España	64,9	8,2	Inglaterra	3,9	1,7
Hungría	56,2	11,9	Dinamarca	4,6	3,7
Austria	10,2	8,7	Holanda	3,1	2,5
Irlanda	8,1	2,3	Escocia	4,4	0,7
Bélgica	8,5	4,2			
Francia	6,4	5,6			
Promedio	*32,1*	*9,1*	*Promedio*	*3,8*	*2,3*

Sobre todo respecto al homicidio simple, la oposición entre estos dos grupos de sociedades es más notable.
El mismo contraste se observa en el interior de Alemania. Los distritos que se elevan más por encima del término medio son todos católicos; así: Posen (18,2 homicidios y asesinatos por millón de habitantes), Donan (16,7), Bromberg (14,8), la Alta y la Baja Baviera (13,0). También, del mismo modo, en el interior de Baviera, las provincias son tanto más frecuentes en homicidios cuanto menos protestantes cuenten:

PROVINCIAS

Con minoría	Homic. y asesin. x mill. hab.	Con mayoría católica	Homic. y asesin. x mill.	Con + de 90% católica	Homic. y asesin. x mill. hab.
Paletinado del Rhin	2,8	Franconia inferior	9	Alto Palatinado	4,3

Franconia central	6,9	Suavia	9,2	Alta Baviera	13
Alta Franconia	6,9			Baja Baviera	13
Promedio	*5,5*	*Promedio*	*9,1*	*Promedio*	*10,1*

Sólo el Alto Palatinado es una excepción de la ley. Por otra parte, no hay mas que comparar el cuadro precedente con el de la página 142 para que la inversión entre el reparto del suicidio y el del homicidio aparezca con evidencia.

6° En fin, mientras que la vida de familia tiene sobre el suicidio una acción moderadora, estimula más bien el homicidio. Durante los años 1884-87, un millón de casados daba, como término medio, por año, 507 homicidios; un millón de célibes, mayores de quince años, 12,7. Los primeros precian gozar, respecto de los segundos, de un coeficiente de preservación igual a 2,3, aproximadamente. Sin embargo, es preciso tener en cuenta el hecho de que esas dos categorías de sujetos no tienen la misma edad, y que la intensidad de la inclinación al suicidio varía en los diferentes momentos de la vida.

Los célibes tienen un promedio de veinticinco a treinta años; los casados, alrededor de cuarenta y cinco. Ahora bien; entre los veinticinco y treinta años es cuando la tendencia al homicidio alcanza el máximum; un millón de individuos de esta edad produce anualmente 15,4 homicidios, mientras que a los cuarenta y cinco años el porcentaje no es más que de 6,9. La relación entre el primero de esos números y el segundo es igual a 2,2. Así, por el solo hecho de su edad más avanzada, los casados deberían cometer dos veces menos homicidios que los célibes. Su situación privilegiada, en apariencia, no depende de que sean casados, sino de que tienen más edad. La vida doméstica no les confiere inmunidad alguna.

No tan sólo no preserva del homicidio, sino que se puede suponer que lo excita. En efecto, es muy verosímil que los casados gocen, en principio, de una moralidad más alta que los solteros. Creemos que deben esa superioridad no tanto a la selección matrimonial, cuyos efectos, sin embargo, no son desdeñables, como a la acción ejercida por la familia sobre cada uno de sus miembros. No es dudoso que se esté menos templado moralmente cuando se está aislado y abandonado a sí mismo que cuando se siente a cada instante la disciplina bienhechora del ambiente familiar. Así, pues, si en cuanto al homicidio, los casados no están en mejor situación que los célibes, es porque la influencia moralizadora con que se benefician y que debería apartarlos de todas las especies de crímenes, está neutralizada parcialmente por otra influencia agravante que los impulsa al homicidio y que debe corresponder a la vida de familia[61].

En resumen, vemos que tan pronto coexiste el suicidio con el homicidio, como se excluyen mutuamente; tan pronto reaccionan de la misma manera bajo la influencia de iguales condiciones, como se manifiestan en sentido opuesto, y los casos de antagonismo son los más numerosos. ¿Cómo explicar esos hechos, en apariencia contradictorios?

La única manera de conciliarlos consiste en admitir que hay especies diferentes de suicidios, de las que unas tienen cierta conexión con el homicidio, y las otras son antagónicas. Porque no es posible que un mismo y único fenómeno se manifieste tan diferentemente en iguales circunstancias. El suicidio que varía como el homicidio y el que varía en sentido inverso, no pueden ser de la misma naturaleza.

Y, en efecto, hemos señalado que existen tipos diferentes de suicidios, cuyas propiedades características no son completamente iguales. La conclusión del libro precedente se encuentra así confirmada, al mismo tiempo que sirve para explicar los hechos que acaban de exponerse. Por sí solos hubiesen ya bastado para conjeturar la diversidad interna del suicidio; pero la hipótesis deja de serlo, puesta en contacto con los resultados anteriormente obtenidos, además de que éstos reciben de esa aproximación como un suplemento de prueba. Ahora que sabemos cuáles son las diferentes especies de suicidios y en qué consisten podemos fácilmente percibir cuáles son incompatibles con el homicidio, cuáles, por el contrario, dependen en parte de las mismas causas y por qué la incompatibilidad es el hecho más general.

El tipo de suicidio que actualmente está más extendido y contribuye más a elevar la cifra anual de las muertes voluntarias es el suicidio egoísta. Lo que lo caracteriza es un estado de depresión y de apatía, producido por una individualización exagerada. Al individuo no le interesa existir porque ya no le atrae lo bastante el solo intermediario que le liga a lo real, es decir, la sociedad. Teniendo de sí mismo y de su propio valer un sentimiento demasiado vivo, quiere ver el fin propio del mismo y, como tal objetivo no puede bastarle, arrastra en la languidez y el hastío una existencia que le parece, desde entonces, como desprovista de sentido. El homicidio depende de condiciones opuestas. Es un acto violento que no se produce sin pasión. Ahora bien, donde la sociedad está integrada de tal suerte que la individualización de las partes es poco pronunciada, la intensidad de los estados colectivos eleva el nivel común de la vida pasional; más aún, en ninguna parte es el terreno tan favorable al desarrollo de las pasiones especialmente homicidas. Donde el espíritu doméstico ha conservado su primitiva fuerza, las ofensas a la familia son consideradas como sacrilegios que no están nunca demasiado vengados, y cuya venganza no puede abandonarse a terceros. De ahí procede la práctica de la *vendetta* que ensangrienta aún nuestra Córcega y ciertos países meridionales. Donde la fe religiosa está muy viva, es a menudo inspiradora de homicidios y lo mismo ocurre con la fe política.

Además, y sobre todo, la corriente homicida, de una manera general, es tanto más violenta cuanto menos contenida está por la conciencia pública, es decir, cuando los atentados contra la vida son juzgados más veniales; y como se les atribuye tanta menor gravedad cuanto menor precio asigne la moral común al individuo y a lo que a él se refiere, una individualización débil o, para volver a tomar nuestra expresión, un estado de altruismo excesivo, impele a los homicidios. He aquí porqué, en las sociedades inferiores, son a la vez numerosos y poco reprimidos. Esta frecuencia y la indulgencia relativa con que se benefician derivan de una sola misma causa. El menor respeto de que gozan las personas individuales las expone más a las violencias al mismo tiempo que hace parecer esas violencias menos criminales. El suicidio egoísta y el homicidio pertenecen, pues, a causas antagónicas y, por consiguiente, es imposible que el uno se pueda desarrollar con facilidad donde el otro está floreciente, y cuando las pasiones sociales son vivas, el hombre está mucho menos inclinado a los sueños estériles y a los fríos cálculos del epicúreo. Cuando está habituado a considerar en poco los destinos particulares, no se halla dispuesto a interrogarse ansiosamente sobre su propio destino. Cuando hace poco caso del dolor humano, el peso de sus sufrimientos personales le es más ligero.

Al contrario, y por iguales causas, el suicidio altruista y el homicidio pueden muy bien marchar paralelamente; porque dependen de condiciones que sólo difieren en grado. Cuando se está predispuesto a despreciar la propia existencia, no se puede estimar mucho la de otro. Por esta razón es por lo que homicidios y muertes voluntarias se hallan igualmente en estado endémico en ciertos pueblos primitivos. Pero es inverosímil que se puedan atribuir al mismo origen los casos de paralelismo que hemos encontrado en las naciones civilizadas. No es un estado de altruismo exagerado el que puede haber producido esos suicidios, que hemos visto muchas veces en las ambientes más cultos coexistir, en gran número, con los homicidios. Porque, para impulsar al suicidio, es preciso que el altruismo sea excepcionalmente intenso, más intenso aún que para impulsar al homicidio. En efecto, por muy poco valor que yo atribuya a la existencia del individuo en general, la del individuo que soy yo lo tendrá siempre mayor a mis propios ojos que da del otro. En igualdad de circunstancias, el hombre medio está más inclinado a respetar la persona humana en sí mismo que en sus semejantes; por consiguiente, se precisa una causa más enérgica paira abolir ese sentimiento de respeto en el primer caso que en el segundo. Hoy día, fuera de algunos medios especiales y poco numerosos, como el ejército, el gusto de la impersonalidad y del renunciamiento poco pronunciado y los sentimientos contrarios son excesivamente generales y demasiado fuertes para hacer fácil hasta tal punto la inmolación de uno mismo. Debe haber, pues, una forma, más moderna, del suicidio, susceptible igualmente de combinarse con el homicidio.

Este es el suicidio anómico. La amomia, en efecto, da nacimiento a un estado de exasperación y de cansancio inusitado, que puede, según las circunstancias, volverse contra el sujeto mismo o contra otro; en el primer caso hay suicidio, y en el segundo, homicidio. En cuanto a las causas que determinan la dirección que siguen las fuerzas así sobreexcitadas, dependen posiblemente de la constitución moral del sujeto. Según que ésta sea más o menos resistente, se inclina en uno u otro sentido. Un hombre de moralidad media mata mejor que matarse.

Hasta hemos visto que, muchas veces, estas dos manifestaciones se producen una después de la otra, y no son más que dos formas de un solo y mismo acto; lo que demuestra su estrecha conexión. El estado de exacerbación en que se encuentra entonces el individuo es tal, que, para aliviarse, le hacen falta dos víctimas.

He aquí por qué, hoy día, se encuentra cierto paralelismo entre el desarrollo del homicidio y el del suicidio, sobre todo en los grandes centros y en las regiones de civilización intensa. Es que allí es más aguda la anomia. La misma causa impide a los homicidios menguar tan deprisa como los suicidios crecen. En efecto, si los progresos del individualismo agotan una de las fuentes del homicidio, la anomia, que acomp aña al desarrollo económico, abren otra. Especialmente, se puede creer que si en Francia, y sobre toda en Prusia, los suicidios y los homicidios han aumentado simultáneamente después de la guerra, su razón reside en la inestabilidad moral que, por causas diferentes, se ha hecho más grande en esos dos países.

En fin, se puede así explicar cómo, a pesar de esas concordancias parciales, el antagonismo es el hecho más general. Es que el suicidio anómico no tiene lugar en masa, más que en lugares especiales, allí donde la actividad industrial y comercial ha tomado un gran impulso. El suicidio egoísta es, verosímilmente, el más extendida; pero excluye las crímenes de sangre.

Llegamos, pues, a la siguiente conclusión: Si el suicidio y el homicidio varían frecuentemente en razón inversa el uno del otro, no es porque sean dos aspectos distintos de un misma y solo fenómeno; es porque constituyen, en ciertos respectos, dos corrientes sociales contrarias. Se excluyen entonces como el día excluye la noche, como las enfermedades de extrema sequedad excluyen a las de extrema humedad. Si no obstante, esta aposición general no impide toda armonía, es porque ciertas tipos de suicidio, en vez de depender de causas antagónicas a aquellas de que derivan los homicidios, expresan, por el contrario, el mismo estado social y se desarrollan en el seno del mismo medio morad. Se puede, por otra parte, prever que

Los homicidios que coexisten con el suicidio anómico y los que se concilian con el suicidio altruista, no deben ser de la misma naturaleza; que el homicidio, por consiguiente, lo mismo que el suicidio, no es una entidad criminológica una e indivisible, sino que debe comprender una pluralidad de especies muy diferentes las unas de las otras. Pero no es este el lugar de insistir sobre esta importante proposición de criminología.

No es, pues, exacto que el suicidio tenga felices resultados, que disminuyan su inmoralidad, y que pueda haber interés, por consiguiente, en no poner obstáculos a su desarrollo. No es un derivativo del homicidio. Sin duda, la constitución moral de que depende el suicidio egoísta y la que hace retroceder el homicidio en los pueblos más civilizados son solidarias. Pero el suicida de esta categoría, lejos de ser un homicida abortado, no tiene nada de lo que caracteriza al homicida. Es un triste y un deprimido. Se puede, pues, condenar su acto sin transformar en asesinos a los que están en su mismo camino. ¿Se dirá que vituperar el suicidio es, al mismo tiempo, vituperar, y, por consecuencia, debilitar el estado de espíritu de donde procede, es decir, esa especie de hiperestesia para todo lo que concierne al individuo? ¿Qué con ello se corre el riesgo de reforzar el gusto de la impersonalidad y el homicidio que de él deriva? Pero al individualismo, para poder contener la inclinación al homicidio, no le es necesario alcanzar ese grado de intensidad excesiva que lo hace una fuente de suicidios. Para que al individuo le repugne verter la sangre de sus semejantes, no es necesario que no se interese por nada más que por sí mismo. Basta con que ame y respete la persona humana en general. La tendencia a la individualización puede, pues, ser contenida dentro de justos límites, sin que la inclinación al homicidio sea, por ello, reforzada.

En cuanto a la anomia, como ella produce tanto al homicidio como al suicidio, todo lo que puede refrenarla refrena al uno y al otro. No hay ni siquiera que temer que, una vez impedida para manifestarse bajo la forma del suicidio, se traduzca en homicidios más numerosos; porque el hombre, bastante sensible a la disciplina moral para renunciar a matarse por respeto a la conciencia pública y sus prohibiciones, será todavía más refractario al homicidio, que está más severamente condenado y reprimido.

Desde luego, hemos visto que son los mejores los que se matan en parecidas circunstancias; no hay, pues, razón alguna para favorecer una selección que se efectuada al revés.

Este capítulo puede servir para dilucidar un problema a menudo debatido.

Se sabe las discusiones a que ha dado lugar la cuestión de saber si los sentimientos que tenemos para nuestros semejantes no son más que una extensión de los sentimientos egoístas, o, por el contrario, son independientes de ellos. Ahora bien, acabamos de ver que ni una ni otra de estas hipótesis está fundada. Seguramente, la compasión por los demás y por nosotros mismos no son extrañas entre sí, puesto que progresan o retroceden paralelamente, pero la una no procede de la otra. Si existe entre ellas un vínculo de parentesco, es porque derivan las dos de un mismo estado de la conciencia colectiva, de la que no son más que aspectos diferentes. Lo que expresan es la manera con que la opinión aprecia el valor moral del individuo en general. Si entra por mucho en la estima pública, aplicamos este juicio social a los demás, tanto como a nosotros mismos; su persona, como la nuestra, toma más precio a nuestros ojos y nos hacemos tan sensibles a lo que afecta individualmente a cada uno de ellos como a lo que nos afecta en particular.

Sus dolores, como los nuestros, nos son fácilmente intolerables. La simpatía que tenemos por ellos no es, pues, una simple prolongación de la que tenemos por nosotros mismos; pero una y otra son efectos de la misma causa; están constituidas por un mismo estado moral., Sin duda, ese estado se diversifica según que se aplique a nosotros mismos o a otros; nuestros instintos, egoístas lo refuerzan en el primer caso, y lo debilitan en el segundo. Pero está presente y actuando en ambas hipótesis. ¡Tan es así, que aun los sentimientos que parecen depender más de la complexión personal del individuo proceden de causas que están por encima de él! Nuestro propio egoísmo es, en gran parte, un producto de la sociedad.

CUADRO VI[62]
SUICIDIOS POR EDAD DE LOS CASADOS Y DE LO S VIUDOS, SEGÚN TENGAN O NO HIJOS. (DEPARTAMENTOS FRANCESES, MENOS EL SENA)

Números absolutos (años 1889-91)

Edad	Casados sin hijos	Casados con hijos	Viudos sin hijos	Viudos con hijos
Hombres				
Hasta 15	1,3	0,3	0,3	"
15 a 20	0,3	0,6	"	"
20 a 25	6,6	6,6	0,6	"
25 a 30	33	33	2,6	3
30 a 40	109	246	11,6	20,6
40 a 50	137	367	28	48
50 a 60	190	457	48	108
60 a 70	164	385	90	173
70 a 80	74	187	86	212
80 ymás	9	36	25	71
Mujeres				
Hasta 15	"	"	"	"
15 a 20	2,3	0,3	0,3	"
20 a 25	15	15	0,6	0,3
25 a 30	23	31	2,6	2,3
30 a 40	46	84	9	12,6
40 a 50	55	98	17	19
50 a 60	57	106	26	40
60 a 70	35	67	47	65
70 a 80	15	32	30	68
80 ymás	1,3	2,6	12	19

[1] V. *Division du travail social,* Introducción.
[2] Bibliografía de la cuestión. Appiano Buonafede. *Histoire critique et philosophique du suicide,* 1762, trad, fr. París, 1843. Bourquelot, *Recherches sur les opinions de la legislation en matiere de morts volontaires,* en *Bibliotheque* de *l'Ecole des Chartes,* 1842 y 1843. Guernesey, *Suicide, history of the penal laws,* New York, 1883. Garrison, *Le suicide en droit romain et en droit français,* Toulouse, 1883. Wynn Wescott, *Suicide,* Londres, 1885, p. 43-58. Geiger, *Der Selbstmord im Klassischen Altertum,* Augsburg, 1888.
[3] Garrison, op. cit., p. 77.
[4] *Omicidio-suicidio,* p. 61-62.
[5] *Origines du droit français,* p. 371.
[6] Ferri, op. cit., p. 62.
[7] Garrison, op. cit., p. 144-145.
[8] Ferri, op. cit., p. 63-64.
[9] Corán, III, v. 139.
[10] Ibíd., XVI, v. 63.
[11] Ibíd., LVI, v. 60.
[12] Ibíd., XXXIII, v. 33.
[13] Aristóteles, *Eth. Nic.,* V. II; 3.

[14] Esquines, *C. Ctesiphon*, p. 244. Platón, *Lois*, IX, 12, p. 873

[15] Dion Chrysostome, *Or.*, 4, 14 (ed. Teubner, v. 2, p. 207).

[16] *Melet*, edición Reiske, Altenburg, 1797, p. 198 y siguientes.

[17] Valerio-Máximo, 2, 6, 8.

[18] Valerio-Máximo, 2, 6, 7.

[19] XII, 603.

[20] V. Lesaulx, *Ueber die Bücher des Koenigs Numa*, en sus *Etudes d'antiquité classique*. Citamos siguiendo a Greiger, p. 63.

[21] Servins, Col. cit. Plinio, *Hist. nat.*, XXXVI, 24

[22] III, tit. II, lib. II, § 3.

[23] *Inst. orat.*, VII, 4, 39. Declam. 337.

[24] *Digesto.* lib. XLIX, tit. XVI, ley 6, § 7.

[25] Ibíd., lib. XXVIII, tit. III, ley 6, § 7.

[26] Ibíd., lib. XLVIII, tit. XXI, ley 3, § 6.

[27] Hacia el fin de la República y comienzos del Imperio, véase Greiger, p. 69.

[28] Y aun este derecho comienza a ser discutido a la sociedad, hasta en este caso.

[29] V. Greiger, op. cit., p. 58-59.

[30] V. nuestra *Division du travail social*, lib. II.

[31] Lyon, 1881. En el Congreso de Criminología celebrado en Roma en 1885, M. Lacasagne ha reivindicado, por otra parte, la paternidad de esta teoría.

[32] Bibliografía: Guerry, *Essai sur le statistique morale de la France*. Cazauvieihli, *Du suicide, de l'aliénation mentale et des crimes contre les persones, comparés dans leurs rapports reciproques*, dos vols. 1840. Despine, *Psychologie natur.*, p. III. Maury, *Du mouvement moral des sociétés*, en la *Revue des Deux Mondes*, 1860. Morselli, *Il suicidio*, p. 243 y sigs. *Actes du premier Congrés international, d'Anthropologie criminelle*, Turin, 1886-87, p. 202 y siguientes. Tarde, *Criminalité comparée*, p. 152 y sigs. Ferri, *Omicidio-suiddio*, cuarta edición, Turin, 1895; p. 253 y sigs.

[33] *Moralstatistik*, p. 526.

[34] Op. cit., p. 333. En las *Actes du Congrés de Rome*, p. 205, el mismo autor emite, sin embargo, dudas sobre la realidad de este antagonismo.

[35] Las cifras relativas a los dos primeros períodos no son, para, el homicidio, de una exactitud rigurosa, porque la estadística criminal hace comenzar su primer período a los diez y seis años y lo cuenta hasta los veintiuno, mientras que el censo de la cifra global de la población es 15 a 20. Pero esta ligera inexactitud no altera en nada dos resultados generales que se desprenden de este cuadro. Para el infanticidio, el máximum se alcanza más pronto, hacia los veinticinco años, y el decrecimiento, muchomásrápidamente. Fácilmentesecomprendeporqué.

[36] Según Chaurssinaud.

[37] Op. cit., p. 310 y sigs.

[38] Op. cit, p. 67.

[39] *Des prisonniers, de l'emprisonnement et des prisons*, Paris, 1850, p. 133.

[40] Op. cit., p. 95.

[41] *Lesuicidedansledepartement de Seine-et-Marne*.

[42] Op. cit., p. 377.

[43] *L'homme criminel*, trad. fr., p. 338.

[44] ¿En qué consiste esta influencia? Por una parte, parece debe atribuirse al régimen celular. Pero no nos extrañaria que la vida común de la cárcel, por su naturaleza, produjera los mismos efectos. Se sabe que la sociedad de los malhechores y de los detenidos es muy coherente; el individuo está allí completamente borrado, y la disciplina de la prisión actúa en el mismo sentido. Podría, pues, pasar allí algo análogo a lo que hemos observado en el ejército. Lo que confirma esta hipótesis es que las epidemias de suicidios son frecuentes tanto en las prisiones como en los cuarteles.

[45] Una estadística aportada por Ferri *(Omicidio*, p. 373), no es más comprobante. Desde 1866 a 1876, ha habido, en los presidios italianos, 17 suicidios, llevados a cabo por presidiarios condenados por crímenes contra las personas, y solamente cinco realizados por autores de crímenes contra la propiedad. Pero, en las cárceles, los primeros son mucho más numerosos que los segundos. Estas cifras no tienen, pues, nada de concluyente. Ignoramos, por otra parte, la fuente de que proceden los elementos de que el autor se ha servido para esta estadística.

[46] Según Oettingen, *Moralstatistik*, anejos, cuadro 61.

[47] Ibíd., cuadro 109.

[48] Ibíd., cuadro 65.

[49] Según losmismos cuadros, arreglados por Ferri.

[50] Esta clasificación de los departamentos está tomada de Bournet, *De la criminalité en France et en Italie*, París, 1884, páginas 41 y 51.

[51] Starke, *Verbrechen und Verbrecher in Preussen*, Berlin, 1884, página 144 y sigs.

[52] Según los cuadros de Farri.

[53] V. Rosco, *Bli omicidi in alcuni Stati d'Europa*, Roma, 1889.

[54] *Philosophie pénale*, p. 347-48.

[55] Algunas de estas causas no se han proseguido porque los hechos no constituyen crímenes ni delitos. Habría, pues, motivo para sustraerlas. Sin embargo, no lo hemos hecho, a fin de seguir a nuestro autor en su propio terreno; por otra parte, estamos seguros de que esta sustracción no cambiaría nada el resultado que se desprende de las cifras del texto.

[56] No es más comprobatoria una consideración secundaria presentada por el mismo autor en apoyo de su tesis. Según él, habría que tener en cuenta, también, los homicidios clasificados por error entre las muertes voluntarias o accidentales. Ahora bien, como el número de las unas y de las otras ha aumentado desde principios de siglo, deduce de ello que la cifra de los homicidios colocados bajo una u otra de esas dos rúbricas, ha debido crecer igualmente. Hay aquí, aun, dice, un aumento serio, que es preciso tomar en cuenta, si se quiere apreciar exactamente la marcha del homicidio. Pero el razonamiento reposa en una confusión. Porque el número de las muertes accidentales y voluntarias haya crecido, no se sigue que ocurra lo mismo con los homicidios, clasificados sin razón bajo esta rúbrica. Porque haya más suicidios y más accidentes, no resulta que haya también más falsos suicidios y falsos accidentes. Para que tal hipótesis tuviera alguna verosimilitud, habría que sentar que las instrucciones administrativas y judiciales, en los casos dudosos, se hacen peor que en otras hipótesis; suposición a la que no le reconocemos ningún fundamento. Es cierto que M. Tarde se extraña de que haya en la actualidad más muertes por submersión que antiguamente, y está dispuesto a ver, en este aumento, un crecimiento disimulado de los homicidios. Pero el número de muertes por el rayo ha crecido mucho más: ha duplicado; sin embargo, la malevolencia criminal no tiene allí nada que hacer. La verdad es que, desde luego, los censos estadísticos se hacen más exactamente; y, en lo referente a los casos de submersión, los baños de mal más frecuentes, los puertos más activos, los barcos más numerosos en nuestros ríos, dan lugar a muchos accidentes.

[57] Para el asesinato, la inversión es menos pronunciada; lo que confirma lo dicho más arriba sobre el carácter mixto de este crimen.

[58] Los asesinatos, al contrario, eran 200 en 1869, 215 en 1868, y descienden a 162 en 1870. Se ve por qué deben distinguirse esas dos clases de crímenes.

[59] Según Starke, op. cit., p. 133.

[60] Los asesinatos continúan casi estacionarios.

[61] Estas observaciones están destinadas, por otra parte, más bien a plantear la cuestión que a decidida. No podrá ser resuelta sino cuando se haya aislado la acción de la edad y la del estado civil, como hemos hecho con el suicidio.

[62] Este cuadro ha sido compuesto con los documentos inéditos del Ministerio de Justicia. No nos han podido servir de mucho, porque el censo de la población no da a conocer, en cada edad, el número de los casados y de los viudos sin hijos. Publicamos, sin embargo, los resultados de nuestro trabajo, en la esperanza de que pueda ser útil más tarde, cuando esté colmada esta laguna del censo.

Capítulo III

Consecuencias prácticas

Ya que sabemos lo que es el suicidio y cuáles son sus especies y leyes principales, nos falta investigar qué actitud deben adoptar las sociedades actuales respecto a él.

Pero esta cuestión presupone otra. ¿El estado presente del suicidio en los pueblos civilizados debe ser considerado como normal o como anormal? En efecto, según la solución a que nos inclinemos, resultará que son necesarias y posibles reformas que le refrenen, o, por el contrario, que conviene aceptarlo tal y como es, aun cuando se le vitupere.

I

Extrañará, tal vez, que pueda plantearse esta cuestión. Estamos, en efecto, acostumbrados a considerar como anormal todo lo que es inmoral. Así, pues, si, como hemos sentado, el suicidio lastima a la conciencia ética, parece imposible no ver en él un fenómeno de patología social. Pero hemos demostrado en otra parte[1] que, aun la forma eminente de la inmoralidad, a saber el crimen, no debla ser necesariamente clasificado entre las modalidades morbosas. Es cierto que esta manifestación ha desconcertado a ciertos espíritus y examinada superficialmente, ha podido parecer que hacia vacilar los fundamentos de la moral. No tiene, sin embargo, nada de subversivo. Basta, para convencerse de ello, con referirse al argumento sobre que reposa y que se puede resumir de este modo.

O la palabra enfermedad no significa nada, o designa algo. inevitable. Sin duda, todo le que es evitable no es morboso, pero todo lo que es morboso puede ser evitado, a lo menos por la generalidad de los sujetos. Si no se quiere renunciar a toda distinción en las ideas y en les términos, es imposible llamar así a un estado o a un carácter que los seres de cierta especie no pueden dejar de poseer, que está implícito necesariamente en su construcción. Por otro lado, no tenemos mas que un signo objetivo, empíricamente determinable y susceptible de ser comprobado por otro en el que podamos reconocer la existencia de esta necesidad, que es la universalidad. Cuando, siempre y en todas partes, se han encontrado dos hechos en conexión sin que se haya subrayado una sola excepción, es contrario a todo método suponer que puedan separarse. Y no es que uno haya de ser siempre causa del otro. El lazo que existe entre ellos puede ser mediato[2], pero no deja de existir y de ser necesario.

Ahora bien, no se conoce sociedad donde, bajo formas diferentes, no se observe una criminalidad más o menos desarrollada. No hay pueblo cuya moral no esté cotidianamente violada. Debemos, pues, decir que el crimen es necesario, que no puede dejar de existir, que las condiciones fundamentales de la organización social, tal como nos son conocidas, lo implican lógicamente. En consecuencia, es normal. Es vano invocar aquí las imperfecciones inevitables de la naturaleza humana y sostener que el mal, aunque no pueda ser impedido, no deja de ser el mal; este es lenguaje de predicador, no de sabio. Una imperfección necesaria no es una enfermedad; de otro modo, habría que admitir la enfermedad en todas partes, puesto que la imperfección está en todas partes. No hay función del organismo, ni forma anatómica, a cuyo propósito no se pueda imaginar algún perfeccionamiento. Se ha dicho muchas veces que un óptico se avergonzaría de haber fabricado un instrumento de visión tan grosero como el ojo humano. Pero de ello no se ha deducido, ni se podrá deducir, que la estructura de este órgano sea anormal. Hay más: es imposible que lo que es necesario no tenga en sí alguna perfección, para emplear el lenguaje un poco teológico de nuestros adversarios. *Lo que es condición indispensable de la vida no puede dejar de ser útil, a menos que la vida no sea útil.* No se saldrá de aquí. Y, en efecto, hemos demostrado cómo puede servir el crimen. Sólo que no sirve, más que si es reprobado y reprimido. Se ha creído, con error, que el solo hecho de catalogarlo entre los fenómenos de sociología normal implicaba su absolución. Si es normal que haya crímenes, es normal que sean castigados. La pena y el crimen son dos términos de una pareja inseparable. No puede faltar el uno al otro. Todo aflojamiento anormal del sistema represivo tiene por efecto el de estimular la criminalidad y darle un grado de intensidad anormal.

Apliquemos estas ideas al suicidio.

Es cierto que no tenemos informes suficientes para poder asegurar que no hay sociedad donde no se encuentre el suicidio. La estadística no nos informa, acerca de este asunto, mas que sobre un pequeño número de pueblos. En cuanto a los otros, no puede ser atestiguada la existencia de un suicidio crónico mas que por el rastro que deja en la legislación. Ahora bien, no sabemos con certeza si el suicidio ha sido en todas partes objeto de una reglamentación jurídica. Pero se puede afirmar que éste es el caso más general: tan pronto es proscrito, como reprobado; tan pronto la interdicción con que se le castiga es formal, como está acompañada de reservas y excepciones. Pero todas las analogías permiten creer que no ha debido permanecer jamás indiferente al derecho y a la moral; es decir, que siempre ha tenido bastante importancia para atraer hacia sí la atención de la conciencia pública. En todo caso, es cierto que las corrientes suicidógenas, más o menos intensas, según las épocas, han existido en todo tiempo en los pueblos europeos; la estadística nos suministra la prueba desde el siglo último, y para las épocas anteriores, los monumentos jurídicos. El suicidio es, pues, un elemento de su constitución normal y hasta, verosímilmente, de toda construcción social.

No es imposible, por otra parte, percibir cómo está ligado a ella.

Sobre todo, en cuanto al suicidio altruista, la afirmación es evidente respecto a las sociedades inferiores. Precisamente porque el principio sobre que aquéllas reposan es la estrecha subordinación del individuo al grupo, él suicidio altruista es en ellas, por decirlo así, un procedimiento indiscutible de la disciplina colectiva. Si el hombre no estimase entonces su vida en poco, no sería lo que debe ser, y, en cuanto hace reducido caso de ella, es inevitable que todo le sirva de pretexto para desembarazarse de la misma. Hay, pues, un lazo estrecho entre la práctica de suicidio y la organización moral de esas sociedades. Lo mismo ocurre hoy día en los medios particulares donde la abnegación y la impersonalidad son de rigor. Aun ahora, el espíritu militar no puede ser fuerte mas que si el individuo está desligado de sí mismo; y tal desprendimiento abre, necesariamente, el camino del suicidio.

Por razones contrarias, en las sociedades y en los medios donde la dignidad de la persona es el fin supremo de la conducta, el individuo se inclina fácilmente a considerar como a un dios al hombre contenido en él, a erigirse él mismo en objeto de su propio culto. Cuando la moral se aplica ante todo a darle una alta idea de sí mismo, bastan ciertas combinaciones de circunstancias para que se haga incapaz de percibir nada que esté por encima de él. El individualismo, sin duda, no es necesariamente el egoísmo, pero se le acerca; no se puede estimular al uno sin extender más el otro. Así se produce el suicidio egoísta. En fin, en los pueblos en que el progreso es y debe ser rápido, las reglas que contienen a los individuos deben ser suficientemente flexibles y maleables; si ellas guardasen la rigidez inmutable que tienen en las sociedades primitivas, la evolución, trabada, no podría hacerse con bastante prontitud. Pero entonces sería inevitable que los deseos y las ambiciones, estando contenidos con menos fuerza, desbordasen sobre ciertos puntos tumultuosamente. Desde el momento en que se inculca a los hombres el precepto de que es para ellos un deber progresar, es más difícil hacer que se resignen y por consecuencia, no puede dejar de aumentar el número de los descontentos y de los inquietos. Toda moral de progreso y de perfeccionamiento es, pues, inseparable de cierto grado de anomia. Así, a cada tipo de suicidio corresponde una constitución moral determinada, que es solidaria de él. No puede existir el uno sin la otra; porque el suicidio es, sencillamente, la forma que necesariamente toma cada una de ellas en ciertas condiciones particulares, pero que no puede dejar de producirse.

Se dirá que esas diversas corrientes no determinan el suicidio, sino que lo exageran; ¿sería, pues, imposible que tuviesen en todas partes la misma intensidad moderada? Esto es querer que las condiciones de la vida sean iguales en todas partes; lo que no es posible ni deseable. En toda sociedad hay ambientes particulares donde los estados colectivos no penetran más que modificándose; según los casos, unas veces son reforzados y otras debilitados. Para que una corriente tenga cierta intensidad en el conjunto de un país, es preciso que sobre algunos puntos él vaya más allá de un límite y no la alcanceen otros.

Pero estos excesos, en más o en menos, no sólo son necesarios, sino que tienen su utilidad. Porque si el estado más general es también el que conviene mejor en las circunstancias más generales de la vida social, no puede estar en relación con las otras; y, sin embargo, la sociedad debe adaptarse tanto a las unas como a las otras. Un hombre cuyo gusto por la actividad no traspasara nunca el nivel medio, no se podría mantener en las situaciones que exigen un esfuerzo excepcional. Del mismo modo, una sociedad donde el individualismo intelectual no pudiera exagerarse, sería incapaz de sacudir el yugo de las tradiciones y de renovar sus creencias cuando fuera necesario. Inversamente, donde ese mismo estado de espíritu no fuera factible en ocasiones, de disminuir lo suficiente para permitir a la corriente contraria desarrollarse, ¿qué sucedería en tiempo de guerra, cuando la obediencia pasiva es el primero de los deberes? Pero, para que esas formas de la actividad puedan producirse, cuando son útiles, es preciso que la sociedad no las haya olvidado totalmente. Es, pues, indispensable que tengan un sitio en la existencia común; que haya esferas donde se cultive un gusto intransigente por la crítica y el libre examen, otras, como el ejército, donde se guarde casi intacta la vieja religión de la autoridad. Sin duda es preciso que, en tiempo ordinario, la acción de esos focos especiales no se extienda más allá de ciertos límites; como los sentimientos que allí se elaboran corresponden a circunstancias particulares, es esencial que no se generalicen. Pero sí importa que queden localizados; igualmente importa que existan. Esta necesidad parecerá más evidente todavía si se piensa que las sociedades no sólo han de hacer cara a situaciones diversas en el curso de un mismo período, sino que no pueden mantenerse sin transformarse. Las proporciones normales del individualismo y del altruismo, que convienen a los pueblos modernos, no serán las mismas dentro de un siglo. Ahora bien, el porvenir no sería posible si no se dieran los gérmenes en el presente. Para que una tendencia colectiva pueda debilitarse o intensificarse al evolucionar, es preciso, también, que no se fije de una vez para siempre bajo una forma única, de la que no quepa deshacerse luego; no podría variar en el tiempo si no presentase alguna variedad en el espacio[3].

Las diferentes corrientes de tristeza colectiva, que derivan de esos tres estados morales, dejan de tener su razón de ser, con tal de que no sean excesivas. En efecto, es un error creer que la alegría sin mezcla sea el estado normal de la sensibilidad. El hombre no podría vivir si fuera enteramente refractario a la tristeza. Hay muchos dolores a los que no es posible adaptarse sino amándolos, y el placer que en ello se encuentra, tiene necesariamente algo de melancólico. La melancolía no es, pues, morbosa, sino cuando toma excesivo lugar en la vida; pero no es menos morboso excluirla totalmente. Es preciso que el gusto por la expansión alegre esté moderado por el gusto contrario: sólo con esta condición guardará la medida y estará en armonía con las cosas.

Con las sociedades ocurre lo mismo que con los individuos. Una moral demasiado risueña, es una moral relajada; no conviene más que a los pueblos en decadencia y solamente se encuentra en ellos. La vida es, unas veces ruda, y otras engañosa o vacía. Es preciso, pues, que la sensibilidad colectiva refleje ese aspecto de la existencia. Por eso, al lado de la corriente optimista que impulsa a los hombres a encararse con el mundo con confianza, es necesario que haya una corriente opuesta, menos intensa, sin duda, y menos general que la precedente, pero en estado, no obstante, de contenerle parcialmente; porque una tendencia no se limita por sí misma, no puede nunca ser limitada sino por otra tendencia. Hasta parece, según determinados indicios, que la inclinación a cierta melancolía va más bien desarrollándose a medida que se eleva la escala de los tipos sociales. Como ya hemos dicho en otra parte[4], es un hecho muy digno de tenerse en cuenta, que las grandes religiones de los pueblos más civilizados estén más profundamente impregnadas de tristeza que las creencias más sencillas de las sociedades anteriores. No es, desde luego, porque la corriente pesimista deba definitivamente sumergir a la otra; pero es prueba de que no pierde terreno y no parece destinada a desaparecer. Ahora bien, para que pueda existir y mantenerse, es preciso que haya en la sociedad un órgano especial que le sirva de sustrato. Se precisa que existan grupos de individuos que representen más especialmente esta disposición del humor colectivo. Pero la parte de la población que desempeña este papel, es necesariamente aquella en que las ideas del suicidio germinen más fácilmente.

Pero de que una corriente suicidógena de cierta intensidad debe ser considerada como un fenómeno de sociología normal, no se sigue que toda corriente del mismo género tenga necesariamente igual carácter. Si el espíritu de renunciamiento, el amor al progreso, el gusto por la individualización, tienen su lugar en toda especie de sociedad, y si no pueden existir sin convertirse, en ciertos respectos, en generadores de suicidios, es preciso, sin embargo, que no tengan esta propiedad sino en cierta medida, variable según los pueblos. Carece de fundamento en cuanto traspasa ciertos límites. Del mismo modo, la inclinación colectiva a la tristeza, no es sana sino con la condición de no ser preponderante. Por consiguiente, la cuestión de saber si el estado presente del suicidio en las naciones civilizadas es normal o no, está decidida por lo que precede. Hay que averiguar si la agravación enorme que se ha producido en él desde hace un siglo no es de origen patológico.

Se ha dicho que era el rescate de la civilización. Cierto que es general en Europa, y tanto más pronunciada, cuanto más alto grado de cultura han alcanzado las naciones. Ha sido, en efecto, de 411 por 100 en Prusia, de 1826 a 1890; de 385 por 100 en Francia, de 1826 a 1888; de 318 por 100 en la Austria alemana, de 1841 a 1877; de 238 por 100 en Sajonia, de 1841 a 1875; de 212 por 100 en Bélgica, de 1841 a 1889; de 72 por 100 solamente en Suecia, de 1841 a 1871-75; de 35 por 100 en Dinamarca, durante el mismo período. Italia, después de 1870, es decir, luego del movimiento en que ha llegado a ser uno de los agentes de la civilización europea, ha visto pasar el efectivo de sus suicidios de 788 casos a 1.653, o sea un aumento de 109 por 100 en veinte años. Además, por todas partes, en las regiones más cultivadas, es donde el suicidio está más extendido. Se ha podido creer que había un lazo entre el progreso de las luces y el de los suicidios, que no podía ocurrir el uno sin el otro[5]; es una tesis análoga a la de ese criminólogo italiano, según el cual el aumento de los delitos tiene por causa y por compensación el aumento paralelo de las transacciones económicas[6]. Si fuera admitida esas tesis, se deberla deducir de ella que la constitución propia de las sociedades superiores implica un estimulo excepcional de las corrientes suicidógena s; por consiguiente, siendo necesaria la extrema violencia que presentan actualmente, sería normal y no habría que tomar medidas especiales contra ella, a menos que no se tomasen al mismo tiempo contra la civilización[7].

Pero un primer hecho debe ponernos en guardia contra este razonamiento. En Roma, en el momento en que el imperio llegó a su apogeo, se produjo igualmente un verdadero aumento de muertes voluntarias. Se hubiera podido sostener entonces que ello era el precio del desarrollo intelectual que se había llegado, y que es ley de los pueblos cultos suministrar al suicidio un número muy grande de víctimas. Pero la continuidad de la historia ha demostrado cuán poco fundada era semejante inducción, porque esta epidemia de suicidios sólo duró cierto tiempo, mientras que la cultura romana sobrevivió. No sólo se asimilaron las sociedades cristianas sus frutos mejores, sino que, desde el siglo XVI, después de la invención de la imprenta, después del Renacimiento y de la Reforma, aquéllas sobrepasaron, y con mucho, el más alto nivel a que llegaran nunca las sociedades antiguas. Y, sin embargo, hasta el siglo XVIII, el suicidio sólo se desarrolló débilmente. No era, pues, necesario que el progreso hiciese correr tanta sangre, puesto que los resultados han podido ser conservados y aun mejorados, sin que continuase teniendo los mismos efectos homicidas. Pero, entonces, ¿no es probable que ocurra hoy lo mismo, que la marcha de nuestra civilización y la del suicidio no se impliquen lógicamente y que ésta pueda ser contenida sin que la otra se detenga al mismo tiempo? Por otra parte, hemos dicho que el suicidio se encuentra desde las primeras etapas de la evolución, y que hasta tiene en muchas ocasiones mayor virulencia. Así, pues, si existe en el seno de los pueblos más groseros, no hay ninguna razón para pensar que esté ligado por una relación necesaria al extremo refinamiento de las costumbres. Sin duda, los tipos que se observan en estas épocas lejanas, han desaparecido en parte; pero justamente esta desaparición debería aligerar un poco nuestro tributo anual, y por eso resulta más sorprendente que cada vez se haga más pesado.

Hay, pues, lugar a creer que esta agravación es debida, no a la naturaleza intrínseca del progreso, sino a las condiciones particulares en que se efectúa en nuestros días, y nada nos asegura que ellas sean normales.

Porque no hay que dejarse deslumbrar por el brillante desarrollo de las ciencias, de las artes y de la industria, de que somos testigos; es muy cierto que se lleva a cabo, en medio de una efervescencia enfermiza, de cuyas dolorosas resultas cada uno de nosotros se resiente. Es muy posible, y hasta verosímil, que el movimiento ascensional de los suicidios tenga por origen un estado patológico que acompañe *a posteriori* a la marcha de la civilización, pero sin ser su condición necesaria.

No permite otra hipótesis la rapidez con que han aumentado. En efecto, en menos de cincuenta años, han triplicado, cuadruplicado, hasta quintuplicado, según los países. Por otro lado, sabemos que afectan a lo que hay de más inveterado en la constitución de las sociedades, puesto que expresan su humor; y el humor de los pueblos, como el de los individuos, refleja el estado del organismo en lo que tiene de más fundamental. Es preciso, pues, que nuestra organización social se haya alterado profundamente en el curso de este siglo para haber podido determinar tal aumento en el porcentaje de los suicidios.

Ahora bien, es imposible que una alteración, tan grave y tan rápida a la vez, no sea morbosa, porque una sociedad no puede cambiar de estructura con tanta prontitud. Sólo por una serie de modificaciones lentas y casi insensibles, llega a revestir otros caracteres. Y aun las transformaciones así posibles, son restringidas. Una vez fijado un tipo social, no es indefinidamente plástico; pronto alcanza un límite, que no puede sobrepasar. Los cambios que impone la estadística de los suicidios contemporáneos no pueden, pues, ser normales. Sin saber con precisión en qué consisten, se puede afirmar, por adelantado, que resultan, no de una evolución regular, sino de una conmoción enfermiza que ha podido muy bien desarraigar las instituciones del pasado, sin poner nada en su lugar; porque la obra de los siglos no se rehace en algunos años. Pero entonces, si la causa es anormal, no puede ser de otra clase el efecto. Lo que, por consiguiente, atestigua la marea ascendente de las muertes voluntarias, no es el brillo creciente de nuestra civilización, sino un estado de crisis y de perturbación que no puede prolongarse sin peligro.

A estas diferentes razones, puede añadirse una última. Si, es cierto que, normalmente, la tristeza colectiva tiene un papel; que desempeñar en la vida de las sociedades, de ordinario no es, ni bastante general, ni bastante intensa, para penetrar hasta, los centros superiores del cuerpo social. Queda en estado de corriente subyacente, que el sujeto colectivo siente de modo oscuro, cuya acción sufre, pero de la que no se da cuenta con claridad. Al menos, si esas vagas disposiciones llegan a afectar a la conciencia común, no es más que por sacudidas parciales e intermitentes. Por lo general, sólo se expresan bajo la forma de juicios fragmentarios, de máximas aisladas, que no se ligan las unas a las otras, que no tienden a expresar, a despecho de su aire absoluto, más que un aspecto de la realidad y que otras máximas contrarias corrigen y completan. De ahí de donde vienen esos aforismos melancólicos, esas ocurrencias proverbiales contra la vida, en las que se complace muchas veces el refranero popular, pero que no son más numerosas que los preceptos opuestos. Traducen, evidentemente, impresiones pasajeras que no han hecho más que atravesar la conciencia, sin ocuparla nunca por entero. Sólo cuando esos sentimientos adquieren una fuerza excepcional, es cuando absorben lo bastante la atención pública para ser percibidos en su conjunto, coordinados y sistematizados, y llegan entonces a formar la base de doctrinas completas de la vida. Desde luego, en Roma. y en Grecia, cuando la sociedad se sintió gravemente atacada, es cuando aparecieron las teorías descorazonadoras de Epicuro y de Zenón. La formación de esos grandes sistemas es, después, el índice de que la corriente pesimista ha alcanzado un grado de intensidad anormal, debido a alguna perturbación del organismo social. Se sabe bien cuánto se han multiplicado en nuestros días. Para darse cuenta cabal de su número y de su importancia, no basta considerar las filosofias que tienen oficialmente este carácter, como la de Schopenhauer, la de Hantmant, etc., sino que han de tenerse en cuenta todas las que, bajo nombres diferentes, proceden del mismo espíritu. El anarquista, el esteta, el místico, el socialista, el revolucionario, si no desesperan del porvenir, coinciden al menos con el pesimista en un mismo sentimiento de odio y de hastío por todo lo que existe, en una misma necesidad de destruir lo real y de escapar de él. La melancolía colectiva no habría invadido la conciencia, hasta ese punto, si no hubiese tomado un desarrollo morboso, y, por consiguiente, el aumento del suicidio que de ella resulta, es de la misma naturaleza[8].

Todas las pruebas coinciden en hacernos considerar el enorme aumento que se ha producido, desde hace un siglo, en el número de las muertes voluntarias, como un fenómeno patológico que se vuelve más amenazador cada día que pasa. ¿A qué medios habrá que recurrir para conjurarlo?

II

Algunos autores han preconizado el restablecimiento de las penas conminatorias que estaban en uso en otro tiempo[9].

Creemos, de buen grado, que nuestra indulgencia actual para el suicidio, es, en efecto, excesiva. Puesto que ofende la moral, debería ser rechazado con más energía y precisión, y esta reprobación había que expresarla por signos exteriores y definidos; es decir, por penas. El relajamiento de nuestro sistema represivo sobre este punto, es, por sí mismo, un fenómeno anormal. Sólo que, las penas, un poco severas, son imposibles; no serían toleradas por la conciencia pública. Porque el suicidio es, como se ha visto, próximo allegado de verdaderas virtudes, de las que sólo resulta una exageración. La opinión se divide fácilmente al juzgarlo. Como procede, hasta cierto punto, de sentimientos que ella estima, no lo vitupera sin reserva y sin vacilación. De ahí provienen las controversias, perpetuamente renovadas entre los teóricos, sobre la cuestión de saber si es o no contrario a la moral. Como se liga por una serie de grados intermedios, actos que la moral aprueba o tolera, no es excepcional que se le haya creído muchas veces de la misma naturaleza que esos últimos y que se haya querido beneficiarlo con la misma tolerancia. Semejante duda se ha suscitado mucha más raramente para el homicidio y el robo, porque en ellos la línea de demarcación está más netamente trazada[10].

Además, el solo hecho de la muerte que se ha infligido la víctima, inspira, a pesar de todo, demasiada compasión para que, la censura pueda ser inexorable.

Por todas estas razones, no se podrían promulgar más que penas morales. Sólo sería posible rehusar al suicida los honores de una sepultura regular, privar al autor de la tentativa de ciertos derechos civiles, políticos o de familia, por ejemplo, de algunas atributos del poder paterno y de la elegibilidad para las funciones públicas. Creemos que la opinión aceptaría, sin pena, que el que ha intentado eludir sus deberes fundamentales, fuese atacado en sus derechos correspondientes. Pero, por legítimas que fuesen esas medidas, no podrían tener nunca más que una influencia muy secundaria; es pueril sospechar que fueran bastante para contener una corriente de semejante violencia.

Por otra parte, por sí solas, no atacarían el mal en su origen. En efecto, si hemos renunciado a prohibir legalmente el suicidio, es porque sentimos de un modo escaso sus inmoralidades. Le dejamos desenvolverse en libertad, porque no nos repugna hoy en el mismo grado que en otro tiempo. Pero no es con disposiciones legislativas como se podría despertar nunca nuestra sensibilidad moral. No depende del legislador el que un hecho se nos aparezca o no como moralmente odioso. Cuando la ley reprime actos que el sentimiento público juzga inofensivos, es la ley la que nos indigna y no el acto que castiga.

Nuestra excesiva tolerancia respecta al suicidio procede de que, como se ha generalizado el estado de espíritu de donde deriva, no podemos condenarlo sin condenarnos a nosotros mismos; estamos demasiado impregnados de él, para no excusarlo en parte. Pero entonces, el único medio de hacernos más severos es actuar directamente sobre la corriente pesimista, reconducirla a su cauce normal y contenerla allí, sustrayendo a su acción la generalidad de las conciencias y afirmándolas. Una vez que hayan vuelto a su situación normal, reaccionarán como deben contra todo lo que las ofenda. No será ya necesario imaginar un completo sistema represivo; se instituirá por sí mismo, bajo la presión de las necesidades. Hasta entonces resultaría artificial el hacerlo y, por consiguiente, sin ninguna utilidad.

¿No sería la educación el medio más seguro de obtener ese resultado? Puesto que ella permite actuar sobre los caracteres, ¿no bastaría que se les formase de modo que resultaran más enérgicos, y por ello, menos indulgentes para las voluntades que se abandonan? Esto es lo que ha creído Morselli. Para él, el tratamiento profiláctico del suicidio radica por completo en el precepto siguiente[11]: "Desarrollar en el hombre el poder de coordinar sus ideas y sus sentimientos, a fin de que esté en estado de perseguir un fin determinado en la vida; en una palabra: dar al carácter moral fuerza y energía". Un pensador de una escuela completamente distinta llega a la misma conclusión: "¿Cómo; dice M. Franck, atacar al suicidio en su causa? Mejorando la gran obra de la educación, trabajando para desarrollar no sólo las inteligencias, sino los caracteres; no sólo las ideas, sino las convicciones"[12].

Pero esto es atribuir a la educación un poder que no tiene. Ella no es más que la imagen y el reflejo de la sociedad; la imita y la reproduce; en resumen: no la crea. La educación es sana cuando los pueblos están sanos; pero se corrompe con ellos, sin poder modificarse por sí misma. Si el medio moral está viciado, como los maestros mismos viven en él, no pueden dejar de impregnarse de él; ¿cómo imprimirían entonces a los que forman una orientación diferente de la que han recibido? Cada nueva generación está educada por la que la precede; ha de corregirse, pues, ésta para corregir a la que la sigue. Es dar vueltas a una rueda. Puede ocurrir que, a largos intervalos, surja alguien cuyas ideas y aspiraciones se adelanten a las de sus contemporáneos; pero la constitución moral de los pueblos no se rehace con individualidades aisladas. Sin duda nos complace creer que una voz elocuente baste para transformar como por encanto la materia social; pero en ésta como en otras cuestiones, de la nada se engendra la nada. Las voluntades más enérgicas no pueden sacar de esa nada fuerzas que no existen, y los fracasos de la inexperiencia vienen siempre a disipar esas fáciles ilusiones. Por otra parte, aun cuando, por un milagro incomprensible, un sistema pedagógico llegara a constituirse, antagónicamente con el sistema social, quedaría sin efecto, a consecuencia de ese mismo antagonismo. Si la organización: colectiva de donde resulta el estado social que se quiere combatir se mantiene, el niño, a partir del momento en que entra en contacto con ella, no puede dejar de sufrir su influencia. El medio artificial de la escuela no puede preservarse más que por cierto tiempo y débilmente. A medida que la vida, real se adueñe de él, destruirá la obra de su educador. La educación no puede, pues, reformarse más que cuando la sociedad misma se reforma. Por eso hay que atacar en sus causas el mal de que sufre.

Sin embargo, conocemos esas causas. Las hemos determinado cuando hemos hecho ver de qué fuentes manan las principales corrientes suicidógenas. Hay, no obstante, una que no entra para nada en el progreso actual del suicidio: es la corriente altruista. Hoy día, en efecto, pierde mucho más terreno que gana; en las sociedades inferiores es donde se observa con preferencia. Si se mantiene en el ejército, no parece que tenga en él una intensidad anormal; es que es necesaria, en cierta medida, para la conservación del espíritu militar, Y, por otra parte, en el mismo va declinando cada vez más. El suicidio egoísta y el suicidio anómico son, pues, los únicos cuyo desarrollo puede ser considerado como morboso, y es de ellos solos, por consiguiente, de los que vamos a ocuparnos.

El suicidio egoísta se origina porque la sociedad no tiene en todos sus puntos una integración suficiente para mantener a todos sus miembros bajo su dependencia. Así, pues, si se multiplica desmedidamente, es porque el estado de que depende se ha extendido con exceso, porque la sociedad, conmovida y debilitada, deja escapar por completo a su acción un excesivo número de sujetos. Por consiguiente, la única forma de remediar el mal es dar a los grupos sociales bastante consistencia, para que mantengan más firmemente al individuo, y que éste, a su vez, se sostenga unido a ellos. Es preciso que se sienta má s solidario de un ser colectivo que le ha precedido en el tiempo, que le sobrevive y que le supera por todas partes. En estas condiciones, cesaría de buscar en sí mismo el único objeto de su conducta, y comprendiendo que es el instrumento de un fin que le excede, percibirla que sirve para algo. Volvería a tomar la vida un sentido a sus ojos, porque tomarla a encontrar su objeto y su orientación naturales. Pero, ¿cuáles son los grupos más aptos para, recordar perpetuamente al hombre ese sentimiento de solidaridad?

No es la sociedad política. Hoy día, sobre todo, en nuestros grandes Estados modernos, está demasiado lejos del individuo para actuar eficazmente sobre él con la debida continuidad. Cualesquiera que sean los lazos que haya entre nuestra tarea cotidiana y el conjunto de la vida pública, resultan demasiado indirectos para que mostremos por ellos un sentimiento vivo e interrumpido. Sólo cuando están en juego graves intereses es cuando sentimos fuertemente nuestro estado de dependencia con respecto al cuerpo político. Sin duda, en los individuos que constituyen la más selecta clase moral de la población, es raro que esté completamente ausente la idea de patria; pero, en tiempos ordinarios queda en la penumbra, en el estado de representación sorda y hasta muda que se eclipsa por entero. Hacen falta circunstancias excepcionales como una gran crisis nacional o política, para que pase el primer plano, invada las conciencias y se haga el móvil director de la conducta. Ahora bien, no es una acción tan intermitente la que puede refrenar de una manera regular la inclinación al suicidio. Es necesario que, no tan sólo de tarde en tarde, sino en cada instante de su vida pueda darse cuenta el individuo de que lo que hace tiende a un objetivo. Para que su existencia no le parezca vana, es preciso que la vea, de una manera constante, servir aun fin que le afecte inmediatamente. Pero esto sólo es posible si un medio social, muy sencillo y menos extendido, lo envuelve de más cerca y ofrece un término cercano a su actividad. La sociedad religiosa no es menos impropia para esta función. No es que ella no haya podido, sin duda, dadas ciertas condiciones, ejercer una bienhechora influencia; pero es que las condiciones, necesarias para esta influencia no se dan actualmente. En efecto, no preserva del suicidio más que si está poderosamente constituida, para encerrar estrechamente al individuo. Porque impone a unos fieles un vasto sistema de dogmas y de prácticas y penetra así en todos los detalles de su existencia, aun temporal, es por lo que la religión católica los liga con mucha más fuerza que el protestantismo. El católico está mucho menos expuesto a perder de vista los lazos que le unen al grupo confesional de que forma parte, porque, este grupo se le presenta a cada instante bajo la forma de preceptos imperativos que se aplican a diferentes circunstancias de la vida. No ha de preguntarse ansiosamente a dónde le llevan sus pasos; los refiere todos a Dios, porque están, en su mayoría, reglamentados por Dios, es decir, por la Iglesia, que es su cuerpo visible. Pero también porque esos mandamientos se suponen emanados de una autoridad sobrehumana, no hay derecho a aplicarles la reflexión humana. Habría una verdadera contradicción en atribuirles semejante origen y permitir su libre crítica. La religión no modera, pues, la inclinación al suicidio más que en la medida en que impide al hombre pensar libremente. Ahora bien, este apoderamiento de la inteligencia individual es, por el presente, difícil, y cada día lo será más. Lastima nuestros más queridos sentimientos. Rehusamos más cada vez admitir que se puedan marcar límites a la razón y que se le diga: "No irás más lejos". Y este movimiento no data de ayer; la historia del espíritu humano es la historia misma de los progresos del libre pensamiento. Es, pues, pueril querer contener una corriente que todo comprueba que es irresistible. A menos que las grandes sociedades intelectuales no se descompongan inmediatamente y que no volvamos a las pequeñas agrupaciones sociales de otro tiempo[13], es decir, a menos que la humanidad no vuelva a su punto de partida, las religiones no podrán ya ejercer un imperio muy extenso ni muy profundo sobre las conciencias. No quiere esto decir que no se funden nuevas. Pero las únicas viables serán las que den a derecho de libre examen, a la iniciativa individual, mayor amplitud aun que las sectas más liberales del protestantismo. No podrán, pues, tener sobre sus miembros la fuerte acción que sería indispensable para poner obstáculos al suicidio.

Si un número de escritores bastante numeroso ha visto en la religión el único remedio al mal, es porque se han equivocado sobre los orígenes de su poder. La hacen contenerse, casi por completo, en cierto número de altos pensamientos y de nobles máximas con las que el racionalismo, en suma, podría conciliarse, y piensan que bastaría fijarlas en el corazón y en el espíritu de los hombres para prevenir sus flaquezas. Pero esto es engañarse sobre lo que forma la esencia de la religión y, sobre todo, sobre las causas de la inmunidad que ella ha conferido muchas veces contra el suicidio. Ese privilegio no le venia, en efecto, de que cultivara en el hombre no sé que vago sentimiento de un más allá, más o menos misterioso, sino de la fuerte y minuciosa disciplina a la que sometía la conducta y el pensamiento. Cuando no es más que un idealismo simbólico, más que una filosofía tradicional, pero discutible, y más o menos extraña a nuestras ocupaciones cotidianas, es difícil que tenga sobre nosotros mucha influencia. Un Dios a quien su majestad relega fuera del universo y de todo lo que es temporal, no podría servir de fin a nuestra actividad temporal, que se halla así sin objetivo. Hay, desde entonces, demasiadas cosas que se encuentran sin relación con él, para que baste a dar un sentido a la vida. Al abandonarnos el mundo, como indigno de él, nos deja, al mismo tiempo, abandonados a nosotros mismos para todo lo que concierne a la vida del mundo. No es con meditaciones   sobre los misterios   que nos rodean, ni aun con la creencia en un ser todopoderoso, pero infinitamente alejado de nosotros y   al   que no tendremos que dar cuenta más que en un porvenir indeterminado, como puede impedirse a los hombres que se desprendan de   la   existencia. En   una palabra, sólo   nos hallamos preservados del suicid io egoísta en   la medida en   que estamos socializados; pero las religiones no pueden socializarnos más que en la medida en que nos retiran el derecho al libre examen. Ahora bien, no tienen ya, y, según toda verosimilitud, no tendrán nunca sobre nosotros la suficiente autoridad para imponernos tal sacrificio. No se puede contar, pues, con ellas para poner diques al suicidio. Si, por otra parte, los que ven en una restauración religiosa el único medio de   curarnos,   fueran consecuentes   consigo mismos, es el restablecimiento de las religiones más arcaicas el   que   deberían reclamar. Porque el judaísmo preserva mejor del suicidio que el catolicismo, y el catolicismo, mejor que el protestantismo. Y, sin embargo, la religión protestante es la que está más desligada de las prácticas materiales, la más idealista por consiguiente. El judaísmo, por el contrario, a pesar de su gran misión histórica, está cerca, por muchos aspectos, de las formas religiosas más primitivas. ¡Tan cierto es que la superioridad moral e intelectual del dogma no entra por nada en la acción que pueda tener sobre el suicidio!

Queda la familia, cuya virtud profiláctica no es dudosa.

Pero sería una ilusión creer que bastará disminuir el número de célibes para detener el desenvolvimiento del suicidio. Porque si los casados tienen una tendencia menor a matarse, esta tendencia misma va aumentando con la igual regularidad y   según   idénticas proporciones que la de los célibes. De 1880 a 1887, los suicidios de esposos han aumentado un 35 por 100 (3.706   casos en   vez de 2.735); los suicidios de célibes, un 13 por 100, tan sólo (2.894 casos en vez de 2.554). En 1863-68, según los cálculos de Bertillón, el porcentaje de los primeros era de 154 por un millón; y de 242 en 1887, con un aumento de 57 por 100. Durante el mismo tiempo, el porcentaje de los célibes no se elevaba mucho más; pasaba de 173 a 289, con un aumento de 67 por 100. *La agravación que se ha producido en el transcurso del siglo es, pues, independiente del estado civil.*

Es que, en efecto, se han producid o en la constitución de la familia cambios que no le permiten tener la misma influencia preservadora que antes. Mientras   que en otro tiempo mantenía a la mayoría de sus miembros en su órbita, desde su nacimiento hasta su muerte, y formaba una masa compacta, indivisible, dotada de una especie de perdurabilidad, hoy día sólo tiene una duración efímera. Apenas se ha constituido, se dispersa. Luego que los hijos han sido materialmente educados van muy a menudo a proseguir su educación fuera, sobre todo en cuanto son adultos es casi una regla que se establezcan lejos de sus padres, y el hogar queda vacío. Se puede decir, pues, que, durante la mayor parte del tiempo, la familia se reduce ahora sólo a la pareja conyugal, y ya sabemos que ésta tiene una débil acción sobre el suicidio. Por consiguiente, ocupando menos lugar en la vida, no le basta ya como objetivo. No es, ciertamente, que queramos menos a nuestros hijos; pero están mezclados de una manera menos estrecha y menos continua a nuestra existencia,   que,   por consiguiente, tiene necesidad de otra razón de ser.   Porque hemos de   vivir sin ellos, necesitamos también ligar nuestros pensamientos y nuestras acciones a otros objetivos.

Pero, sobre todo, es como ser colectivo como reduce a nada a la familia esta dispersión periódica. En otro tiempo, la sociedad doméstica no era tan sólo un conjunto de individuos unidos entre sí por los lazos del afecto mutuo, sino que era también el propio grupo en su unidad abstracta e impersonal. Era el nombre hereditario con todos los recuerdos que suscitaba, la casa familiar, el campo de los abuelos, la situación y la reputación tradicional , etc. Todo eso tiende a desaparecer. Una sociedad que se disuelve a cada instante para rehacerse sobre otros puntos, pero en condiciones completamente nuevas y con elementos distintos por completo, no tiene suficiente continuidad para crearse una fisonomía personal, una historia que le sea propia y a la que se puedan ligar sus miembros. Así, pues, si los hombres no reemplazan este antiguo objetivo de su actividad a medida que se oculta, es imposible evitar que se produzca un gran vacío en su existencia.

Esta causa no multiplica solamente los suicidios de casados, sino también los de los célibes. Porque este estado de la familia lleva a los jóvenes a abandonar su hogar natal antes de que estén en estado de fundar otro; es, en parte, por esta razón por la que se hacen más numerosos los hogares de una sola persona, y hemos visto que esté aislamiento refuerza la tendencia al suicidio. Y, sin embargo, nada podrá detener tal movimiento. En otro tiempo, cuando cada medio local estaba más o menos cerrado a los otros por los usos, las tradiciones, la rareza de las vías de comunicación, cada generación se hallaba forzosamente retenida en su lugar de origen, o, al menos, no podía alejarse mucho de él. Pero, a medida que esas barreras se destruyen, que esos medios particulares se nivelan y se pierden unos en otros, es inevitable que los individuos se esparzan, a voluntad de sus ambiciones y por mejorar sus intereses en los espacios más vastos que se les abren. Ningún artífice podría poner obstáculo a esta dispersión necesaria y devolver a la familia la indivisibilidad que era su fuerza.

III

¿Será, pues, incurable el mal? Al pronto, podría creerse así, puesto que, de todas las sociedades cuya feliz influencia hemos establecido precedentemente, no hay ninguna que nos parezca en situación de aportarle un verdadero remedio. Pero hemos demostrado que si la religión, la familia, la patria, preservan del suicidio egoísta, no se debe buscar su causa en la naturaleza especial de los sentimientos que cada una pone en juego. Todas ellas deben esta virtud al hecho general de que son sociedades y no la tienen sino en la medida en que son sociedades bien integradas, es decir, sin exceso en ningún sentido. Cualquier otro grupo puede, pues, tener la misma acción, con tal de, que ostente la misma cohesión. Ahora bien, fuera de la sociedad confesional, familiar, política, hay otra de la que no se ha tratado hasta ahora: es la que forman, como asociados, todos los trabajadores del mismo orden, todos los cooperadores de la misma función, es el grupo profesional o la corporación.

Que es apta para desempeñar este cometido se desprende de su definición. Puesto que está compuesta de individuos que se dedican a los mismos trabajos y cuyos intereses son solidarios, y hasta se confunden, no hay terreno más propicio a la formación de ideas y de sentimientos sociales. La identidad de origen, de cultura, de ocupaciones, hace de la actividad profesional la materia más rica para una vida común. Desde luego, la corporación ha atestiguado, en el pasado, que era susceptible de ser una personalidad colectiva, celosa, hasta excesivamente, de su autonomía y de su autoridad sobre sus individuos; no es, pues, dudoso que pueda ser para ellos un medio moral. No hay razón para que el interés corporativo no adquiera, a los ojos de los trabajadores, ese carácter respetable y esa supremacía que el interés social tiene siempre respecto a los intereses privados en una sociedad bien constituida. Por otro lado, el grupo profesional tiene sobre todos los otros la triple ventaja de que es de todos los instantes, de todos los lugares, y que su imperio se extiende a la parte más grande de la existencia. No actúa sobre los individuos de una manera intermitente, como la sociedad política, sino que está siempre en contacto con ellos por la sola razón de que la función de que es órgano, y en la que todos colaboran, está siempre en ejercicio. Sigue a los trabajadores a todos los sitios donde se transporten, lo que no puede hacer la familia. En cualquier punto donde estén, les rodea, les recuerda sus deberes, les sostiene cuando es preciso.

En fin, como la vida profesional es casi toda la vida, la acción corporativa se hace sentir sobre todos los detalles de nuestras ocupaciones, que están así orientadas en un sentido colectivo. La corporación tiene, pues, todo lo necesario para enmarcar al individuo, para sacarle de su estado de aislamiento, y, dada la insuficiencia actual de los otros grupos, ella es la única que puede llenar este indispensable oficio.

Pero, para que tenga esta influencia, es preciso que esté organizada sobre bases completamente distintas que hoy día. Por lo pronto, es esencial que en vez de quedar como un grupo privado que la ley permite, pero que el Estado ignora, llegue a ser un órgano definido y reconocido de nuestra vida pública. No queremos decir con esto que sea preciso hacerle obligatoria necesariamente; pero lo que importa es que esté constituida de manera que pueda desempeñar una misión social, en vez de expresar tan sólo diversas combinaciones de intereses particulares. No es esto todo. Para que ese marco no quede vacío es preciso depositar en él todos los gérmenes de vida, propios para desarrollarse allí. Para que esta agrupación no sea un sencillo rótulo, hay que atribuirle funciones determinadas y hay una que está en situación de cumplir mejor que ninguna otra.

Actualmente, las sociedades europeas están colocadas en la alternativa de dejar irreglamentada la vida profesional o de reglamentaria por el intermedio del Estado, porque no hay otro órgano constituido que pueda desempeñar ese cometido modelador. Pero el Estado se halla muy lejos de estas manifestaciones complejas para encontrar la forma especial que conviene a cada una de ellas. Es una máquina pesada que no está hecha más que para obras generales y sencillas. Su acción siempre uniforme no puede plegarse y ajustarse a la infinita diversidad de las circunstancias particulares. Por ello resulta precisamente opresiva y niveladora. Mas, por otro lado, comprendemos bien que es imposible dejar en estado de desorganización toda la vida que se ha desprendido así. He aquí cómo, por una serie de oscilaciones sin término, pasamos alternativamente de una reglamentación autoritaria, que su exceso de rigidez hace impotente, a una abstención sistemática, que no puede durar a causa de la anarquía que provoca. Ya se trate de la duración de la jornada, o de la higiene, o de los salarios, o de las obras de previsión y de asistencia, en todas partes las buenas voluntades vienen a chocar con la misma dificultad. En Cuanto se ensaya el instituir algunas reglas, la experiencia las encuentra inaplicables, porque les falta flexibilidad; o, al menos, no se aplican a la materia para la que han sido hechas más que violentándolas.

La única manera de resolver esta antinomia consiste en constituir, fuera del Estado, aunque sometido a su acción, un haz de fuerzas colectivas cuya influencia reguladora pueda ejercerse con más variedad. Sólo las corporaciones reconstituidas satisfacen esta condición, y no se percibe que otros grupos la podrían cumplir. Están muy próximos a los hechos, en contacto directo y constante con ellos para recoger todos sus matices y deben ser bastante autónomas para poder respetar así su diversidad. A ellas, pues, es a quien corresponde dirigir sus cajas de seguros, de asistencia, de retiro, de que tantas buenas almas sienten la necesidad, y que se duda, con razón, poner en las manos, ya tan poderosas y tan inhábiles del Estado; igualmente a ellas corresponde regular las conflictos que se suscitan sin cesar entre las ramas de una misma profesión; fijar, pero de una manera distinta, según las diferentes clases de empresas, las condiciones a que deben someterse los contratas para ser justos; impedir, en nombre del interés común, que los fuertes exploten abusivamente a las débiles, etc. A medida que se divide el trabajo, el derecho y la moral, aun reposando en todas partes sobre los mismos principios generales, toman, en cada función particular, una forma diferente. Aparte de los derechos y las deberes que son comunes a todos los hombres, los hay que dependen de los caracteres propias de cada profesión y su número aumenta, lo mismo que su importancia, a medida que la actividad profesional se desarrolla y se diversifica más. A cada una de estas disciplinas especiales la hace falta un órgano igualmente especial para aplicarla y mantenerla. ¿Con qué puede éste formarse sino con los trabajadores que concurren a la misma func ión?

He aquí, a grandes rasgos, lo que deberían ser las corporaciones, para que pudiesen rendir los sacrificios que hay derecho a esperar de ellas. Sin duda, cuando se considera el estado en que se hallan actualmente, con dificultad es posible imaginarse que puedan ser elevadas alguna vez a la dignidad de poderes morales. En efecto, están formadas por individuos sin ningún vínculo entre ellos, que no tienen más que relaciones superficiales e intermitentes, que hasta están dispuestas a mirarse como rivales o enemigos más que como cooperadores. Pero el día en que tengan tantas cosas en común, que las relaciones entre ellos y el grupo de que forman parte sean, hasta ese punto, estrechas y continuas, nacerán sentimientos de solidaridad, hoy casi desconocidas, y la temperatura moral de ese medio profesional, actualmente tan fría y tan extraña a sus miembros, se elevará necesariamente. Y esos cambios no se producirán, tan sólo, como pueden hacer creer los ejemplos precedentes, en los fenómenos de la vida económica. No hay profesión en la sociedad que no reclame esta organización y que no sea susceptible de recibirla. De este moda el tejida social, cuyas mallas están tan peligrosamente relajadas, se ajustada y afirmaría en toda su extensión.

Esta restauración, cuya necesidad se hace sentir universalmente, tiene, por desgracia, en su contra la mala fama que han dejado en la historia las corporaciones del antiguo régimen. Sin embargo, el hecho de que hayan durado, no sólo desde la Edad media, sino desde la antigüedad greco-latina[14], ¿no tiene más fuerza probatoria su reciente abrogación para afirmar que son indispensables que puede tenerla para demostrar su inutilidad? Si, salvo durante un siglo, en, todas partes donde la actividad profesional ha tomado algún desarrollo se ha organizado corporativamente, ¿no es altamente verosímil suponer que esta organización es necesaria y que si, hace cien años, no se encontró a la altura de su misión el remedio consistirá en enderezarla y mejorarla, no en suprimirla radicalmente? Es cierto que habría terminado por convertirse en un obstáculo a los progresos más urgentes. La vieja corporación, estrechamente local, cerrada a toda influencia de fuera, habría perdido su significación, en una nación moral y políticamente unificada: la autonomía excesiva de que gozaba y que la hacía un Estado dentro de otro Estado, no podía mantenerse, cuando el órgano gubernamental, extendiendo en todos los sentidos sus ramificaciones, subordinaba cada vez más a todos los órganos secundarios de la sociedad. Había que ensanchar la base sobre que reposaba la institución y ligarla al conjunto de la vida nacional. Pero si en vez de quedar aisladas las corporaciones semejantes de las diferentes localidades se hubiesen ligado unas a otras para formar un mismo sistema, si todos esos sistemas hubiesen estado sometidos a la acción general del Estado y conservados de este modo en un perpetuo sentimiento de su solidaridad, el despotismo de la rutina y el egoísmo profesional hubieran quedado encerrados en sus justos límites. En efecto, la tradición no se mantiene tan fácilmente invariable en una vasta asociación, esparcida en un inmenso territorio como en un pequeño grupo que no traspasa el recinto de una ciudad[15]; al mismo tiempo, cada grupo particular está menos inclinado a no ver y a no buscar mas que su interés propio, una vez que entabla relaciones continuas con el centro director de la vida pública. Hasta es con esta sola condición como el pensamiento de la cosa común puede mantenerse despierto en las conciencias con suficiente continuidad. Porque, como las comunicaciones están entonces interrumpidas entre cada órgano particular y el poder encargado de representar los intereses generales la sociedad no se hace presente a los individuos sólo de una manera intermitente y vaga; la sentimos latente en todo el curso de nuestra vida cotidiana. Pero, al derribar lo que existía sin poner nada en su lugar no se ha hecho más que sustituir el egoísmo corporativo con el egoísmo individual, que es aún más disolvente. Véase por qué, de todas las destrucciones llevadas a cabo en dicha época sólo es ésta la que hay que lamentar. Al dispersarse los únicos grupos que podían reunir con constancia las voluntades individuales, hemos roto con nuestras propias manos el instrumento adecuado para nuestra reorganización moral.

Pero no sólo sería combatido de este modo el suicidio egoísta. Pariente próximo del precedente, el suicidio anómico, justifica el empleo del mismo tratamiento. La anomia, en efecto, procede de que, en ciertos puntos de la sociedad hay falta de fuerzas colectivas, es decir, de grupos constituidos para reglamentar la vida social. Resulta, pues, en parte, de ese mismo estado de disgregación de donde proviene también la corriente egoísta. Sólo que esta misma causa produce diferentes efectos, según que su punto de incidencia actúe sobre las funciones activas y prácticas o sobre las funciones representativas. Exalta y exaspera a las primeras, desorienta y desconcierta a las segundas. El remedio es, pues, el mismo en ambos casos. Y, en efecto, se ha podido ver que el principal cometido de las corporaciones sería, tanto en el porvenir como en el pasado, regular las funciones sociales y, más especialmente, las funciones económicas, sacarlas, por consiguiente, del estado de desorganización en que están ahora. Siempre que las concupiscencias excitadas tendieran a no reconocer límites, a la corporación correspondería fijar la parte que debe pertenecer equitativamente a cada orden de cooperadores. Superior a sus miembros, tendría toda la autoridad necesaria para reclamarles los sacrificios y las condiciones indispensables y para imponerles una regla. Al obligar a los más fuertes a no usar de su fuerza sino con moderación, al impedir a los más débiles extender infinitamente sus reivindicaciones, al recordar a los unos y a los otros el sentimiento de sus deberes recíprocos y del interés general, al reglamentar la producción, en ciertos casos, de modo que la impidiera degenerar en una fiebre malsana, moderaría las pasiones y, asignándoles ciertos límites, permitiría su apaciguamiento. Así se establecería una disciplina moral, de un género nuevo, sin la cual todos los descubrimientos de la ciencia y todos los progresos del bienestar social no podrían engendrar nunca mas que descontentos. No se ve en qué otro medio podría elaborarse esta ley de justicia distributiva, tan urgente, ni por qué otro órgano podría ser aplicada. La religión que, en otro tiempo, había cumplido en parte esa misión, ahora sería impropia para ella. Porque el principio necesario de la única reglamentación a que puede someter la vida económica es el desprecio de la riqueza. Si exhorta a los fieles a conformarse con su suerte, es en virtud de la idea de que nuestra condición terrestre resulta indiferente para nuestra salvación. Si enseña que nuestro deber es aceptar dócilmente nuestro destino tal como lo han creado las circunstancias, es para ligarnos por completo a fines más dignos de nuestros esfuerzos; y por esto mismo es por lo que, de una manera general, recomienda la moderación en los deseos. Pero esta resignación pasiva es inconciliable con el lugar que los intereses temporales iban tomado ahora en la existencia colectiva. La disciplina de que tienen necesidad debe considerar su objeto, no el relegarlos a segundo término y reducirlos cuanto sea posible, sino darles una organización que esté en relación con su importancia. El problema se ha hecho más complejo, y si no es un remedio abandonar la rienda a las apetitos, para contenerlas, tampoco es bastante comprimirlos. Si los últimas defensores de las viejas teorías económicas están equivocadas al desconocer que es tan necesaria hay como en otro tiempo una regla, los apologistas de la institución religiosa se equivocan al creer que la regla de otro tiempo puede ser eficaz hoy aún. Su ineficacia actual es la causante del mal.

Esas soluciones fáciles no guardan relación con las dificultades del problema. Sin duda que sólo una potencia moral puede dar la ley al hombre; pero es preciso, además, que esté bastante mezclada con las cosas de este mundo para que pueda estimularlas en su verdadero valor. El grupo profesional ofrece ese doble carácter. Por ser un grupo, domina desde bastante altura a los individuos y pone límites a sus concupiscencias; pero vive demasiado su vida para no simp atizar con sus necesidades. No deja de ser cierto, por otra parte, que el Estado tiene también importantes funciones que cumplir. El sólo puede oponer el particularismo de cada corporación, el sentimiento de la utilidad general y las necesidades del equilibrio orgánico. Pero sabemos que su acción no puede ejercerse útilmente mas que cuando existe todo un sistema de órganos secundarios que la diversifiquen. Así, pues, ante todo, hay que producirlos.

Existe, sin embargo, un suicidio que no podría determinarse por este procedimiento: el que resulta de la anomia conyugal. Parece que aquí nos hallamos en presencia de una antinomia insoluble.

Hemos dicho que la causa la institución del divorcio, con el conjunto de ideas y de costumbres de que esta institución resulta y que no hace ella más que consagrar. ¿Se sigue de esto que haya que abrogarla allí donde exista? Es una cuestión demasiado compleja para que pueda ser tratada aquí; no cabe abordarla útilmente más que, al fin de un estudio sobre el matrimonio y sobre su evolución. Por el momento sólo tenemos que ocuparnos de las relaciones del divorcio y del suicidio. Desde este punto de vista diremos: El único medio de disminuir el número de suicidios, debidos a la anomia conyugal, es hacer más indisoluble el matrimonio.

Pero lo que hace al problema singularmente emocionante y casi le da un interés dramático, es que no se puede disminuir los suicidios de esposos sin aumentar los de las esposas. ¿Será preciso, pues, sacrificar necesariamente a uno de los dos sexos, y se reduce la solución a escoger el menos grave de los dos males? No se encuentra otra posible, en tanto que los intereses de los cónyuges en el matrimonio sean tan manifiestamente contrarios. En tanto que los unos tengan, ante todo, necesidad de libertad y ols otros de disciplina, la institución matrimonial no podrá aprovechar igualmente a los unos y a los otros. Pero este antagonismo, que deja sin salida actualmente la solución, no es irremediable y se puede esperar que esté destinado a desaparecer.

Procede, en efecto de que los sexos no participan igualmente de la vida social. El hombre está activamente mezclado a ella, mientras que la mujer no hace apenas más que asistir a distancia. De esto resulta que él está socializado en un grado más alto que ella. Sus gustos, sus aspiraciones, su humor, tienen, en gran parte, un origen colectivo, mientras que los de su compañera se hallan colocados más inmediatamente bajo la influencia del organismo. El tiene otras necesidades que ella, y, por consiguiente, es imposible que una institución destinada a reglamentar su vida común sea equitativa y satisfaga simultáneamente exigencias tan opuestas. No puede convenir a la vez a dos seres, de los que uno es, casi por completo, un producto de la sociedad, mientras que el otro ha quedado más bien tal y como lo ha hecho la naturaleza. Pero no se ha probado en absoluto que deba mantenerse necesariamente esta oposición. Sin duda, en cierto sentido, era menos marcada en los orígenes, que lo es hoy; pero no puede deducirse de ello que esté destinada a desenvolverse sin fin. Porque los estados sociales más primitivos se reproducen a menudo en los períodos más elevados de la evolución, pero bajo formas diferentes y aún contrarias a las que tenían al principio. Seguramente no hay lugar para suponer que nunca se encuentre la mujer en estado de llenar las mismas funciones que el hombre en la sociedad; pero podrá tener en ella una misión que, aun perteneciéndole propiamente, sea, sin embargo, más activa y más importante que la de hoy. El sexo femenino no se hará más parecido o al masculino; al contrario, puede preverse que se diferenciará más. Sólo que esas diferencias serán utilizadas socialmente mejor que en el pasado. ¿Por qué, por ejemplo, a medida que el hombre, cada vez más absorbido por las funciones utilitarias, se vea obligado a renunciar a las funciones estéticas, no vendrán éstas a parar a la mujer? Los dos sexos se diferenciarían así, y al mismo tiempo que se diferenciaban, se socializarían igualmente, pero de maneras distintas[16]. Y es en este sentido como parece hacerse la evolución. En las ciudades, la mujer difiere del hombre mucho más que en el campo; y, sin embargo, es allí donde su constitución intelectual y moral está más impregnada de vida social.

En todo caso, este es el solo medio de atenuar el triste conflicto moral que divide actualmente a los sexos, y del cual la estadística de los suicidios nos suministra una prueba definitiva. Sólo cuando la separación entre los cónyuges sea menor, es cuando el matrimonio no estará dispuesto, por decirlo así, a favorecer necesariamente a uno en detrimento del otro. En cuanto a los que reclaman iguales derechos para la mujer que para el hombre, olvidan que la obra de los siglos no puede ser abolida en un instante; que, por otra parte, esta igualdad jurídica no puede ser legítima mientras la desigualdad psicológica sea tan flagrante. Hay, pues, que emplear nuestros esfuerzos en disminuir ésta última. Para que el hombre y la mujer puedan ser igualmente protegidos por la misma institución, es preciso que, ante todo, sean seres de la misma naturaleza. Sólo entonces no se podrá acusar a la indivisibilidad del lazo conyugal de no servir más que a una de las dos partes a que liga.

IV

En resumen, así como el suicidio no procede de las dificultades que el hombre puede encontrar en la vida, el medio de detener sus progresos no consiste en hacer la lucha menos ruda y la existencia más fácil. Si la gente se mata hoy más que en otro tiempo, no es porque precisemos, para mantenernos, de esfuerzos más dolorosos ni porque nuestras necesidades legitimas estén menos satisfechas; pero es que no sabemos ya donde se detienen las necesidades legítimas y no percibimos el sentido de nuestros esfuerzos. Sin duda la concurrencia se hace cada día más viva, porque la facilidad cada vez mayor de las comunicaciones pone en pugna un número de concurrentes que va siempre creciendo. Pero, de otro lado, una división del trabajo más perfeccionada y la cooperación más compleja que la acompaña, al multiplicar y al variar hasta el infinito los empleos en que el hombre puede hacerse útil a los demás, multiplican los medios de existencia y las ponen al alcance de una mayor variedad de sujetos. Hasta las aptitudes más inferiores pueden encontrar un lugar adecuado. Al mismo tiempo la producción más intensa que resulta de esta cooperación más sabia, al aumentar el capital de recursos de que dispone la humanidad, asegura a cada trabajador una remuneración más rica y mantiene así el equilibrio entre el desgaste mayor de las fuerzas vitales y su reparación. En efecto, es cierto que, en todos los grados de la jerarquía social, ha aumentado el bienestar medio aunque este aumento no haya tenido siempre lugar según las proporciones más equitativas. El malestar que sufrimos no procede de que las causas objetivas de los sufrimientos hayan aumentado en número o en intensidad; atestigua, no sólo una miseria económica crecida, sino una alarmante miseria moral.

Sólo que no hay que equivocarse sobre el sentido de la palabra. Cuando se dice que una afección individual o social, es completamente ética, se entiende, de ordinario, que no comparta ningún tratamiento efectivo, que no puede ser curada mas que con ayuda de exhortaciones repetidas, de reprensiones metódicas, en una palabra, por una acción verbal. Se razona como si un sistema de ideas no le importase al resto del universo, como si, por consiguiente, para deshacerle o rehacerle, bastase pronunciar determinadas fórmulas de cierta manera. No se ve que esto es aplicar a las cosas del espíritu las creencias y los métodos que el primitivo aplica a las cosas del mundo físico. Del mismo modo que él cree en la, existencia de palabras mágicas que tienen el poder de trasmutar un ser en otro, nosotros admitimos implícitamente, sin percibir la grosería de la concepción, que se pueden transformar las inteligencias y los caracteres con palabras apropiadas. Como el salvaje que, al afirmar enérgicamente su voluntad de ver producirse determinado fenómeno cósmico, se imagina determinar su realización por las virtudes de la magia simpática, creemos nosotros que, si enunciamos con calor nuestro deseo de que se lleve a cabo tal o cual revolución, se operará espontáneamente. Pero, en realidad, el sistema mental de un pueblo, es un conjunto de fuerzas definidas que no se pueden ni desordenar ni volver a ordenar por vía de simples inducciones. Se relaciona, en efecto, con la manera como están agrupados y organizados los elementos sociales. Supuesto un pueblo, formado de cierto número de individuos, dispuestos de determinada manera, resulta de ello un conjunto determinado de ideas y de prácticas colectivas que permanecen constantes, en tanto que las condiciones de que ellas dependen son entre sí idénticas. En efecto, según que las partes de que se compone sean más o menos numerosas y ordenadas, según tal o cual plan, la naturaleza del ser colectivo varía necesariamente, y, por consiguiente, sus maneras de pensar y de obrar; pero no se pueden cambiar estas últimas mas que cambiándolo a él mismo, y no es posible variarle sin modificar su constitución anatómica. Se deduce de lo dicho que, al calificar de moral el mal, del que es síntoma el anormal progreso de los suicidios, queremos reducirle a no sé qué afección superficial susceptible de adormecer con buenas palabras. Por el contrario, la alteración del temperamento moral que se nos revela así, atestigua una profunda deformación de nuestra estructura social. Para curar a la una, es necesario reformar la otra.

Hemos dicho en qué debe consistir esta reforma, a nuestro juicio. Pero lo que acaba de demostrar su urgencia, es que se ha hecho necesaria, no sólo por el estado actual del suicidio, sino por todo el conjunto de su desenvolvimiento histórico.

En efecto, lo que tiene de característico, es que ha hecho sucesivamente tabla rasa de todas las antiguas categorías sociales. Unos tras otros han sido arrastrados, o por el lento desgaste del tiempo, o por grandes conmociones, sin que los haya reemplazado nada. En el origen, la sociedad está organizada sobre la base de la familia; está formada por la reunión de cierto número de sociedades más pequeñas, los *clans,* en las que, todos los miembros son o se consideran como parientes. Parece ser que esta organización no ha permanecido mucho tiempo en estado de pureza. Muy pronto la familia cesa de ser una división política para convertirse en el centro de la vida privada. Al antiguo grupo doméstico sustituye, entonces, el grupo territorial. Los individuos que ocupan un mismo territorio, se crean a la larga, independientemente de toda consanguinidad, ideas y costumbres que les son comunes, pero que no resultan, en el mismo grado, las de sus vecinos más lejanos. Se constituyen así pequeños agregados, que no tienen otra base material que la necesidad y las relaciones que de ella resultan; de las que cada uno tiene distinta fisonomía; este es el pueblo, y, mejor aún, la ciudad con sus dependencias. Sin duda, sucede generalmente que no se encierra en un aislamiento salvaje. Se confederan entre sí, se combinan bajo formas variadas y constituyen así sociedades más complejas, en las que no entran sino conservando su personalidad. Quedan como un segmento elemental del que la sociedad total no es más que la reproducción agrandada. Pero, poco a poco, a medida que esas confederaciones se hacen más estrechas, las circunscripciones territoriales se confunden unas con otras y pierden su antigua individualidad moral. Se van disminuyendo las diferencias de ciudad a ciudad y de distrito a distrito[17]. El gran cambio llevado a cabo por la revolución francesa, ha sido precisamente el de conducir esa nivelación a un punto que no se había conocido hasta entonces. No es que la haya improvisado; había sido preparada largamente por la centralización progresiva que había creado el antiguo régimen. Pero la supresión legal de las antiguas provincias, la creación de nuevas divisiones, puramente artificiales y nominales, lo ha consagrado definitivamente. Luego, el desarrollo de las vías de comunicación, al mezclar las poblaciones, ha borrado hasta los últimos rasgos del antiguo estado de cosas. Y como al mismo tiempo fue violentamente destruido, lo que existía de la organización profesional, todos los órganos secundarios de la vida social, quedaron aniquilados.

Sólo una fuerza colectiva sobrevivió a la tormenta: el Estado. El tendió, por la fuerza de las cosas, a absorber en si todas las formas de actividad que podían presentar un carácter social y ya no tuvo enfrente más que una acumulación inconsistente de individuos. Pero, entonces, por eso mismo, se vio precisado a sobrecargarse de funciones que le eran impropias y que no ha podido cumplir útilmente. Porque a menudo se ha hecho la observación de que es tan invasor como impotente. Hace un esfuerzo enfermizo para extenderse a toda clase de cosas, que le escapan o de las que no se apodera sino violentándolas. De ahí ese despilfarro de fuerzas que se le reprocha y que no tiene relación con los resultados obtenidos. Por otro lado, los particulares ya no están sometidos a más acción colectiva que la suya, porque él es la única colectividad organizada. Sólo por su mediación sienten la sociedad y la dependencia en que están respecto de ella. Pero, como el Estado está lejos de los particulares, no puede tener sobre ellos mas que una acción lejana y discontinua; por eso ese sentimiento no se les presenta con la continuidad y con las energías necesarias. Durante la mayor parte de su existencia, no hay nada a su alrededor que los saque fuera de sí mismos y les ponga un freno. En estas condiciones es inevitable que caigan en el egoísmo o en el desarreglo. El hombre no puede ligarse a fines que le sean superiores y someterse a una regla, si no percibe por encima de él ninguna cosa que le sea solidaria. Librado de toda presión social, es abandonarlo a sí mismo y desmoralizado. Tales son, en efecto, las dos características de nuestra situación moral. Mientras que el Estado se abulta, y se hipertrofia para llegar a encerrar fuertemente a los individuos, sin conseguirlo; éstos, sin lazos entre sí, ruedan unos sobre otros como otras tantas moléculas líquidas, sin encontrar ningún centro de fuerzas que los retengan, los fije y los organice.

De vez en cuando, para, remediar el mal, se propone restituir a las agrupaciones locales algo de su antigua autonomía; esto es lo que se llama descentralizar. Pero la única descentralización verdaderamente útil, sería la que produjera al mismo tiempo una mayor concentración de fuerzas sociales. Es preciso, sin aflojar los lazos que ligan a cada parte de la sociedad con el Estado, crear poderes morales; que tengan sobre la multitud de los individuos una acción que el Estado no puede ejercer. Ahora bien, hoy día, ni el municipio, ni el departamento, ni la provincia tienen bastante ascendiente para poder ejercer esta influencia; no vemos en ellos más que rótulos convencio nales desprovistos de toda significación. Sin duda, en igualdad de circunstancias, generalmente gusta más vivir en el lugar donde se ha nacido y donde se ha sido criado. Pero ya no hay patrias locales ni puede haberlas. La vida general del país, definitivamente unificada, es refractaria a toda dispersión de ese género. Se puede lamentar lo que no existe; pero esos lamentos son vanos. Es indispensable resucitar artificialmente un espíritu particularista que ya no tiene fundamento. Se podrá, con el auxilio de algunas combinaciones ingeniosas, aliviar un poco el funcionamiento de la máquina gubernativa; pero no es con esto con lo que se llegará a modificar la base moral de la sociedad. Por este medio se logrará descargar el trabajo de los ministerios, se suministrará un poco más de materia a la actividad de las autoridades regionales; pero no se hará de las diferentes regiones otros tantos medios morales. Porque aparte de que las medidas administrativas no pueden bastar para alcanzar tal resultado, considerado en sí mismo, no es posible ni deseable.

La única descentralización que, sin romper la unidad nacional, permitirla multiplicar los centros de la vida comunes la que Se podría llamar *la descentralización profesional.* Porque, como cada uno de ésos centros sólo sería el foco de una actividad especial y restringida, resultarían inseparables unos de otros, y el individuo podría, por consiguiente, ligarse a ellos sin hacerse menos solidario con el todo. La vida social no puede dividirse y continuar siendo única, sino cuando cada una de esas divisiones representan una función. Esto lo han comprendido escritores y estadistas, cada vez más numerosos[18], que querrían hacer del grupo profesional la base de nuestra organización política, es decir, dividir el colegio electoral, no por circunscripciones territoriales, sino por corporaciones. Sólo que, para eso, es preciso comenzar por organizar la corporación. Es necesario que deje de ser un conjunto de individuos que se encuentran el día de la votación, sin tener nada de común entre sí. No podrá cumplir la misión que se le asigna más que si, en vez de permanecer un ser convencional, se convierte en una institución definida, en una personalidad colectiva, con sus costumbres y tradiciones, sus derechos y sus deberes, su unidad. La gran dificultad no consiste en decidir por decreto que los representantes serán nombrados por profesión y cuántos tendrá cada uno, sino en hacer de manera que cada corporación llegue a ser una individualidad moral. De otro modo, no se logra más que añadir un marco exterior y ficticio a los que existen y se quiere reemplazar.

De este modo, una monografia del suicidio tiene un alcance que traspasa el orden particular de los hechos con que especialmente se enlaza. Las cuestiones que suscita son solidarias de los más graves problemas prácticos que se plantean actualmente. Los progresos anormales del suicidio, y el malestar general de que están atacadas las sociedades contemporáneas se derivan de las mismas causas. Lo que prueba el número excepcionalmente elevado de las muertes voluntarias, es el estado de perturbación profunda que sufren las comunidades civilizadas y atestigua su gravedad. Hasta se puede decir que nos da su medida. Cuando estos sufrimientos se expresan por boca de un teórico, se puede creer que son exagerados e infielmente traducidos. Pero aquí, en la estadística de los suicidios, vienen como a registrarse por sí mismos, sin dar lugar a la apreciación personal. No se puede, pues, contener esa corriente de tristeza colectiva, más que atenuando, a lo menos, la enfermedad general de que es el resultado y el signo. Hemos demostrado que, para alcanzar ese fin, no era necesario restaurar artificialmente formas sociales anticuadas y a las que no se podría comunicar más que una apariencia de vida, ni inventar por completo otras enteramente nuevas y sin analogías en la historia. Lo que se precisa es investigar en el pasado los gérmenes de vida nueva que contenía y apresurar su desarrollo.

En cuanto a determinar con más exactitud bajo qué formas particulares son llamados estos géneros a desarrollarse en el porvenir, es decir, cuál deberá ser, en detalle, la organización profesional que necesitamos, es cosa que no podríamos intentar en el curso de esta obra. Sólo a continuación de un estudio especial sobre el régimen corporativo y las leyes de su evolución, es cuando sería posible precisar más las conclusiones que preceden. Y no hay que exagerar el interés de esos propósitos demasiado definidos, en los que generalmente se complacen los filósofos de la política. Son juegos de imaginación, demasiado alejados de la complejidad de los hechos para poder servir en la práctica; la realidad social no es tan sencilla y es aún poco conocida para poder anticiparla en detalle. Sólo el contacto directo con las cosas puede dar a las enseñanzas de la ciencia la determinación que les falta. Una vez que se ha precisado la existencia del mal, ¿en qué consiste y de qué depende? Cuando se saben, por consiguiente, los caracteres generales del remedio y el punto en que debe aplicarse, lo esencial no es determinar por adelantado un plan que lo prevea todo, es ponerse a la obra resueltamente.

[1] V. *Régles* de *la Methode sociologique*, cap. III.

[2] ¿Pero no es mediato todo lazo lógico? Por cercanos que estén los dos términos que ligue, son siempre distintos, y, por consiguiente, siempre hay entre ellos una separación, un intervalológico.

[3] Lo que ha contribuido a obscurecer esta cuestión es que no se observa bastante cuán relativas son esas ideas de salud y de enfermedad. Lo que hoy es normal, ya no lo será mañana, y viceversa. Los intestinos voluminosos del primitivo son normales respecto a su medio, pero hoy no lo serían. Lo que es morboso para los individuos, puede ser normal para la sociedad.
La neurastenia es una enfermedad, bajo el punto de vista de la fisiología individual; y ¿qué sería una sociedad sin neurasténicos? Actualmente tienen un papel social que desempeñar. Cuando se dice que un estado es anormal, es preciso añadir con relación a qué se le califica así; si no, no se entiende el concepto.

[4] *División du travail social*, p. 266.

[5] Oettingen, *Ueber neuten und chronischen Selbstmord*, p. 28-32, y *Moralstatistik*, p. 761.

[6] M. Poletti: No conocemos su teoría más que por, la exposición que de ella ha hecho M. Tarde, en su *Criminalité comparée*, p. 72.

[7] Es cierto que se dice (Oettingen), para escapar a esta conclusión, que el suicidio es tan sólo uno de los malos aspectos de la civilización (Schattenseite), y que es posible reducirlo sin combatirle. Pero esto es pagarse de las palabras. Si deriva de las mismas causas de que depende la cultura, no se puede disminuir el uno sin aminorar la otra; porque el solo medio de atenuarlo eficazmente es el de actuar sobre sus causas.

[8] Este argumento se expone a una objeción. El Budismo, el Jainismo, son doctrinas sistemáticamente pesimistas de la vida; ¿ha de verse en ellas el índice de un estado morboso en los pueblos que las han practicado? Los conocemos demasiado mal para atrevernos a decidir la cuestión. Que no se considere nuestro razonamiento más que como aplicable a los pueblos europeos y aun a las sociedades del tipo de la ciudad. En estos límites, lo creemos difícilmente discutible. Quizá sea posible que el espíritu de renunciamiento, propio de algunas otras sociedades pueda, sin anomalía, erigirse en sistema.

[9] Entre otros, Lisle, op. cit., p. 437 y sigs.

[10] Y no es que, aun en ese caso, la separación entre los actos inmorales y los morales sea absoluta. La oposición del bien y del mal no tiene el carácter radical que le atribuye la conciencia común. Se pasa siempre de uno a otro por una gradación insensible y sus fronteras son a menudo indecisas. Sólo que cuando se trata de crímenes probados, la distancia es grande y la relación entre los extremos resulta menos aparente que en el suicidio.

[11] Op. cit., p. 499.

[12] Art. *Suicide*, en *Diction. Philos.*

[13] No se juzgue equivocadamente nuestro pensamiento. Sin duda que vendrá un día en que mueran las actuales sociedades; se descompondrán entonces en grupos más pequeños. Sólo que, si se induce el porvenir según el pasado, este estado no será más que provisional; esos grupos parciales serán la materia de nuevas sociedades, mucho más vastas que las de hoy. Se puede prever aún que ellos mismos serán mucho más amplios que aquellos cuya reunión ha formado las sociedades actuales.

[14] Los primeros colegios de artesanos se remontan a la Roma real. V. Marquardt, *Privat Leben der Roemer*, II, p. 4.

[15] Véanse las razones en nuestra *Division du travail social*. L. II, cap. III, especialmente, págs. 335 y siguientes.

[16] Puede preverse que esta diferenciación no tendría entonces probablemente el carácter estrictamente reglamentario que tiene hoy. La mujer no estaría ya, de oficio, excluida de ciertas funciones y relegada a otras. Podría más libremente escoger; pero su elección determinada por sus aptitudes; se aplicaría en general sobre un mismo orden de ocupaciones. Sería notoriamente uniforme, sin ser obligatoria.

[17] Entiéndase bien que no podemos señalar más que las principales etapas de esta evolución. No queremos decir que las sociedadesmodernas hayansucedido ala ciudad; dejamos aunladolasintermediarias.

[18] Véase acerca de este punto a Benoist, *L 'organisation dusuffrage universel, en la Revue des Deux Mondes*, 1886.